프로젝트로 배우는

# 파이썬 피지컬 컴퓨팅 with ESP32

지은이 **박지숙** pjs2129@gmail.com

㈜네패스 수석 강사로 SW 선도 교사/강사를 대상으로 한 연수 및 SW 강사 양성 과정을 진행하고 있다. 다양한 교육 현장에 맞는 콘텐츠를 개발하며 디지털 교육 확산을 위해 매진하고 있다. 이러한 디지털 교육 활성화에 공로를 인정받아 2023년 교육부 장관 표창장을 수상하였다. 주요 저서로는 『앱 인벤터 한권으로 끝내기』(잇플, 2023), 『코스페이시스 한권으로 끝내기』(잇플, 2023), 『모두가 할 수 있는 앱 인벤터로 11개 인공지능 앱 만들기』(앤써북, 2023), 『아두이노 드론 만들고 코딩하고 날리기: 입문』(앤써북, 2017) 등이 있으며 이외 다수의 디지털 교육 사업 교재를 집필하였다. 현재 연세대학교 교육대학원 AI 융합교육학과에 진학 중이다.

지은이 **코코아팹**

코코아팹은 반도체·인공지능 분야 전문기업인 ㈜네패스가 만든 디지털 교육 브랜드이다. SW 코딩·인공지능·가상현실·메이커·IoT 등 디지털 기술 기반의 창의 융합 교육 콘텐츠를 기획하고 개발하고 있으며, 국내외 주요 기업과 공공기관 등의 맞춤형 공익 디지털 교육사업을 운영하고 있다. "과학과 기술로 미래를 앞당기는 공동체"라는 슬로건을 바탕으로 융합 교육 콘텐츠 커뮤니티인 '코코아팹'과 SW 교육을 위한 교사 커뮤니티인 '코코아팹 스쿨'을 함께 운영하고 있으며, 기술과 교육으로 대한민국 미래인재 육성에 앞장서고 있다.

**프로젝트로 배우는 파이썬 피지컬 컴퓨팅 with ESP32**

**초판발행** 2024년 11월 25일

**지은이** 박지숙, 코코아팹 / **펴낸이** 전태호
**펴낸곳** 한빛아카데미(주) / **주소** 서울시 서대문구 연희로2길 62 한빛아카데미(주) 2층
**전화** 02-336-7112 / **팩스** 02-336-7199
**등록** 2013년 1월 14일 제2017-000063호 / **ISBN** 979-11-5664-046-2 93000

**총괄** 박현진 / **책임편집** 김성무 / **기획·편집** 박하나
**디자인** 표지 윤혜원 내지 이아란 / **전산편집** 이소연 / **제작** 박성우, 김정우
**영업** 김태진, 김성삼, 이정훈, 임현기, 이성훈, 김주성 / **마케팅** 김호철, 심지연

이 책에 대한 의견이나 오탈자 및 잘못된 내용은 출판사 홈페이지나 아래 이메일로 알려주십시오.
파본은 구매처에서 교환하실 수 있습니다. 책값은 뒤표지에 표시되어 있습니다.
**홈페이지 www.hanbit.co.kr / 이메일 question@hanbit.co.kr**

Published by HANBIT Academy, Inc. Printed in Korea

# 프로젝트로 배우는 파이썬 피지컬 컴퓨팅

박지숙, 코코아팹 지음

한빛아카데미
Hanbit Academy, Inc.

# 지은이 머리말

## 파이썬으로 스마트한 세상을 디자인하다!
## 실생활에 바로 적용할 수 있는 인공지능과 사물인터넷 프로젝트

최근 몇 년간 코딩의 중요성이 높아지면서 전공과 연령을 불문하고 많은 사람들이 코딩을 배우고 있습니다. 그중에서도 기초 프로그래밍 언어인 파이썬은 문법이 간결하고 직관적이며 인공지능과 사물인터넷 등 다양한 분야에 폭넓게 적용할 수 있어 인기가 높습니다. 그러나 파이썬이 다른 언어에 비해 쉬운 언어라 할지라도 기초 프로그래밍 원리와 논리적 사고가 뒷받침되지 않으면 파이썬을 이해하기 어려울 수 있습니다. 또한 학습자가 파이썬 문법만 익히다 보면 파이썬이 실생활에 구체적으로 어떻게 적용되는지 이해하기 어려울 수 있습니다.

이러한 배경에서 파이썬 피지컬 컴퓨팅을 학습하는 것을 추천합니다. 마이크로파이썬을 사용하여 소형 마이크로컨트롤러를 제어하는 과정에서 파이썬 문법을 배우는 것을 넘어 인공지능과 사물인터넷 기술이 실생활에서 어떻게 구현되고 적용되는지를 직접 경험할 수 있기 때문입니다.

이 책을 학습하는 독자들은 ESP32 보드와 마이크로파이썬을 사용해 다양한 프로젝트를 실습하면서 기술의 원리와 실제 적용 방식을 배울 수 있습니다. 스마트 홈 시스템과 사물인터넷 기기를 직접 만들고 제어하는 경험으로 파이썬 프로그래밍의 실질적인 응용 능력도 기를 수 있을 것입니다.

무엇보다 이 책은 프로그래밍 초보자와 비전공자도 파이썬을 더욱 쉽게 이해할 수 있도록 기초부터 단계적으로 설명하였습니다. 파이썬 기본 문법을 익히는 것에서 시작하여 ESP32 보드와 다양한 장치들을 연결하여 제어하는 방법을 배우고, 센서와 액추에이터를 활용하여 프로젝트를 구현할 수 있도록 내용을 구성했습니다. 또한 단순한 문법 교육이 아닌 실질적인 사물인터넷과 인공지능 시스템 구현 경험을 제공하는 데 중점을 두었습니다.

『프로젝트로 배우는 파이썬 피지컬 컴퓨팅 with ESP32』를 통해 파이썬을 활용하여 스마트 기기와 사물인터넷 시스템을 제어하는 기술을 익히고, 일상생활에 응용하는 방법을 배울 수 있을 것입니다. 이 책을 학습하며 파이썬 피지컬 컴퓨팅의 진정한 가치를 체험하고 여러분 스스로 새로운 실생활 서비스와 프로젝트를 창출할 수 있기를 기대합니다.

코코아팹 유현국 부장님, 우종현 연구원님, 오민석 연구원님, 바이너리엑스 권현중 대표님의 도움으로 이 책은 탄생할 수 있었습니다. 코코아팹 연구원님들의 연구 개발을 바탕으로 기획된 이 책이 훌륭한 교육 자료로 활용되기를 바라는 마음으로 최선을 다해 제작하였습니다. 진심으로 감사의 말씀을 드립니다.

끝으로 이 책이 독자들에게 성취감과 재미를 줄 뿐만 아니라, 프로그래밍 실력을 쌓는 든든한 초석이 되어 새로운 도전을 하고 창의적인 문제 해결 능력을 발휘하는 데 실질적인 도움이 되기를 기대합니다. 독자 여러분들의 배움을 진심으로 응원합니다.

**지은이 박지숙**

# 이 책을 읽기 전에

## • 누구를 위한 책인가

파이썬 기초 문법에 지루함을 느끼거나 실생활에 적용할 수 있는 구체적인 실습이 필요한 분들에게 적합합니다. 이 책은 전공자와 비전공자 모두에게 적합하며, 다음과 같은 독자분들께 도움이 될 수 있습니다.

❶ **대학생** 소프트웨어 전공자라면 하드웨어와 소프트웨어를 결합하여 실무 능력을 키울 수 있는 프로젝트 기반의 학습 도구로 활용될 수 있습니다. 비전공자라면 파이썬 코딩과 피지컬 컴퓨팅의 기초부터 다질 수 있는 학습서로 적합합니다.

❷ **메이커 및 취미 개발자** 하드웨어와 소프트웨어를 결합하여 자신만의 프로젝트를 만들고자 하는 분들에게 유용한 도서입니다. 파이썬으로 간단하게 하드웨어와 연동하는 방법을 안내하므로 프로젝트를 위한 기초 지식을 쌓기에 적합합니다.

❸ **초·중·고등학교 코딩 교육자와 학생** 피지컬 컴퓨팅을 활용한 수업에 관심 있는 교육자들과 실습 중심의 코딩 교육을 원하는 중·고등학생들에게 적합합니다.

## • 학습 로드맵

이 책은 파이썬 문법 외에 실생활에 적용할 수 있는 흥미롭고 실용적인 프로젝트를 제공합니다. 다음 로드맵을 따라 학습하며 여러분만의 파이썬 피지컬 컴퓨팅 프로젝트를 완성해 보세요.

**1부 파이썬과 피지컬 컴퓨팅**

피지컬 컴퓨팅이 무엇인지 이해하고, 마이크로파이썬과 마이크로컨트롤러에 대해 알아봅니다. 2장과 3장에서는 프로젝트 실습에 꼭 필요한 파이썬 기초 문법을 설명합니다.

- **1장** 파이썬으로 피지컬 컴퓨팅 시작하기
- **2장** 파이썬 기초 문법 I
- **3장** 파이썬 기초 문법 II

▶

**2부 파이썬 피지컬 컴퓨팅 기초 프로젝트**

마이크로파이썬과 ESP32 보드를 활용하여 다양한 센서와 액추에이터를 제어합니다. 3부에서 진행할 프로젝트 실습의 기반을 다질 수 있습니다.

- **4장** 파이썬 피지컬 컴퓨팅 환경설정
- **5장** ESP32와 기초 센서
- **6장** ESP32와 응용 센서

▶

**3부 파이썬 피지컬 컴퓨팅 응용 프로젝트**

마이크로파이썬과 ESP32 보드로 실생활에 적용할 수 있는 사물인터넷, 데이터 분석, 인공지능 프로젝트를 구현합니다. 이를 통해 피지컬 컴퓨팅의 확장성을 경험할 수 있습니다.

- **7장** ESP32와 파이썬 사물인터넷 프로젝트
- **8장** ESP32와 파이썬 데이터 분석 프로젝트
- **9장** ESP32와 파이썬 인공지능 프로젝트

## • 코코아팹과의 연계

이 책의 실습은 코코아팹의 파이파이 키트를 활용하여 학습할 수 있습니다. 파이파이 키트는 코코아팹에서 파이썬 피지컬 컴퓨팅 학습을 위해 제작한 램프형 교구입니다.

코코아팹은 교사용 온라인 교육 커뮤니티 '코코아팹 스쿨'을 비롯한 웹사이트, 각종 SNS 채널을 운영하여 선생님과 학생 누구나 콘텐츠를 접할 수 있도록 돕습니다. 그 중 '코코아팹 스쿨'은 현재 5,000여 명의 현직 선생님들이 활동하고 있으며, 수업에 바로 활용할 수 있는 교안과 프로젝트를 교육자들과 함께 고민하며 만들어가고 있습니다. '코코아팹 스쿨' 카페에서 다양한 연수와 교육 콘텐츠 및 자료를 참고할 수 있습니다.

• **'코코아팹 스쿨 카페' 주소** https://cafe.naver.com/kocoafab

## • 코코아팹의 파이파이 키트 커리큘럼

다음은 코코아팹에서 제공하는 파이파이 키트를 활용한 학습 커리큘럼입니다.

| 저희 학생들은 코딩에 대한 경험이 너무 적어요! | GREY ZONE (수준 격차) | 기초 교육은 이제 너무 많이 했어요! 심화된 수업 내용을 원해요. |
|---|---|---|

← 단기 차수부터 장기 차수까지 체계화된 교육과정이 준비되어 있습니다. →

| BEGINNER | INTERMEDIATE | ADAVANCED |
|---|---|---|
| 파이썬 기초 문법 이해<br>피지컬 컴퓨팅 기초 | 파이썬 데이터 구조와 알고리즘 기초<br>피지컬 컴퓨팅 응용<br>(센서 응용, 와이파이 통신) | 파이썬 데이터 처리와 알고리즘 구조화<br>피지컬 컴퓨팅 심화<br>(프로젝트 기획 및 제작) |
| **4차시-센서 기초**<br>센서로 제어하는 반응형 램프 | **6차시-센서 응용**<br>집의 상태를 알려주는 홈 웨더 스테이션<br>주변의 색상을 인식하는 컬러 인식 램프 | **3차시-인공지능 이해**<br>클라우드 서비스를 활용한 센서 데이터 수집과 시각화 |
| **4차시-통신 기초**<br>블루투스로 제어하는 스마트 램프 | **8차시-통신 응용**<br>와이파이 통신, 사물인터넷의 이해<br>날씨 데이터를 활용한 스마트 웨더 램프<br>웹 크롤링을 활용한 LED 시계 제작 | **6차시-인공지능 활용**<br>인공지능을 활용한 인공지능 융합 프로젝트 |

# 이 책의 구성

## 『프로젝트로 배우는 파이썬 피지컬 컴퓨팅 with ESP32』 8단계 길잡이

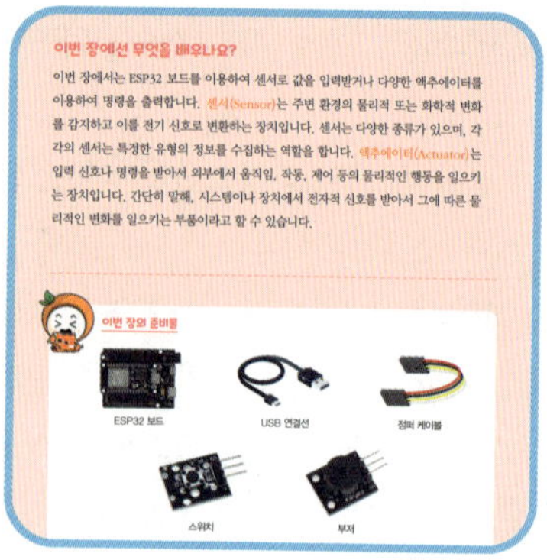


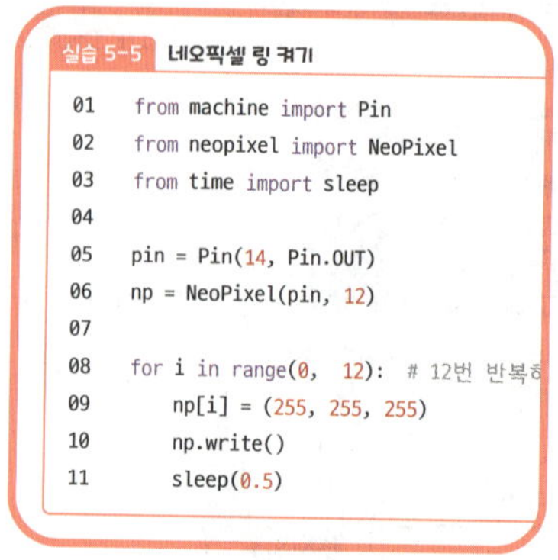


**1 소개 글**

해당 장에서 중점적으로 다룰 내용을 간략하게 정리하였습니다. '이번 장의 준비물' 항목에서 사용할 센서와 액추에이터, 프로그램을 확인할 수 있습니다니다.

**2 이론**

프로젝트 실습에 꼭 필요한 파이썬 기초 문법을 다양한 삽화와 이미지, 표, 코드를 활용하여 설명합니다.

**3 실습 코드**

마이크로파이썬 코드와 ESP32 보드로 하드웨어를 제어하는 실습을 구현합니다. 실습 코드와 이어지는 행별 설명으로 코드의 기능을 쉽고 명확하게 이해할 수 있습니다.

**4 실행 결과**

하드웨어 제어 실습의 실행 결과를 사진으로 확인합니다. QR 코드에 접속하면, 실제 하드웨어가 작동하는 모습을 영상으로 확인할 수 있습니다.

## 여기서 잠깐

본문과 관련된 도움말이나 본문의 이론을 뒷받침하는 내용을 담고 있습니다.

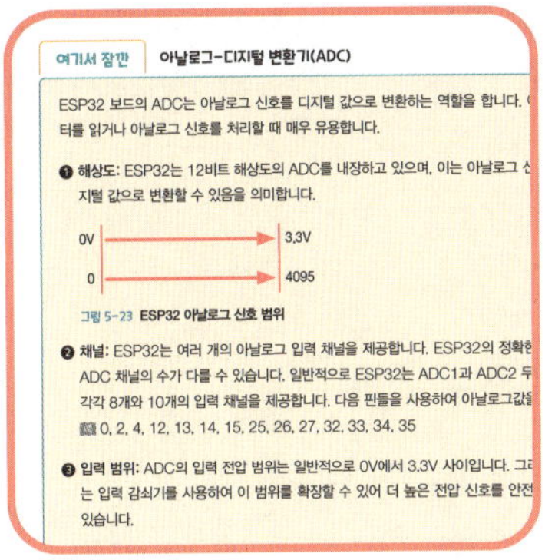

여기서 잠깐 | 아날로그-디지털 변환기(ADC)

ESP32 보드의 ADC는 아날로그 신호를 디지털 값으로 변환하는 역할을 합니다. 
터를 읽거나 아날로그 신호를 처리할 때 매우 유용합니다.

❶ **해상도:** ESP32는 12비트 해상도의 ADC를 내장하고 있으며, 이는 아날로그 신
지털 값으로 변환할 수 있음을 의미합니다.



그림 5-23 **ESP32 아날로그 신호 범위**

❷ **채널:** ESP32는 여러 개의 아날로그 입력 채널을 제공합니다. ESP32의 정확한
ADC 채널의 수가 다를 수 있습니다. 일반적으로 ESP32는 ADC1과 ADC2 두
각각 8개와 10개의 입력 채널을 제공합니다. 다음 핀들을 사용하여 아날로그값을
0, 2, 4, 12, 13, 14, 15, 25, 26, 27, 32, 33, 34, 35

❸ **입력 범위:** ADC의 입력 전압 범위는 일반적으로 0V에서 3.3V 사이입니다. 그
는 입력 감쇠기를 사용하여 이 범위를 확장할 수 있어 더 높은 전압 신호를 안전
있습니다.

## TIP

지나치기 쉬운 내용이나 참고로 알아두면 좋은 내용을 짚어줍니다.

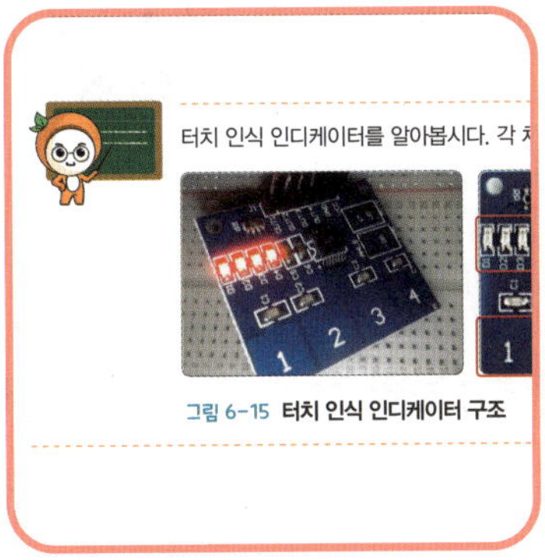



그림 6-15 **터치 인식 인디케이터 구조**

## 요약

해당 장의 핵심 내용을 간략히 정리한 것으로 본문의 내용을 한눈에 파악할 수 있습니다.

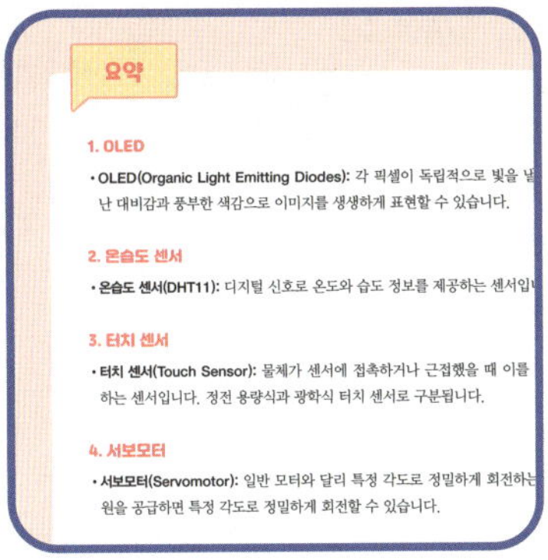

요약

**1. OLED**

- **OLED(Organic Light Emitting Diodes):** 각 픽셀이 독립적으로 빛을 내
난 대비감과 풍부한 색감으로 이미지를 생생하게 표현할 수 있습니다.

**2. 온습도 센서**

- **온습도 센서(DHT11):** 디지털 신호로 온도와 습도 정보를 제공하는 센서입니

**3. 터치 센서**

- **터치 센서(Touch Sensor):** 물체가 센서에 접촉하거나 근접했을 때 이를
하는 센서입니다. 정전 용량식과 광학식 터치 센서로 구분됩니다.

**4. 서보모터**

- **서보모터(Servomotor):** 일반 모터와 달리 특정 각도로 정밀하게 회전하는
원을 공급하면 특정 각도로 정밀하게 회전할 수 있습니다.

## 도전 문제

해당 장에서 배운 핵심 개념과 본문 실습을 응용한 프로젝트를 구현합니다. 도전 문제와 스스로 풀어보기를 해결해 보며 단계별 학습을 경험할 수 있습니다.

도전 문제 ▸ **터치 센서로 다양한 이미지 출력하기**

터치 센서를 스위치로 사용하여 네오픽셀의 다양한 색을 제어했습니다. 도전 문제에서는 같은 원리로 터치 센서를 이용하여 OLED에 다양한 그림을 선택하여 출력해 봅니다.



STEP 1 **회로 연결하기**

터치 센서와 OLED의 회로를 연결합니다.

표 6-10 터치 센서와 ESP32 보드의 핀 연결

| 터치 센서 | OUT1 | OUT2 | OUT3 | OUT4 | GND | VCC |
|---|---|---|---|---|---|---|
| ESP32 | D33S | D32S | D35S | D34S | D34G | D34V |

표 6-11 OLED와 ESP32 보드의 핀 연결

| OLED | GND | VCC | SCL | SDA |
|---|---|---|---|---|

# 이 책의 사용 설명서

## • 실습 자료

본 책의 실습에서 사용된 예제 소스는 아래 주소에서 다운로드할 수 있습니다.

http://www.hanbit.co.kr/src/40046

## • 실습환경

이 책의 실습환경은 다음과 같습니다.

- **운영체제** Windows 10/11 또는 macOS
- **실습 도구** Thonny IDE (Python 3.x), ESP32 보드 및 각종 센서와 액추에이터(부록 장 참고)
- **환경설정** MicroPython 펌웨어, ESP32 드라이버 설치 필요

## • 실습 영상 안내

본문의 실습 시연 영상과 실행 결과 영상을 QR 코드로 제공합니다. 본문의 QR 또는 다음의 링크로 접속하거나, 유튜브(Youtube) 검색 창에서 '한빛아카데미'를 입력하세요.

https://www.youtube.com/한빛아카데미TV

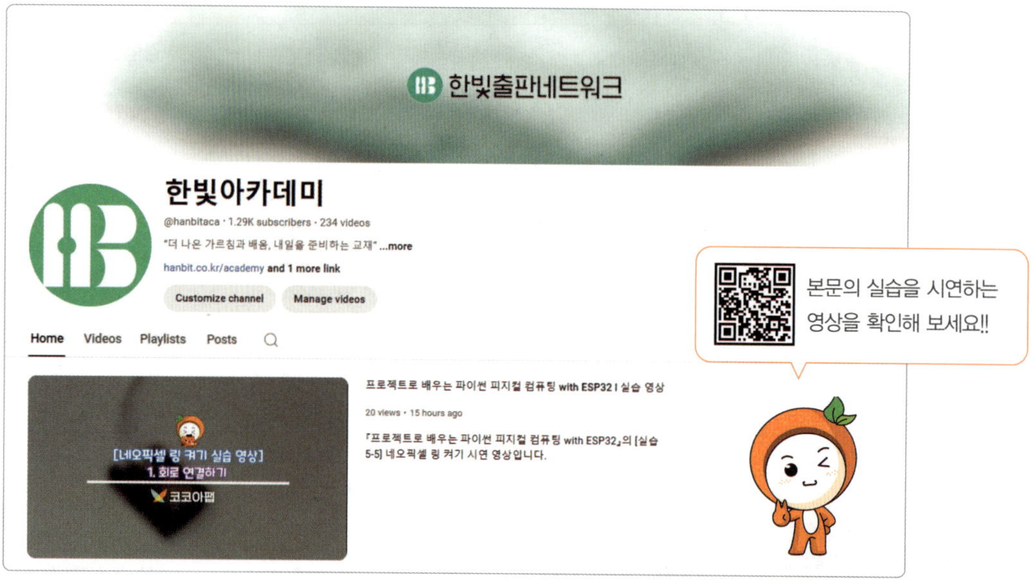


## • 강의 보조 자료

한빛아카데미 홈페이지에서 '교수회원'으로 가입하신 분은 인증 후 교수용 강의 보조 자료를 제공받을 수 있습니다. 한빛아카데미 홈페이지 상단의 〈교수전용공간〉 메뉴를 클릭하세요.

http://www.hanbit.co.kr/academy

## • 강의 및 학습 계획표

16주 차 일정에 맞게 9개 장의 주제와 주요 내용을 안내합니다. 다음의 계획표를 강의 또는 학습 계획표로 활용해 보세요.

| 주 | 장 | 주제 | 내용 |
|---|---|---|---|
| 1 | 1장 | 파이썬과 피지컬 컴퓨팅 개요 | 파이썬과 피지컬 컴퓨팅의 기본 개념 |
| 2 | 2장 | 파이썬 기초 문법 I | 변수, 자료형, 문자열, 연산자 |
| 3 | 2~3장 | 파이썬 기초 문법 II | 제어문, 함수, 클래스와 모듈,<br>패키지와 라이브러리 |
| 4 | 4장 | 마이크로컨트롤러 실습환경 구축 | ESP32 보드 드라이버 설치<br>Thonny IDE와 펌웨어 설치 |
| 5 | 5장 | 기본 센서와 액추에이터 | 스위치와 부저를 이용한<br>피지컬 컴퓨팅 기초 내용 학습 |
| 6 | 5장 | 센서 융합 프로젝트 I | 조도센서와 네오픽셀을 이용한<br>자동 시스템 제작 |
| 7 | 6장 | 센서 융합 프로젝트 II | 온습도 센서와 OLED를 이용한<br>디스플레이 장치 활용 |
| 8 | 필기 / 실기 | 중간고사 | 실습 평가 |
| 9 | 7장 | 블루투스를 이용한<br>스마트 제어 프로젝트 | 근거리 통신 무선 제어의 원리 이해 및<br>원격 제어 시스템 구현 |
| 10 | 7장 | 웹 서버를 이용한 사물인터넷 프로젝트 | 웹 서버 구축을 통한 사물인터넷 시스템 구현 |
| 11 | 8장 | 공공데이터 API를 활용한 프로젝트 | 공공데이터를 활용한 데이터 수집과 활용 |
| 12 | 8장 | 컬러 센서를 이용한 데이터 수집과<br>분석 프로젝트 | 색상 데이터 수집 및 분석<br>인공지능 색상 분류 모델 제작 |
| 13 | 9장 | 인공지능의 기초와 활용 | 인공지능의 개념 이해<br>지도, 비지도 학습의 이해 |
| 14 | 9장 | 얼굴 인식 모델과 졸음 방지기<br>제작 프로젝트 | 지도 학습을 이용한 얼굴 인식 모델 생성 및<br>졸음 방지기 제작 |
| 15 | 9장 | 종합 프로젝트 제작 및 발표 | 사물인터넷 또는 인공지능 기반의<br>프로젝트 구현 및 아이디어 공유 |
| 16 | 필기 / 실기 | 기말고사 | 실습 평가 |

# 목차

## PART 01 파이썬과 피지컬 컴퓨팅

### CHAPTER 01 파이썬으로 피지컬 컴퓨팅 시작하기



### CHAPTER 02 파이썬 기초 문법 I

# PART 02 파이썬 피지컬 컴퓨팅 기초 프로젝트

## CHAPTER 04 파이썬 피지컬 컴퓨팅 환경설정



## CHAPTER 05 ESP32와 기초 센서

# PART 03 파이썬 피지컬 컴퓨팅 응용 프로젝트

## CHAPTER 07 ESP32와 파이썬 사물인터넷 프로젝트

## CHAPTER 08 ESP32와 파이썬 데이터 분석 프로젝트



## CHAPTER 09 ESP32와 파이썬 인공지능 프로젝트

## APPENDIX 책에서 사용한 하드웨어

# PART 01

# 파이썬과 피지컬 컴퓨팅

CONTENTS

# CHAPTER 01

# 파이썬으로 피지컬 컴퓨팅 시작하기



**학습목표**

- 피지컬 컴퓨팅의 개념을 이해하고 피지컬 컴퓨팅의 구성요소를 알아봅니다.
- 프로그래밍 언어가 무엇인지 이해하고 파이썬과 마이크로파이썬의 특징을 알아봅니다.
- 마이크로파이썬으로 제어할 수 있는 소형 컴퓨터인 마이크로컨트롤러에 대해 알아봅니다.

## 이번 장에선 무엇을 배우나요?

우리는 컴퓨터로 프로그래밍 언어를 이용하여 알고리즘 설계, 데이터 처리, 웹 개발, 애플리케이션 제작, 데이터베이스 관리 등과 같은 다양한 작업을 구현할 수 있습니다. 이 작업들은 디지털 환경 내에서만 결과를 만들어내고, 물리적인 세계에는 직접적인 영향을 미치지 않습니다. 하지만 컴퓨터를 활용하여 물리적인 세계와 상호작용하는 시스템을 만든다면 실생활 문제를 더욱 적극적으로 해결할 수 있을 것입니다. 이번 장에서는 소프트웨어 프로그래밍과 하드웨어의 조합으로 컴퓨터가 디지털 세계를 넘어 실제 물리적 환경에 영향을 미치는 기술인 '피지컬 컴퓨팅'에 대해 알아봅니다. 또한 피지컬 컴퓨팅의 도구인 마이크로파이썬과 ESP32 보드도 함께 알아보겠습니다.

Section 01

# 피지컬 컴퓨팅

## 1 컴퓨터의 구성

우리가 컴퓨터를 사용하는 환경을 생각해 봅시다. 우리가 사용하는 컴퓨터는 무엇으로 구성되어 있을까요? 컴퓨터는 크게 하드웨어와 소프트웨어로 구분할 수 있습니다.

### 하드웨어와 소프트웨어

하드웨어(Hardware)는 컴퓨터의 물리적인 구성요소들을 말합니다. 컴퓨터를 구성하는 주변 장치인 마우스와 키보드는 입력 장치에 해당하며, 모니터, 스피커, 프린터 등은 출력 장치에 해당합니다. 컴퓨터의 주요 처리 장치인 중앙처리장치(Central Processing Unit, CPU), 메인 메모리(Main Memory), 저장 장치에서는 연산과 데이터 처리와 같은 주요 작업이 이루어집니다. 하지만 하드웨어만으로는 우리가 원하는 결과를 얻을 수 없습니다. 하드웨어에 명령을 내려 특정 작업을 수행하게 하는 비물리적인 지시, 데이터, 프로그램의 집합이 필요한데 이를 소프트웨어(Software)라고 합니다. 소프트웨어는 컴퓨터가 실제로 글쓰기, 데이터 분석과 같은 유용한 작업을 수행할 수 있도록 하는 필수적인 요소입니다.

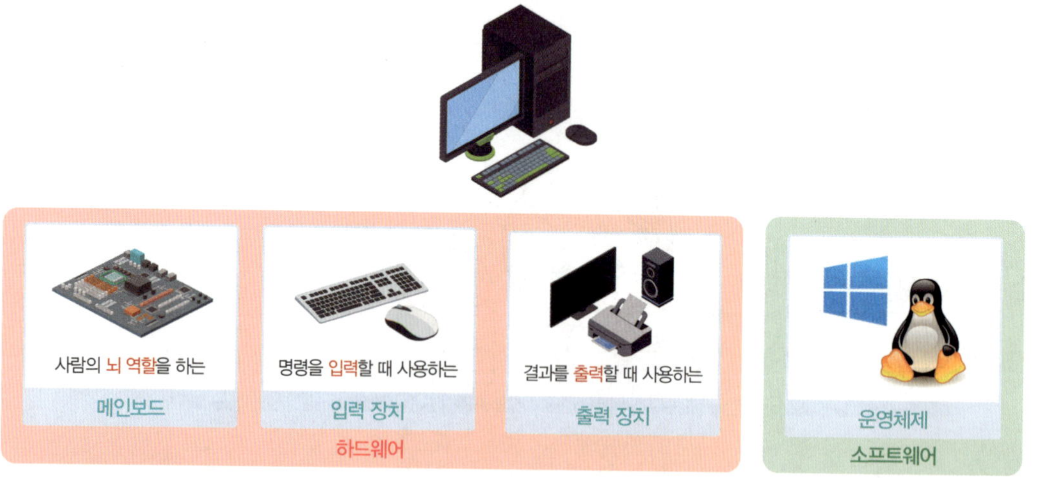


그림 1-1 컴퓨터의 구성요소

소프트웨어는 크게 시스템 소프트웨어와 응용 소프트웨어로 구분됩니다.

- **시스템 소프트웨어(System Software)** 컴퓨터 하드웨어와 사용자 사이의 인터페이스를 제공하고, 기본적인 시스템 작업을 관리하는 소프트웨어입니다. 시스템 소프트웨어의 대표적인 예로는 윈도우와 같은 운영체제(Operating System, OS)가 있습니다. 운영체제는 컴퓨터를 부팅하고 프로그램을 실행할 수 있는 환경을 제공합니다. 운영체제 외에도 드라이버, 유틸리티 소프트웨어 등이 포함됩니다.
- **응용 소프트웨어(Application Software)** 사용자가 특정 작업을 수행하도록 돕는 소프트웨어로 문서 편집기, 이미지 편집 프로그램, 웹 브라우저, 게임 등이 있습니다. 응용 소프트웨어는 사용자의 구체적인 요구에 맞게 설계되었으며 특정한 목적을 가지고 있습니다.

하드웨어가 컴퓨터의 뼈대라면, 소프트웨어는 그 뼈대를 움직이게 하는 근육이나 신경과 같습니다. 하드웨어 없이는 소프트웨어를 실행할 수 없고, 소프트웨어 없이는 하드웨어가 유용한 기능을 수행할 수 없습니다. 이 둘은 상호 의존적인 관계에 있으며 함께 협력하여 컴퓨터가 다양한 역할과 기능을 수행할 수 있도록 합니다.

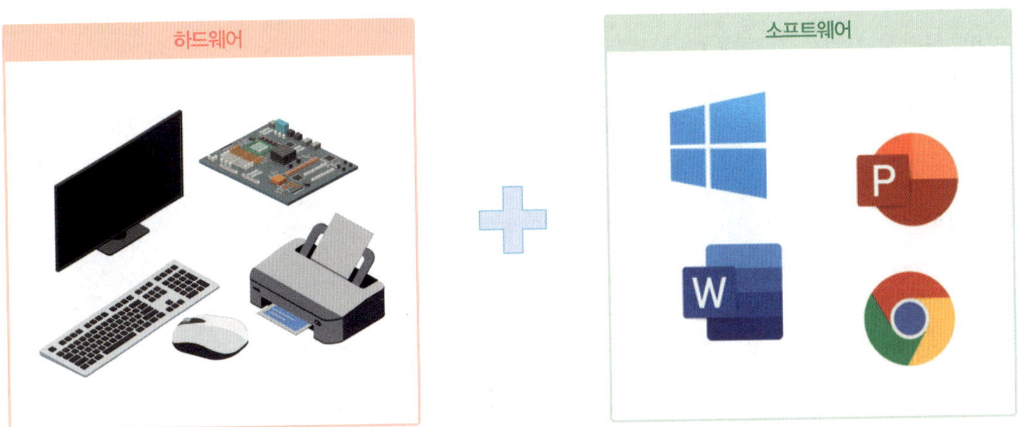


그림 1-2 **컴퓨터의 구성요소: 하드웨어와 소프트웨어**

## 2 피지컬 컴퓨팅의 이해

피지컬 컴퓨팅(Physical Computing)은 컴퓨터를 사용하여 실제 환경과 상호작용하는 시스템을 설계하고 구현하는 분야입니다. 센서와 액추에이터를 활용하여 실제 세계의 변화하는 현상(온도, 조도, 압력, 소리, 빛의 밝기 등)을 입력으로 받고, 컴퓨터를 사용해 해당 데이터를 처리하여 물리적인 반응을 만들어내는 기술입니다.

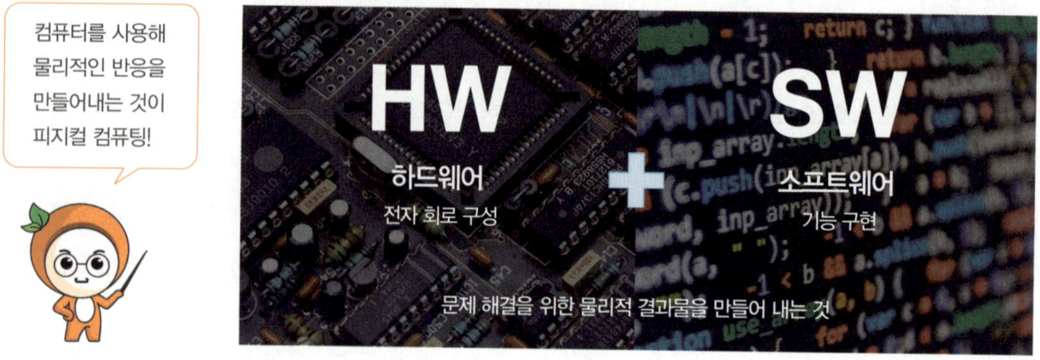


그림 1-3 **피지컬 컴퓨팅의 정의**

## 피지컬 컴퓨팅의 구성요소

피지컬 컴퓨팅은 사용자 중심으로 설계되어 보다 직관적이고 효율적인 방식으로 기술을 활용할 수 있도록 합니다. 이를 통해 창의적이고 혁신적인 솔루션을 개발할 수 있으며, 일상생활에서 기술이 자연스럽게 융합되는 것을 이해하고 배울 수 있습니다. 피지컬 컴퓨팅의 핵심 구성요소에는 센서, 액추에이터, 마이크로컨트롤러, 프로그래밍 언어가 있습니다.

- **센서** 주변 환경의 변화하는 데이터를 수집하는 장치입니다. 온도, 조도, 압력, 소리 등 다양한 물리적, 화학적 속성을 감지합니다.
- **액추에이터** 센서나 컴퓨터 명령에 따라 물리적인 반응을 하는 장치입니다. 모터, 서보, 스피커 등이 있습니다.
- **마이크로컨트롤러** 센서로 입력된 데이터를 처리하고, 액추에이터를 제어하는 프로그래밍이 가능한 소형 컴퓨터입니다. 아두이노(Arduino), 라즈베리 파이(Raspberry Pi), ESP32 등이 있습니다.
- **프로그래밍 언어** 피지컬 컴퓨팅에서 하드웨어와 상호작용을 하는 도구로 블록 기반의 프로그래밍 언어와 텍스트 기반의 프로그래밍 언어로 나눌 수 있습니다. 블록 기반의 프로그래밍은 블록을 조립하여 프로그램을 구성하는 방법으로 초급자에게 적합하지만 복잡한 논리나 고급 과정의 라이브러리 등은 사용하기 어렵습니다. 피지컬 컴퓨팅에 사용할 수 있는 블록 코딩 언어로는 스크래치(Scratch), 엔트리, 엠블록(mBlock), 메이크코드(Makecode) 등이 있습니다.

  텍스트 기반의 프로그래밍은 전통적인 문자 기반의 프로그래밍으로 코드를 직접 작성하여 프로그램을 구성합니다. 다양한 프로그래밍 언어와 라이브러리를 사용하여 복잡한 논리의 프로그램도 작성할 수 있습니다. 피지컬 컴퓨팅에 사용할 수 있는 텍스트 코딩 언어로는 아두이노와 마이크로파이썬이 대표적입니다.

피지컬 컴퓨팅은 기술과 인간이 상호작용할 수 있는 새로운 가능성을 탐구하고 실생활 문제 해결의 기초 단계가 되는 매력적인 분야라고 할 수 있습니다.

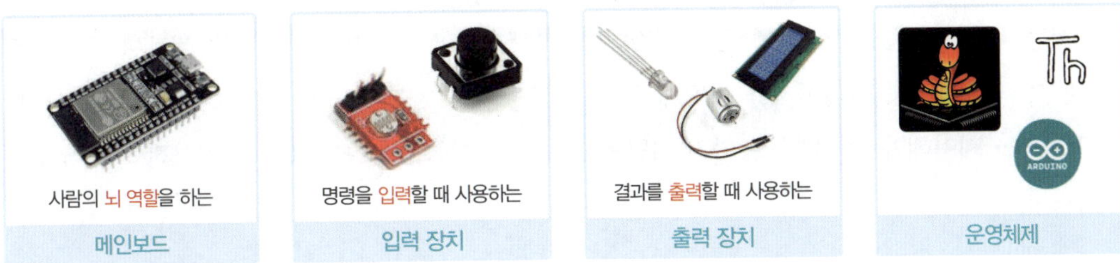


그림 1-4 **피지컬 컴퓨팅의 구성요소**

## 3 디지털과 아날로그

피지컬 컴퓨팅에서 필수적인 작업은 데이터 수집과 처리입니다. 이를 기반으로 물리적 장치를 제어합니다. 데이터를 표현하는 두 가지 개념인 디지털과 아날로그에 대해 알아봅시다.

### 디지털

디지털(Digital)은 정보를 불연속적인 값, 즉 0과 1로 이루어진 이진 코드로 표현합니다. 디지털 신호는 이진수와 같이 정해진 값으로만 표현되기 때문에 아날로그 신호에 비해 노이즈에 강하고 데이터를 복사하거나 전송할 때 원본의 정확도를 유지하기 쉽습니다. 컴퓨터, CD, 디지털시계 등은 모두 디지털 방식을 사용합니다. 디지털 신호는 처리가 간단하고 신뢰성이 높아 널리 사용됩니다.

### 아날로그

아날로그(Analog)는 연속적인 신호나 데이터를 나타내며 물리적인 양이나 시간에 따라 연속적으로 변화하는 방식으로 정보를 표현합니다. 아날로그 방식은 자연현상을 매우 정밀하게 모델링할 수 있지만, 노이즈와 신호의 감쇠 현상으로 오류가 발생하기 쉽습니다.

그림 1-5 **디지털 신호와 아날로그 신호**

## 센서와 신호

피지컬 컴퓨팅에서 센서는 주변 환경의 데이터를 수집할 때 사용합니다. 이 센서들은 온도 변화, 빛의 강도와 같은 아날로그 신호를 감지할 수 있으며, 전류의 흐름을 ON/OFF 상태로 변경하는 스위치 같은 디지털 신호 역시 감지할 수 있습니다. 아날로그와 디지털 데이터를 이해하면 어떤 종류의 센서를 사용할지, 이 데이터를 어떻게 처리할지 결정할 수 있습니다. 또한 디지털 출력과 아날로그 출력을 제어해야 할 때 이 두 가지 개념을 이해하고 있으면 보다 정확하고 효과적인 제어가 가능합니다.

(a) 전등 스위치

(b) 온도 측정기

**그림 1-6** **일상생활 속 센서의 예**

디지털 출력의 예로는 LED 전구의 ON과 OFF 상태가 있으며, 아날로그 출력의 예로는 모터 속도를 제어하기 위한 PWM 신호가 있습니다.

Section

02

# 파이썬과 마이크로파이썬

## 1 파이썬의 이해

우리가 흔히 사용하는 스마트폰, 컴퓨터, 그리고 일상생활 속 수많은 디지털 기기 안에는 '코드'라는 특별한 언어로 이루어진 프로그램들이 작동하고 있습니다. 컴퓨터가 이해할 수 있는 이 언어를 **프로그래밍 언어(Programing Language)**라고 합니다. 프로그래밍 언어는 인간이 작성한 명령어를 컴퓨터가 이해할 수 있는 기계어로 변환하여, 컴퓨터가 그 명령을 수행할 수 있게 합니다. 이 과정으로 우리가 사용하는 모든 디지털 기기들이 사용자가 원하는 기능을 수행하게 되는 것입니다.

그 중에서도 **파이썬(Python)**은 현재 전 세계에서 가장 사랑받는 프로그래밍 언어 중 하나입니다. 파이썬은 네덜란드 출신의 프로그래머인 귀도 반 로섬(Guido van Rossum)에 의해 개발되었습니다.

그림 1-7 **파이썬의 로고** © https://www.python.org/

프로그래밍 언어의 인기 지표를 나타내는 'TIOBE 프로그래밍 커뮤니티 지수'에 의하면 다른 프로그래밍 언어에 비해 파이썬이 지속적으로 순위가 상승하고 있음을 알 수 있습니다. 이러한 지표들을 이용하여 새로운 시스템 구축을 시작할 때 어떤 프로그래밍 언어를 선택해야 하는지 전략적으로 결정을 내릴 수 있습니다.

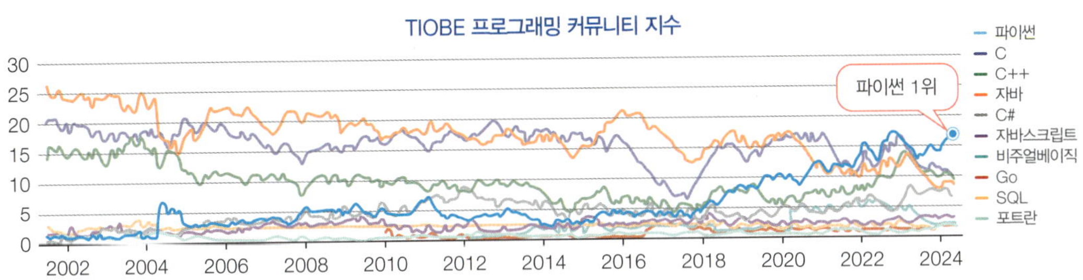


그림 1-8 **TIOBE 프로그래밍 커뮤니티 지수** © https://www.tiobe.com/

## 파이썬의 특징

그렇다면 파이썬이 인기 있는 이유는 무엇일까요? 파이썬의 특징을 살펴보겠습니다.

❶ **쉬운 프로그래밍 언어** 파이썬의 문법은 굉장히 간결하고 직관적입니다. 따라서 프로그래밍 입문자, 어린이, 프로그래밍을 처음 배우는 사람들 모두 쉽게 파이썬을 배울 수 있습니다.

❷ **다양한 활용이 가능한 언어** 데이터 분석, 인공지능 활용과 같은 전문적인 작업부터 웹 개발, 게임 제작과 같은 프로그램 개발까지 파이썬으로 할 수 있는 일은 무궁무진합니다. 파이썬은 활용 범위가 넓기 때문에 많은 기업과 전문가들도 파이썬을 선호하며, 현장에서도 여전히 파이썬을 사용하고 있습니다.

❸ **커뮤니티의 힘** 전 세계의 수많은 개발자들이 파이썬을 사용하고, 그 경험과 지식을 공유하는 커뮤니티를 형성하고 있어 코드 작성에 문제가 발생할 시 도움을 얻기 쉽습니다.

❹ **다양한 라이브러리를 제공** 파이썬은 풍부한 표준 라이브러리와 서드 파티 라이브러리를 제공합니다. 이러한 라이브러리들은 데이터 과학, 인공지능, 웹 개발, 자동화, 이미지 처리 등 다양한 분야에 걸쳐 있습니다.

## 파이썬의 활용 분야

앞에서 살펴본 파이썬의 특징으로 인해 파이썬은 다양한 분야에서 널리 사용되고 있습니다. 파이썬의 활용 분야는 웹 개발, 데이터 분석, 인공지능 및 기계학습, 자동화, 게임 개발, 임베디드 시스템(Embedded System) 등이 있습니다.

❶ **웹 개발** 장고(Django), 플라스크(Flask) 등의 프레임워크를 사용하여 웹 애플리케이션을 개발할 수 있습니다.

❷ **데이터 분석** 판다스(Pandas), 넘파이(NumPy), 매트플롯립(Matplotlib)과 같은 라이브러리를 사용하여 데이터를 분석하고 시각화할 수 있습니다.

❸ **인공지능 및 기계학습** 텐서플로(TensorFlow), 파이토치(PyTorch), 사이킷런(Scikit-learn)과 같은 라이브러리로 딥러닝 및 기계학습 모델을 개발하고 학습시킬 수 있습니다.

❹ **자동화** 파이썬을 사용하여 파일 관리, 데이터 처리, 이메일 발송, 웹 스크래핑 등 다양한 작업을 자동화할 수 있습니다.

❺ **게임 개발** 파이게임(Pygame)과 같은 라이브러리로 게임을 개발할 수 있습니다.

❻ **임베디드 시스템** 마이크로파이썬과 같은 언어를 사용하여 마이크로컨트롤러에서 실행되는 시스템을 만들 수 있습니다.

그림 1-9 **파이썬의 다양한 활용 분야**

이외에도 네트워킹, 그래픽, GUI 프로그래밍 등의 넓은 분야에서 활용되고 있습니다. 파이썬은 강력함과 단순함, 그리고 개방성을 동시에 갖추고 있어 미래 세대의 학습과 현업에서 중요한 역할을 계속 차지하게 될 것입니다. 여러분도 파이썬의 세계에 입문하여 새로운 가능성을 탐색해 보길 바랍니다.

## 2 마이크로파이썬의 이해

마이크로파이썬(MicroPython)은 파이썬 3 프로그래밍 언어의 구현 방식 중 하나로, 마이크로컨트롤러에서 실행할 수 있도록 설계된 프로그래밍 언어입니다. 파이썬의 표준 라이브러리의 하위 집합을 포함하며, 제한된 하드웨어 리소스를 가진 마이크로컨트롤러에서도 효율적으로 동작할 수 있도록 최적화된 언어입니다. 이를 활용하여 사물인터넷 분야의 개발이나 다양한 임베디드 시스템에서 파이썬 프로그래밍을 가능하게 합니다.

그림 1-10 **마이크로파이썬의 로고** © Wikimedia Commons

### 하드웨어 제어가 가능한 언어

파이썬과 마이크로파이썬의 가장 큰 차이점은 마이크로파이썬이 제한된 조건에서 작동하도록 설계된 언어라는 것입니다. 따라서 마이크로파이썬에는 파이썬의 전체 표준 라이브러리가 제공되지 않으며 파이썬 표준 라이브러리의 작은 하위 집합만 포함됩니다. 그러나 마이크로파이썬에는 하드웨어를 제어할 수 있는 모듈이 포함되어 있습니다. 예를 들어 입출력 회로인 GPIO 핀에 쉽게 접근하고 상호작용할 수 있는 라이브러리가 있음을 의미합니다.

## 3 마이크로파이썬 IDE

IDE(Integrated Development Environment)는 소프트웨어를 개발하기 위한 통합 개발 환경을 말합니다. 마이크로파이썬 코드를 작성할 때 필요한 마이크로파이썬 IDE의 종류에 대해 알아보겠습니다.

**❶ Thonny** Thonny는 마이크로파이썬을 위한 주요 IDE 중 하나로, 특히 입문자에게 친숙하게 설계되었습니다. ESP8266 및 ESP32와 같은 마이크로컨트롤러에 마이크로파이썬을 쉽게 설치하고 코드를 업로드할 수 있습니다.

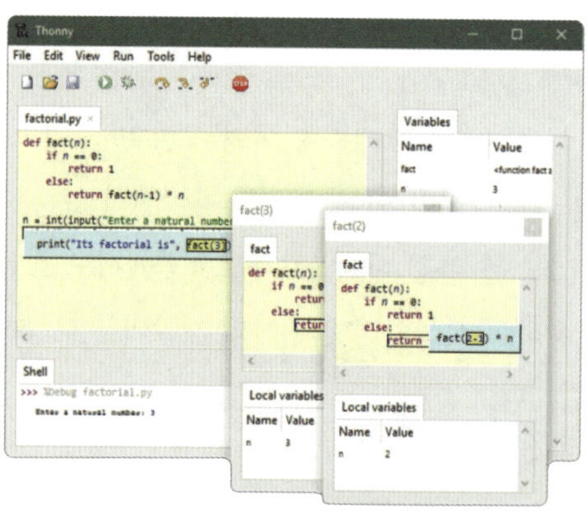


그림 1-11 **Thonny IDE의 로고와 실행 화면** © https://thonny.org/

❷ **uPyCraft** uPyCraft IDE는 ESP8266 및 ESP32와 같은 마이크로컨트롤러용 마이크로파이썬 개발을 위해 설계되었습니다. 코드 편집, 파일 관리, 직렬 통신 등의 기능을 제공합니다.

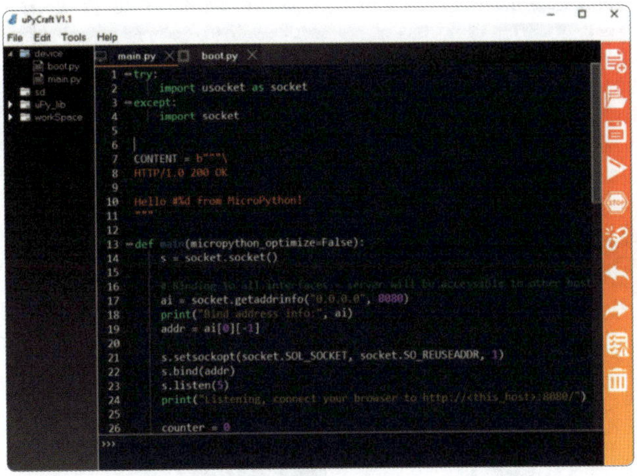


그림 1-12 **uPyCraft IDE의 실행 화면** © randomnerdtutorials.com

❸ **Mu Editor** Mu Editor는 입문자를 위한 간단한 파이썬 편집기로, 마이크로파이썬과 써킷파이썬(CircuitPython)을 지원합니다. 사용자가 입력한 코드를 읽고(Read), 평가하여(Eval), 그 결과를 출력하는(Print) 대화형 프로그래밍 환경인 REPL(Read–Eval–Print–Loop)로 실시간으로 코드를 실행하고 테스트할 수 있습니다.

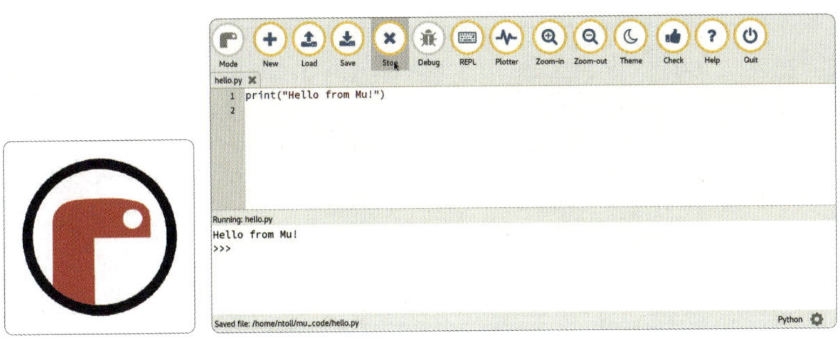


그림 1-13 **Mu Editor IDE의 실행 화면** © https://codewith.mu/

❹ **Visual Studio Code(VS Code)** VS Code는 다양한 프로그래밍 언어를 지원하는 인기 있는 편집기입니다. 마이크로파이썬 전용 확장 프로그램을 설치하면 VS Code에서도 마이크로파이썬 개발을 할 수 있습니다.

❺ **PyCharm** 파이참(PyCharm)은 젯브레인(JetBrains)에서 개발한 파이썬 전용 IDE로, 마이크로파이썬 플러그인을 통해 마이크로파이썬 개발을 지원합니다.

## 4 마이크로파이썬 지원 보드

마이크로파이썬은 다양한 장치와 보드에서 실행 가능합니다. 대표적인 보드로는 ESP32, ESP8266, 파이보드(Pyboard), 라즈베리 파이 피코보드(Raspberry Pi Pico), 에이다프루트 서킷 플레이그라운드 익스프레스(Adafruit Circuit Playground Express), 마이크로비트(Micro:bit) 등이 있습니다.

그림 1-14 **마이크로파이썬이 지원하는 보드의 종류**

**여기서 잠깐** **마이크로파이썬을 사용하는 이유**

파이썬은 가장 널리 사용되는 간단하고 배우기 쉬운 프로그래밍 언어 중 하나입니다. 그런 파이썬보다 훨씬 간결한 마이크로파이썬의 출현으로 디지털 전자 장치를 프로그래밍하는 것이 쉽고 간단해졌습니다. 이전에 디지털 전자 장치를 프로그래밍한 적이 없다면 마이크로파이썬이 좋은 출발점이 될 것입니다. 마이크로파이썬의 목표는 디지털 전자 장치 프로그래밍을 과정을 간단하게 만들어 누구나 사용할 수 있도록 하는 것입니다. 현재 마이크로파이썬은 연구원, 교사, 교육자들이 사용하고 있으며 상용 제품에도 널리 활용되고 있습니다.

Section
# 03 마이크로컨트롤러의 이해

이 책에서는 마이크로컨트롤러인 ESP32 보드를 이용하여 다양한 센서와 액추에이터를 다루는 법을 배우고 마이크로파이썬과 ESP32 보드를 사용한 융합 프로젝트를 진행할 것입니다. 본격적인 프로젝트에 들어가기 전에 마이크로컨트롤러의 개념과 ESP32 보드에 대해 알아봅시다.

## 1 마이크로컨트롤러

마이크로컨트롤러(Microcontroller)는 하나의 칩 안에 CPU, 메모리, 입출력 포트 및 기타 주변 장치를 통합한 소형 컴퓨터입니다. 주로 특정 작업을 수행하기 위해 설계된 임베디드 시스템의 핵심 구성요소로 사용됩니다. 소형화, 저전력 소모, 실시간 처리 등의 특징을 가지며, 외부 장치와의 인터페이스를 이용하여 센서 데이터 수집, 액추에이터 제어 등의 작업을 수행합니다.

### 마이크로컨트롤러의 구성요소

마이크로컨트롤러의 구성요소는 다음과 같습니다.

- **CPU(Central Processing Unit)** 마이크로컨트롤러의 중앙처리장치로, 프로그램 명령을 해석하고 실행합니다. 일반적으로 8비트, 16비트, 32비트 등 다양한 아키텍처가 사용됩니다.
- **RAM(Random Access Memory)** 임시 데이터를 저장하는 메모리로, 프로그램 실행 중에 데이터를 저장하고 읽는 데 사용됩니다.
- **ROM(Read-Only Memory)** 프로그램 코드를 저장하는 메모리로, 전원을 꺼도 내용이 지워지지 않습니다. 플래시 메모리 형태로 많이 제공됩니다.
- **입출력 포트(I/O Ports)** 디지털 및 아날로그 신호를 처리할 수 있는 포트로, 센서, 액추에이터, 디스플레이 등 외부 장치와의 인터페이스를 제공합니다.

• **타이머/카운터** 정확한 시간 지연을 구현하거나 특정 이벤트를 계수하는 데 사용하는 장치입니다.

• **통신 인터페이스** UART(Universal Asynchronous Receiver/Transmitter), SPI(Serial Peripheral Interface), I2C(Inter-Integrated Circuit) 등 다양한 통신 프로토콜을 지원하여 다른 장치나 마이크로컨트롤러와 데이터를 교환할 수 있습니다.

• **ADC(Analog-to-Digital Converter)** 아날로그 신호를 디지털 신호로 변환하는 장치입니다. 센서로 아날로그 데이터를 수집할 때 사용됩니다.

• **DAC(Digital-to-Analog Converter)** 디지털 신호를 아날로그 신호로 변환하는 장치로, 아날로그 출력이 필요할 때 사용됩니다.

## 마이크로컨트롤러의 주요 특징

마이크로컨트롤러의 주요 특징에는 소형화, 저전력 소모, 실시간 처리, 신뢰성이 있습니다.

• **소형화** 하나의 칩에 여러 기능을 통합하였기 때문에 공간 절약과 비용 절감에 유리합니다.

• **저전력 소모** 에너지 효율성이 높아 배터리로 구동되는 장치에 적합합니다.

• **실시간 처리** 정해진 시간 내에 특정 작업을 수행해야 하는 실시간 응용 작업에 적합합니다.

• **신뢰성** 내장형 시스템으로 설계되어 외부 간섭에 강하고 높은 신뢰성을 제공합니다.

이러한 구성과 특징을 가진 마이크로컨트롤러는 다양한 분야에서 활용될 수 있습니다. 마이크로컨트롤러의 응용 분야는 [표 1-1]에서 확인할 수 있습니다.

**표 1-1 마이크로컨트롤러의 응용 분야**

| 응용 분야 | 응용 예시 |
|---|---|
| 가전제품 | 세탁기, 전자레인지, TV 리모컨 등 다양한 가전제품에서 제어 기능을 수행합니다. |
| 자동차 | 엔진 제어, 에어백 시스템, ABS, 인포테인먼트 시스템 등 다양한 자동차 전자 시스템에 사용됩니다. |
| 산업용 기기 | 공장 자동화 시스템, 로봇 제어, 계측 장비 등 산업용 제어 시스템에 적용됩니다. |
| 의료기기 | 혈당 측정기, 심박수 모니터, 인공호흡기 등 다양한 의료기기에서 중요한 역할을 합니다. |
| 사물인터넷 | 스마트 홈 기기, 웨어러블 기기, 스마트 시티 인프라 등의 핵심 요소로 사용됩니다. |

## 2 ESP32 모듈

ESP32-WROOM-32는 에스프레시프 시스템즈(Espressif Systems)에서 제작한 마이크로컨트롤러 모듈입니다. ESP32 칩과 필수적인 주변 회로, 플래시 메모리 등을 포함하고 있는 응용 모듈로, 다양한 개발 보드의 핵심 구성요소로 사용됩니다. ESP32-WROOM-32 모듈은 와이파이 및 블루투스 기능을 내장하고 있으며, ESP32 칩의 모든 기능을 활용할 수 있도록 설계되었습니다. 그런 ESP32 모듈의 상세 스펙은 [표 1-2]와 같습니다.

표 1-2 **ESP32-WROOM-32 모듈 상세 스펙**

| 칩 셋 | ESP32-D0WDQ6 칩을 사용, 듀얼 코어 CPU를 탑재 |
|---|---|
| 처리 능력 | 최대 240 MHz |
| 플래시 메모리 | 4MB SPI 플래시 |
| RAM | 520KB SRAM |
| 네트워크 | Wi-Fi 802.11 b/g/n 및 Bluetooth 4.2 / BLE 지원 |
| 입출력 | 최대 36개의 GPIO 핀 |
| 기타 특징 | ADC, DAC, SPI, UART, I2C, PWM 등 다양한 통신 프로토콜 지원 |
| 전력 | 약 3.3V 작동 전압 |

그림 1-15 **ESP32-WROOM-32 모듈** © https://www.icbanq.com/

## 3 ESP32 보드

ESP32 개발 보드는 ESP32 모듈을 기반으로 회로를 구축하는 브레드보드형 핀 배열과 USB 인터페이스, 정전압 레귤레이터 등을 추가하여 개발 작업에 편리한 보드로 만든 마이크로컨트롤러를 말합니다. ESP32 개발 보드는 사물인터넷 개발 프로젝트에 널리 사용되며, 다양한 센서와 연결하여 데이터를 수집하고 원격으로 제어할 수 있습니다. ESP32 보드는 전력 소모가 낮지만, 높은 성능을 제공하고 다양한 개발 환경과 호환됩니다.

ESP32 보드는 다양한 시리즈와 모델을 제공하며 각각의 시리즈는 특정 기능과 특성을 갖추고 있습니다. 다음은 ESP32 보드의 주요 시리즈입니다.

- **ESP32-S 시리즈** 기본적인 와이파이와 블루투스 기능이 탑재되어 있으며 일반적인 사물인터넷 애플리케이션 개발에 적합합니다.
- **ESP32-C 시리즈** 추가 보안 기능을 제공하고 향상된 저전력 모드를 갖추었습니다. 보안이 중요하고 전력 소비를 최소화해야 하는 애플리케이션에 적합합니다.
- **ESP32-H 시리즈** 더 높은 RF 성능을 제공하며 고성능을 요구하는 애플리케이션에 최적화되어 있습니다.

**여기서 잠깐** **에스프레시프 시스템즈 공식 사이트**

다양한 보드의 활용과 문서 정보에 관한 내용은 에스프레시프 시스템즈의 공식 사이트(https://www.espressif.com/en/products/devkits)에서 확인할 수 있습니다.

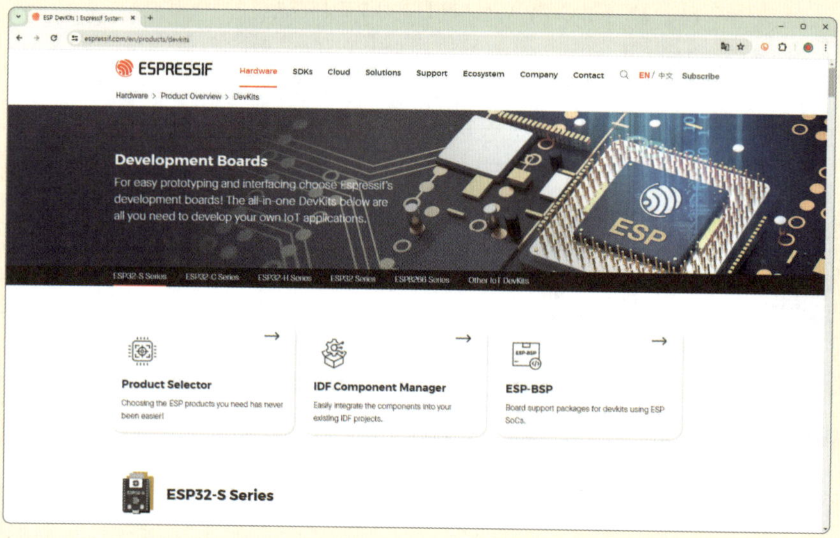


그림 1-16 **에스프레시프 시스템즈의 공식 사이트** © https://www.espressif.com/

## 요약

### 1. 피지컬 컴퓨팅

- **하드웨어(Hardware):** 컴퓨터의 물리적 구성요소로 컴퓨터를 구성하는 주변 장치를 말합니다.
- **소프트웨어(Software):** 하드웨어에 명령을 내려 특정 작업을 수행하게 하는 비물리적인 지시, 데이터, 프로그램의 집합을 말하며 시스템 소프트웨어와 응용 소프트웨어로 구분됩니다.
- **피지컬 컴퓨팅(Physical Computing):** 컴퓨터를 사용하여 실제 환경과 상호작용하는 시스템을 설계하고 구현하는 분야를 말합니다.
- **디지털(Digital):** 정보를 불연속적인 값, 즉 0과 1로 이루어진 이진 코드로 표현하는 방식입니다.
- **아날로그(Analog):** 연속적인 신호나 데이터를 나타내며 물리적인 양이나 시간에 따라 연속적으로 변화하는 방식으로 정보를 표현합니다.

### 2. 파이썬과 마이크로파이썬

- **파이썬(Python):** 컴퓨터가 이해할 수 있는 프로그래밍 언어로 간결하고 직관적인 문법이 특징입니다.
- **마이크로파이썬(MicroPython):** 파이썬 기반의 간단하고 강력한 프로그래밍 언어로, 하드웨어 제어에 최적화되어 있습니다.
- **IDE(Integrated Development Environment):** 소프트웨어를 개발하기 위한 통합 개발 환경을 말합니다.
- **Thonny IDE:** 마이크로파이썬 코드를 작성하고 ESP32 보드에 업로드하는 데 사용하는 편리한 통합 개발 환경입니다.

### 3. 마이크로컨트롤러의 이해

- **마이크로컨트롤러:** 센서로 입력된 데이터를 처리하고, 액추에이터를 제어하는 프로그래밍이 가능한 소형 컴퓨터입니다.
- **ESP32 보드:** 강력한 마이크로컨트롤러로 다양한 입출력 옵션을 제공합니다.

CHAPTER

# 02

# 파이썬 기초 문법 I

01 파이썬 시작하기

02 변수와 자료형

03 문자열

04 연산자

05 제어문

요약

도전 문제: 파이썬 문법을 활용한 다양한 문제 풀어보기

**학습목표**

- Thonny 파이썬을 설치하고 사용하는 방법을 배웁니다.
- 간단한 파이썬 코드를 작성하고 실행합니다.
- 변수, 자료형, 연산자, 제어문 등 파이썬의 핵심 문법을 학습하고 활용하는 실습을 진행합니다.

## 이번 장에선 무엇을 배우나요?

이번 장에서는 파이썬 프로그래밍의 기초를 이해하고 다양한 프로그래밍 개념을 학습합니다. 먼저 Thonny IDE를 설치하고, 파이썬의 기본 출력 명령인 `print()` 문을 이해하는 것부터 시작합니다. 이후 변수와 자료형, 문자열, 연산자, 제어문의 사용법을 배웁니다. 이 과정으로 파이썬의 기본 문법을 확실히 다지고, 나아가 파이썬 피지컬 컴퓨팅의 다양한 프로젝트를 만들어볼 수 있는 기초 능력을 갖추게 됩니다. 이번 장의 배움으로 여러분은 프로그래밍에 대한 자신감을 키우고, 복잡한 프로젝트를 구현하는 데 필요한 기초 지식을 탄탄히 쌓을 수 있을 것입니다.

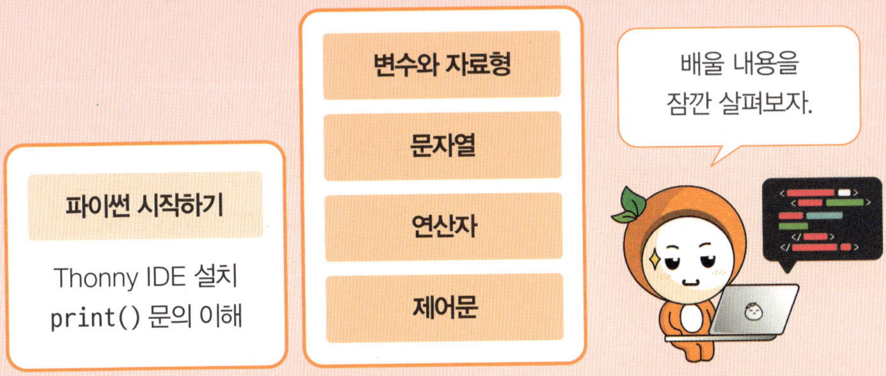

# Section 01 파이썬 시작하기

파이썬을 시작할 때 다양한 통합 개발 환경(IDE)을 사용할 수 있지만, 이 책에서는 Thonny IDE를 이용하여 파이썬 기초 문법을 다루어 보겠습니다.

## 1 Thonny IDE 설치하기

Thonny IDE는 마이크로파이썬을 사용할 수 있는 통합 개발 환경입니다. 기존의 파이썬 IDE와 다르게 단순하고 꼭 필요한 기능 위주의 GUI 환경을 제공합니다. Thonny IDE는 파이썬 학습을 시작하는 초보자들이 학습하기 좋은 환경을 제공하고, 파이썬으로 하드웨어를 제어할 때 특히 유용합니다. 그런 Thonny IDE의 특징은 다음과 같습니다.

- **내장된 파이썬 인터프리터** Thonny는 '파이썬 3'를 내장하고 있어 별도의 파이썬 설치 없이도 즉시 프로그래밍을 시작할 수 있습니다.
- **디버깅 도구** 변수의 값을 실시간으로 확인하거나 코드의 실행 흐름을 단계별로 추적할 수 있습니다.
- **간단한 코드 편집기** 코드 강조, 자동 완성, 괄호 매칭 등의 기능을 제공합니다.
- **마이크로파이썬 지원** ESP8266 및 ESP32 보드와 같은 마이크로컨트롤러에 마이크로파이썬을 쉽게 설치하고 코드를 업로드할 수 있습니다.

**01** Thonny의 설치를 위해 공식 홈페이지(https://thonny.org/)에 접속합니다. 실습 PC에 해당하는 운영체제를 선택하여 설치 파일을 다운로드합니다.

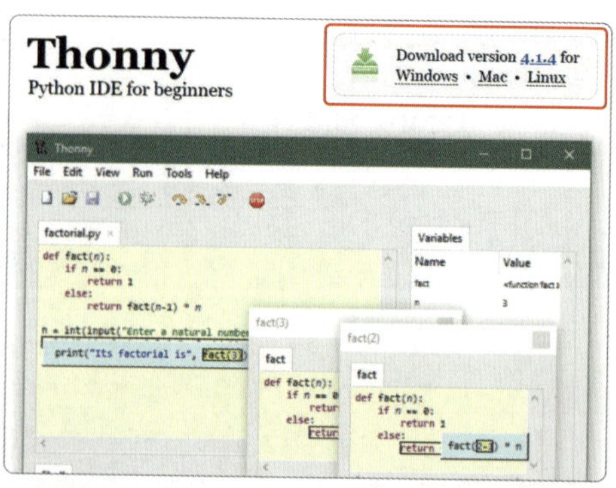

**02** 다운로드한 설치 파일을 실행한 뒤 [Install for me only]를 클릭합니다. 이후의 옵션은 〈Next〉를 클릭하여 설치를 계속 진행합니다.

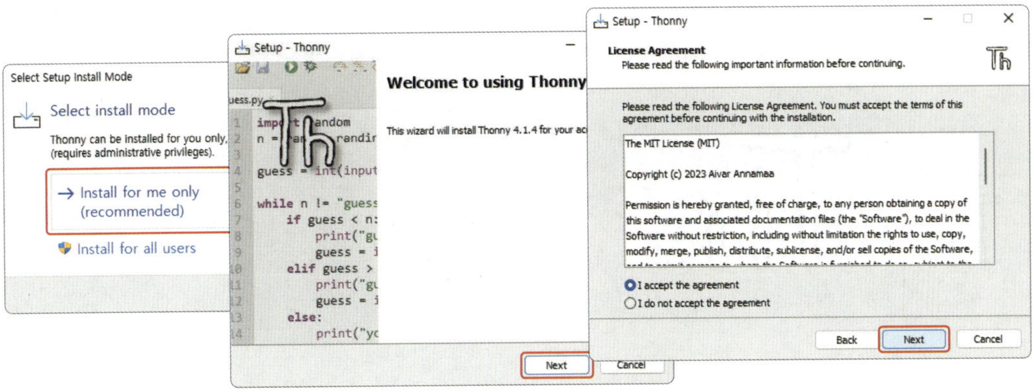


**03** 설치할 폴더의 위치와 바탕화면의 아이콘 유/무 옵션을 확인한 뒤 〈Next〉를 클릭하여 설치를 이어갑니다.

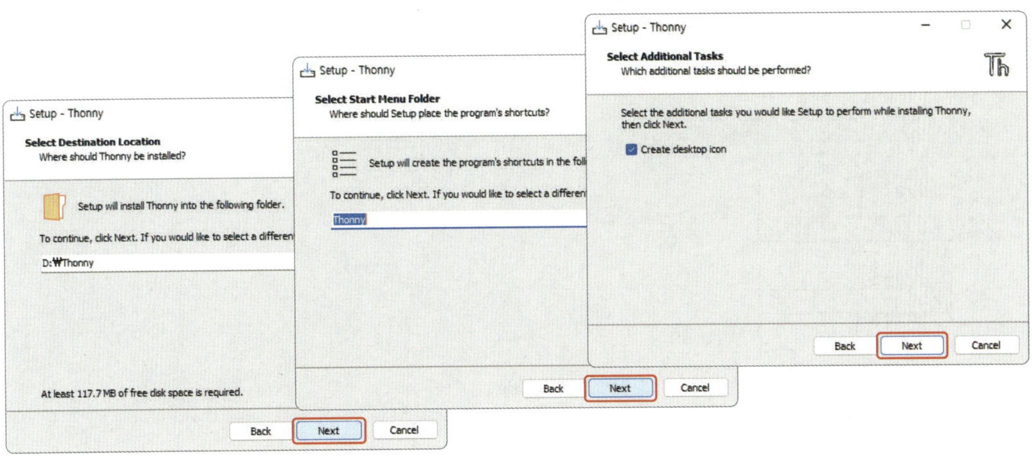


**04** 〈Install〉을 클릭하여 설치를 이어갑니다. 〈Finish〉를 클릭하여 설치를 완료합니다.

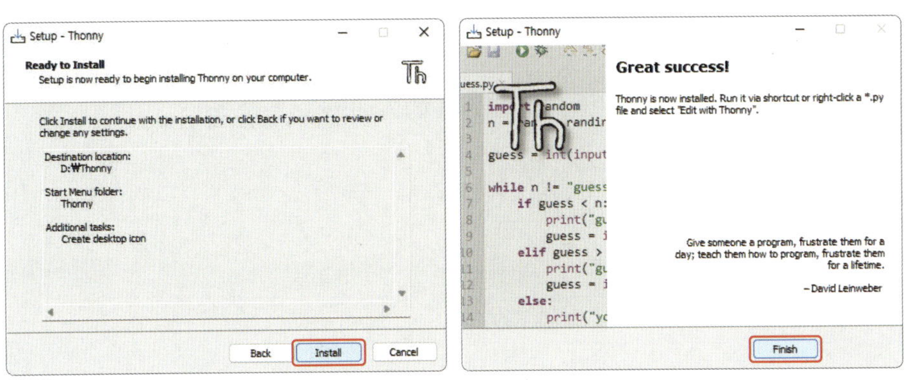

**05** 설치가 완료되면 [검색]에서 'Thonny'를 검색한 뒤 해당 아이콘을 클릭하여 실행하거나, 바탕화면 바로 가기 아이콘을 클릭하여 실행합니다. Thonny가 실행되면 언어를 설정할 수 있는 창이 생성됩니다. 언어를 선택 후 〈Let's go!〉를 클릭합니다.

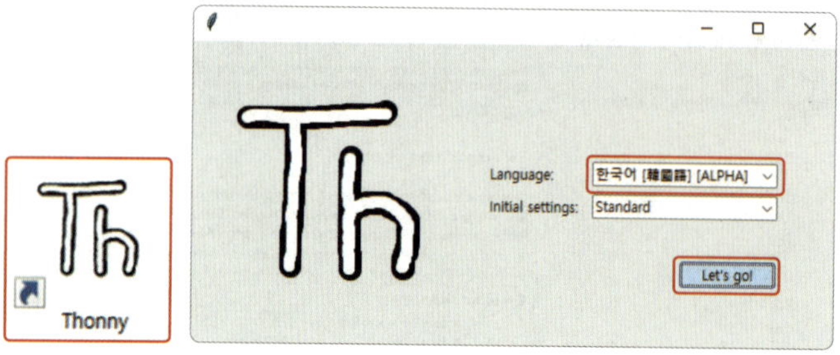


## 2 Thonny IDE 실습환경 설정하기

**01 기능 창 설정하기** 프로그래밍 효율을 높이기 위해 인터페이스를 설정합니다. [보기] 메뉴를 선택한 뒤 [쉘], [파일]을 선택합니다. 작업 내용과 사용자 편의에 따라 선택하여 화면을 구성합니다.

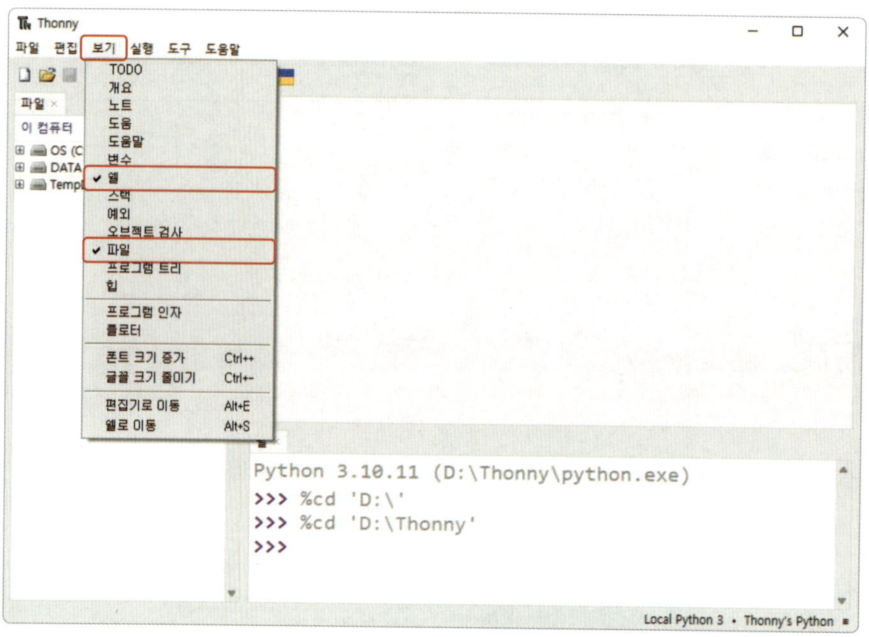

**02 작업 폴더 생성하기** 파이썬 기초 문법 코드 관리를 위해 PC에 작업 폴더를 생성합니다. [파일]의 메뉴(≡)에서 [새로운 디렉토리...]를 선택하고 '파이썬 기초 문법'으로 이름을 설정합니다.

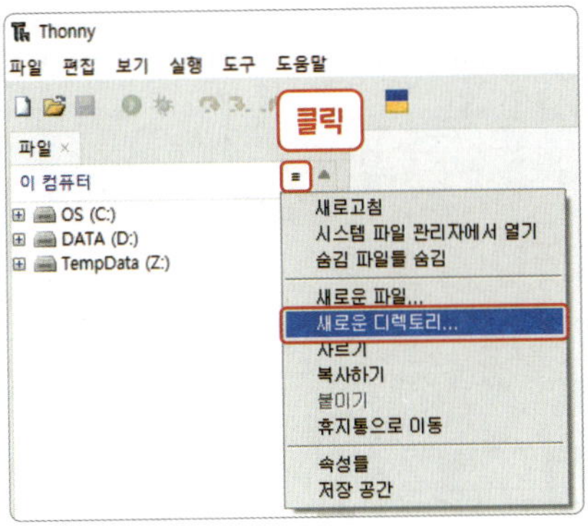


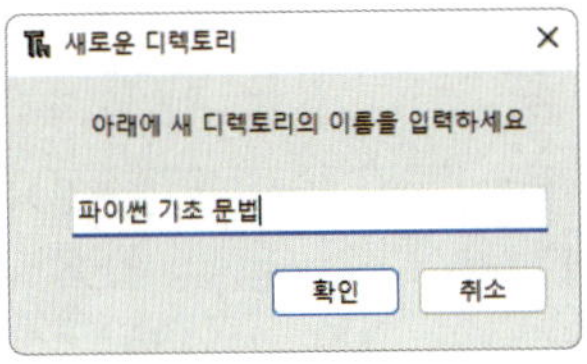


**03 인터프리터 설정하기** [실행]에서 [인터프리터 환경설정]을 선택합니다. '인터프리터' 항목에서 Thonny의 인터프리터를 'Local Python 3'로 설정합니다.

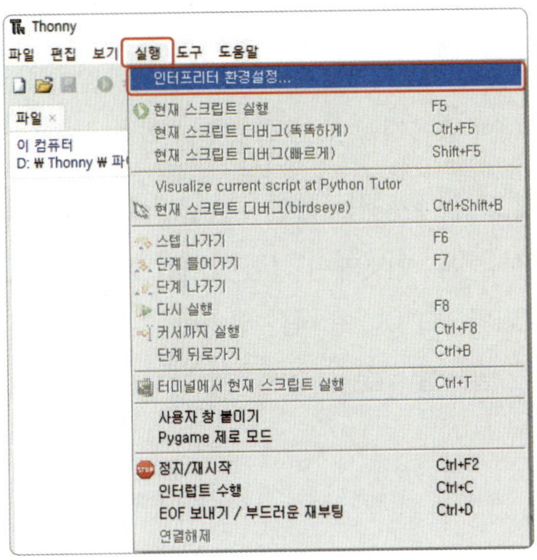


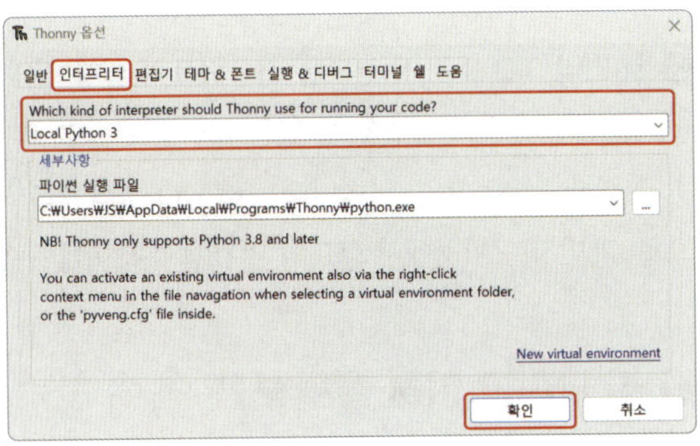

하드웨어를 사용하는 4장에서 ESP32 보드와 연결할 때는 'Micropython(esp32)'로 설정합니다.

Thonny의 인터프리터 설정을 마치면 파이썬 코드들은 [파일]-[...(으)로 저장]을 이용하여 'C:\파이썬 기초 문법' 폴더에 원하는 이름으로 저장할 수 있습니다. 이 외에도 파일 저장 경로는 사용자가 직접 설정할 수 있습니다.

## 작업 영역 확인하기

각 작업 영역은 [그림 2-1]과 같습니다.

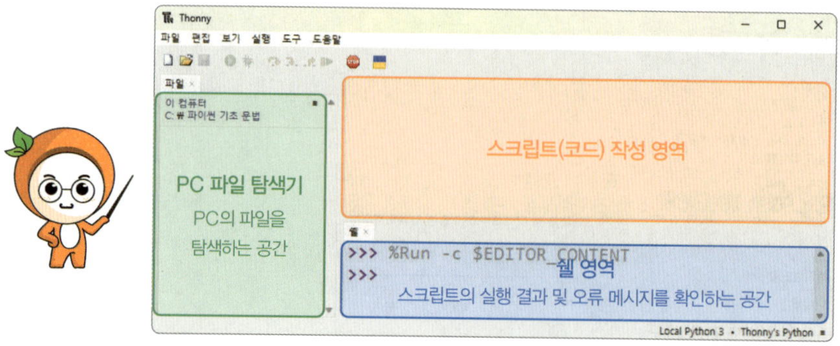


그림 2-1 **Thonny IDE 작업 영역**

❶ **PC 파일 탐색기** 사용자의 로컬 시스템에 있는 파일과 디렉토리를 탐색할 수 있는 영역이며 이곳에서 파이썬 스크립트 파일을 열거나 새로운 파일을 생성할 수 있습니다.

❷ **스크립트 작성 영역** 파이썬 스크립트(코드)를 작성하고 편집할 수 있는 주요 작업 영역입니다. 구문 강조, 코드 자동 완성, 오류 강조 등의 기능을 제공하여 효율적인 코드 작성을 도와줍니다.

❸ **쉘 영역/TO DO** 쉘 영역은 스크립트의 실행 결과 및 오류 메시지를 확인하는 공간으로 파이썬 코드를 실시간으로 실행할 수 있는 대화형 콘솔입니다. 사용자는 이곳에서 직접 파이썬 명령을 입력하고 결과를 확인할 수 있습니다. TO DO 영역은 코드 내의 TO DO 주석을 확인할 수 있는 영역으로, 개발자는 이곳에서 코드의 미완성 부분이나 수정이 필요한 부분을 쉽게 확인할 수 있습니다.

## 툴 바 아이콘 기능 살펴보기

[그림 2-2]는 사용자가 특정 기능을 빠르게 사용할 수 있도록 하는 아이콘들입니다.

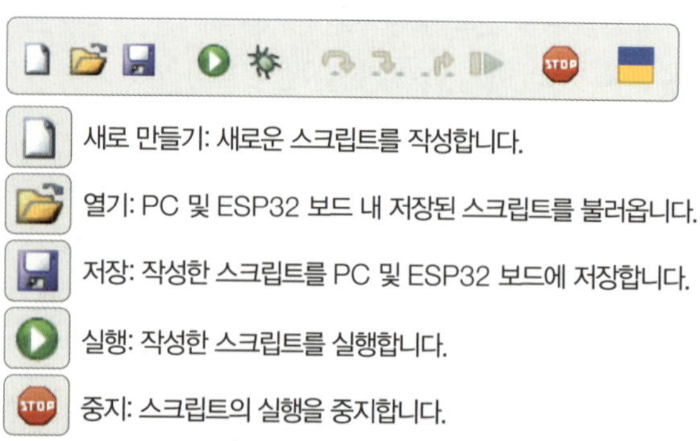


그림 2-2 **Thonny IDE 툴 바 아이콘 설명**

## 기타 설정

사용자의 필요에 따라 Thonny 편집기를 설정할 수 있습니다. [도구]-[옵션]-[편집기]에서 '라인 넘버 보이기'를 선택합니다. [테마 & 폰트]에서는 원하는 글꼴과 글자 크기를 설정하여 사용할 수 있습니다.

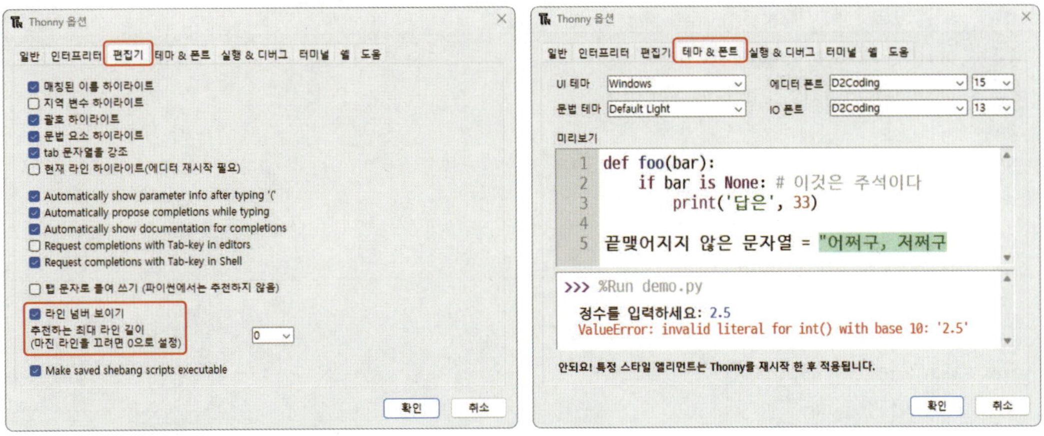


그림 2-3 Thonny 편집기의 기타 설정 항목

# 3 print() 함수의 이해

print() 함수는 파이썬에서 가장 기본적이고 많이 사용되는 함수 중 하나입니다. 이 함수는 괄호 안에 있는 내용을 화면에 출력하는 역할을 합니다. 파이썬을 처음 시작할 때, 코드의 결과를 확인하거나, ESP32 보드에서 데이터값을 확인할 때 print() 함수를 사용합니다.

## 문자열 출력하기

파이썬에서 print() 함수를 사용하여 문자열을 출력할 때, 문자열을 정의해야 합니다. 이때 사용하는 두 가지 따옴표가 있는데, 바로 작은따옴표(')와 큰따옴표(")입니다. 둘 다 문자열을 정의하는 데 유효하며, 선택적으로 사용할 수 있습니다.

```
# 따옴표를 이용한 문자열 출력
print("Hello, Python")
print('Hello, Python')
>>>
 Hello, Python
 Hello, Python
```

문자열 내에 작은따옴표(')가 사용되어 있으면 큰따옴표(")를 사용하고, 문자열 내에 큰따옴표(")가 있으면 작은따옴표(')를 사용합니다. 하지만 따옴표 앞에 백슬래시(\)를 이용하면 동일한 따옴표를 사용할 수 있습니다.

**실습 2-1 문자열 내에 따옴표가 있을 때의 사용** 2-1.py

```
# 문자열 내에 따옴표를 사용
print("It's a beautiful day!")
print('She said, "Hello, World!" ')

# 백슬래시를 사용
print('It\'s a beautiful day!')
print("She said, \"Hello, World!\" ")
```

```
It's a beautiful day!
She said, "Hello, World!"
It's a beautiful day!
She said, "Hello, World!"
```

세 개의 연속된 따옴표(''', """)를 사용하여 여러 줄에 걸친 문자열을 정의할 수 있습니다. 또한 코드상에 줄을 띄워 작성하여도 한 줄로 처리하고 싶을 때는 나누어지는 문장 끝에 백슬래시를 이용하면 한 줄로 출력할 수 있습니다.

**실습 2-2 연속된 따옴표와 백슬래시의 사용** 2-2.py

```
# 연속된 따옴표를 사용
print("""
Hello,
World
""")

# 백슬래시를 사용하여 한줄로 처리
print(" Hello, World! " \
      "It's a beautiful day!")
```

```
Hello,
World

Hello, World! It's a beautiful day!
```

Section 02

# 변수와 자료형

## 1 변수의 이해

변수(Variable)는 프로그래밍에서 데이터를 저장하거나 참조하기 위한 메모리 공간에 부여된 이름입니다. 쉽게 말해, 데이터를 저장하는 상자와 같습니다. 이 상자에는 숫자, 문자열, 리스트 등 다양한 자료형의 값을 저장할 수 있습니다. 변수는 프로그램의 로직을 작성하거나 데이터를 처리할 때 매우 중요한 역할을 합니다. 변수를 잘 활용하면 코드를 효과적으로 작성하고 데이터를 효율적으로 관리할 수 있습니다.

그림 2-4 **변수의 이해**

## 2 변수 선언 및 할당

파이썬에서는 변수를 선언할 때 자료형(Data Type)을 명시적으로 지정할 필요가 없습니다. 파이썬은 동적 타입 언어이기 때문에, 변수의 자료형은 실행 시점에 결정됩니다. 그러므로 변수의 자료형은 할당되는 값에 따라 변경될 수 있습니다. 변수에 값을 할당할 때에는 등호(=) 기호를 사용합니다.

```
x = 10           # 정수형 변수
y = 20.5         # 부동소수점 변수
name = "John"    # 문자열 변수
```

## 변수명의 규칙

변수명은 문자, 숫자, 밑줄(_)로 구성할 수 있습니다. 하지만 숫자로 시작할 수는 없습니다. 또한 파이썬의 키워드(예 if, else, while 등)도 변수명으로 사용할 수 없습니다. 변수명은 의미 있는 이름을 사용하여 코드의 가독성을 높이는 것이 좋습니다.

```
age = 25            # 좋은 변수명
a = 25              # 의미를 알기 어려운 변수명
user_age = 25       # 더 구체적인 변수명
```

## 변수의 출력

변수는 데이터를 저장하는 그릇과 같습니다. 예를 들어, 센서에서 읽은 값을 저장하거나 설정값을 변수에 저장하여 사용할 수 있습니다. temperature라는 변수에 25.5라는 값을 저장하고, print() 함수를 사용하여 "온도:"라는 문자와 함께 해당 값을 출력하는 코드는 [실습 2-3]과 같습니다.

**실습 2-3 변수를 선언한 뒤 해당 값을 출력하기** 2-3.py

```
# 변수 출력
temperature = 25.5
print("온도:", temperature)
```

```
온도: 25.5
```

# 3 자료형의 이해

파이썬은 다양한 자료형을 지원하여 여러 종류의 정보를 효율적으로 저장하고 처리할 수 있습니다. 자료형은 파이썬에서 다양한 작업을 수행할 때 사용되며, 특정 문제를 해결하기 위해선 적절한 자료형을 선택하는 것이 중요합니다. 다음은 파이썬에서 주로 사용하는 기본 자료형의 종류와 설명입니다.

## 파이썬의 기본 자료형

### ■ 정수형 int

3, −2, −1, 0, 1, 2, 3과 같은 정숫값을 저장할 때에는 int 형을 사용합니다.

### ▪ 부동소수점 float

−3.5, 0.0, 1.2와 같이 소수점을 포함한 숫자를 저장할 때에는 float 형을 사용합니다.

### ▪ 문자열 str

"Hello, World!", 'Python' 등과 같은 문자나 단어, 문장을 저장할 때 str 형을 사용합니다. 큰따옴표 또는 작은따옴표로 둘러싸서 표현합니다.

### ▪ 불리언 bool

True 또는 False 값을 저장하는 자료형으로 주로 조건문에서 사용됩니다.

[실습 2-4]는 파이썬의 기본 자료형을 활용하여 데이터를 저장한 뒤, 해당 자료형이 무엇인지 출력하는 코드입니다.

**실습 2-4 파이썬 기본 자료형 출력하기** 2-4.py

```python
x = 5
print(type(x))
y = 10.5
print(type(y))
name = "Python"
print(type(name))
is_student = True
print(type(is_student))
```

```
<class 'int'>
<class 'float'>
<class 'str'>
<class 'bool'>
```

## 4 복합 자료형

복합 자료형(Composite Data Types)은 여러 개의 값을 한 번에 저장하고 관리할 수 있는 구조를 제공합니다. 이 자료형은 컬렉션(Collection)이라고도 불립니다. 복합 자료형에는 리스트, 튜플, 딕셔너리, 집합이 있습니다.

### 리스트

리스트(List)는 여러 개의 값을 순서대로 저장하는 자료구조로 대괄호([]) 안에 쉼표로 값들을 구분하여 표현합니다.

예 [1, 2, 3], ['apple', 'banana', 'cherry'], [("name", "John"), ("age", 25)]

```
fruits = ["apple", "banana", "cherry"]
print(type(fruits))
>>>
 <class 'list'>
```

■ **리스트의 항목과 인덱스**

리스트의 각 항목으로는 문자열, 정수, 실수, 객체 등 다양한 자료형을 포함할 수 있습니다.

```
numbers = [1, 2, 3, 4, 5]  # 정수를 포함한 리스트
mixed_list = [1, "apple", 3.14, True, [1, 2, 3]]
# 다양한 자료형의 항목: 정수, 문자열, 실수, 불리언, 리스트
```

리스트는 다양한 자료형의 요소들을 순서대로 저장하는 자료 구조입니다. 이러한 요소 각각은 고유한 위치를 가지며, 이 위치를 인덱스(Index)라고 부릅니다. 리스트의 각 요소는 0부터 시작하는 고유한 인덱스를 가지며, 뒤에서부터 카운트하려면 음수 인덱스를 사용합니다. 여기서 리스트 인덱싱(Indexing)은 리스트의 특정 위치에 접근하기 위한 방법입니다. 대괄호 안에 인덱스를 넣어 사용합니다.

```
fruits = ["apple", "banana", "cherry", "date"]

print(fruits[0])     # 인덱스 0 추출
print(fruits[2])     # 인덱스 2 추출
print(fruits[-1])    # 인덱스 오른쪽(끝)에서부터 첫번째 추출
print(fruits[-3])    # 인덱스 오른쪽(끝)에서부터 세번째 추출
>>>
 apple
 cherry
 date
 banana
```

리스트는 인덱싱으로 리스트 내의 요소를 직접 수정할 수 있습니다. 또한 슬라이싱(Slicing)을 이용하여 리스트의 부분적인 범위를 추출할 수 있습니다. [실습 2-5]의 10~11행의 [1:3], [:2]처럼 (:)기호를 사용합니다.

**실습 2-5 인덱싱과 슬라이싱 사용하기** 2-5.py

```
# 인덱싱으로 리스트 내의 요소 수정
fruits = ["apple", "banana", "cherry", "date"]
fruits[1] = "orange"
fruits[-1] = "dragonfruit"
print(fruits)

# 슬라이싱을 이용해 리스트 부분을 추출
fruits = ["apple", "banana", "cherry", "date"]
print(fruits[1:3])   # 인덱스 1부터 2까지 추출
print(fruits[:2])    # 인덱스 0부터 1까지 추출
print(fruits[2:])    # 인덱스 2부터 끝까지 추출
print(fruits[::2])   # 인덱스 처음부터 두 칸씩 건너뛰며 추출
```

```
['apple', 'orange', 'cherry', 'dragonfruit']
['banana', 'cherry']
['apple', 'banana']
['cherry', 'date']
['apple', 'cherry']
```

### ■ 리스트 항목 추가하기

리스트는 다양한 메소드를 이용하여 항목을 추가할 수 있습니다. 먼저 append()는 리스트의 마지막 요소에 항목을 추가합니다.

```
# append() 메소드
fruits = ["apple", "banana"]
fruits.append("cherry")
print(fruits)
>>>
 ['apple', 'banana', 'cherry']
```

insert()를 이용하면 원하는 위치에 항목을 추가할 수 있습니다.

```
# insert() 메소드
fruits = ["apple", "banana"]
```

```
fruits.insert(1, "avocado")    # 인덱스 1의 자리에 avocado 항목 추가
print(fruits)
>>>
['apple', 'avocado', 'banana']
```

extend()는 리스트에 다른 리스트나 반복 가능한 다양한 객체의 모든 항목을 추가합니다.

```
fruits = ["apple", "banana"]
others = ["cherry", "date"]  # 리스트와 리스트를 합쳐서 확장
fruits.extend(others)
print(fruits)
>>>
['apple', 'banana', 'cherry', 'date']
```

■ **리스트 항목 제거하기**

remove()를 이용하여 지정된 값을 찾아 일치하는 항목을 제거합니다.

```
fruits = ["apple", "banana", "cherry"]
fruits.remove("banana")
print(fruits)
>>>
['apple', 'cherry']
```

pop()은 지정된 인덱스의 항목을 제거하고 반환합니다. pop()을 사용하면 제거된 항목의 값을 다른 변수에 저장하거나 이후의 작업에 사용할 수 있습니다. 인덱스를 지정하지 않으면 마지막 항목을 제거하고 반환합니다.

```
fruits = ["apple", "banana", "cherry"]
removed_fruit = fruits.pop(1)
print(removed_fruit)
print(fruits)
>>>
banana
['apple', 'cherry']
```

del을 이용하여 지정된 인덱스의 항목 또는 슬라이스를 제거합니다. 리스트의 지정된 인덱스의 항목을 제거하되, 해당 항목을 반환하지 않습니다. del은 리스트 항목 외에도 전체 리스트 또는 다른 객체를 완전히 삭제하는 데도 사용될 수 있습니다.

```
fruits = ["apple", "banana", "cherry"]
del fruits[1]
print(fruits)
>>>
 ['apple', 'cherry']
```

pop()은 제거된 항목을 반환하며, 주로 제거한 항목의 값을 이후에 사용하는 상황에 적합합니다. del은 제거된 항목을 반환하지 않으며, 단순히 항목이나 객체를 삭제할 때 사용됩니다.

## 튜플

튜플(Tuple)은 리스트와 유사하지만, 순서를 가진 값의 변경이 불가능한 자료구조입니다. 괄호 안에 값들을 쉼표로 구분하여 표현합니다. 괄호 없이도 쉼표로 구분된 값들은 튜플로 간주됩니다.

예 (1, 2, 3), ('apple', 'banana', 'cherry')

```
colors = ("red", "blue", "green")
print(type(colors))

t = "a", "b", "c"   # 괄호 없이도 튜플 생성 가능
print(type(t))
>>>
 <class 'tuple'>
 <class 'tuple'>
```

함수에서 여러 개의 값을 반환할 때 튜플을 사용하면 각각의 값을 따로 반환하는 것보다 코드가 더 간결하고 효율적입니다. [실습 2-6]으로 살펴보겠습니다.

**실습 2-6 함수에서 튜플 활용하기** 2-6.py

```
# 튜플로 반환
def dimensions():
    width = 1920
    height = 1080
    return width, height
print(dimensions())

# 언패킹: 함수의 반환값을 w, h에 각각 할당
w, h = dimensions()
print(w,h)
```

```
(1920, 1080)
1920 1080
```

여러 개의 값을 튜플로 묶는 것을 패킹(Packing)이라고 하며, 튜플의 값을 여러 변수에 분배하는 것을 언패킹(Unpacking)이라고 합니다.

## 딕셔너리

**딕셔너리(Dictionary)**는 키와 값을 쌍으로 저장하는 자료구조입니다. 중괄호({}) 안에 쉼표로 구분한 키:값 쌍을 넣어 표현합니다. **키(Key)**는 변경 불가능한(Immutable) 자료형이며, **값(Value)**은 어떤 자료형이든 될 수 있습니다. 딕셔너리는 구조화된 데이터를 표현하고 관리할 때 매우 중요하게 사용됩니다. 예 `{'name': 'John', 'age': 25}`

```
person = {"name": "John", "age": 30, "city": "New York"}
print(type(person))
>>>
 <class 'dict'>
```

[실습 2-7]은 딕셔너리의 키를 사용하여 값에 접근한 뒤 값을 변경하여 특정 키가 딕셔너리에 존재하는지 확인하는 코드입니다.

**실습 2-7 딕셔너리 활용하기** 2-7.py

```
person = {"name": "John", "age": 30, "city": "New York"}
name = person["name"]  # 값 접근하기
print(name)
```

```
person["age"] = 31      # 값 설정 및 변경
print(person["age"])

if "name" in person:    # 키 존재 확인하기
    print("Name is:", person["name"])
```

```
John
31
Name is: John
```

### ■ 딕셔너리의 주요 메소드

get() 메소드를 이용하여 키값을 반환할 수 있습니다. get 메소드의 첫 번째 인수는 찾고자 하는 키이고 두 번째 인수는 해당 키가 딕셔너리에 존재하지 않을 때 반환하는 값입니다. [실습 2-7]에 이어서 작성하고 확인합니다.

```
age = person.get("age", "Age not available")
area = person.get("area", "Area not available")
print(age," , ",area)
>>>
 31  ,  Area not available
```

keys()는 딕셔너리의 모든 키를 반환하고 values()는 딕셔너리의 모든 값을 반환합니다. items()은 딕셔너리의 모든 키-값 쌍을 반환합니다. 이것들은 list() 함수를 이용하여 리스트로 변환할 수 있습니다. [실습 2-8]로 확인합니다.

**실습 2-8** key(), values(), items(), list() 함수 사용하기 2-8.py

```
person = {"name": "John", "age": 31, "city": "New York"}

keys = list(person.keys())          #dict_keys
values = list(person.values())      #dict_values
items = list(person.items())        #dict_items

print(keys)
print(values)
print(items)
```

```
['name', 'age', 'city']
['John', 31, 'New York']
[('name', 'John'), ('age', 31), ('city', 'New York')]
```

[실습 2-9]와 같이 for 문을 이용하여 딕셔너리의 각 키-값 쌍을 순회한 뒤 각각의 키와 값에 자료를 할당하여 출력할 수 있습니다.

**실습 2-9** for 문을 활용하여 딕셔너리의 키-값 출력하기 2-9.py

```python
person = {"name": "John", "age": 31, "city": "New York"}

items = person.items()
for key, value in items:
    print(key, value)
```

```
name John
age 31
city New York
```

del과 pop() 메소드를 이용하여 특정 키-값을 삭제할 수 있습니다. del은 특정 키에 해당하는 키-값을 삭제하고 반환값이 없습니다.

```python
phonebook = {"Alice": "123-4567", "Bob": "987-6543","Hyun":"716-4486"}
del phonebook["Alice"]
print(phonebook)
>>>
 {'Bob': '987-6543', 'Hyun': '716-4486'}
```

pop()은 키에 해당하는 값을 반환하고 그 키-값 쌍을 삭제합니다.

```python
phonebook = {"Alice": "123-4567", "Bob": "987-6543"}
number = phonebook.pop("Alice")
print(number)
print(phonebook)

number = phonebook.pop("Charlie", "해당 이름의 연락처가 없습니다.")
print(number)
>>>
 123-4567
 {'Bob': '987-6543'}
 해당 이름의 연락처가 없습니다.
```

## 집합

집합(Set)은 순서가 없는 자료구조로 중복된 값을 포함하지 않습니다. 중괄호({}) 또는 set() 함수를 사용하여 표현합니다. 예 {1, 2, 3}, set(['apple', 'banana', 'cherry'])

[실습 2-10]은 집합을 생성하고 add(), remove() 메소드를 이용하여 항목을 추가, 제거하는 코드입니다. 반환값은 없습니다.

**실습 2-10 집합 자료구조 사용하기** 2-10.py

```
fruits = {"apple", "banana", "cherry"}  # 집합 생성
print(fruits)

fruits.add("orange")                    # 항목 추가
print(fruits)

fruits.remove("banana")                 # 항목 제거
print(fruits)

# 집합 연산 : 수학적 집합 연산(합집합, 교집합, 차집합 등)을 지원
setA = {1, 2, 3, 4}
setB = {3, 4, 5, 6}

union = setA | setB
intersection = setA & setB
difference = setA - setB
print(union)
print(intersection)
print(difference)
```

```
{'apple', 'banana', 'cherry'}
{'orange', 'apple', 'banana', 'cherry'}
{'orange', 'apple', 'cherry'}
{1, 2, 3, 4, 5, 6}
{3, 4}
{1, 2}
```

## 5 자료형 변환

사용자에게 입력받은 데이터를 다른 형식으로 처리하거나, 다른 자료형 간의 연산을 수행할 때 자료형 변환이 필요합니다. 파이썬에서는 몇 가지 기본 함수를 이용하여 쉽게 자료형을 변환할 수 있습니다. 변환 방법은 다음과 같습니다.

```
변경할 자료형(변수명)
```

### 정수형 변환

int() 함수는 다른 자료형을 정수형으로 변환합니다.

```
x = "123"
y = int(x)   # 문자열을 정수로 변환
print(y)
```

```
z = 3.5
a = int(z)      # 실수를 정수로 변환
print(a)
>>>
 123
 3
```

## 부동소수점 변환

float() 함수는 다른 자료형을 부동소수점으로 변환합니다

```
x = "123.45"
y = float(x)   # 문자열을 실수로 변환
print(y)
>>>
 123.45
```

## 문자열 변환

str() 함수는 다른 자료형을 문자열로 변환합니다.

```
x = 123
y = str(x)      # 정수를 문자열로 변환
print(y)
>>>
 123
```

## 리스트 변환

list() 함수는 다른 자료형을 리스트로 변환합니다

```
x = (1, 2, 3)  # 튜플
y = list(x)
print(y)
>>>
 [1, 2, 3]
```

## 튜플 변환

tuple() 함수는 다른 자료형을 튜플로 변환합니다.

```
x = [1, 2, 3]    # 리스트
y = tuple(x)
print(y)
>>>
 (1, 2, 3)
```

## 딕셔너리 변환

dict() 함수는 키-값 쌍으로 이루어진 데이터를 딕셔너리로 변환합니다. 특히 튜플의 원소가 2개로 이루어져 있다면 각 튜플의 구조가 (key, value) 형태로 되어있기 때문에 쉽게 딕셔너리를 생성할 수 있습니다.

```
x = [("name", "John"), ("age", 25), ("country", "USA")]
y = dict(x)      # 2개의 요소를 가진 튜플의 리스트를 딕셔너리로 변환
print(y)
>>>
 {'name': 'John', 'age': 25 ,'country': 'USA'}
```

## 집합 변환

set() 함수는 다른 자료형을 집합으로 변환합니다. 이때 중복 값은 제거됩니다.

```
x = [1, 2, 3, 2, 1]
y = set(x)
print(y)
>>>
 {1, 2, 3}
```

Section

# 03 문자열

## 1 문자열 연산

문자열은 큰따옴표(" ") 또는 작은따옴표(' ')로 묶어 표현합니다. + 연산자는 두 개의 문자열을 연결하여 새로운 문자열을 만듭니다. 또한 * 연산자로 문자열을 여러 번 반복할 수 있습니다.

```
str1 = "Hello"
str2 = "World"
result_plus = str1 + str2      # + 연산자 사용
result_multi = str1 * 3        # * 연산자 사용
print(result_plus)
print(result_multi)
>>>
 HelloWorld
 HelloHelloHello
```

## 2 문자열 인덱싱

문자열 인덱싱은 문자열 내의 개별 문자에 접근하는 방법입니다. 문자열은 여러 개의 문자로 구성된 시퀀스(Sequence)입니다. 이러한 시퀀스에서 각 문자는 고유한 위치에 있으며, 이 위치를 인덱스라고 부릅니다.

### 기본 인덱싱

문자열의 첫 번째 문자는 인덱스 0에 위치하고, 문자열의 두 번째 문자는 인덱스 1에 위치합니다. 즉 문자열의 n번째 문자는 인덱스 n−1에 위치합니다.

```
word = "PYTHON"
print(word[0])
print(word[1])
print(word[2])
>>>
 P
 Y
 T
```

## 음수 인덱싱

문자열의 마지막 문자는 인덱스 −1에 위치하고 문자열의 뒤에서 두 번째 문자는 인덱스 −2에 위치합니다. 즉 문자열을 뒤에서부터 읽을 때 n번째 문자는 인덱스 −n에 위치합니다.

```
word = "PYTHON"
print(word[-1])
print(word[-2])
print(word[-3])
>>>
 N
 O
 H
```

여기서 주의할 점은 리스트는 특정 인덱스값을 직접 변경할 수 있지만, 문자열은 특정 인덱스값을 변경할 수 없습니다. [실습 2-11]로 확인합니다.

**실습 2-11 리스트와 문자열 인덱스의 차이** 2-11.py

```
# 리스트 특정 인덱스값 변경
fruits = ["apple", "banana", "cherry"]
fruits[1] = "blueberry"   # 리스트의 1번 인덱스값을 'blueberry'로 변경
print(fruits)

# 문자열 특정 인덱스값 변경
word = "hello"
word[1] = "a"             # 문자열의 1번 인덱스값을 'a'로 변경하는 시도 오류 출력
```

```
['apple', 'blueberry', 'cherry']
TypeError: 'str' object does not support item assignment
```

## 3 문자열 슬라이싱

문자열 슬라이싱은 문자열의 일부분, 즉 부분 문자열(Substring)을 효과적으로 추출하는 방법입니다. 기본 형식은 **[ 시작 : 끝 : 스텝 ]**으로 되어 있으며 이 인덱스들을 조합하여 원하는 부분의 문자열을 얻을 수 있습니다.

- **시작** 슬라이싱의 시작 인덱스입니다. 지정하지 않으면 '0'으로 간주됩니다.
- **끝** 슬라이싱의 끝 인덱스로 해당 인덱스 직전까지의 문자가 추출됩니다. 지정하지 않으면 문자열의 끝까지로 간주됩니다.
- **스텝** 슬라이싱에서 문자를 추출하는 간격입니다. 지정하지 않으면 '1'로 간주됩니다.

다음 코드는 'HELLO' 문자열에서 인덱스 1부터 3까지의 문자열 'ELL'을 추출합니다.

```
text = "HELLO"
print(text[1:4])
>>>
 ELL
```

다음 코드는 문자열 시작부터 인덱스 2까지, 인덱스 2부터 문자열 끝까지 추출합니다.

```
text = "HELLO"
print(text[:3])
print(text[2:])
>>>
 HEL
 LLO
```

세 번째 코드는 음수 인덱스를 나타냅니다. 음수 인덱스는 문자열의 끝에서부터 거꾸로 카운트합니다. 따라서 −1은 마지막 문자를 나타냅니다.

```
text = "HELLO"
print(text[-4:-1])
>>>
 ELL
```

마지막 코드는 'PYTHON' 문자열에서 인덱스 1부터 5까지의 문자 중, 2개 간격으로 문자를 추출합니다.

```
text = "PYTHON"
print(text[1:6:2])
>>>
 YHN
```

## 4 문자열 포맷팅

문자열 포맷팅(Formatting)은 변수 또는 값을 문자열에 삽입하거나 표시 형식을 지정하는 방법입니다. 파이썬에서는 여러 가지 문자열 포맷팅 방법을 제공하며, 사용자의 필요에 따라 적절한 방식을 선택할 수 있습니다.

### str.format() 메서드를 사용한 포맷팅

{} 플레이스홀더와 format() 메서드를 사용합니다. 플레이스홀더 내에서 인덱스나 키워드를 사용하여 값을 지정할 수도 있습니다.

```
name = "Bob"
age = 40
print("My name is {} and I am {} years old.".format(name, age))
print("My name is {1} and I am {0} years old.".format(age, name))
>>>
 My name is Bob and I am 40 years old.
 My name is Bob and I am 40 years old.
```

### f-strings

f-strings(formatted string literals)는 파이썬 3.6 이후로 지원되는 방식으로, 문자열 앞에 'f'를 붙여 문자열 내에서 변수의 값을 직접 참조할 수 있습니다.

```
name = "Charlie"
age = 50
```

```
print(f"My name is {name} and I am {age} years old.")
>>>
 My name is Charlie and I am 50 years old.
```

또한, f-strings 내에서는 변수, 산술 연산, 함수 호출 등의 표현식도 사용될 수 있습니다. [실습 2-12]에서 확인합니다.

**실습 2-12 f-strings 사용하기** 2-12.py

```
name = "Alice"
message = f"Hello, {name}!"
print(message)

age = 30
message = f"She will be {age + 10} years old after 10 years."
print(message)
def greet(name):
    return f"Hello, {name}!"

message = f"{greet('Bob')}"
print(message)
```

```
Hello, Alice!
She will be 40 years old after 10 years.
Hello, Bob!
```

## 포맷팅 옵션

포맷팅을 할 때 다양한 옵션을 지정하여 출력 형식을 제어할 수 있습니다.

### ■ 소수점 출력하기

먼저 `{value:.nf}`를 이용하여 소수점 아래의 자릿수를 지정할 수 있습니다. `.n`은 소수점 이하에 표시될 숫자의 개수를 지정하며, `f`는 `float` 형식을 나타냅니다.

```
value = 3.141592653589793
print(f"The value of pi to 2 decimal places is {value:.2f}")
>>>
 The value of pi to 2 decimal places is 3.14
```

**여기서 잠깐** **플레이스홀더**

플레이스홀더(Placeholder)는 '자리를 차지하고 있는 것' 또는 '나중에 어떤 값으로 대체될 것'을 나타내는 기호나 텍스트를 의미합니다. 프로그래밍에서의 플레이스홀더는 코드의 특정 부분에서 나중에 실제 값이나 객체로 대체되어야 하는 빈 공간 또는 임시 기호를 지칭합니다. 예를 들어, 파이썬의 문자열 포맷팅에서 `{}`는 플레이스홀더 역할을 합니다. 이 플레이스홀더는 `.format()` 메서드나 `f-string`을 통해 실제 값으로 대체됩니다.

## 5 문자열 이스케이프

파이썬에서 이스케이프 문자열은 특정 문자를 표시하거나 제어할 때 사용합니다. 이스케이프 시퀀스는 백슬래시로 시작하며, 그 뒤에 오는 문자나 문자의 조합에 따라 다양한 기능을 수행합니다. [표 2-1]은 파이썬에서 자주 사용되는 이스케이프 시퀀스와 그 기능에 대한 설명입니다.

**표 2-1 파이썬의 이스케이프 시퀀스**

| 이스케이프 시퀀스 | 설명 |
|---|---|
| \n | 새 줄(줄 바꿈)을 의미합니다. |
| \t | 탭 문자를 의미합니다. |
| \\ | 백슬래시 자체를 의미합니다. |
| \' | 작은따옴표를 의미합니다. |
| \" | 큰따옴표를 의미합니다. |
| \r | 캐리지 리턴을 의미합니다. |
| \b | 백스페이스를 의미합니다. |
| \f | 폼 피드를 의미합니다. |
| \ooo | 8진수 값으로 문자를 나타냅니다. |
| \xhh | 16진수 값으로 문자를 나타냅니다. |

[실습 2-13]을 실행하면 각각의 이스케이프 시퀀스가 어떻게 작동하는지 알 수 있습니다. 이스케이프 문자열은 문자열 내에서 특별한 문자를 표시하거나 제어 문자를 사용할 때 유용합니다.

**실습 2-13 이스케이프 시퀀스 사용하기** 2-13.py

```
print("Hello\nWorld")           # 새 줄을 삽입합니다.
print("Hello\tWorld")           # 탭을 삽입합니다.
print("This is a backslash: \\") # 백슬래시를 삽입합니다.
```

```python
print('It\'s a nice day')           # 작은따옴표를 삽입합니다.
print("She said, \"Hello\"")        # 큰따옴표를 삽입합니다.
print("Carriage\rReturn")           # 캐리지 리턴을 삽입합니다.
print("Back\bspace")                # 백스페이스를 삽입합니다.
print("Form\ffeed")                 # 폼 피드를 삽입합니다.
print("\101")                       # 8진수 값으로 'A'를 출력합니다.
print("\x41")                       # 16진수 값으로 'A'를 출력합니다.
```

```
Hello
World
Hello	World
This is a backslash: \
It's a nice day
She said, "Hello"
Returnge
Bacspace
Formfeed
A
A
```

이스케이프 문자열은 출력 외에도 다양한 목적과 상황에서 유용하게 사용됩니다. 파일 경로 지정, 정규 표현식, 특수 문자 포함, 텍스트 파일 포맷팅, 출력 형식 제어, 문자열 리터럴 내 충돌 방지, 다양한 데이터 인코딩 등 여러 상황에서 중요한 역할을 하기 때문에 파이썬 프로그래밍에서 유연하고 강력한 문자열 처리를 할 수 있습니다. 다음은 이스케이프 문자열의 다양한 활용 예입니다.

- **파일 경로** 윈도우 파일 경로에서 백슬래시를 사용해야 할 때 유용합니다.

  예 `file_path = "C:\\Users\\Username\\Documents\\file.txt"`

- **바이트 문자열** 바이트 문자열을 표현할 때 16진수 또는 8진수 이스케이프 시퀀스를 사용합니다.

  예 `byte_str = b'\x41\x42\x43'  # ABC를 나타냄`

- **텍스트 파일 포맷팅** 텍스트 파일을 작성할 때 제어 문자를 사용하여 포맷팅을 조절할 수 있습니다.

  예
  ```python
  with open("example.txt", "w") as file:
      file.write("First Line\nSecond Line\nThird Line")
  ```

## 6 input() 함수의 이해

input()은 파이썬의 내장 함수로, 사용자에게 키보드 입력을 받아 문자열로 반환합니다. input() 함수는 사용자와 상호작용하는 프로그램을 작성할 때 유용하게 사용됩니다. 옵션으로 문자열을 인자로 제공할 수 있는데, 이 인자는 사용자에게 보이는 프롬프트로 사용됩니다. 입력된 값은 항상 문자열 형태로 반환되므로, 다른 자료형을 사용하려면 적절한 형 변환을 수행해야 합니다.

### input() 함수의 사용

다음 코드를 실행하면 "Enter your name: "라는 메시지가 나타나고 사용자는 이름을 입력할 수 있습니다. 입력 후 Enter 키를 누르면 입력한 이름이 화면에 출력됩니다.

```
name = input("Enter your name: ")
print(f"Hello, {name}!")
>>>
 Enter your name: JS! ——→ 사용자가 이름을 입력
 Hello, JS!
```

사용자에게 숫자를 입력받아 연산을 수행하려면 입력값을 적절한 숫자 자료형으로 변환해야 합니다.

```
age_str = input("Enter your age: ")
age = int(age_str)  # 문자열을 정수로 변환
print(f"Next year, you will be {age + 1} years old.")
>>>
 Enter your age: 24 ——→ 사용자가 나이를 입력
 Next year, you will be 25 years old.
```

[실습 2-14]는 사용자에게 다양한 과일의 개수를 입력받아 전체 개수를 출력하는 프로그램입니다.

**실습 2-14 input() 함수 사용하기** 2-14.py

```
# 사용자로부터 과일 개수 입력받기
apples = int(input("How many apples do you have? "))
bananas = int(input("How many bananas do you have? "))
cherries = int(input("How many cherries do you have? "))

# 전체 과일 개수 합산
```

```python
total_fruits = apples + bananas + cherries

# 결과 출력
print(f"You have a total of {total_fruits} fruits.")
```

```
How many apples do you have? 10
How many bananas do you have? 11
How many cherries do you have? 12

You have a total of 33 fruits.
```

사용자 입력

**여기서 잠깐** **input() 함수의 활용**

input() 함수는 사용자와 상호작용하는 프로그램에서 매우 유용하게 활용됩니다. 주로 다음과 같은 상황에 사용할 수 있습니다.

- **사용자 설정:** 프로그램이 시작할 때, 사용자의 이름, 선호하는 설정, 파일 경로 등을 입력받을 때 사용합니다.
- **간단한 CLI(Command-Line Interface) 도구:** 특정 작업을 수행하기 전에 사용자에게 필요한 정보나 선택을 입력받아 프로그램의 흐름을 제어합니다.
- **퀴즈나 테스트 애플리케이션:** 사용자에게 답변을 입력받아 정답과 비교하거나 점수를 매기는 데 사용합니다.
- **대화형 프로그램:** 간단한 대화형 스토리나 대화형 튜토리얼에서 사용자의 선택에 따라 내용이 바뀔 때 사용합니다.
- **데이터 입력:** 특정 데이터베이스나 파일에 정보를 추가하고자 할 때, 사용자에게 데이터를 직접 입력받아 저장하는 데 사용됩니다.
- **디버깅 및 테스트:** 개발 중이거나 디버깅할 때, 특정 부분의 결과나 상태의 확인이 필요할 때 임시로 값을 입력받는 데 사용합니다.

Section

# 04 연산자

파이썬에서 연산은 다양한 자료형의 수학적, 논리적 작업을 수행해야 할 때 사용됩니다. 연산자(Operator)는 이러한 작업을 수행하는 기호나 키워드로, 각 연산자는 특정한 기능과 우선순위를 가지며 그에 따른 결과를 반환합니다. 기본적으로 파이썬은 산술 연산, 비교 연산, 논리 연산, 할당 연산, 비트 연산 등 다양한 종류의 연산자를 제공합니다.

```
a * b = c
8 != 7
True or False
```

그림 2-5 **연산자의 이해**

## 1 산술 연산자

산술 연산자는 기본적인 수학 연산을 할 때 사용합니다. 덧셈, 뺄셈, 곱셈, 나눗셈과 같은 기본 연산뿐만 아니라, 나머지 연산이나 거듭제곱 연산도 포함됩니다. [표 2-2]는 파이썬에서 사용하는 기본 산술 연산자를 정리한 것입니다.

표 2-2 **파이썬 기본 산술 연산자**

| 기호 | 설명 | 예시 | 결과 |
|---|---|---|---|
| + | 더하기 | 5 + 3 | 8 |
| - | 빼기 | 5 - 3 | 2 |
| * | 곱하기 | 5 * 3 | 15 |
| / | 나누기 | 8 / 3 | 2.67 (결과는 부동소수점) |
| // | 정수 나누기 | 8 // 3 | 2 |

| 기호 | 설명 | 예시 | 결과 |
|---|---|---|---|
| % | 나머지 | 8 % 3 | 2 |
| ** | 거듭제곱 | 2 ** 3 | 8 |

[실습 2-15]에서 다양한 산술 연산자를 사용한 결과를 살펴봅니다.

**실습 2-15 산술 연산자 사용하기** 2-15.py

```python
# 변수 초기화
a, b = 5, 3
result1 = a * b        # 곱셈
result2 = a ** b       # 거듭제곱
average = (a + b) / 2  # 평균
print(f"곱셈 결과: {result1}, 거듭제곱 결과: {result2}, 평균: {average}")
```

```
곱셈 결과: 15, 거듭제곱 결과: 125, 평균: 4.0
```

## 2 비교 연산자

비교 연산자는 주로 두 값의 상대적인 크기나 동일성을 판단할 때 사용합니다. 비교 연산자의 결과는 항상 불리언 자료형(True 또는 False)으로 반환됩니다. [표 2-3]은 파이썬의 비교 연산자를 정리한 것입니다.

**표 2-3 파이썬 비교 연산자**

| 기호 | 설명 | 예시 | 결과 |
|---|---|---|---|
| == | 같음 | 5 == 5 | True |
| != | 다름 | 5 != 3 | True |
| > | 큼 | 5 > 3 | True |
| < | 작음 | 5 < 3 | False |
| >= | 크거나 같음 | 5 >= 5 | True |
| <= | 작거나 같음 | 5 <= 5 | True |

[실습 2-16]은 비교 연산자를 이용하여 문자열을 비교하는 예제입니다. word1 변수에는 "apple"을 word2 변수에는 "banana"를 저장합니다. 두 변수의 값이 같은지 비교한 다음 크기를 비교합니

다. 비교한 결과가 같으면 is_equal 변수에 저장하고 word1 < word2의 비교 결과를 is_lesser에 저장합니다.

**실습 2-16 비교 연산자 사용하기** 2-16.py

```python
# 문자열의 비교
word1, word2 = "apple", "banana"
is_equal = word1 == word2
is_lesser = word1 < word2
print(f"'{word1}'과 '{word2}'가 같은지? {is_equal}")
print(f"'{word1}'이 '{word2}'보다 사전적으로 앞서는지? {is_lesser}")
```

```
'apple'과 'banana'가 같은지? False
'apple'이 'banana'보다 사전적으로 앞서는지? True
```

파이썬에서 문자열은 각 문자의 유니코드(대부분 ASCII 코드) 값을 기준으로 비교됩니다. ASCII 코드에서 알파벳은 'a'부터 'z'까지 순차적으로 증가하는 값을 가집니다. 즉, 'a'는 97, 'b'는 98, 'c'는 99로 마지막 'z'는 122가 됩니다.

따라서 "apple"과 "banana"의 첫 문자를 비교했을 때 'a'의 ASCII 값이 'b'의 ASCII 값보다 작으므로 "apple"이 사전적으로 앞선 위치에 있습니다. 이러한 방식으로 파이썬은 문자열을 사전적으로 비교하게 됩니다.

## 3 논리 연산자

논리 연산자는 여러 불리언 값들 사이의 논리적인 관계를 평가할 때 사용합니다. 주로 조건문의 여러 조건을 결합할 때 활용할 수 있습니다. [표 2-4]는 파이썬의 논리 연산자를 정리한 것입니다.

**표 2-4 파이썬의 논리 연산자**

| 기호 | 설명 | 예시 | 결과 |
|---|---|---|---|
| and | 논리곱 | True and False | False |
| or | 논리합 | True or False | True |
| not | 논리 부정 | not True | False |

[실습 2-17]은 논리 연산자를 이용한 두 개의 조건을 포함하는 예제입니다. age는 나이를 나타내는 변수로 값은 16이 할당되었습니다. has_license는 운전면허증 보유 여부를 나타내는 불리언 변수로, 값이 True가 할당되어 면허증을 가지고 있다는 의미를 나타냅니다.

**실습 2-17 논리 연산자 사용하기** 2-17.py

```
# 두 개의 조건을 포함하는 예제
age, has_license = 16, True
can_drive = age >= 18 and has_license
print(f"운전할 수 있나요? {can_drive}")
```

```
운전할 수 있나요? False
```

[실습 2-17]은 나이가 18세 이상인지와 운전면허증을 보유하고 있는지 두 개의 조건을 평가합니다. and 연산자가 사용되었으므로 두 조건 모두 참이어야 Ture가 반환됩니다. age가 18 미만이므로 첫 번째 조건은 False입니다. 따라서 전체 결과도 False가 됩니다.

## 4 할당 연산자

할당 연산자는 변수에 값을 할당할 때 사용합니다. [표 2-5]는 파이썬의 할당 연산자를 정리한 것입니다.

**표 2-5 파이썬의 할당 연산자**

| 기호 | 설명 | 예시 | 결과 |
|---|---|---|---|
| = | 값을 할당 | x=5 | x에 5할당 |
| += | 더한 값을 할당 | x += 3 | x = x + 3 |
| -= | 뺀 값을 할당 | x -= 3 | x = x - 3 |
| *= | 곱한 값을 할당 | x *= 3 | x = x * 3 |
| /= | 나눈 값을 할당 | x /= 3 | x = x % 3 |
| %= | 나머지 값을 할당 | x %= 3 | x = x % 3 |
| ** | 거듭제곱 값을 할당 | x %= 3 | x = x // 3 |
| // | 몫을 할당 | x ** = 3 | x = x ** 3 |

[실습 2-18]은 x에 10을 할당한 후 다른 할당 연산자를 사용하여 변수에 값을 할당하고 연산하는 예제입니다.

실습 2-18 **할당 연산자 사용하기** 2-18.py

```python
x = 10
print(f"x = {x}")
x += 5
print(f"x += 5: {x}")
x -= 3
print(f"x -= 3: {x}")
x *= 2
print(f"x *= 2: {x}")
```

```
x = 10
x += 5: 15
x -= 3: 12
x *= 2: 24
```

## 5 멤버십 연산자

멤버십 연산자는 특정 요소가 리스트, 튜플, 집합, 딕셔너리 등과 같은 컨테이너 객체 내에 포함되어 있는지를 확인할 때 사용합니다. [표 2-6]을 확인합니다.

표 2-6 **파이썬의 멤버십 연산자**

| 기호 | 설명 | 예시 | 결과 |
|---|---|---|---|
| in | 요소가 컨테이너에 포함되는지 검사 | 3 in [1,2,3] | True |
| not in | 요소가 컨테이너에 포함되지 않는지 검사 | 4 not in [1,2,3] | True |

[실습 2-19]는 멤버십 연산자를 이용하여 리스트에서 특정 값의 존재 여부를 확인하는 예제입니다. fruits 리스트는 "apple", "banana", "cherry"라는 세 개의 문자열을 요소로 포함하고 있습니다. 변수 desired_fruit는 리스트에서 찾고자 하는 과일의 이름을 저장하는 변수입니다.

실습 2-19 **멤버십 연산자 사용하기** 2-19.py

```python
fruits = ["apple", "banana", "cherry"]
desired_fruit = "grape"
is_in_list = desired_fruit in fruits
print(f"{desired_fruit}이 리스트에 포함되어 있나요? {is_in_list}")
```

```
grape이 리스트에 포함되어 있나요? False
```

in 연산자를 이용하여 특정 값이 리스트에 포함되어 있는지 확인합니다. 여기에서는 desired_fruit ("grape")이 fruits 리스트 내에 존재하는지 확인하려 합니다. 만약 "grape"가 fruits 리스트 내에 존재한다면 is_in_list는 True 값을 가지게 되고, 그렇지 않으면 False 값을 가지게 됩니다. 이 예제에서 "grape"는 fruits 리스트에 포함되어 있지 않기 때문에, is_in_list는 False를 값으로 가집니다.

## 6 비트 연산자

비트 연산자는 변수를 이진 형식, 즉 비트로 나타냈을 때 각 비트별로 연산을 수행하는 연산자입니다. 기본적으로 컴퓨터는 모든 정보를 비트(0 또는 1)의 형태로 저장하고 처리합니다. 비트 연산자는 이러한 비트 수준에서 연산을 직접 수행할 수 있게 합니다.

표 2-7 파이썬의 비트 연산자

<table>
<tr><th>종류</th><th>기호</th><th>설명</th><th>예시</th><th>결과</th></tr>
<tr><td>비트 AND</td><td>&</td><td>두 비트가 모두 1일 때만 1</td><td>5 & 3 (0101 & 0011)</td><td>1 (0001)</td></tr>
<tr><td>비트 OR</td><td>|</td><td>두 비트 중 하나 이상이 1일 때 1</td><td>5 | 3 (0101 | 0011)</td><td>7(0111)</td></tr>
<tr><td>비트 XOR</td><td>^</td><td>두 비트가 서로 다를 때만 1</td><td>5 ^ 3 (0101 ^ 0011)</td><td>6 (0110)</td></tr>
<tr><td>비트 NOT</td><td>~</td><td>비트 값을 반전</td><td>~5 (~0101)</td><td>-6</td></tr>
<tr><td>왼쪽 시프트</td><td><<</td><td>지정한 비트 수만큼 왼쪽으로 이동</td><td>5 << 1 (0101 << 1)</td><td>10 (1010)</td></tr>
<tr><td>오른쪽 시프트</td><td>>></td><td>지정한 비트 수만큼 오른쪽으로 이동</td><td>5 >> 1 (0101 >> 1)</td><td>2 (0010)</td></tr>
</table>

### 비트 연산의 예

[그림 2-6]은 비트 5와 3의 & 연산을 나타냅니다.

```
5의 이진 표현: 0101
3의 이진 표현: 0011
--------------------
결과:          0001
```

그림 2-6 5와 3의 & 연산의 예

[실습 2-20]은 다양한 비트 연산자를 사용하는 예제입니다.

**실습 2-20 다양한 비트 연산자 사용하기** 2-20.py

```python
# 비트 AND 연산
a = 5  # 0101 in binary
b = 3  # 0011 in binary
result = a & b
print(f"{a} & {b} = {result}")

# 비트 OR 연산
result = a | b
print(f"{a} | {b} = {result}")

# 비트 XOR 연산
result = a ^ b
print(f"{a} ^ {b} = {result}")
```

```
5 & 3 = 1   # 비트 AND 연산
5 | 3 = 7   # 비트 OR 연산
5 ^ 3 = 6   # 비트 XOR 연산
```

## 시프트 연산의 예

[실습 2-21]은 시프트 연산자를 사용하는 예입니다. 왼쪽 시프트 연산자(<<)는 이진수의 모든 비트를 주어진 수만큼 왼쪽으로 이동시킵니다. 오른쪽에는 0이 채워지고, 왼쪽 최상위 비트는 버려집니다.

오른쪽 시프트 연산자(>>)는 이진수의 모든 비트를 주어진 수만큼 오른쪽으로 이동시킵니다. 왼쪽에는 기존의 최상위 비트와 동일한 값이 채워지는데, 이는 부호를 유지하기 위함입니다. 따라서 오른쪽 최하위 비트는 버려집니다.

**실습 2-21 시프트 연산자 사용하기** 2-21.py

```python
a = 5
# 왼쪽 시프트 연산
shifted = a << 1
print(f"{a} shifted left by 1 bit: {shifted}")

# 오른쪽 시프트 연산
shifted = a >> 1
print(f"{a} shifted right by 1 bit: {shifted}")
```

```
5 shifted left by 1 bit: 10   # 왼쪽 시프트 연산
5 shifted right by 1 bit: 2   # 오른쪽 시프트 연산
```

왼쪽으로 1비트 시프트하는 것은 이진수에서 값을 2배 곱하는 것과 같습니다. 왼쪽 시프트 연산은 특정 값을 빠르게 2의 거듭제곱으로 증가시킬 때 유용하게 사용할 수 있습니다.

오른쪽으로 1비트 시프트하는 것은 이진수에서 값을 2로 나누는 것과 같습니다. 오른쪽 시프트 연산은 특정 값을 빠르게 2로 나누는 연산에 유용하게 사용할 수 있습니다.

Section 05

# 제어문

## 1 제어문의 이해

제어문은 프로그램의 흐름을 조절하는 구문으로, 주어진 조건에 따라 특정 코드 블록을 실행하거나 반복 실행할 수 있게 합니다. 파이썬의 대표적인 제어문에는 조건문(`if`, `elif`, `else`)과 반복문(`for`, `while`)이 있습니다. 제어문을 사용하면 프로그램의 동작을 유연하게 조절할 수 있습니다.

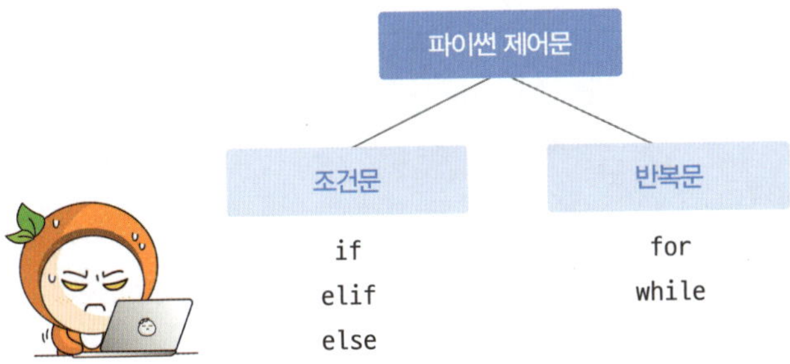


그림 2-7 **파이썬 제어문의 종류**

## 2 if, elif, else를 사용한 조건문

파이썬에서의 조건문은 주어진 조건에 따라 다른 동작을 수행하도록 프로그램을 제어하는 기본적인 문법 요소입니다. 조건문의 기본 구조는 `if`, `elif`(`else if`의 축약), 그리고 `else`로 구성됩니다.

그림 2-8 **if, elif, else 문의 구조**

조건문 다음에는 콜론(:)이 필요합니다. 그리고 조건문 아래의 실행 코드는 들여쓰기가 되어야 합니다. 다른 프로그래밍 언어에서는 중괄호나 다른 구문을 사용하여 코드 블록을 구분하지만, 파이썬은 일관된 들여쓰기를 사용하여 코드 블록을 정의하기 때문입니다. 일반적으로 4개의 공백 또는 1번의 탭으로 들여쓰기를 합니다. 또한 여러 개의 조건을 동시에 평가하려면 조건문에 and와 or 연산자를 사용할 수 있습니다.

혼합된 들여쓰기는 'IndentationError'를 발생시킵니다.

[실습 2-22]는 조건문을 이용하여 연령을 판별하는 예제입니다. age 변수의 값이 25이므로 "20대입니다."가 출력됩니다.

**실습 2-22 조건문으로 연령 판별하기** 2-22.py

```
age = 25
if age < 20:
    print("청소년입니다.")
elif 20 <= age < 30:
    print("20대입니다.")
else:
    print("30세 이상입니다.")
```

```
20대입니다.
```

[실습 2-23]은 입력된 숫자가 짝수인지 홀수인지를 판별하는 예제입니다.

**실습 2-23 조건문으로 짝수, 홀수 판별하기** 2-23.py

```
num = int(input("숫자를 입력하세요: "))
if num % 2 == 0:
    print("짝수입니다.")
else:
    print("홀수입니다.")
```

```
숫자를 입력하세요: 47
홀수입니다.
```

## 중첩 조건문

중첩 조건문(Nested Conditional Statements)은 한 조건문 내부에 또 다른 조건문이 포함된 형태를 의미합니다. 이는 복잡한 조건 로직을 표현할 때 사용되며, 조건이 여러 단계로 구성될 때 특히 유용합니다. 파이썬에서는 `if`, `elif`, `else` 키워드를 사용하여 중첩 조건문을 작성할 수 있으며 조건들의 다양한 조합에 따른 특정 동작을 정의할 수 있습니다.

```
if 조건문 1:
        if 조건문 2:
                # 두 개의 조건이 모두 True일 때 실행

        else:
                # 조건 1은 True, 조건 2는 False일 때 실행

else:
        # 조건 1이 False일 때 실행
```

그림 2-9 **중첩 조건문의 구조**

[실습 2-24]는 중첩 조건문을 이용한 여행 가방 추천 시스템입니다. 여행지와 여행 기간에 따라 짐을 담을 적절한 크기의 가방을 선택하는 프로그램입니다. 사용자에게 여행의 기간(일)과 여행지의 종류(도시 또는 자연)를 입력받아, [조건]의 알고리즘에 따라 적합한 가방 크기를 추천하도록 조건문을 작성해 봅니다. 여기서, 도시보다 자연을 선택했을 때 더 큰 가방을 추천합니다.

**[조건]**

- 여행 기간이 3일 미만이라면 여행지에 따라 소형과 중형 가방을 추천
- 여행 기간이 3일 이상 7일 미만이라면 여행지에 따라 중형과 대형 가방을 추천
- 여행 기간이 7일 이상이라면 여행지에 따라 대형과 초대형 가방을 추천

**실습 2-24 중첩 조건문으로 여행 가방 추천 시스템 만들기** 2-24.py

```python
days = int(input("여행의 기간(일)을 입력하세요: "))
destination = input("여행지의 종류를 입력하세요 (도시/자연): ")
if days < 3:
    if destination == "도시":
        bag = "소형 가방"
    else:
        bag = "중형 가방"
```

```python
elif 3 <= days < 7:
    if destination == "도시":
        bag = "중형 가방"
    else:
        bag = "대형 가방"
else:
    if destination == "도시":
        bag = "대형 가방"
    else:
        bag = "초대형 가방"
print(f"추천 가방 크기: {bag}")
```

```
여행의 기간(일)을 입력하세요: 2
여행지의 종류를 입력하세요 (도시/자연): 도시
추천 가방 크기: 소형 가방
```

```
여행의 기간(일)을 입력하세요: 5
여행지의 종류를 입력하세요 (도시/자연): 자연
추천 가방 크기: 대형 가방
```

[실습 2-25]는 사용자에게 영화의 등급과 관람객의 나이를 입력받아, 영화 관람이 가능한지를 판단하는 프로그램입니다. [조건]에 맞게 프로그램을 작성합니다.

**[조건]**

- 영화 등급이 '전체 관람가'면 모든 연령 관람 가능
- 영화 등급이 '12세 관람가'면 12세 이상만 관람 가능
- 영화 등급이 '15세 관람가'면 15세 이상만 관람 가능
- 영화 등급이 '청소년 관람불가'면 19세 이상만 관람 가능
- 단, 15세 미만의 어린이는 부모 동반 시 '15세 관람가' 영화 관람 가능

**실습 2-25 중첩 조건문으로 영화 등급 판단 시스템 만들기** 2-25.py

```python
movie_rating = input("영화의 등급을 입력하세요 (전체 관람가/12세 관람가/15세 관람가/청소년 관람불가): ")
age = int(input("관람객의 나이를 입력하세요: "))
with_parent = input("부모님이 동반하셨나요? (예/아니오): ")

if movie_rating == "전체 관람가":
    print("영화 관람 가능합니다.")
elif movie_rating == "12세 관람가":
```

```python
    if age >= 12:
        print("영화 관람 가능합니다.")
    else:
        print("영화 관람이 불가능합니다.")
elif movie_rating == "15세 관람가":
    if age >= 15:
        print("영화 관람 가능합니다.")
    elif age < 15 and with_parent == "예":
        print("영화 관람 가능합니다.")
    else:
        print("영화 관람이 불가능합니다.")
elif movie_rating == "청소년 관람불가":
    if age >= 19:
        print("영화 관람 가능합니다.")
    else:
        print("영화 관람이 불가능합니다.")
```

```
영화의 등급을 입력하세요 (전체 관람가/12세 관람가/15세 관람가/청소년 관람불가) : 15세 관람가
관람객의 나이를 입력하세요: 14
부모님이 동반하셨나요? (예/아니오): 예
영화 관람 가능합니다.
```

## 3 for 문을 사용한 반복문

반복문은 프로그래밍에서 특정 코드 블럭을 여러 번 실행시키기 위해 사용하는 구조입니다. 반복문을 사용하면 같은 작업 또는 유사한 작업을 여러 번 수행할 수 있습니다. 반복문은 데이터의 집합에 대한 연산, 반복적인 리소스의 요청, 사용자 입력의 검증 등 다양하게 활용됩니다.

### for 문의 구조

for 문은 주어진 시퀀스나 반복 가능한 객체(Iterable)의 각 요소에 대해 순차적으로 코드 블럭을 실행합니다. 반복 가능한 객체는 리스트, 튜플, 문자열, 딕셔너리의 키 또는 값, range 객체 등이 있습니다. for 문은 프로그램에서 여러 데이터를 효과적으로 처리하거나 반복적인 작업을 수행할 때 매우 유용합니다.

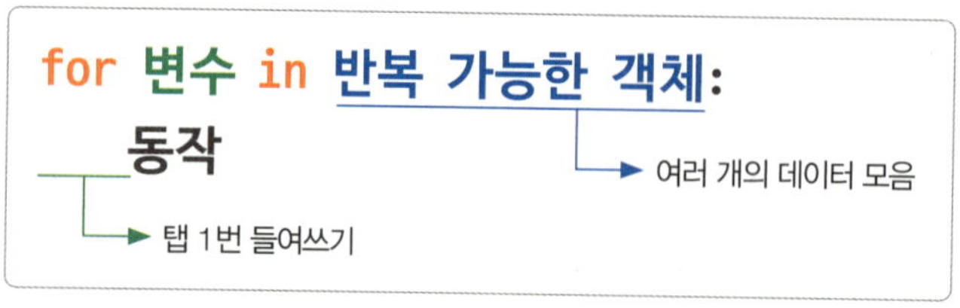


그림 2-10 for 문의 기본 구조

다음은 다양한 반복 가능한 객체들을 이용한 for 문의 활용 코드입니다.

### ■ range() 함수

range() 함수는 반복문에서 주로 사용되며, 특정 횟수만큼 반복을 수행하거나 일정 범위의 숫자를 순회할 때 유용하게 사용할 수 있습니다. 주로 주어진 범위의 숫자를 이용하여 반복합니다.

```
for i in range(3):
    print(i)
>>>
0
1
2
```

range() 함수는 아래와 같은 형태와 매개변수로 사용될 수 있습니다.

- **range(stop)** 0부터 stop-1 까지의 숫자를 생성합니다.

  예 range(5) → 0, 1, 2, 3, 4

- **range(start, stop)** start부터 stop-1 까지의 숫자를 생성합니다.

  예 range(1, 5) → 1, 2, 3, 4

- **range(start, stop, step)** start부터 stop-1 까지 step 간격으로 숫자를 생성합니다.

  예 range(1, 10, 2) → 1, 3, 5, 7, 9

  range(10, 1, -2) → 10, 8, 6, 4, 2

다음은 for 문을 활용한 다양한 예시 코드들입니다.

■ **문자열의 각 문자 출력**

```
word = "python"
for char in word:
    print(char, end='  ')
>>>
 p  y  t  h  o  n
```

■ **리스트의 각 요소 출력**

```
fruits = ["apple", "banana", "cherry"]
for fruit in fruits:
    print(fruit, end='  ')
>>>
 apple  banana  cherry
```

■ **딕셔너리의 키와 값 출력**

```
info = {"name": "John", "age": 30}
for key in info:
    print(key, end='  ')
for key, value in info.items():
    print(key, ":", value, end='  ')
>>>
 name  age  name : John  age : 30
```

■ **튜플의 각 요소 출력**

```
colors = ("red", "green", "blue")
for color in colors:
    print(color, end='  ')
>>>
 red  green  blue
```

■ **set의 각 요소 출력**

```
unique_numbers = {1, 2, 2, 3, 4, 4, 4, 5}
for num in unique_numbers:
    print(num, end='  ' )
>>>
 1  2  3  4  5
```

중괄호를 사용하여 집합을 생성합니다. 집합은 중복된 원소가 허용되지 않기 때문에 unique_numbers 집합은 {1, 2, 3, 4, 5}가 됩니다. 집합의 각 원소에 대해 for 문이 실행되고 해당 원소들을 출력합니다.

■ **파일 객체**

다음의 내용이 쓰여진 "sample.txt" 파일이 있다고 가정해 봅시다.

```
Hello, world!
This is a sample text file.

Have a nice day!
```

다음은 위의 내용을 줄 단위로 읽어 출력하는 코드입니다. "sample.txt"라는 파일을 읽기 모드("r")로 열고, line.strip()을 사용함으로써 각 줄의 앞뒤 공백과 개행문자(\n)를 제거한 후 출력합니다.

```
with open("sample.txt", "r") as file:
    for line in file:  ——— 파일의 각 줄을 순회
        print(line.strip())
>>>
 Hello, world!
 This is a sample text file.
 Have a nice day!
```

01행에서 파일을 열기 위해 with 문을 사용하면, 블록이 끝날 때 자동으로 파일이 닫히게 되므로 편리합니다. 02행의 for 문은 파일의 각 줄을 순회합니다. 마지막 행의 각 줄에서 앞뒤 공백과 개행문자를 제거한 후, 해당 줄을 출력합니다. 따라서 위의 "sample.txt" 파일의 3개의 문장이 개행문자 없이 출력됩니다.

with open 문은 파이썬에서 파일을 열고 작업을 수행할 때 사용하는 문장입니다. 이 구문은 파일을 안전하게 열고 작업 후에는 자동으로 파일을 닫습니다. with open 구문은 파일 작업을 안전하고 효율적으로 수행하기 위한 파이썬의 강력한 기능 중 하나입니다.

```
with open ('filename', 'mode') as file :
```

그림 2-11 with open 문의 구조

- **'filename'** 열고자 하는 파일의 이름 또는 경로입니다.
- **'mode'** 파일을 여는 모드입니다. 'r'은 읽기 모드, 'w'은 쓰기 모드, 'a'은 추가 모드를 의미합니다.

```
# 파일 읽기
with open('sample.txt', 'r') as file:
    content = file.read()
    print(content)

# 파일 쓰기
with open('output.txt', 'w') as file:
    file.write("Hello, World!")

# 파일에서 라인별로 읽기
with open('sample.txt', 'r') as file:
    for line in file:
        print(line.strip())
```

**여기서 잠깐** **print() 문의 end 매개변수**

반복문에서 print() 문을 이용하여 줄을 바꾸지 않고 한 줄에 출력하려면, print() 함수의 end 매개변수를 사용하면 됩니다. 기본적으로 print() 함수는 항상 출력 후에 줄 바꿈을 합니다. 하지만 end 매개변수를 사용하여 공백으로 구분하면 줄 바꿈 없이 출력할 수 있으며, 공백 이외에 원하는 구분자를 사용할 수 있습니다. end 매개변수를 활용하여 한 줄을 출력하는 코드는 다음과 같습니다.

```
items = [1, 2, 3, 4, 5]
for item in items:
    print(item, end=' ')
>>>
 1 2 3 4 5
```

print() 문의 end 매개변수를 이용하여 콤마로 구분하여 출력할 때 마지막 콤마 출력을 방지하려면 다음과 같이 조건을 추가하면 됩니다.

```
for i in range(5):
    if i < len(range(5)) - 1:
        print(i, end=', ')
    else:
        print(i)
>>>
 0, 1, 2, 3, 4
```

## 4 while 문을 사용한 반복문

while 문은 주어진 조건이 참인 동안 코드 블럭을 반복해서 실행하는 제어문입니다. for 문은 명시적인 시퀀스나 반복 가능한 객체를 기반으로 반복을 수행하는 반면, while 문은 주어진 조건의 결과에 따라 반복 여부를 결정합니다. 따라서 while 문은 조건 기반의 반복이 필요할 때 매우 유용합니다. 조건의 진위에 따라 특정 작업을 반복적으로 수행하거나 사용자의 입력을 기다릴 때 주로 사용합니다.

### while 문의 구조

while 문의 구조는 [그림 2-12]와 같습니다.

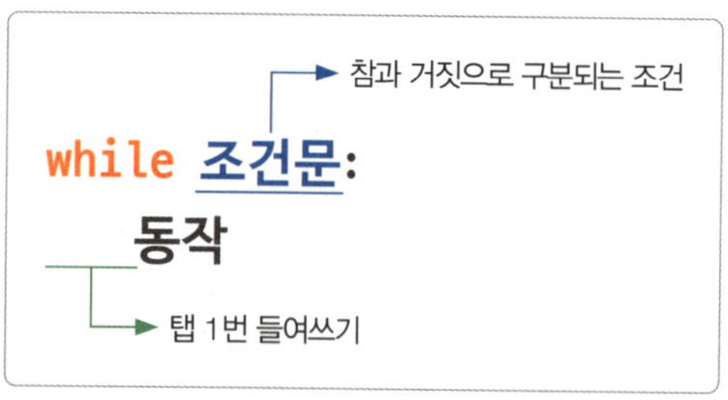


그림 2-12 while 문의 구조

주의할 점은 조건이 항상 참이면, while 문은 끝없이 실행되어 무한루프에 빠지게 됩니다. 따라서 반복문의 종료 조건을 정확하게 정의하고, 필요하다면 코드 내에서 조건을 변경시킬 수 있도록 설정해야 합니다.

while 문을 사용하여 반복의 종료 조건을 확실하게 설정하고 반복문의 흐름을 조절하려면 break, continue와 같은 제어문을 활용해야 합니다.

### ■ 특정 조건이 만족될 때까지 반복하는 코드

다음 코드는 count < 5라는 조건을 수행하는 반복문입니다. count 변수가 5보다 작을 때만 조건이 참이므로 0 1 2 3 4 가 출력됩니다.

```
count = 0
while count < 5:
    print(count, end=' ')
    count += 1
>>>
 0 1 2 3 4
```

다음은 사용자에게 입력값을 받는 동작이 계속 반복되다가 'q'가 입력되면 반복을 멈추고 ''q' 명령어를 받았습니다.'가 출력되는 코드입니다.

```
user_input = " "
while user_input != "q":
    user_input = input("명령어를 입력하세요 (종료하려면 'q'를 입력): ")
    print(f"'{user_input}' 명령어를 받았습니다.")
>>>
 명령어를 입력하세요 (종료하려면 'q'를 입력): q
 'q' 명령어를 받았습니다.
```

[실습 2-26]은 추측한 숫자를 맞출 때까지 반복하는 숫자 맞추기 게임 프로그램입니다.

**실습 2-26** **while 문을 활용한 숫자 맞추기 게임 만들기** 2-26.py

```
01 import random
02 number = random.randint(1, 10)
03 guess = 0
04
05 while guess != number:
06     guess = int(input("1부터 10까지의 숫자를 추측하세요: "))
07     if guess < number:
08         print("더 큰 숫자입니다.")
09     elif guess > number:
10         print("더 작은 숫자입니다.")
11
12 print("축하합니다! 정답입니다!")
```

```
1부터 10까지의 숫자를 추측하세요: 6
더 큰 숫자입니다.
1부터 10까지의 숫자를 추측하세요: 8
축하합니다! 정답입니다!
```

[실습 2-26]은 random 모듈을 가져옵니다. 이 모듈은 다양한 무작위 연산을 제공하는데, 이 게임에서는 randint 함수를 사용하여 숫자를 무작위로 생성합니다. randint 함수는 두 매개변수 사이의 정수 중 무작위로 숫자 하나를 반환합니다. 따라서 number 변수에는 1부터 10 사이의 숫자가 무작위로 할당됩니다. input() 함수를 이용하여 입력받은 사용자 추측 값을 guess 변수에 저장합니다. guess 변숫값과 number의 값을 비교하여 각 조건에 맞는 메시지를 출력합니다.

이 동작은 05행 코드에 의해 사용자가 예측한 guess 값과 무작위로 추출된 number가 일치하지 않는 동안에는 계속 동작하게 됩니다. 두 변숫값이 일치하게 되면 while 반복문을 빠져나오게 됩니다.

### ■ while 문의 다양한 활용

다음은 while 문을 이용하여 리스트 내의 특정 값을 제거하는 코드입니다.

```
values = [1, 2, 3, 2, 4, 2, 5]
target = 2

while target in values:
    values.remove(target)
```

```
print(values)
>>>
 [1, 3, 4, 5]
```

리스트 안에 제거하고 싶은 값을 target으로 할당하고 할당된 값이 리스트 내에 있는 지 반복적으로 확인합니다. 리스트 내에 존재한다면 remove() 메소드를 이용하여 제거합니다. target 값이 모두 제거되고 나면 while 문을 빠져나와 value 리스트 값을 출력합니다.

다음은 사용자에게 양의 정수를 입력받아 while 문을 이용하여 정수의 팩토리얼 값을 계산하고 출력하는 코드입니다.

```
n = int(input("팩토리얼을 계산할 숫자를 입력하세요: "))
factorial = 1
while n > 0:
    factorial *= n
    n -= 1

print(factorial)
>>>
 팩토리얼을 계산할 숫자를 입력하세요 :10
 3628800
```

input() 함수를 사용하여 사용자에게 팩토리얼을 계산할 숫자를 입력받습니다. 받은 값을 int() 함수를 사용하여 정수로 변환하고, 그 결과를 변수 n에 저장합니다. 팩토리얼 계산을 위한 초깃값으로 factorial 변수를 1로 설정합니다.

while 반복문을 사용하여 n이 0보다 클 동안 반복합니다. 반복문 안에서는 두 가지 작업을 수행합니다.

- **factorial *= n** 현재 n의 값을 factorial에 곱합니다.
- **n -= 1** n의 값을 1만큼 감소시킵니다.

n이 0이 되면 조건이 거짓이 되어 while 반복문이 종료되고 결과가 출력됩니다.

## 5 break 문과 continue 문

break 문과 continue 문은 반복문 내에서 흐름을 제어하는 키워드입니다. 이들은 특정 조건에 따라 반복문의 동작을 변경해야 할 때 사용합니다.

### break 문과 continue 문의 사용

break 문은 현재 반복문을 완전히 종료해야 할 때 사용합니다. 때로는 반복문의 조건이 아직 참이라 할지라도, 특정 조건을 만족하면 더 이상 반복할 필요가 없을 때가 있습니다. 이럴 때 break 문을 사용할 수 있습니다.

#### ■ for 문에서의 사용

다음은 어떤 리스트에서 특정 값이 발견되면 검색을 중단하기 위해 break 문을 사용하는 코드입니다.

```
list = [ 'a', 'b', 'c', 'd', 'e', 'f', 'g', 'h' ]
target_value = 'f'

for item in list:
    if item == target_value:
        print("Found!")
        break
    print(item, end= ' ')
>>>
 a b c d e Found!
```

[실습 2-27]은 break 문과 continue 문을 함께 사용한 프로그램입니다. 첫 번째 for 문에서는 특정 값 5가 나오기 전에 프로그램을 중단하며, 두 번째 코드에서는 continue 문을 활용하여 홀수만을 출력합니다.

**실습 2-27 for 문에서 break, continue 문 사용하기** 2-27.py

```
for i in range(10):
    if i == 5:
        break
    print(i,end= ' ')          # 0, 1, 2, 3, 4만 출력되고 5에서 중단됨
print()

for i in range(10):
```

```python
    if i % 2 == 0:
        continue
    print(i,end= ' ')           # 홀수만 출력됨: 1, 3, 5, 7, 9
```

```
0 1 2 3 4
1 3 5 7 9
```

### ■ while 문에서의 사용

while 문은 조건이 참인 동안 계속해서 반복을 수행하므로, break 문은 while 문에서 종료 조건을 만드는 중요한 도구로 사용됩니다. continue도 동일한 방식으로 사용되며, while 문의 현재 반복을 건너뛰게 만듭니다. [실습 2-28]에서 확인합니다.

**실습 2-28** while 문에서 break, continue 문 사용하기 2-28.py

```python
i = 0
while True:
    if i == 5:
        break
    print(i,end= ' ')
    i += 1                   # 0, 1, 2, 3, 4만 출력되고 5에서 중단됨
print()

i = 0
while i < 10:
    i += 1
    if i % 2 == 0:
        continue
    print(i,end= ' ')        # 홀수만 출력됨: 1, 3, 5, 7, 9
```

```
0 1 2 3 4
1 3 5 7 9
```

## 요약

### 1. 파이썬 시작하기

- **Thonny IDE:** 마이크로파이썬을 사용할 수 있는 통합 개발 환경입니다. Thonny IDE는 '파이썬 3'를 내장하고 있어 별도의 파이썬 설치 없이도 즉시 프로그래밍을 시작할 수 있습니다.

### 2. 변수와 자료형

- **변수(Variable):** 데이터를 저장하고, 다양한 자료형을 사용하여 데이터를 표현할 수 있습니다.
- **자료형(Data Type):** 기본 자료형으로 정수, 실수, 문자열, 불리언 등이 있고 복합 자료형으로 리스트, 튜플, 딕셔너리, 집합 등이 있습니다.
- **자료형 변환:** 내장 함수를 사용하여 쉽게 자료형 변환을 할 수 있습니다.

### 3. 문자열

- **문자열:** 텍스트 데이터를 표현하는 자료형으로, 작은따옴표나 큰따옴표로 감싸서 정의합니다. 파이썬은 문자열을 다루기 위한 다양한 내장 함수와 메서드를 제공하여, 문자열의 길이를 구하거나 특정 문자를 찾고, 문자열을 분할하고 연결하는 작업을 쉽게 수행할 수 있습니다.

### 4. 연산자

- **연산자(Operator):** 연산자는 수학적 계산, 문자열 결합, 논리적 비교 등 다양한 작업을 수행할 수 있게 합니다.
- **연산자의 종류:** 산술 연산자, 비교 연산자, 논리 연산자, 할당 연산자 등이 있으며, 각 연산자는 특정한 기능을 수행합니다.

### 5. 제어문

- **제어문:** 프로그램의 흐름을 제어하는 구문으로, 조건문과 반복문이 있습니다.
- **조건문:** `if`, `elif`, `else` 문이 있으며 주어진 조건에 따라 코드 블록을 실행합니다.
- **반복문:** `for`, `while` 문이 있으며 특정 조건이 만족하는 동안 코드를 반복 실행합니다.

# 도전 문제 ▶ 파이썬 문법을 활용한 다양한 문제 풀어보기

## 문제 01 영화 추천 시스템 만들기

사용자에게 나이와 선호 장르를 입력받아 해당 장르에 속하는 영화 중 하나를 무작위로 추천하는 시스템을 만들어 봅니다.

**실행 결과**

```
나이를 입력하세요: 25
선호하는 장르를 입력하세요 (액션, 코미디, 로맨스, SF, 공포): 액션
추천 영화: 분노의 질주
```

### STEP 1 코드 작성하기

**코드** 영화 추천 시스템 만들기 2_movie.py

```python
import random

# 영화 데이터베이스
movies = {
    "액션": ["배트맨", "아이언맨", "어벤져스", "매드 맥스", "분노의 질주"],
    "코미디": ["정직한 후보", "극한직업", "나쁜 녀석들", "공조", "럭키"],
    "로맨스": ["라라랜드", "노트북", "어바웃 타임", "비포 선라이즈", "이터널 선샤인"],
    "SF": ["인터스텔라", "인셉션", "매트릭스", "아이 로봇", "엑스 마키나"],
    "공포": ["겟 아웃", "어스", "컨저링", "인시디어스", "할로윈"]
}

# 사용자 입력
age = int(input("나이를 입력하세요: "))
preferred_genre = input("선호하는 장르를 입력하세요 (액션, 코미디, 로맨스, SF, 공포): ")

# 영화 추천
if preferred_genre in movies:
    recommended_movie = random.choice(movies[preferred_genre])
    print(f"추천 영화: {recommended_movie}")
else:
    print("해당 장르의 영화가 없습니다.")
```

## STEP 2 풀이

**01~10행** 무작위 선택을 수행하는 함수들을 제공하는 random 모듈을 임포트합니다. 키는 영화 장르, 값은 영화 장르에 해당하는 movies라는 딕셔너리를 정의합니다.

**13~14행** 사용자에게 나이를 입력받습니다. input() 함수는 문자열을 반환하므로 int()를 사용하여 정수로 변환하여 age 변수에 저장합니다. 선호하는 장르를 입력받은 뒤 preferred_genre 변수에 저장합니다.

**17~21행** if 문의 조건문은 입력받은 preferred_genre가 movies 딕셔너리의 키에 있는지 확인합니다. 목록에 있다면 random.choice() 함수를 사용하여 해당 장르의 영화 목록에서 무작위로 하나의 영화를 선택한 뒤 영화 제목을 출력합니다. 입력받은 장르가 movies 딕셔너리에 없을 때는 해당 장르가 없다고 출력합니다.

## 문제 02 도서관 좌석 시뮬레이션 만들기

도서관에는 2분마다 사람이 들어오고 4분마다 사람이 나갑니다. 도서관의 최대 수용 인원은 100명입니다. 도서관 좌석이 가득 차려면 몇 분이 걸리는지 계산하는 프로그램을 작성합니다.

**실행 결과**

```
도서관 좌석이 가득 차는 데 걸리는 시간: 398 분
```

## STEP 1 코드 작성하기

**코드** 도서관 좌석 시뮬레이션 만들기 2_library.py

```python
max_capacity = 100
people_in = 0
minutes = 0

while people_in < max_capacity:
    minutes += 1
    if minutes % 2 == 0:
        people_in += 1
    if minutes % 4 == 0:
        people_in -= 1
    if people_in < 0:
        people_in = 0
```

```
13
14    print("도서관 좌석이 가득 차는 데 걸리는 시간:", minutes, "분")
```

### STEP 2 풀이

**01~03행** 변수를 생성하고 값을 할당합니다. 내용은 다음과 같습니다.

- **max_capacity** 도서관의 최대 수용 인원을 100명으로 설정합니다.
- **people_in** 현재 도서관에 있는 사람 수를 0으로 초기화합니다.
- **minutes** 경과된 시간을 나타내는 변수를 0으로 초기화합니다.

**05~14행** `people_in`이 `max_capacity`보다 적은 동안 반복문을 실행합니다. 즉, 도서관이 가득 차기 전까지 반복하고 반복마다 1분씩 시간이 증가합니다. 경과한 시간이 2의 배수, 즉 2분마다 한 사람이 도서관에 들어옵니다. 경과한 시간이 4의 배수 즉, 4분마다 한 사람이 도서관에서 나갑니다. `people_in`이 0보다 작아지면, 이를 0으로 설정하여 음수로 내려가지 않도록 합니다. 반복문이 종료된 후, 도서관 좌석이 가득 차는 데 걸린 시간을 출력합니다.

### 문제 03 전화번호부 시스템 만들기

사용자와의 상호작용으로 연락처를 관리하는 기능을 제공하는 전화번호부 관리 시스템을 구현합니다. 이 시스템은 연락처를 추가하고, 검색하고, 프로그램을 종료할 수 있어야 합니다.

실행 결과

```
작업을 선택하세요 (추가/검색/종료): 추가
이름을 입력하세요: 홍길동
전화번호를 입력하세요: 010-1234-5678
홍길동의 연락처가 추가되었습니다.
작업을 선택하세요 (추가/검색/종료): 추가
이름을 입력하세요: 장영실
전화번호를 입력하세요: 010-5678-1234
장영실의 연락처가 추가되었습니다.
작업을 선택하세요 (추가/검색/종료): 검색
검색할 이름을 입력하세요: 장영실
장영실의 전화번호: 010-5678-1234
작업을 선택하세요 (추가/검색/종료): 종료
프로그램을 종료합니다.
```

## STEP 1 코드 작성하기

**코드** 전화번호부 시스템 만들기 2_phonebook.py

```
01  phonebook = {}
02
03  def add_contact(name, number):
04      phonebook[name] = number
05
06  def search_contact(name):
07      return phonebook.get(name, "해당 이름의 연락처가 없습니다.")
08
09  while True:
10      action = input("작업을 선택하세요 (추가/검색/종료): ").strip().lower()
11      if action == "추가":
12          name = input("이름을 입력하세요: ")
13          number = input("전화번호를 입력하세요: ")
14          add_contact(name, number)
15          print(f"{name}의 연락처가 추가되었습니다.")
16      elif action == "검색":
17          name = input("검색할 이름을 입력하세요: ")
18          print(f"{name}의 전화번호: {search_contact(name)}")
19      elif action == "종료":
20          print("프로그램을 종료합니다.")
21          break
22      else:
23          print("잘못된 입력입니다. 다시 시도하세요.")
```

## STEP 2 풀이

**01~04행** 빈 딕셔너리 phonebook를 초기화합니다. 이 딕셔너리는 이름을 키로, 전화번호를 값으로 저장합니다. add_contact 함수는 이름(name)과 전화번호(number)를 받아 전화번호부에 추가합니다. 딕셔너리 phonebook에 name을 키로, number를 값으로 저장합니다.

**06~07행** search_contact 함수는 이름을 받아 해당 이름을 전화번호부에서 검색합니다. name이 phonebook에 있으면 그 값을 반환하고, 없으면 "해당 이름의 연락처가 없습니다."라는 메시지를 반환합니다.

**09~10행** 사용자에게 작업 명령을 입력받습니다. 입력된 문자열의 앞뒤 공백을 제거하고, 소문자로 변환합니다.

**11~23행** 선택한 작업의 정보를 입력받아 전화번호를 추가, 검색, 종료를 실행합니다.

### 스스로 풀어보기

01. 문제 03 의 '전화번호부 시스템 만들기'에서 연락처 삭제 기능과 전체 연락처 목록을 출력하는 기능을 추가합니다.

CHAPTER

# 03

# 파이썬 기초 문법 II



학습목표

- 함수, 모듈, 클래스, 라이브러리, 패키지의 개념과 필요성을 이해하고, 이를 활용하여 파이썬 프로그램을 작성하는 방법을 학습합니다.
- 객체 지향 프로그래밍의 기본 원칙을 적용하고, 표준 및 외부 라이브러리를 사용하여 효율적인 코드를 작성하는 원리를 이해합니다.

## 이번 장에선 무엇을 배우나요?

이번 장에서는 파이썬 프로그래밍의 고급 개념을 다룹니다. 함수 정의와 호출 방법, 매개변수와 반환값을 이해하고, 내장 함수와 사용자 정의 함수의 차이를 배웁니다. 객체와 인스턴스, 클래스의 속성과 메서드를 학습하여 객체 지향 프로그래밍의 기본 개념을 익힐 수 있습니다. 또한 모듈 파일을 만들어 코드를 조직화하고 재사용성을 높이는 방법까지 학습합니다. 마지막으로 패키지와 라이브러리의 특징을 알아보고, 다양한 라이브러리를 활용하는 방법을 익혀 파이썬의 고급 기능을 이해하고 실제 프로그래밍에 적용할 수 있는 능력을 기릅니다.

**함수 기초**

함수 정의와 호출
매개변수와 반환값
함수의 종류

**클래스와 모듈**

객체와 인스턴스
속성과 메서드
모듈 파일 만들기

**패키지와 라이브러리**

패키지와 라이브러리 특징

Section 01

# 함수 기초

## 1 함수의 이해

파이썬에서 함수(Function)는 특정 작업을 수행하는 코드 블록을 의미합니다. 함수를 사용하면 크고 복잡한 문제를 작은 단위로 쪼개어 해결할 수 있습니다. 또한 반복적으로 사용하는 코드 블록을 함수로 정의하면 그 함수를 호출하는 방식으로 해당 작업을 여러 번 실행할 수 있어 코드의 재사용성을 높입니다. 이런 함수는 프로그래밍 언어의 핵심 구성요소 중 하나이며, 코드의 재사용성, 가독성, 모듈화 및 유지보수성을 향상하는 필수적인 요소입니다.

## 2 함수 정의와 호출

함수의 기본 구조는 def 키워드, 함수 이름, 매개변수, 함수의 본문, return 키워드로 구성되어 있습니다.

- **def 키워드** 파이썬에서 함수를 정의할 때 사용하는 키워드입니다.
- **함수 이름** 함수의 이름은 그 함수의 역할이나 수행하는 작업을 잘 나타내는 것으로 정하는 것이 좋습니다.
- **매개변수** 괄호 안에 정의되는 매개변수로 함수를 호출할 때 전달될 인자를 받기 위한 변수들입니다.
- **함수의 본문** 함수가 호출될 때 실행되는 코드입니다. 이 부분은 들여쓰기를 사용하여 함수의 범위 안에 속한다는 것을 나타냅니다.
- **return 키워드** 함수에서 값을 반환할 때 사용하는 키워드로 선택적으로 사용합니다. return 다음에 반환하려는 값을 지정합니다. 함수에서 return 키워드를 만나면 함수의 실행이 종료되며 지정된 값이 반환됩니다.

이를 코드 구조로 나타내면 [그림 3-1]과 같습니다.

```
def 함수 이름(매개변수):
    함수 본문
    return result
    └─▶ 탭 1번 들여쓰기
```

그림 3-1 **함수의 기본 구조**

함수의 기본 구조를 사용하여 매개변수 없이 인사말을 출력하는 코드는 다음과 같습니다.

```
def greet():  ──────── 함수 정의
    return "Hello, there!"
print(greet())  ──────── 함수 호출
>>>
 Hello, there!
```

## 3 매개변수와 반환값

### 매개변수

매개변수(Parameter)는 함수를 정의할 때 괄호 안에 지정하는 변수이며, 함수가 호출될 때 전달되는 값을 저장하는 역할을 합니다. 함수는 여러 개의 매개변수를 가질 수 있으며, 각 매개변수는 쉼표로 구분됩니다. 다음 코드에서 x와 y는 매개변수입니다.

```
def add(x, y):  ──────── 매개변수
    return x + y
```

### 반환값

반환값(Return Value)은 함수가 처리한 결과를 호출 시에 돌려주는 값입니다. `return` 키워드를 사용하여 함수에서 값을 반환합니다. 반환값이 여러 개일 때는 튜플, 리스트, 딕셔너리 등의 구조를 사용합니다. `return` 키워드가 없거나, 함수 내에서 `return` 키워드가 실행되지 않으면 함수는 기본적으로 `None`을 반환합니다.

[실습 3-1]은 매개변수를 이용하여 두 수의 합을 반환하는 함수를 생성하는 코드입니다.

실습 3-1 **두 수의 합을 반환하는 함수 생성하기**

3-1.py

```
def add(x, y):
    total = x + y
    return total
result = add(3, 5)
print(result)
```

매개변수

```
8
```

def 키워드를 사용하여 add라는 함수를 정의하고 두 개의 매개변수 x와 y를 받습니다. 함수가 호출될 때 전달받은 두 매개변수 x와 y의 합을 계산하여 total이라는 변수에 저장하고 return 키워드를 사용하여 total 값을 반환합니다.

### 인수

인수(Arguments)는 함수를 호출할 때 매개변수 자리에 입력하여 함수에 전달할 구체적인 값을 말합니다. [실습 3-1]의 add 함수는 3과 5라는 인수와 함께 호출됩니다. 이 함수는 3과 5의 합, 즉 8을 반환하고 반환된 값 8은 result라는 변수에 저장됩니다. 마지막으로 print() 함수를 사용하여 result 값 8을 출력합니다.

## 4 함수의 종류

함수는 내장 함수, 사용자 정의 함수, 외장 함수가 있습니다.

#### ❶ 내장 함수

파이썬 프로그램에 기본적으로 내장된 함수이며 별도의 모듈을 가져오지 않고도 사용할 수 있습니다. 예를 들어 앞서 출력할 때 사용하는 print() 함수와 사용자 입력을 받는 input() 함수는 대표적인 내장 함수입니다.

#### ❷ 사용자 정의 함수

def 키워드를 이용하여 사용자가 직접 만든 함수입니다. 특정 작업을 수행하는 코드를 작성하고 사용자가 이름을 붙이고 호출하여 재사용할 수 있는 함수를 의미합니다.

#### ❸ 외장 함수

모듈 또는 패키지를 활용하여 사용하는 함수입니다. 사용하기 전에 해당 모듈을 가져와야 합니다. 이때 import 명령어를 사용합니다.

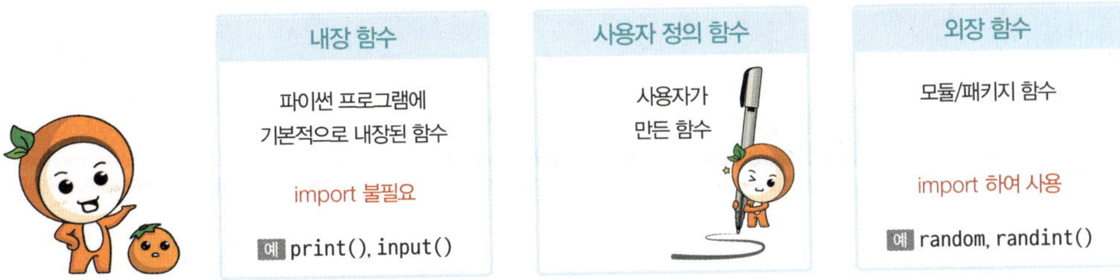


그림 3-2 **함수의 종류**

[실습 3-2]로 다양한 함수의 종류의 사용 예를 확인합니다.

**실습 3-2 다양한 함수의 종류 사용하기** 3-2.py

```python
import random

# 내장 함수 예시: print()와 input()
name = input("당신의 이름을 입력하세요: ")
print(f"안녕하세요, {name}님!")

# 사용자 정의 함수 예시 :greet()
def greet(person):
    return f"환영합니다, {person}님!"

# 사용자 정의 함수 사용
greeting = greet(name)
print(greeting)

# 외장 함수 예시: random 모듈의 randint()
def roll_dice():
    return random.randint(1, 6)

# 외장 함수 사용
dice_result = roll_dice()
print(f"주사위를 굴려 {dice_result}이(가) 나왔습니다!")
```

```
당신의 이름을 입력하세요: JS
안녕하세요, JS님!
환영합니다, JS님!
주사위를 굴려 2이(가) 나왔습니다!
```

Section 02

# 클래스와 모듈

## 1 클래스의 이해

파이썬 클래스(Class)는 프로그램의 구조와 동작을 정의하는 데 핵심적인 역할을 합니다. 객체 지향 프로그래밍(Object-Oriented Programming, OOP)의 기본 단위인 클래스는 데이터와 그 데이터를 처리하는 메서드를 하나로 묶은 것으로, 보다 구조적이고 재사용 가능한 코드를 작성할 수 있게 합니다.

객체 지향 프로그래밍은 복잡한 문제를 잘게 나누어 객체로 만들고, 객체를 조합해서 문제를 해결합니다. 따라서 현실 세계의 복잡한 문제를 처리하는 데 유용하며, 기능을 개선하고 발전시킬 때도 해당 클래스만 수정하면 되므로 유지 보수에도 효율적입니다.

### 클래스의 개념

클래스를 이해하기 위해 '로봇 설계도'를 떠올려 봅시다. 로봇을 만들기 위해서는 로봇의 구조와 특징이 모두 담긴 설계도가 필요합니다. 클래스는 바로 이 설계도와 같은 역할을 합니다. 클래스는 로봇을 만들기 위한 틀이며, 로봇을 제작할 때 필요한 데이터와 그 데이터를 처리하는 방법인 메서드를 정의합니다.

```
class Robot:                      # 클래스 이름
    def __init__(self, name, model, year):
        self.name = name
        self.model = model
        self.year = year
```

### 객체와 인스턴스

클래스가 설계도라면, 객체는 그 설계도로 만든 실제 로봇입니다. 객체는 클래스를 기반으로 생성된 실체이며, 클래스의 인스턴스라고도 합니다.

```
my_robot = Robot("Robo1", "ModelX", 2023)
```

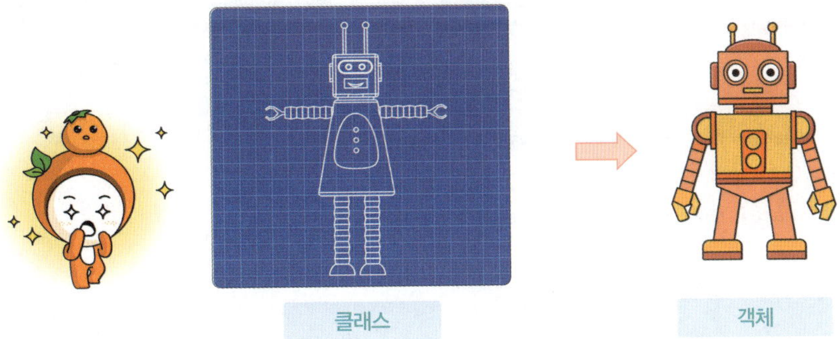


그림 3-3 **로봇 클래스와 객체의 예**

## 속성과 메서드

클래스 본문에서는 필요에 따라 속성(Attribute)과 메서드(Method)를 정의할 수 있습니다. 속성은 변수 객체의 상태나 특징을 나타내는 변수를 의미합니다. 객체가 할 수 있는 동작은 함수로 구현하는 데 이를 메서드라고 합니다. 로봇 클래스의 속성은 이름, 모델, 제작 연도 등이 될 수 있고, 메서드는 이동하기, 말하기, 작업 수행 등이 될 수 있습니다.

```
class Robot:
    def __init__(self, name, model, year):
        self.name = name
        self.model = model        # 객체의 속성
        self.year = year
    def start(self):
        print(f"{self.name} the {self.model} has started.")
    def stop(self):               # 객체의 행동을 정의하는 메서드
        print(f"{self.name} the {self.model} has stopped.")
```

## 클래스 정의와 인스턴스 생성

클래스를 정의하려면 class 키워드를 사용합니다. 클래스 내부에는 초기화 메서드인 __init__를 정의하여 객체가 생성될 때 초기화 작업을 수행합니다. 또한 인스턴스를 생성하려면 클래스 이름을 함수처럼 호출합니다.

```
class Robot:
    def __init__(self, name, model, year):
        self.name = name
        self.model = model
        self.year = year
    def start(self):
        print(f"{self.name} the {self.model} has started.")
    def stop(self):
        print(f"{self.name} the {self.model} has stopped.")
# 인스턴스 생성
my_robot = Robot("Robo1", "ModelX", 2023)
my_robot.start()
my_robot.stop()
```

__init__ 메서드는 파이썬에서 클래스의 생성자로 불리며, 객체가 생성될 때 자동으로 호출됩니다. 이 메서드를 이용하여 객체의 초기 속성을 설정할 수 있습니다. __init__ 메서드는 객체를 초기화하는 역할을 합니다.

| 클래스 로봇 | 객체 로봇 |
| --- | --- |
| 속성 | 모델: 문자열<br>제작 연도: 정수형 |
| 메서드 | 말하기()<br>이동하기() |

그림 3-4 **클래스와 객체**

[실습 3-3]은 도서 관리 프로그램입니다. 해당 프로그램을 살펴보며 클래스의 기본 개념과 작동 방식을 이해해 보도록 하겠습니다.

**실습 3-3 도서 관리 프로그램 만들기**

3-3.py

```
class Book:
    def __init__(self, title, author):
        self.title = title
        self.author = author

class Library:
    def __init__(self):
        self.books = []
```

```
09
10      def add_book(self, book):
11          self.books.append(book)
12
13      def remove_book(self, title):
14          self.books = [book for book in self.books if book.title != title]
15
16      def list_books(self):
17          for book in self.books:
18              print(f"제목: {book.title}, 저자: {book.author}")
19
20  library = Library()
21  book1 = Book("파이썬 입문", "홍길동")
22  book2 = Book("자료구조", "이순신")
23  book3 = Book("알고리즘", "장영실")
24
25  library.add_book(book1)
26  library.add_book(book2)
27  #library.remove_book("자료구조")
28  library.add_book(book3)
29
30  library.list_books()
```

```
제목: 파이썬 입문, 저자: 홍길동
제목: 자료구조, 저자: 이순신
제목: 알고리즘, 저자: 장영실
```

**행별 설명**

**01~04행:** Book이라는 클래스를 정의합니다. def __init__(self, title, author) 생성자 메서드로, Book 객체가 생성될 때 호출되도록 합니다. title 매개변수를 인스턴스 변수 title에 저장하고, author 매개변수를 인스턴스 변수 author에 저장합니다.

각각의 Book 객체는 고유한 title과 author 값을 가집니다. 예를 들어 21행의 Book 객체를 생성하는 코드가 실행되면 __init__ 메서드가 호출되어 book1 객체의 title 속성은 "파이썬 입문", author 속성은 "홍길동"으로 초기화됩니다.

self는 파이썬 클래스에서 인스턴스 메서드를 정의할 때 첫 번째 매개변수로 사용됩니다. 메서드가 호출될 때 self는 그 메서드를 호출한 객체 자신을 참조합니다. 이를 통해 클래스 인스턴스의 속성에 접근하고, 다른 메서드를 호출할 수 있습니다. self는 각 인스턴스를 구분하는 역할을 합니다. 여러 인스턴스가 존재할 때, self로 각 인스턴스가 독립적으로 동작하며 인스턴스별 상태를 유지할 수 있게 됩니다.

**06~08행:** Library 클래스를 정의합니다. books 빈 리스트를 인스턴스 변수로 초기화합니다.

**10~11행:** 도서를 books 리스트에 추가하는 메서드입니다. book 객체를 books 리스트에 추가합니다.

**13~14행:** self.books 리스트의 book 객체를 반복하여 book 객체의 조건을 검사합니다. book.title이 title과 같지 않을 때에만 book을 새로운 리스트에 포함합니다. 즉, title에 해당하는 도서를 지우는 역할을 하는 메서드입니다.

**16~18행:** books 리스트에 있는 모든 도서의 제목과 저자를 출력하는 메서드입니다.

**20~23행:** Library 클래스의 인스턴스를 생성하고 library 변수에 저장합니다. **"파이썬 입문"**과 **"홍길동"**을 인자로 전달하여 Book 클래스의 인스턴스를 생성하고 book1 변수에 저장합니다. 같은 방법으로 자료구조와 알고리즘 객체를 생성합니다.

**25~30행:** book1, book2, book3 객체를 library 객체인 books 리스트에 추가합니다. list_books 메서드를 이용해 library 객체의 books 리스트에 있는 모든 도서를 출력합니다. 각 도서의 제목과 저자가 출력됩니다.

[실습 3-3]의 도서 목록 중에서 "자료구조"라는 제목을 가진 도서를 삭제하는 library.remove_book("자료구조") 코드를 추가하면 다음과 같은 결과가 출력됩니다.

```
27    library.remove_book("자료구조")
28    library.add_book(book3)
29
30    library.list_books()
>>>
 제목: 파이썬 입문, 저자: 홍길동
 제목: 알고리즘, 저자: 장영실
```

**여기서 잠깐** **리스트 컴프리헨션**

[실습 3-3]의 14행에서 사용한 리스트 컴프리헨션(List Comprehension)은 기존 리스트를 기반으로 새로운 리스트를 만들기 위한 간결한 방법입니다. 기본 구조는 [그림 3-5]와 같습니다.

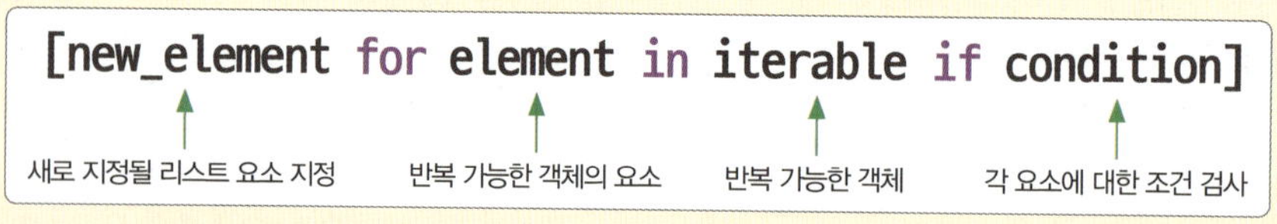

그림 3-5 **리스트 컴프리헨션의 기본 구조**

## 2 모듈의 이해

모듈(Module)은 자주 사용하는 변수, 함수, 클래스 또는 실행 코드를 모은 파이썬 코드가 저장된 파일입니다. 하나의 .py 파일은 하나의 모듈로 간주됩니다. 모듈은 코드의 관련 기능들을 그룹화하고, 다른 파이썬 파일에서 재사용하기 위한 목적으로 사용됩니다. 모듈을 사용하려면 반드시 `import` 키워드를 사용하여 사용할 모듈을 불러와야 합니다. 그리고 모듈이 필요한 곳에 다음과 같은 형태로 호출하여 사용합니다.

```
모듈 이름.함수()
모듈 이름.클래스()
모듈 이름.변수
```

그림 3-6 **모듈의 이해**

모듈을 만들고 가져오는 방법은 다음과 같습니다.

```
모듈 이름.py : 모듈 만들기
import 모듈 이름 : 모듈 가져오기
모듈 이름.함수() : 모듈 내 함수 가져오기
모듈 이름.변수 : 모듈 내 변수 가져오기
```

[코드 3-1]는 사칙연산 기능이 있는 모듈 파일입니다. 해당 모듈을 이용하는 예제를 살펴보며 모듈의 개념을 이해해 봅시다. 다른 파이썬 코드에서 모듈을 불러올 때 이름을 사용합니다. 따라서 [코드 3-1]을 작성하고 이름을 '`calculator.py`'로 저장합니다.

**코드 3-1** **사칙연산 기능이 있는 모듈 파일 만들기** calculator.py

```python
def plus (x,y):
    return x+y
def minus (x,y):
    return x-y
def multiply (x,y):
    return x*y
def divide (x,y):
    return x/y
    try:                            # 예외처리
        zero_Error = divide(x, 0)   # 오류 발생
    except ZeroDivisionError as e:  # 오류가 발생했을 때 실행되는 코드
        print(e)
```

명령어를 실행하면 현재 디렉토리에 'calculator.py' 이름의 새 파일이 생성되고, 셀에 작성된 함수들이 파일에 정의됩니다. 이렇게 생성된 'calculator.py' 파일은 파이썬 모듈로 다른 파이썬 스크립트나 노트북에서 import calculator 코드로 불러와 사용할 수 있습니다.

**여기서 잠깐** **모듈 파일의 저장 장소**

학습을 간단하게 하고 모듈 임포트를 쉽게 이해할 수 있도록 모듈 파일은 스크립트 파일과 같은 디렉토리에 저장하는 것이 좋습니다. 이렇게 하면 복잡한 설정 없이 바로 모듈을 임포트하여 사용할 수 있습니다. 그 외에 프로젝트의 규모가 커지면 모듈을 서브 디렉토리에 넣어 관련 모듈을 그룹화하고 유용한 패키지로 관리할 수 있습니다. 또한, 공통 모듈을 여러 프로젝트에서 사용할 때는 'PYTHONPATH'와 같은 환경 변수를 설정할 수도 있습니다.

새로운 파일을 열고 [실습 3-4]의 코드를 작성합니다. help를 이용하여 calculator 모듈의 내용을 살펴보고 plus 함수를 호출하여 두 숫자의 합을 계산하고 결과를 출력합니다.

**실습 3-4** **calculator 모듈을 활용하여 결과 출력하기** 3-4.py

```python
import calculator
help("calculator")
print(calculator.plus(2,3))
```

```
Help on module calculator:
NAME
    calculator
FUNCTIONS
    divide(x, y)
    minus(x, y)
    multiply(x, y)
    plus(x, y)
FILE
    c:\0. esp32_micropython\book_test\calculator.py
5
```

import ~as~를 이용하여 별칭을 만들어 사용할 수 있습니다.

```
import calculator as c
c.plus(2,3)
>>>
 5
```

다음은 모듈의 일부 함수를 직접 불러오는 방법입니다.

```
from calculator import minus, divide
print(minus(7,2))
print(divide(7,2))
>>>
 5
 3.5
```

Section 03

# 패키지와 라이브러리

패키지와 라이브러리는 파이썬 코드 구조화와 모듈화의 중요한 개념입니다. 이 둘은 서로 밀접한 관련이 있지만, 구체적인 정의와 사용 방식에서 차이가 있습니다.

## 1 패키지

패키지(Package)는 여러 개의 모듈을 하나의 상위 폴더로 구조화한 것입니다. 이 폴더는 특별한 __init__.py 파일을 포함하며, 이 파일은 폴더가 패키지로 작동하게 합니다. 패키지를 사용하면 관련된 여러 모듈을 그룹화하고, 계층적으로 구조화하여 코드의 조직성과 관리성을 높일 수 있습니다.

### 패키지의 구조

[그림 3-7]의 온라인 서점을 예시로 패키지 구조에 대해 알아보겠습니다. 크게 Online_bookstore 패키지 아래 catalog, orders, users, utils 패키지가 포함되어 있고 그 아래 각각의 기능을 가진 모듈과 __init__.py 파일로 구성되어 있습니다.

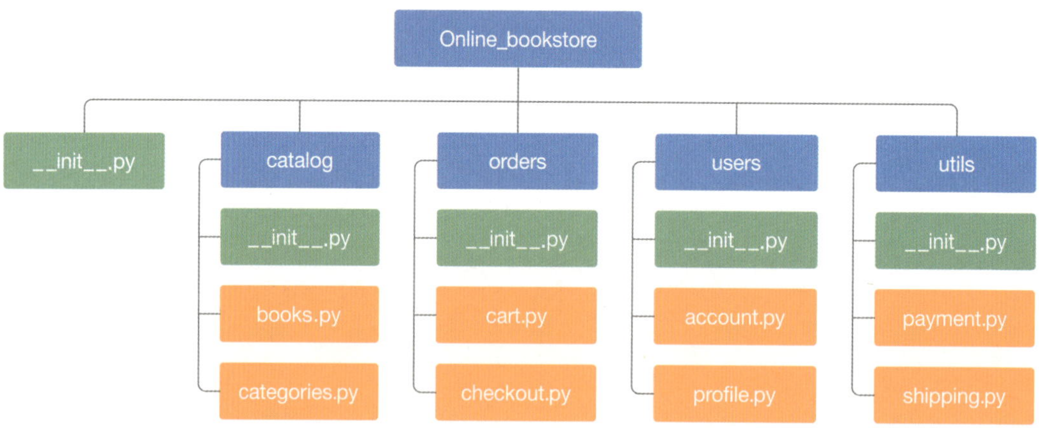


그림 3-7 패키지의 구조: 온라인 서점

- **catalog 패키지** 책과 카테고리 정보를 관리합니다. books.py 모듈은 책의 목록, 상세 정보, 검색 기능을 담당하고, categories.py 모듈은 책의 카테고리 분류를 관리합니다.
- **orders 패키지** 사용자의 주문 처리를 담당합니다. cart.py 모듈은 사용자의 장바구니에 책을 추가하고 관리하는 기능을 담당하고, checkout.py 모듈은 주문 결제 절차를 처리합니다.
- **users 패키지** 사용자 계정 관련 기능을 관리합니다. account.py 모듈은 사용자 등록, 로그인, 비밀번호 관리 등의 기능을, profile.py 모듈은 사용자 프로필 정보 관리 기능을 담당합니다.
- **utils 패키지** 결제 처리와 배송 관련 유틸리티 기능을 제공합니다. payment.py 모듈은 결제 게이트웨이와의 통신을 처리하고, shipping.py 모듈은 배송 옵션과 상태 추적 기능을 관리합니다.

[그림 3-7]의 구조는 온라인 서점 애플리케이션의 주요 기능을 명확하게 분리하여, 각 기능을 독립적으로 개발하고 관리할 수 있게 합니다. 예를 들어, 새로운 결제 방법을 추가하려면 utils/payment.py 모듈을 수정하면 되고, 새로운 책 카테고리를 도입하려면 catalog/categories.py 모듈을 업데이트하면 됩니다.

각각의 디렉토리들은 하나 이상의 파일(모듈) 또는 하위 디렉토리를 포함할 수 있으며 __init__.py 파일을 포함함으로써 파이썬 패키지로 동작하게 됩니다.

그럼 payment.py 모듈을 사용하기 위해서는 어떤 명령어를 사용하면 될까요? 그 코드는 다음과 같습니다.

```
from Online_bookstore.utils import payment
```

도트(.)를 사용하여 파이썬 모듈을 계층적으로 표현할 수 있습니다. 이런 방식으로 코드를 조직화하면 개발 과정에서 유연성과 확장성을 크게 향상할 수 있습니다. 또한, 팀 프로젝트에서도 각각 기능별 모듈에 집중할 수 있어 협업의 효율성을 높일 수 있습니다.

## 2 라이브러리

라이브러리(Library)는 여러 모듈과 패키지의 집합으로 특정 작업이나 기능을 수행하는 코드와 도구의 모음으로 볼 수 있습니다. 패키지가 여러 모듈을 계층적으로 구조화한 하나의 디렉토리에 해당한다면, 라이브러리는 여러 모듈 및 패키지의 모음으로, 특정 작업과 기능의 집합을 제공합니다.

## 패키지와 라이브러리의 특징

패키지가 코드의 일부분을 구조화하는 방식이라면, 라이브러리는 보다 큰 범위의 기능과 도구 집합을 제공합니다. 또한 패키지가 코드의 재사용성과 조직성을 높이는 방법으로 사용된다면 라이브러리는 사용자에게 필요한 기능과 도구를 제공하는 성격이 더 강하다고 할 수 있습니다.

라이브러리가 패키지 및 모듈의 모음을 의미하기 때문에 패키지는 라이브러리의 구성요소일 수 있습니다. 그러나 파이썬에서 라이브러리와 패키지는 비슷한 개념으로 사용됩니다.

다음은 각각 특정 분야에서 널리 사용되는 파이썬 라이브러리들입니다.

- **NumPy** 수치 계산을 위한 파이썬 라이브러리입니다. 다차원 배열을 효율적으로 처리할 수 있으며, 대규모 수치 계산을 할 때 필요한 다양한 함수를 제공합니다.
- **Pandas** 데이터 분석과 조작을 위한 라이브러리입니다. 데이터프레임(DataFrame)과 시리즈(Series) 같은 구조를 제공하여, 복잡한 데이터 분석 작업을 쉽게 할 수 있습니다.
- **Matplotlib** 데이터 시각화에 사용하는 파이썬 라이브러리로, 차트, 그래프 등 다양한 형태의 시각적 출력을 생성할 수 있습니다.
- **SciPy** 과학 계산 기능을 포함하는 라이브러리로, 최적화, 선형 대수, 통계 등을 포함하여, NumPy의 배열 연산 기능 위에 구축되어 고급 수학 함수와 알고리즘을 제공합니다.
- **Requests** HTTP 요청을 쉽게 보낼 수 있도록 해주는 라이브러리로, RESTful API와의 통신을 위해 널리 사용됩니다.

ESP32 보드와 마이크로파이썬을 이용한 다양한 프로젝트를 진행하기에 앞서 기본적인 파이썬 문법을 배웠습니다. 이제 코드를 작성하는 것을 넘어, 실제 세계와 상호작용하는 프로젝트들을 구현하면서 여러분의 창의력을 마음껏 발휘해 보세요. 함께 멋진 결과물을 만들어가는 과정에서 배움의 기쁨을 느낄 수 있기를 바랍니다.

## 요약

### 1. 함수 기초

- **함수(Function):** 특정 작업을 수행하는 코드 블록을 의미합니다.
- **함수의 기본 구조:** def 키워드, 매개변수, 함수의 본문, return 키워드
- **매개변수와 반환값:** 매개변수란 함수를 정의할 때 괄호 안에 지정하는 변수이며, 반환값은 함수가 처리한 결과를 호출 시 돌려주는 값입니다.
- **함수의 기능:** 함수는 코드를 재사용 가능하게 하며 프로그램의 구조를 개선합니다. 내장 함수와 사용자 정의 함수를 활용하여 다양한 기능을 구현할 수 있습니다.

### 2. 클래스와 모듈

- **클래스(Class):** 객체 지향 프로그래밍의 핵심 개념인 클래스는 데이터와 기능을 하나의 단위로 묶어 관리하며, 이러한 기능과 데이터를 사용할 수 있는 객체를 생성하여 사용합니다.
- **모듈(Module):** 자주 사용하는 변수, 함수, 클래스 또는 실행 코드를 모은 파이썬 코드가 저장된 파일입니다. 모듈은 관련된 함수와 클래스를 하나의 파일로 조직화하여 코드의 가독성과 재사용성을 높입니다.

### 3. 패키지와 라이브러리

- **패키지(Package):** 패키지는 모듈의 집합으로 디렉토리 구조로 관리됩니다. 패키지를 사용하면 관련된 여러 모듈을 그룹화하여 코드의 조직성과 관리성을 높일 수 있습니다.
- **라이브러리(Library):** 라이브러리는 특정 기능을 수행하는 패키지와 모듈의 집합으로, 개발자가 쉽게 재사용할 수 있는 도구를 제공합니다.

## 도전 문제 ▶ 파이썬 클래스로 도서관 관리 시스템 만들기

다음 실행 결과를 참고하여 파이썬 클래스를 사용하여 도서관 관리 시스템을 구현합니다. 이 시스템은 다음과 같은 조건으로 작동합니다.

1. 도서 추가 항목은 사용자가 도서 제목과 저자를 입력하여 추가합니다.
2. 도서 삭제 항목은 사용자가 도서 제목을 입력하여 도서 목록을 삭제합니다.
3. 도서 검색 항목은 추가한 도서 제목을 입력하여 도서를 검색합니다.
4. 도서 목록 출력 항목은 사용자가 검색할 도서 제목을 입력하고, 프로그램이 해당하는 제목과 저자를 출력합니다.
5. 종료 항목을 선택하면 프로그램이 종료됩니다.

실행 결과

```
도서관 관리 시스템
1. 도서 추가
2. 도서 삭제
3. 도서 검색
4. 도서 목록 출력
5. 종료
원하는 작업을 선택하세요: 1
도서 제목: 파이썬 입문
도서 저자: 홍길동
파이썬 입문이(가) 도서 목록에 추가되었습니다.

도서관 관리 시스템
1. 도서 추가
2. 도서 삭제
3. 도서 검색
4. 도서 목록 출력
5. 종료
원하는 작업을 선택하세요: 1
도서 제목: 자료구조
도서 저자: 이순신
자료구조이(가) 도서 목록에 추가되었습니다.

도서관 관리 시스템
1. 도서 추가
2. 도서 삭제
3. 도서 검색
```

```
4. 도서 목록 출력
5. 종료
원하는 작업을 선택하세요: 3
검색할 도서 제목: 파이썬 입문
찾은 도서: 제목: 파이썬 입문, 저자: 홍길동

도서관 관리 시스템
1. 도서 추가
2. 도서 삭제
3. 도서 검색
4. 도서 목록 출력
5. 종료
원하는 작업을 선택하세요: 4
도서 목록:
제목: 파이썬 입문, 저자: 홍길동
제목: 자료구조, 저자: 이순신
```

## STEP 1 코드 작성하기

**코드** 도서관 관리 시스템 만들기 3_book.py

```python
class Book:
    def __init__(self, title, author):
        self.title = title
        self.author = author

    def __str__(self):
        return f"제목: {self.title}, 저자: {self.author}"

class Library:
    def __init__(self):
        self.books = []

    def add_book(self, book):
        self.books.append(book)
        print(f"{book.title}이(가) 도서 목록에 추가되었습니다.")

```

```python
    def remove_book(self, title):
        removed_books = [book for book in self.books if book.title == title]
        self.books = [book for book in self.books if book.title != title]
        if removed_books:
            print(f"{title}이(가) 도서 목록에서 제거되었습니다.")
        else:
            print(f"{title} 도서를 찾을 수 없습니다.")

    def list_books(self):
        if self.books:
            print("도서 목록:")
            for book in self.books:
                print(book)
        else:
            print("도서 목록이 비어 있습니다.")

    def find_book(self, title):
        for book in self.books:
            if book.title == title:
                return book
        return None

def manage_library():
    library = Library()
    while True:
        print("\n도서관 관리 시스템")
        print("1. 도서 추가")
        print("2. 도서 삭제")
        print("3. 도서 검색")
        print("4. 도서 목록 출력")
        print("5. 종료")
        choice = input("원하는 작업을 선택하세요: ")

        if choice == '1':
            title = input("도서 제목: ")
            author = input("도서 저자: ")
            book = Book(title, author)
            library.add_book(book)
```

```
55          elif choice == '2':
56              title = input("삭제할 도서 제목: ")
57              library.remove_book(title)
58          elif choice == '3':
59              title = input("검색할 도서 제목: ")
60              book = library.find_book(title)
61              if book:
62                  print(f"찾은 도서: {book}")
63              else:
64                  print(f"{title} 도서를 찾을 수 없습니다.")
65          elif choice == '4':
66              library.list_books()
67          elif choice == '5':
68              print("프로그램을 종료합니다.")
69              break
70          else:
71              print("잘못된 입력입니다. 다시 시도하세요.")
72
73  # 프로그램 실행
74  manage_library()
```

**STEP 2** 풀이

**01~07행 클래스 정의 및 구현** Book 클래스를 정의하고, 책의 제목과 저자를 속성으로 가집니다. 이 클래스는 책 정보를 문자열로 반환하는 `__str__` 메서드를 포함해야 합니다.

**09~23행 도서관 클래스 정의** Library 클래스를 정의하고, 도서 목록을 관리하는 메서드를 추가합니다. 이 클래스는 도서를 추가하고, 삭제할 수 있도록 합니다.

**25~37행 도서 검색 기능 추가** Library 클래스에 도서 목록 전체를 출력하는 메서드 `list_books`와 제목을 기준으로 도서를 검색하는 `find_book` 메서드를 추가합니다. 제목이 일치하는 도서를 반환하고, 찾지 못한 경우 None을 반환합니다.

**39~74행 사용자 인터페이스 추가** 사용자가 도서를 추가, 삭제, 검색하고 도서 목록을 출력할 수 있도록 하는 사용자 인터페이스를 추가합니다. 이를 위해 `manage_library` 함수를 작성합니다.

코드를 실행하고 원하는 작업으로 도서 추가를 선택하고 제목과 저자를 입력해 봅니다. 그리고 도서 삭제나 검색, 목록 출력 작업을 테스트합니다.

**스스로 풀어보기**

**01.** 도서관 관리 시스템의 도서 삭제, 도서 검색, 도서 목록 출력에 새로운 기능을 추가합니다. '도서 정보를 업데이트하기', '도서 대여하기', '도서 반납하기' 항목을 사용자 정의 함수를 이용해 추가하여 완성합니다.

# PART 02

# 파이썬 피지컬 컴퓨팅 기초 프로젝트

CONTENTS

CHAPTER

# 04

# 파이썬 피지컬 컴퓨팅 환경설정



## 학습목표

- ESP32 보드에 대해 알아보고 사용 시 주의 사항을 이해합니다.
- 마이크로파이썬을 이용하기 위한 기본 환경을 설정합니다.
- 스크립트를 실행하는 방법을 알아봅니다.

## 이번 장에선 무엇을 배우나요?

이번 장에서는 피지컬 컴퓨팅 프로젝트에 사용하는 도구인 ESP32 보드의 주요 특징을 알아보고 실습환경을 구축합니다. 그 다음 간단한 스크립트를 작성하고 하드웨어를 실행하는 실습을 진행합니다.

### 이번 장의 준비물

컴퓨터

USB 연결선

Thonny

ESP32 보드

Section 01

# ESP32 보드의 이해

## 1 ESP32 DEVKIT 보드

ESP32 DEVKIT DOIT(Development of Open Innovative Technology)는 'Development Kit'의 약자로, 주로 개발 목적으로 사용되는 ESP32 기반의 보드를 지칭합니다. ESP32 DEVKIT은 ESP-WROOM-32 모듈과 USB 시리얼 변환기, GPIO 핀 헤더, 전원 관리 회로 등이 포함되어 있어, 키트를 컴퓨터에 연결하면 바로 프로그래밍을 시작할 수 있습니다. ESP32 DEVKIT은 누구나 쉽게 사용할 수 있으며 대부분의 ESP32 프로젝트에서 사용합니다. 사용 가능한 핀 수의 개수(30, 36, 38)에 따라 다양한 버전이 있는데, 이 책에서는 보드 핀 수가 30개인 ESP32 DEVKIT을 이용하여 다양한 프로젝트를 구현해 보겠습니다.

그림 4-1 **ESP32 DEVKIT 보드** © https://www.eleparts.co.kr

### 실드 보드와 ESP32 보드

납땜 없이 전자부품을 쉽게 연결할 수 있는 브레드보드를 사용해도 되지만, 회로 구성을 더 편하게 하는 방법으로 실드 보드를 사용할 수 있습니다. 따라서 이후 회로 구성은 실드 보드 사용을 기준으로 설명하겠습니다. 먼저 실드 보드 위에 ESP32 보드를 핀 헤더의 순서에 잘 맞게 끼워 넣습니다.

그림 4-2 실드 보드와 ESP32 보드의 조립

## 2 GPIO 핀

GPIO 핀은 '일반 목적의 입력과 출력'을 의미하는 용어로, 마이크로컨트롤러나 다른 디지털 시스템의 가장 기본적인 인터페이스 중 하나입니다. 각 핀의 세부 기능에 대해 살펴보겠습니다.

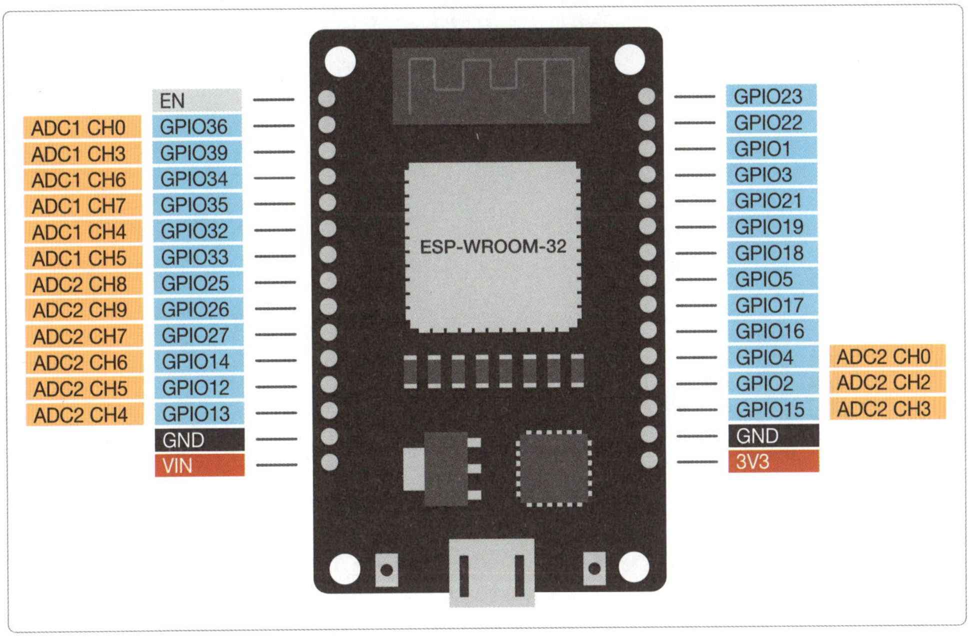


그림 4-3 ESP32 DEVKIT 보드의 GPIO 핀

표 4-1 ESP32 DEVKIT 보드 사양

| 사양 | 설명 |
| --- | --- |
| 마이크로컨트롤러 | Xtensa ® Dual-Core 32-bit LX6 마이크로컨트롤러 |
| 주 클럭 속도 | 최대 240 MHz |
| 외부 플래시 메모리 | 4MB(32 Mbit) 플래시 메모리 |

| 사양 | 설명 |
|---|---|
| RAM | 520KB SRAM |
| Wi-Fi | 802.11 b/g/n 2.4GHz Wi-Fi |
| 블루투스 | Bluetooth v4.2 BR/EDR 및 BLE |
| 핀 개수 | 30~38개 핀 (GPIO, UART, SPI, I2C, PWM 등) |
| ADC | 12비트 SAR ADC 최대 18개 채널 |
| DAC | 8비트 DAC |
| UART | 3개 UART (UART0, UART1, UART2) |
| SPI | 4개 SPI (SPI, HSPI, VSPI, SPI-Master) |
| I2C | 2개 I2C (I2C0, I2C1) |
| SD 카드 인터페이스 | 지원 |
| USB 인터페이스 | USB-UART 변환기 내장(Micro-USB 포트) |
| 작동 전압 | 2.2V~3.3V(권장) |
| 작동 전류 | 평균 80mA~240mA(Wi-Fi 활성화) |
| 작동 온도 범위 | -40℃~85℃ |

## 입력 전용 핀

[표 4-2]는 GPIO의 입력 전용 핀입니다. 다음 핀에는 내부 풀업(Pull-up) 또는 풀다운(Pull-down) 저항이 없어 입력으로만 사용해야 합니다.

표 4-2 **GPIO 입력 전용 핀**

| GPIO 입력 전용 핀 | | | |
|---|---|---|---|
| GPIO 34 | GPIO 35 | GPIO 36 | GPIO 39 |

## 아날로그-디지털 변환기(ADC)

ESP32 보드에는 18개의 12비트 ADC(Analog-to-Digital Converter) 입력 채널이 있습니다. ADC 입력 채널의 해상도는 12비트로 0~4095 범위의 아날로그 판독 값을 얻을 수 있으며, 이 값들은 아날로그 신호가 0V에서 3.3V 사이일 때의 전압 레벨을 나타냅니다.

코드 및 ADC 범위에서 채널의 해상도를 설정할 수도 있습니다. ESP32는 ADC1 ADC2 두 개의 ADC를 갖고 있으며, 각각 다수의 채널을 제공합니다. 채널은 별도의 아날로그 신호를 받아서 디지털 신호로 변환할 수 있는 경로를 말합니다. 하나의 ADC가 여러 개의 입력 채널을 갖고 있으면, 다양한 센서나 입력 소스로부터 동시에 신호를 받아 처리할 수 있습니다. 즉, 각 채널을 사용해 별도의 센서를 연결하면, 하나의 마이크로컨트롤러에서 여러 작업을 동시에 수행할 수 있어 시스템의 효율성을 크게 향상합니다. ADC 및 해당 채널로 사용할 수 있는 GPIO 핀은 다음과 같습니다.

### ❶ ADC1

ADC1은 GPIO 32부터 GPIO 39까지의 핀을 사용합니다. 이 핀들은 일반적으로 센서 입력과 같은 아날로그 신호를 디지털 값으로 변환하는 데 사용합니다.

- **GPIO 36~39 (ADC1 CH0~ADC1 CH3)** 고감도 측정에 적합하며 주로 정밀한 아날로그 센서 입력에 사용합니다.
- **GPIO 32~35 (ADC1 CH4~ADC1 CH7)** 아날로그 입력을 할 때 사용하며, 주로 외부 센서로부터 아날로그 신호를 받는 데 사용합니다.

### ❷ ADC2

ADC2는 GPIO 0, 2, 4, 12, 13, 14, 15, 25, 26, 27 핀을 사용하여 채널을 제공합니다. 이 핀들은 ADC1보다 다양한 목적으로 사용되지만, 와이파이 사용 중에는 ADC2 채널의 일부가 제한될 수 있습니다.

- **GPIO 4, 0, 2, 15, 13, 12, 14 (ADC2 CH0~ADC2 CH6)** 이 GPIO는 범용 입력으로 사용하며, 일부는 시스템 부팅 및 통신 기능에도 중요한 역할을 합니다.
- **GPIO 27, 25, 26 (ADC2 CH7~ADC2 CH9)** 이 핀들은 주로 추가적인 센서 입력이나 사용자 정의 기능에 사용합니다.

## 디지털-아날로그 변환기(DAC)

ESP32 보드에는 2개의 8비트 DAC(Digital-to-Analog Converter) 채널이 있습니다. 이 변환기는 디지털 신호를 아날로그 신호로 변환하여 외부 디바이스로 출력하는 데 사용합니다. 또한 오디오 출력이나 아날로그 신호 생성 등의 다양한 응용 프로그램에 사용할 수 있습니다. DAC 채널은 [표 4-3]과 같습니다.

**표 4-3 디지털-아날로그 변환기(DAC)**

| DAC1 | DAC2 |
|---|---|
| GPIO 25 | GPIO 26 |

## 정전식 터치 센서와 GPIO 핀

ESP32 보드는 정전식 터치 센서 기능을 내장하고 있어, 일정 수의 GPIO 핀을 터치 감지용으로 사용할 수 있습니다. 그래서 간단한 터치 인터페이스로 사용자와의 상호작용을 구현할 수 있습니다. 예를 들어, 터치 기반의 스위치, 버튼, 슬라이더 등을 만들어 다양한 제어 기능을 수행할 수 있습니다. ESP32 보드는 최대 10개의 독립적인 터치 센서 채널을 지원하며 [표 4-4] 항목과 같이 GPIO 핀에 연결됩니다.

표 4-4 정전식 터치 GPIO 핀

| 터치 센서 채널 | GPIO 핀 | 터치 센서 채널 | GPIO 핀 |
|---|---|---|---|
| T0 | GPIO 4 | T5 | GPIO 12 |
| T1 | GPIO 0 | T6 | GPIO 14 |
| T2 | GPIO 2 | T7 | GPIO 27 |
| T3 | GPIO 15 | T8 | GPIO 33 |
| T4 | GPIO 13 | T9 | GPIO 32 |

**여기서 잠깐** **터치 센서 핀의 다양한 활용**

터치 센서 핀들은 기계의 딥 슬립(Deep Sleep)모드에서 웨이크 업(Wake up) 모드로 전환될 때 사용할 수 있습니다. 예를 들어 절전모드에 있다가 사용자가 터치하면 깨어나 작동하는 자동화 기기를 쉽게 제작할 수 있습니다. 딥 슬립 모드와 정전식 터치 센서를 이용한 깨어나기 기능은 에너지 효율이 매우 중요한 사물인터넷 장치나 배터리로 작동하는 휴대용 장치에 특히 유용합니다. 이러한 기능을 활용해 ESP32 보드는 필요할 때만 전력을 소비하고, 나머지 시간 동안은 전력 소비를 최소화하여 효율적으로 작동할 수 있습니다.

## PWM 컨트롤러

ESP32 보드의 PWM 컨트롤러에는 다양한 속성을 가진 PWM 신호를 생성할 수 있는 16개의 독립 채널이 있습니다. 출력으로 작동할 수 있는 모든 핀은 PWM 핀으로 사용할 수 있습니다. 하지만 GPIO 34~39는 입력 전용 핀으로 PWM 신호를 생성할 수 없습니다.

ESP32의 PWM은 최대 16비트의 분해능을 제공합니다. 이는 PWM 신호의 듀티 사이클을 매우 섬세하게 조절할 수 있음을 의미합니다. ESP32 보드의 16개의 독립적인 채널은 별도의 타이머를 사용할 수 있어 서로 다른 PWM 신호를 독립적으로 생성할 수 있습니다. ESP32 보드에서는 PWM 주기를 설정할 때 사용되는 타이머를 4개 제공하며, 각 타이머는 여러 PWM 채널을 지원할 수 있습니다. PWM 신호를 설정하려면 코드에서 다음 매개변수를 정의해야 합니다.

- PWM 신호의 주파수
- 출력하려는 듀티 사이클 값
- PWM 채널
- PWM 신호를 출력하려는 GPIO 핀

## 직렬 통신 프로토콜 I2C

I2C(Inter-Integrated Circuit)는 직렬 통신 프로토콜입니다. 이 프로토콜은 주로 마이크로컨트롤러, 센서, 메모리 장치 등 다양한 디지털 회로 간의 데이터를 교환할 때 사용합니다. I2C는 효율적인 연결성과 단순성 때문에 광범위하게 활용됩니다.

I2C 통신은 두 개의 선인 데이터 라인(SDA)과 클록 라인(SCL)을 사용하여 통신합니다. 여러 마스터 장치가 버스에 연결될 수 있으며, 각 마스터는 버스를 제어할 수 있습니다. 연결된 각 슬레이브 장치는 고유한 주소를 가지고 있어, 마스터가 특정 슬레이브와 통신할 수 있도록 합니다. 클록 신호에 따라 데이터가 전송되므로, 동기식 통신을 구현합니다.

ESP32 보드는 두 개의 I2C 채널을 내장하고 있어 동시에 여러 개의 I2C 기반 장치를 다룰 수 있습니다. 이는 복잡한 시스템에서 여러 센서나 주변 장치를 효율적으로 관리할 수 있게 합니다.

표 4-5 I2C 채널

| I2C0 | | I2C1 | |
|---|---|---|---|
| 통신 라인 | GPIO 핀 | 통신 라인 | GPIO 핀 |
| SDA | GPIO 21 | SDA | GPIO 17 |
| SCL | GPIO 22 | SCL | GPIO 16 |

소프트웨어로 구현된 I2C 통신 방법으로 SoftI2C 라이브러리를 이용한다면 대부분의 핀을 SDA 또는 SCL로 설정할 수 있습니다.

## SPI 통신용 핀

SPI(Serial Peripheral Interface)는 마이크로컨트롤러, 센서, SD 카드 등의 디지털 장치들 사이에서 빠르게 데이터를 교환할 때 널리 사용되는 직렬 통신 인터페이스입니다. SPI는 동기식 직렬 통신 프로토콜로, 마스터-슬레이브 구조를 갖습니다.

SPI는 주로 MISO, MOSI, SCK, CS 4개의 기본 신호선을 사용합니다. ESP32 보드는 하드웨어 지원 SPI 통신을 위해 두 개 이상의 SPI 버스를 제공하며, 이를 위한 핀들을 가지고 있습니다. ESP32 보드는 HSPI와 VSPI 두 개의 SPI 버스를 사용하며 각각의 핀 구성은 다음과 같습니다.

❶ **HSPI(SPI2)** 다양한 용도로 사용

- MISO(Master In Slave Out) GPIO 12
- MOSI(Master Out Slave In) GPIO 13
- SCK(Serial Clock) GPIO 14
- CS(Chip Select) GPIO 15(사용자 정의 가능)

❷ **VSPI(SPI3)** 높은 속도를 지원하거나 특별한 목적으로 사용

- MISO(Master In Slave Out) GPIO 19
- MOSI(Master Out Slave In) GPIO 23
- SCK(Serial Clock) GPIO 18
- CS(Chip Select) GPIO 5(사용자 정의 가능)

SPI 역시 소프트웨어로 구현된 SPI 통신 방법으로 SoftSPI 라이브러리를 사용하여 거의 모든 GPIO 핀에 SPI 핀을 소프트웨어적으로 할당할 수 있습니다. 사용자는 필요에 따라 다른 GPIO 핀을 선택할 수 있고, 이는 특정 핀이 다른 목적으로 이미 사용 중일 때 유용합니다.

### 플래시 메모리 전용핀

GPIO 6에서 GPIO 11까지 6개의 핀은 WROOM-32 기본 모듈에서 플래시 메모리용으로 이미 사용하는 핀입니다. 개발용 보드에 간혹 이 6개의 핀이 연결되어 표시된 경우가 있는데 이를 임의로 사용하면 안됩니다. 책에서 사용하는 보드에는 해당 핀이 존재하지 않습니다. 많은 ESP32 개발 보드에서는 보드의 잘못된 사용을 방지하고 시스템의 안정성을 유지하기 위해 이 핀들을 사용자가 접근하지 못하도록 디자인되어 있습니다.

## 3 사용 주의 사항

ESP32 개발 보드를 사용할 때 주의해야 할 사항들을 알아보겠습니다.

## 포트 연결

보드를 인식시키고 코드를 실행하려면 케이블을 이용하여 컴퓨터와 ESP32 보드를 연결해야 합니다. 이때 실드 보드가 아닌 ESP32 보드의 '코딩용 USB Jack'에 직접 연결해야 포트가 인식됩니다.

그림 4-4 USB Jack 포트 연결

## 전원 연결

센서와 같이 다양한 장치들의 회로를 구성할 때 신호선은 S에, – 또는 GND는 G에, +와 VCC는 V에 연결하여 사용합니다. 올바르게 연결하지 않으면 센서 값이 읽히지 않거나, 장치들이 반응하지 않을 수 있습니다. 또한 GND와 VCC를 잘못 연결하면 쇼트(Short)가 발생하여 보드가 손상될 수 있습니다. 그러므로 회로를 구성할 때는 핀을 잘 살펴보고 정확하게 연결해야 합니다.

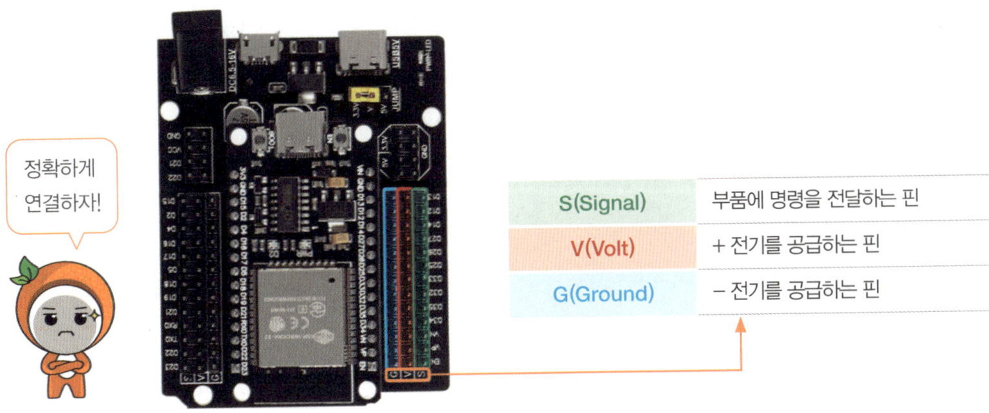


그림 4-5 전원 연결 구성

Section 02

# ESP32 실습환경 구축

본격적으로 ESP32와 마이크로파이썬을 이용해 피지컬 컴퓨팅을 시작하기 전, 실습을 위한 환경을 구축합니다. 먼저 컴퓨터가 보드를 인식하도록 드라이버를 설치합니다. 그리고 파이썬 프로그래밍을 할 수 있도록 ESP32 보드에 펌웨어를 설치하겠습니다.

## 1 드라이버 설치

01 먼저 컴퓨터와 ESP32 보드를 다음 그림과 같이 연결합니다.

02 [윈도우 작업 표시줄]–[시작]에서 마우스 오른쪽 버튼을 클릭해 메뉴에서 [장치 관리자]를 찾아 실행합니다. 장치가 올바르게 인식되었다면 보드 연결 시 '포트(COM & LPT)'에서 'COM○○' 포트 번호를 확인할 수 있습니다.

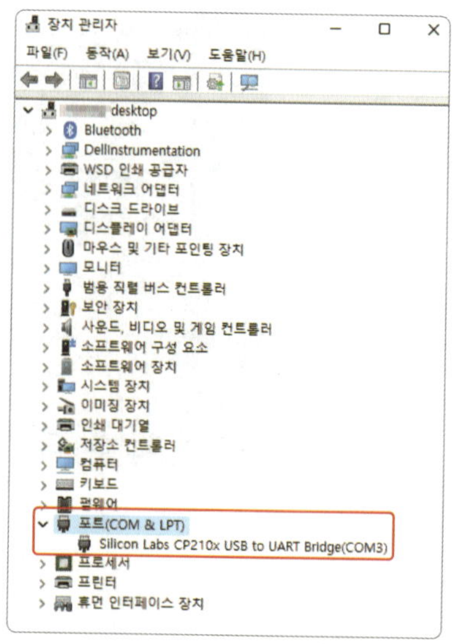

03 장치가 올바르게 인식되지 않는다면 CP210x 드라이버를 설치해야 합니다. 드라이버 다운로드 사이트(https://www.silabs.com/developers/usb-to-uart-bridge-vcp-drivers)에 접속한 뒤 [DOWNLOADS] 항목을 클릭합니다.

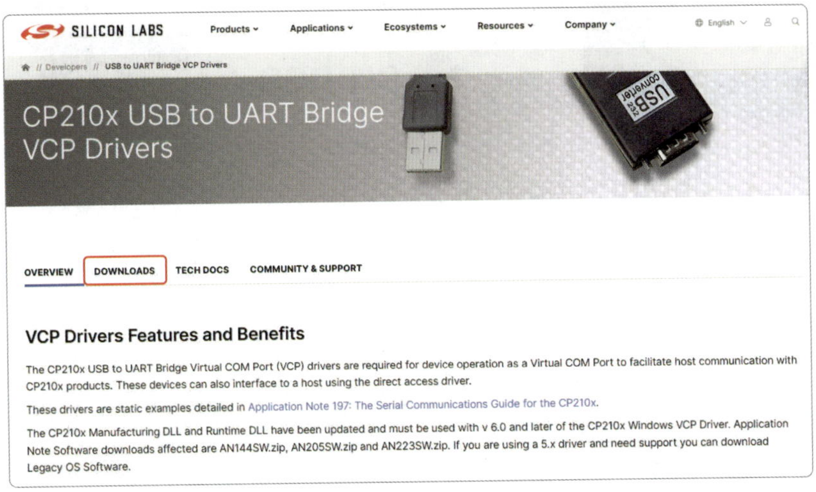


04 운영체제에 맞는 드라이버를 선택합니다. 윈도우 운영체제는 [CP210x Windows Drivers]를 클릭하여 다운로드합니다. 파일을 다운로드 받았다면 압축을 해제한 뒤 'CP210xVCPInstaller_x64.exe' 파일을 실행하여 장치 드라이버를 설치합니다.

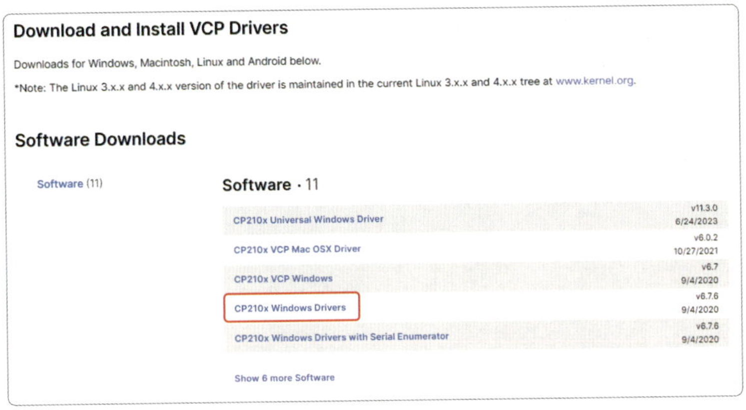


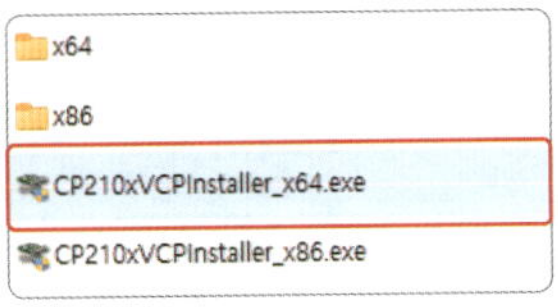


## 2 ESP32 펌웨어 설치

펌웨어(Firmware)는 전자 장치의 입력과 출력 그리고 통신 장치와 같은 하드웨어를 제어하는데 필요한 소프트웨어를 말합니다. 컴퓨터에서 운영체제와 같은 역할을 합니다. 펌웨어는 최초로 사용할 때만 설치하면 되고, 장치에 오류가 발생했다면 재설치할 수 있습니다. 파이썬으로 하드웨어를 제어할 때 필요한 '파이썬 제어 펌웨어'를 설치하겠습니다.

그림 4-6 **펌웨어와 운영체제**

**여기서 잠깐** **펌웨어**

펌웨어는 컴퓨터나 전자 장치의 하드웨어를 제어하는 소프트웨어로 운영체제와 하드웨어 사이의 중간 계층으로 생각할 수 있습니다. 펌웨어는 장치의 제조 시점에 ROM(Read-Only Memory)이나 플래시 메모리와 같은 비휘발성 메모리에 저장되며, 사용자가 직접 수정할 수는 없습니다. 하지만 제조사가 제공하는 업데이트 파일로 펌웨어를 업데이트할 수 있습니다. 이 업데이트는 장치의 성능 향상, 버그 수정, 새로운 기능 추가 등을 위해 필요할 수 있으므로 업데이트가 있다면 진행하는 것이 좋습니다. 펌웨어는 장치의 기본적인 작동 방식을 결정하므로, 잘못된 펌웨어 업데이트는 장치의 작동에 문제를 일으킬 수도 있습니다.

## 펌웨어 자동 설치하기

**01** Thonny IDE를 실행합니다. 앞으로의 실습을 위해 [파일] 항목의 [메뉴](≡)에서 [새로운 디렉토리]를 선택하고 '파이썬 ESP32 기초'라고 이름을 설정합니다.

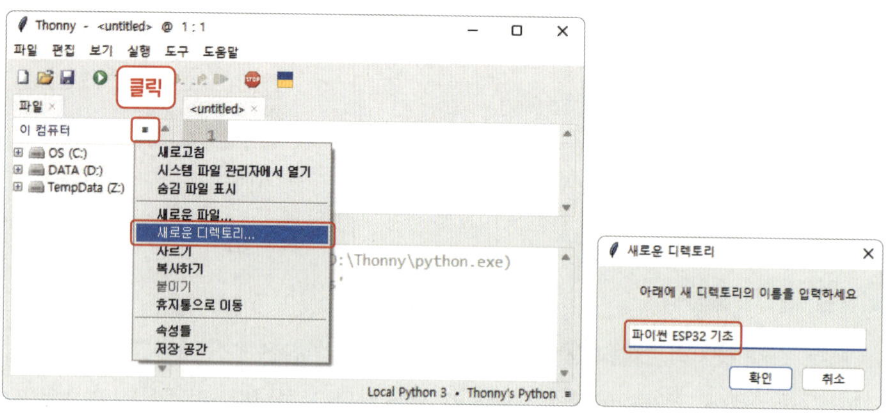

**02** [실행] 메뉴에서 [인터프리터 환경설정]을 선택합니다.

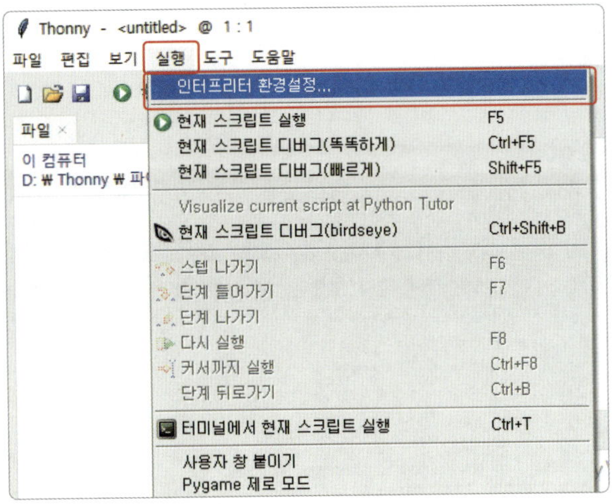


**03** ❶ [인터프리터] 항목을 선택하고 ❷ [MicroPython(ESP32)]를 선택합니다. 그리고 ❸ 연결된 포트를 선택합니다. ❹ [Install or update MicroPython (esptool)]을 클릭합니다.

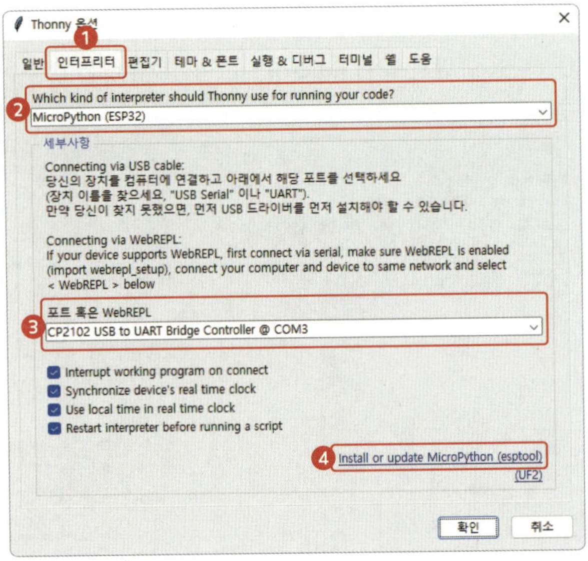


**04** 다음과 같이 옵션을 설정하고 〈설치〉를 클릭하여 펌웨어를 설치합니다. 버전은 설치 시점의 최신 버전으로 설정합니다. (2024년 6월 기준 1.23.0 버전)

❶ Ttarget port: 'CP2102 USB to UART Bridge Controller @ COM○○'
❷ MicroPython family: ESP32
❸ variant: Espressif ESP32/ WROOM
❹ version: 최신 버전(1.23.0)

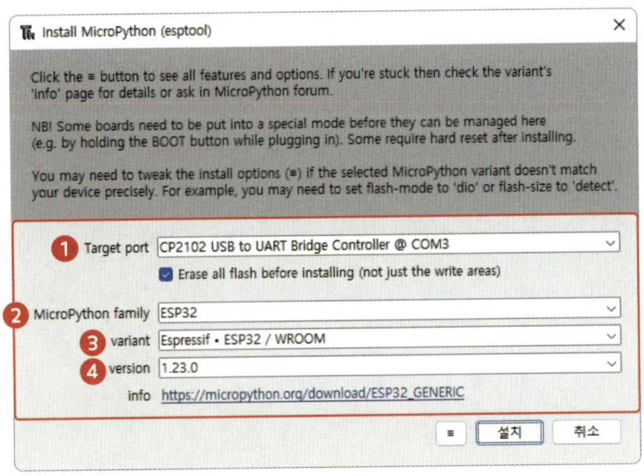

**05** 메모리 삭제 → 펌웨어 설치 → 완료 순서로 진행됩니다. 왼쪽 하단에 'Done!' 메시지가 나올 때까지 기다립니다.

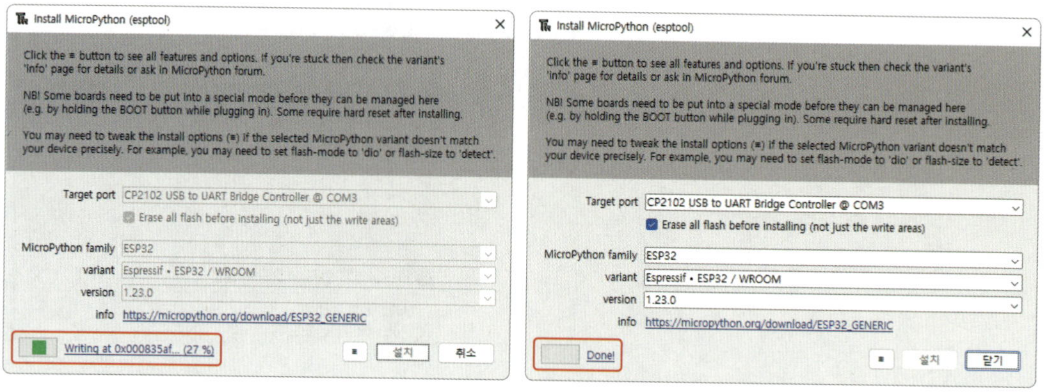


**06** 다음 그림과 같이 [MicroPython 장치] 항목에 ESP32 보드가 인식되었다면 펌웨어가 정상적으로 설치된 것입니다.

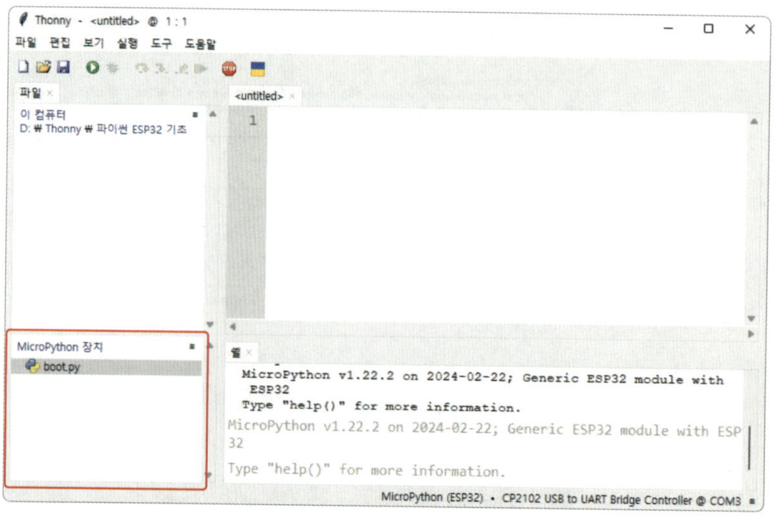


## 펌웨어 수동 설치하기

펌웨어 설치 과정에서 오류가 발생할 수 있습니다. 이때는 펌웨어를 다운로드하여 수동으로 설치해야 합니다.

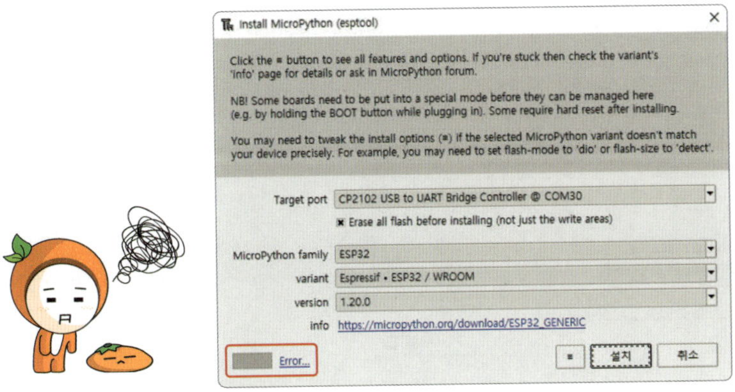


그림 4-7 **펌웨어 설치 중 오류 화면**

**01** 수동 설치를 위해 마이크로파이썬 홈페이지(https://micropython.org/download/ESP32_GENERIC/)에 접속합니다. ESP32/WROOM의 [Firmware] 항목에서 최신 버전의 펌웨어를 클릭해 다운로드합니다.

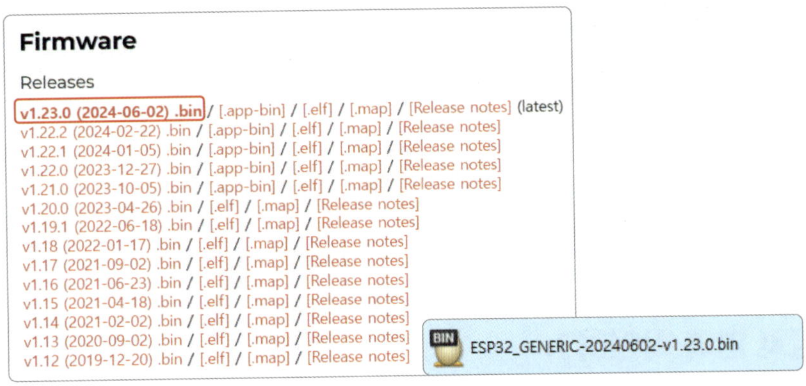


**02** 설치 화면으로 돌아와 [설치] 버튼 옆에(≡) 버튼을 클릭하고 [Select local MicroPython image]를 선택합니다.

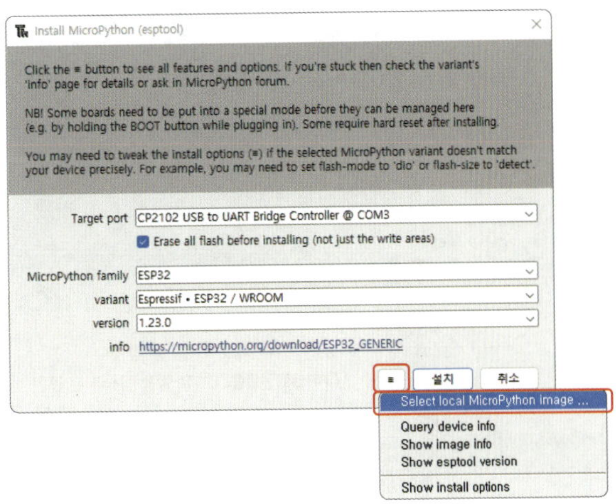

**03** 다운로드 받은 펌웨어 파일을 선택합니다.

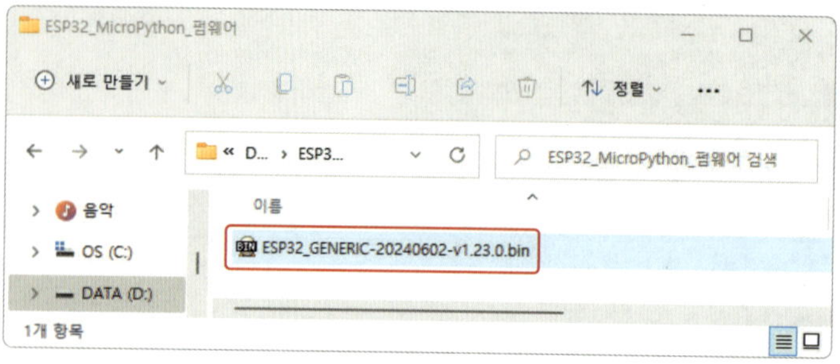


**04** 펌웨어 파일이 있는 폴더로 설정이 제대로 되었는지 확인한 후 〈설치〉 버튼을 클릭하여 펌웨어 설치를 수동으로 진행합니다.

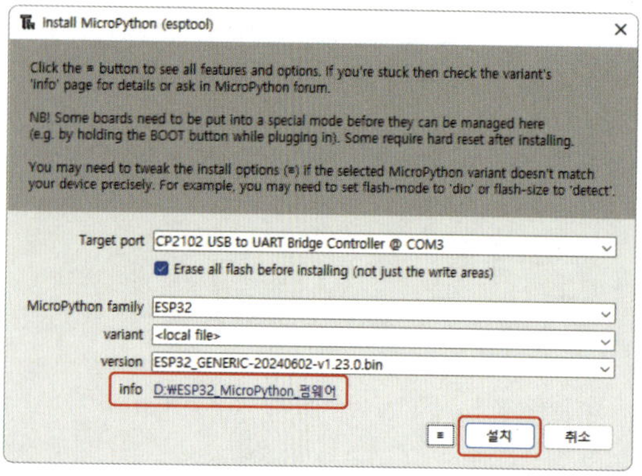


## 펌웨어 설치 후 장치 영역 확인하기

펌웨어가 잘 설치되었다면 [MicroPython 장치] 항목이 추가된 것을 확인할 수 있습니다. ESP32 보드의 장치 탐색기는 보드 내에 저장된 파일을 탐색하는 공간으로 연결된 마이크로컨트롤러의 파일 시스템을 탐색할 수 있는 영역입니다. 우리가 연결한 ESP32 장치에 저장된 파일을 확인하고 관리할 수 있습니다.

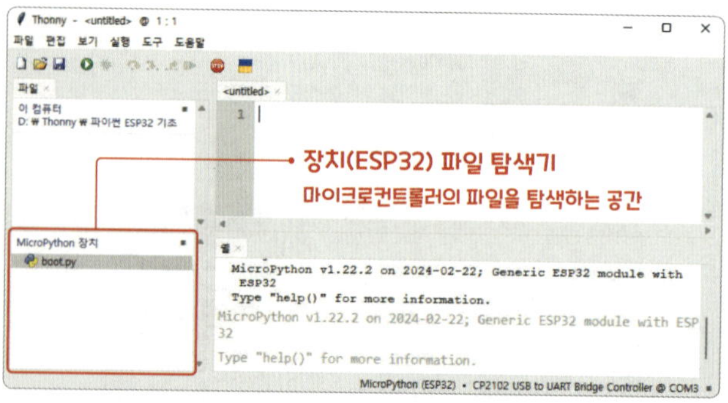


그림 4-8 Thonny IDE의 [MicroPython 장치] 항목

## 3 하드웨어 연결

펌웨어는 한 번만 설치하면 됩니다. 실습을 시작할 땐 USB 케이블을 이용하여 ESP32 보드와 컴퓨터를 연결한 뒤 실습환경을 설정하면 됩니다.

**01** Thonny IDE의 메뉴에서 [실행]-[인터프리터 환경설정]을 선택합니다. [인터프리터] 항목의 [MicroPython (ESP32)]를 선택한 뒤 해당 보드의 포트를 선택하고 〈확인〉을 클릭합니다.

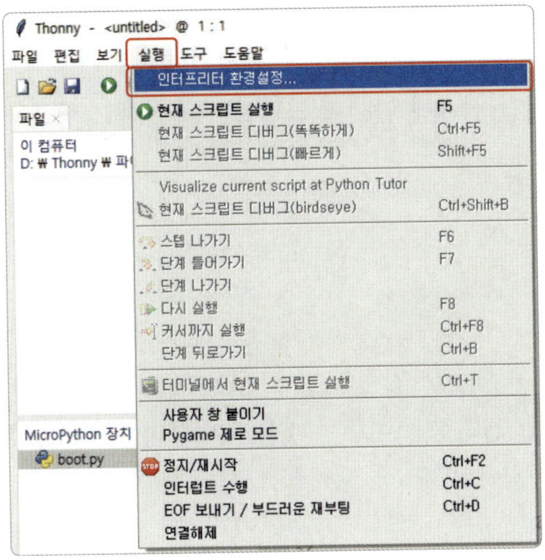


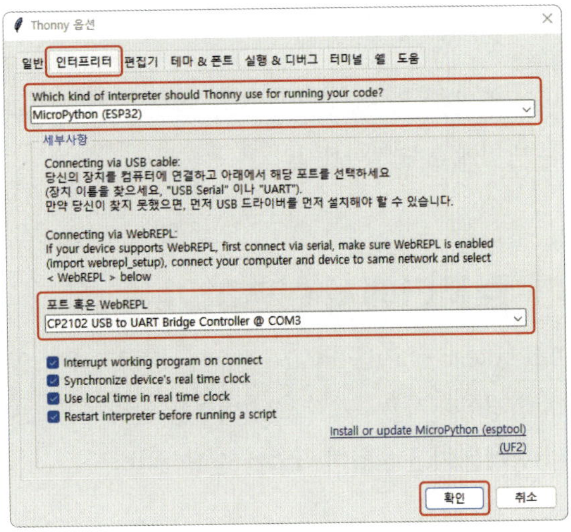


**02** 아래의 그림과 같이 Thonny IDE 창 오른쪽 하단에서 연결이 완료된 상태를 확인할 수 있습니다.

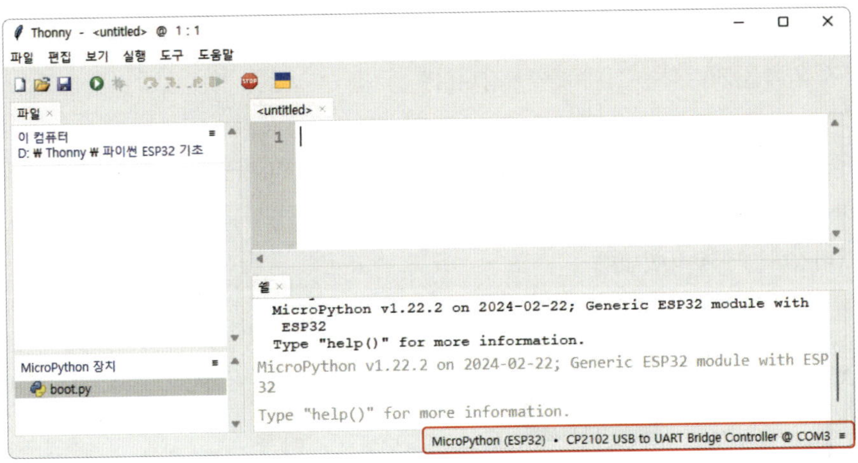

Section 03

# 스크립트 작성과 실행

피지컬 컴퓨팅 실습 준비가 모두 끝났습니다. 본격적인 실습에 앞서 스크립트를 작성하고 실행하는 방법에 대해 알아봅시다.

## 1 컴퓨터에서 실행하기

REPL(Read-Eval-Print-Loop)은 프로그래밍 언어의 대화형 환경을 나타내는 용어입니다. 대화형 환경이란 사용자가 코드나 명령을 입력하면 즉시 그 결과를 보여주는 것을 의미합니다. REPL의 각 단계는 다음과 같이 작업을 진행합니다.

- **Read** 사용자에게 입력을 받습니다.
- **Eval** 받은 입력을 평가하여 실행합니다.
- **Print** 실행 결과를 화면에 출력합니다.
- **Loop** 다시 사용자 입력을 기다리는 상태로 돌아갑니다.

이와 같은 특징은 실시간으로 프로그래밍할 수 있는 환경을 제공하며, 파이썬과 같은 인터프리터 기반의 언어에서 사용될 수 있습니다. 코드를 따로 새로 생성하거나 저장할 필요가 없어 실시간으로 테스트하거나 디버깅하는데 유용합니다

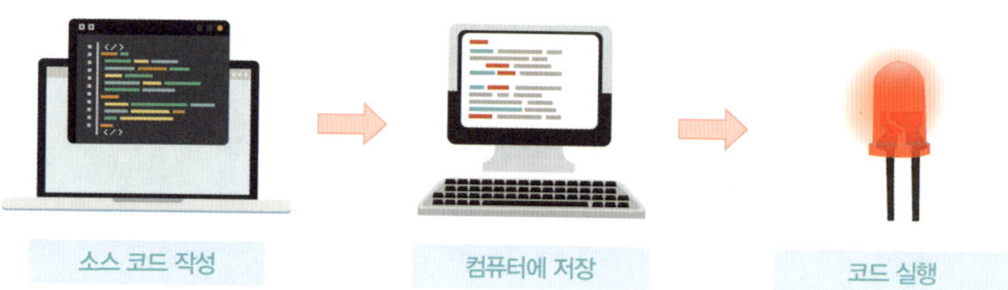


그림 4-9 **REPL 실행 과정**

## LED 깜빡이기 실습

Thonny IDE를 이용하여 소스 코드(스크립트)를 컴퓨터에 저장하고 하드웨어를 제어하는 과정을 시작하겠습니다.

### ❶ 스크립트 작성하기

먼저 새 파일을 하나 생성하고 내장 LED를 켜고 끄는 스크립트인 [실습 4-1]을 Thonny IDE 에디터 창에 작성합니다.

**실습 4-1 LED 깜빡이기** 4-1_LED.py

```python
from machine import Pin
import time

led = Pin(2, Pin.OUT)

while True:
    led.value(1)
    time.sleep(1)
    led.value(0)
    time.sleep(1)
```

### ❷ 스크립트 실행하기

스크립트 작성이 끝나면 실행 버튼( )을 클릭하여 스크립트를 실행합니다.

### ❸ 하드웨어에서 실행 확인하기

하드웨어에서 실행을 확인합니다. 쉘 창에 'MPY : soft reboot' 메시지가 출력되면서 ESP32 보드의 내장 LED가 1초 간격으로 1번 켜졌다 꺼지는 동작을 무한 반복합니다. 앞으로의 모든 실습은 위의 ❶ → ❷ → ❸ 순서로 진행합니다.

## 실행 결과

▪ Thonny IDE 쉘 창 실행 화면

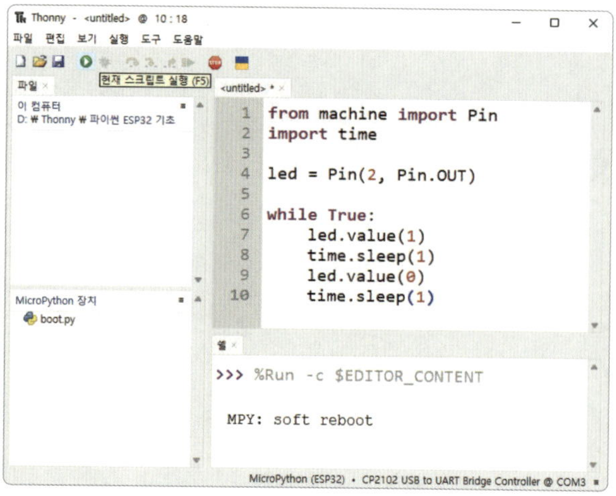


▪ 하드웨어 동작 결과

이후 실습에서 Thonny IDE 스크립트와 쉘 창의 실행 화면은 필요한 경우에만 안내하겠습니다.

## 2 ESP32 보드에서 실행하기

업로드(Upload) 방식은 컴퓨터에서 작성된 스크립트를 실행 버튼(▶)을 이용하여 실행하지 않고 ESP32 보드에 저장하여 하드웨어가 시작될 때마다 자동으로 실행되도록 제어하는 방법입니다. ESP32 보드에 스크립트를 업로드하여 사용하는데, 작성한 스크립트를 마이크로파이썬 장치에 'main.py'의 이름으로 저장하면 됩니다.

그림 4-10 업로드 방법

### ❶ 마이크로파이썬 장치에 스크립트 저장하기

[실습 4-1] 파일을 ESP32 보드에 저장합니다. [파일] 메뉴의 [...(으)로 저장]을 선택한 뒤 저장 장소로 〈MicroPython 장치〉를 선택합니다. [파일 이름]에 'main.py'를 입력하고 〈확인〉 버튼을 클릭합니다.

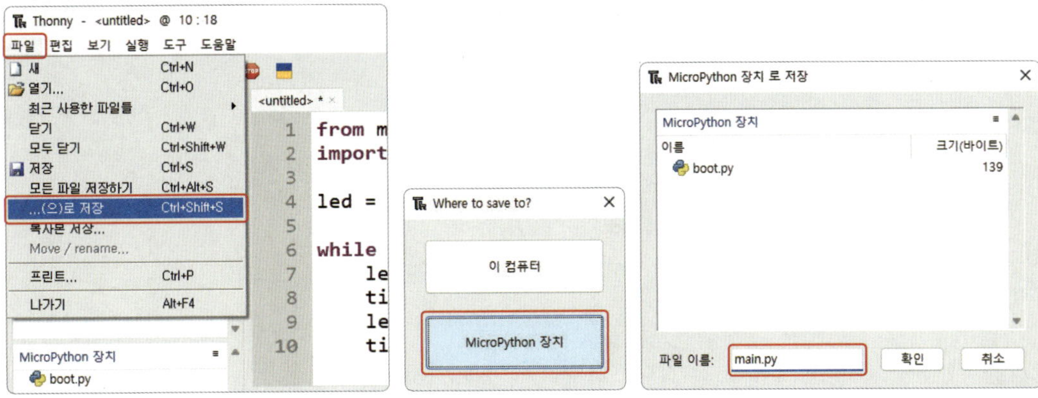


### ❷ 하드웨어에서 실행하기

장치에 'main.py'의 이름으로 저장하였다면 실행 버튼(▶)을 클릭합니다. 이제 ESP32 보드는 전원이 공급되면 먼저 'boot.py' 파일을 실행한 뒤 장치의 시작 프로그램이자 자동 실행 스크립트로 생각할 수 있는 'main.py' 파일을 두 번째로 실행하게 됩니다. 결과는 REPL 방식과 같이 LED가 깜빡이는 것을 확인할 수 있습니다.

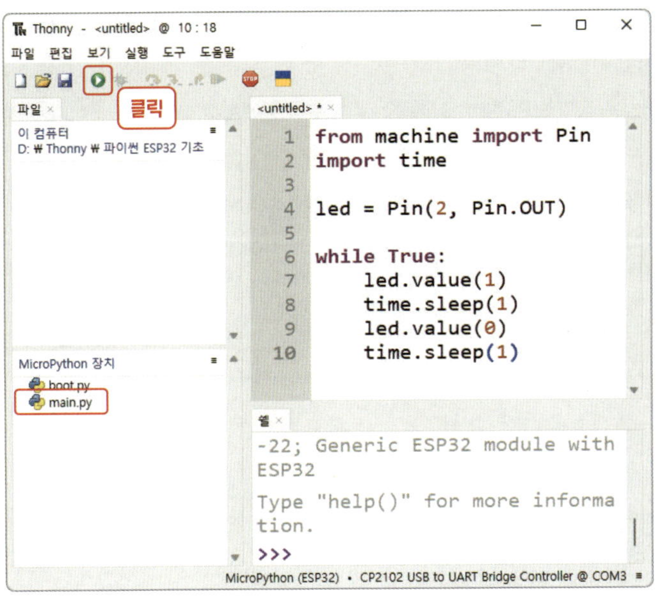

## ③ 프로그램 중지하기

보드 내부에 저장된 스크립트가 계속 실행되는 것을 멈추려면 단축키 Ctrl+C를 이용하여 작업을 강제로 중지시킬 수 있습니다.

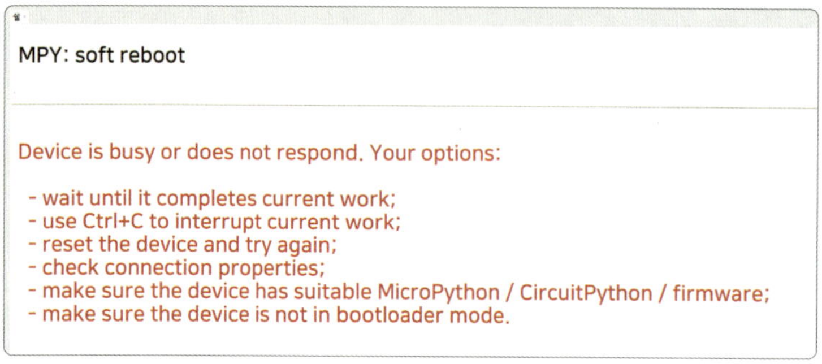


그림 4-11 **강제 중지 메시지**

**여기서 잠깐** **boot.py 파일**

'boot.py' 파일은 ESP32 보드와 같은 마이크로컨트롤러에서 마이크로파이썬을 실행할 때 초기에 로드되는 스크립트입니다. 마이크로컨트롤러의 플래시 메모리에 마이크로파이썬 소프트웨어를 설치한 뒤 장치가 켜질 때마다 마이크로파이썬이 실행될 수 있도록 설정하는 과정에서 'boot.py' 파일이 기본적으로 생성되며, 시스템 부팅 시 가장 먼저 실행됩니다. 다음은 'boot.py' 파일의 주요 기능과 사용 목적입니다

- **초기 설정:** 마이크로컨트롤러가 부팅될 때 필요한 핀 설정, 네트워크 연결 등의 초기 설정을 포함합니다.
- **부팅 시 로그 출력:** 마이크로컨트롤러가 정상적으로 부팅되었음을 확인하는 로그 메시지를 출력할 수 있습니다.
- **애플리케이션 시작 전 설정:** 메인 애플리케이션 코드를 실행하기 전에 필요한 라이브러리나 모듈을 불러오거나 초기화하는 코드를 'boot.py' 파일에 포함할 수 있습니다.
- **보안:** 특정 기능을 활성화하거나 비활성화하는 등의 보안 관련 설정을 'boot.py' 파일에서 처리할 수 있습니다.

기본적으로 제공되는 'boot.py' 파일은 간단하게 구성되어 있을 수 있으나, 사용자가 수정하여 다양한 초기화 작업이나 설정을 포함할 수 있습니다. 'boot.py' 파일이 실행된 후 'main.py' 파일이 실행됩니다. 'main.py' 파일은 사용자가 정의한 주요 스크립트를 의미하며, 'boot.py' 파일에서 사용자가 정의한 설정이 있다면 그 설정 환경에 따라 'main.py' 파일이 실행됩니다.

## 요약

### 1. ESP32 보드의 이해

- **GPIO 핀:** 입력과 출력을 의미하는 용어로 마이크로컨트롤러나 다른 디지털 시스템의 가장 기본적인 인터페이스입니다.
- **GPIO 핀의 세부 구성:** 디지털-아날로그 변환기(DAC), 정전식 터치 센서, PWM 컨트롤러, 직렬 통신 프로토콜 I2C, SPI 통신용 핀, 플래시 메모리 전용 핀 등이 있습니다.

### 2. ESP32 실습환경 구축

- **드라이버:** ESP32 보드를 사용하여 피지컬 컴퓨팅 프로젝트를 진행하기 위해 실습 컴퓨터와 ESP32 보드를 연결합니다. 이때 장치를 인식하기 위한 프로그램으로 장치가 인식되지 않는다면 CP210x 드라이버를 설치합니다.
- **ESP32 펌웨어:** 펌웨어(Firmware)는 전자 장치의 입력과 출력 그리고 통신 장치와 같은 하드웨어를 제어하는 데 필요한 소프트웨어를 말합니다.

### 3. 스크립트 작성과 실행

- **REPL(Read-Eval-Print-Loop):** REPL은 프로그래밍 언어의 대화형 환경을 나타내는 용어로 사용자가 코드나 명령을 입력하면 즉시 그 결과를 보여주는 것을 의미합니다.
- **업로드(Upload):** ESP32 보드에 저장하여 하드웨어가 시작될 때마다 스크립트를 자동으로 실행하도록 제어하는 방법입니다.

CHAPTER

05

# ESP32와 기초 센서



**학습목표**

- ESP32 보드와 마이크로파이썬을 사용하여 다양한 기초 센서를 제어하는 방법을 학습합니다.
- 센서(스위치, 조도센서)를 통해 측정값을 입력받고, 액추에이터(네오픽셀, OLED)를 이용하여 명령을 출력하는 상호작용 프로그램을 만들 수 있습니다.
- 두 가지 이상의 부품을 이용한 융합 프로젝트를 구현합니다.

## 이번 장에선 무엇을 배우나요?

이번 장에서는 ESP32 보드를 이용하여 센서로 값을 입력받거나 다양한 액추에이터를 이용하여 명령을 출력합니다. 센서(Sensor)는 주변 환경의 물리적 또는 화학적 변화를 감지하고 이를 전기 신호로 변환하는 장치입니다. 센서는 다양한 종류가 있으며, 각각의 센서는 특정한 유형의 정보를 수집하는 역할을 합니다. 액추에이터(Actuator)는 입력 신호나 명령을 받아서 외부에서 움직임, 작동, 제어 등의 물리적인 행동을 일으키는 장치입니다. 간단히 말해, 시스템이나 장치에서 전자적 신호를 받아서 그에 따른 물리적인 변화를 일으키는 부품이라고 할 수 있습니다.

### 이번 장의 준비물

ESP32 보드

USB 연결선

점퍼 케이블

스위치

부저

네오픽셀

조도센서

Section 01

# 스위치

앞서 배운 Thonny IDE와 ESP32 보드 사용법을 잘 숙지하여 다양한 센서들을 다루어보겠습니다. 먼저 스위치를 알아봅니다.

## 1 스위치의 이해

스위치(Switch)는 전기 회로를 제어하기 위한 하드웨어 구성요소 중 하나로, 일반적으로 전류의 흐름을 제어하여 전기 장치를 켜고 끄는 데 사용됩니다. 스위치는 전자기기, 로봇, 자동차 및 자동화 시스템에서 널리 사용되며, 스위치의 여러 유형과 기능은 다양한 프로젝트 및 응용 분야에 맞게 선택할 수 있습니다.

그림 5-1 스위치의 다양한 활용

## 2 스위치 회로 연결하기

스위치 모듈은 −, +, S의 세 개의 핀이 있습니다. − 라고 표시된 핀은 보드의 D4의 G, +는 D4의 V, S는 D4의 S에 각각 연결합니다.

표 5-1 스위치와 ESP32 보드의 핀 연결

| 스위치 | − | + | S |
|---|---|---|---|
| ESP32 | D4G | D4V | D4S |

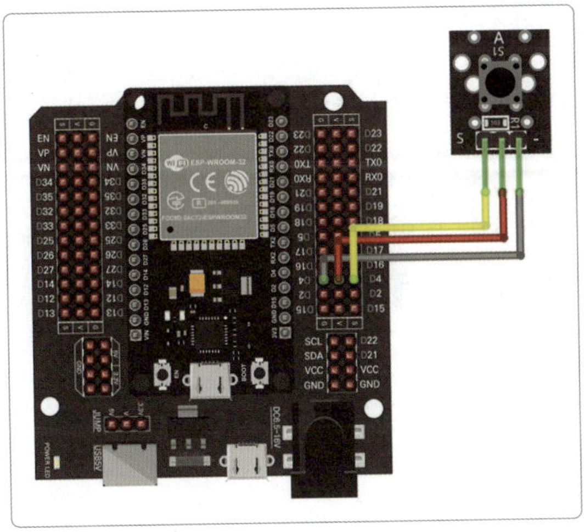

그림 5-2 **스위치 연결 회로**

책에서는 +극은 빨간색 케이블을 -극은 회색 케이블로 표기했습니다. 실습에서는 어떤 색상을 사용해도 상관없습니다.

## 3 스위치 기본 동작 제어하기

스위치를 누르면 'switch on'을 출력하고, 누르지 않으면 'switch off'를 출력하는 스크립트를 작성합니다.

**실습 5-1 스위치 동작하기** 5-1_Switch.py

```
from machine import Pin

switch_pin = Pin(4, Pin.IN)

while True:
    switch_state = switch_pin.value()

    if switch_state == 0:
        print("switch on")
    else:
        print("switch off")
```

**행별 설명**

**01행:** `machine` 모듈에서 `Pin`과 클래스를 가져옵니다. `Pin` 클래스는 ESP32 보드의 GPIO 핀을 제어하는 데 사용합니다.

**03행:** GPIO 핀 4를 입력 모드(`machine.Pin.IN`)로 설정하고, 이 핀을 `switch_pin` 변수에 할당합니다. 즉 `switch_pin`이라는 객체를 생성하게 되는 것입니다. 이렇게 하면 해당 핀으로 스위치의 상태를 읽을 수 있습니다.

**06행:** `switch_pin.value()`는 `switch_pin`에 연결된 스위치의 상태를 읽어옵니다. 읽어 온 값을 `switch_state` 변수에 저장합니다. 스위치가 눌렸을 때 0을, 떼졌을 때 1을 반환합니다.

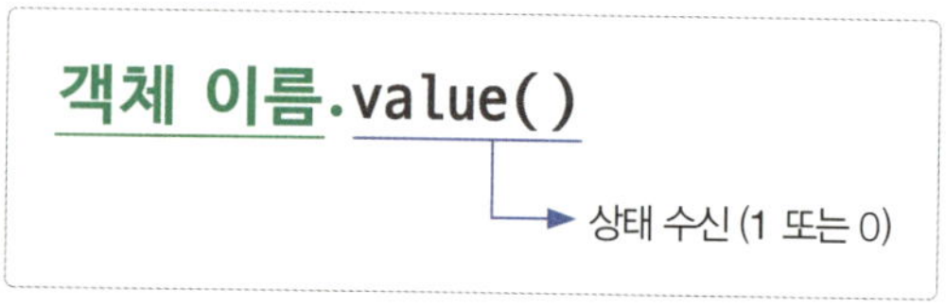


그림 5-3 **스위치의 상태 값 읽기**

**08, 10행:** 스위치 상태를 확인하는 조건문을 시작합니다. 눌러졌을 때와 눌러지지 않았을 때를 확인합니다.

**09, 11행:** 스위치가 눌렸을 때 화면에 'switch on' 메시지를 출력하고 누르지 않았을 때는 'switch off' 메시지를 출력합니다.

**실행 결과**

- **스위치를 눌렀을 때**

```
switch on
switch on
switch on
```

- **스위치를 누르지 않았을 때**

```
switch off
switch off
switch off
```

## 4 스위치로 LED 제어하기

스위치를 누르면 2번 핀에 연결된 내장된 LED가 켜지고 켜진 상태에서 한 번 더 누르면 내장 LED가 꺼지는 실습을 진행합니다. [실습 5-2]와 같이 스크립트를 작성합니다.

**실습 5-2** **스위치로 LED 제어하기** 5-2_Switch_LED.py

```
01  from machine import Pin
02  import time
03
04  switch_pin = Pin(4, Pin.IN)
05  led_pin = Pin(2, Pin.OUT)
06
07  while True:
08      if switch_pin.value() == 0:
09          led_pin.value(1 - led_pin.value())
10          print(led_pin.value())
11
12      time.sleep(0.2)
```

**행별 설명**

**04~05행:** GPIO 핀 4를 입력 모드(`Pin.IN`)로 설정하고, `switch_pin` 객체를 생성합니다. 이 핀은 외부 스위치의 상태를 읽기 위해 사용합니다. GPIO 핀 2를 출력 모드(`Pin.OUT`)로 설정하고, `led_pin` 객체를 생성합니다. 이 핀은 LED의 상태를 제어합니다.

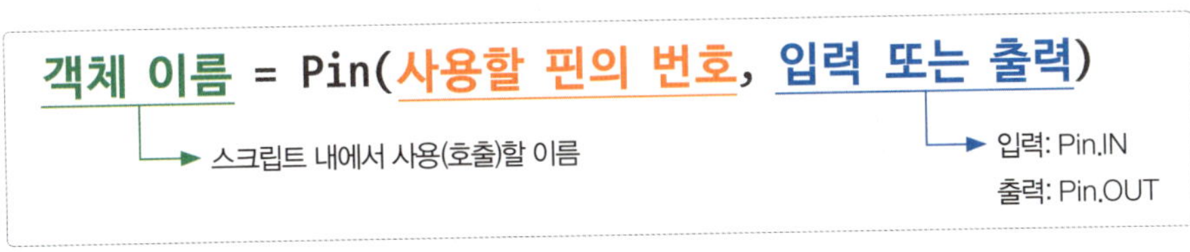


그림 5-4 **LED 객체 생성**

**08행:** 스위치 상태를 확인하는 조건문을 시작합니다. 스위치를 누르면 전류가 흐르는 상태이므로 `if` 문 아래 지정된 코드를 실행합니다.

**09행:** LED 핀의 상태(`led_pin.value()`)를 읽어와서 `1 - led_pin.value()` 코드로 LED의 상태를 반전시킵니다. 즉, LED가 켜진 상태에서는 LED를 끄고, 꺼진 상태에서는 LED를 켭니다.

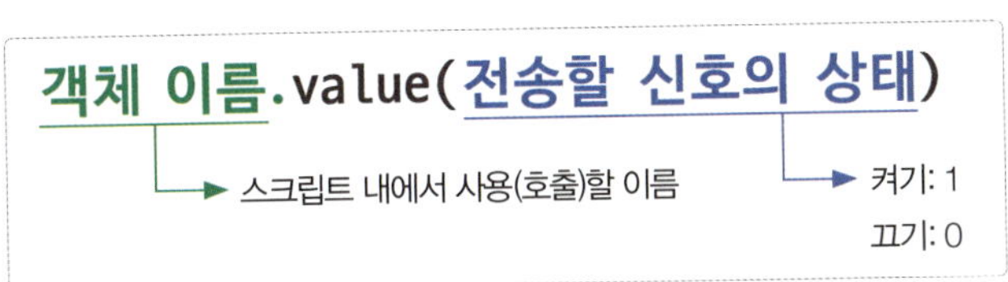


그림 5-5 **LED 제어하기**

**12행:** 0.2초 동안 코드 실행을 일시 중지합니다. 이것은 CPU 부하를 줄이고 무한 반복할 때 너무 빠르게 반복되지 않도록 합니다. 또한 스위치를 누르거나 떼는 동작 중에는 스위치 접점 간의 물리적인 연락 및 끊김이 발생할 수 있습니다. 이러한 노이즈(Noise)나 바운싱(Bouncing) 현상은 스위치 상태를 불안정하게 만들 수 있습니다. 따라서 이 코드는 스위치의 채터링(Chattering) 상태를 방지하는 목적으로 사용합니다.

**실행 결과**

▪ **스위치를 눌렀을 때**

▪ **스위치를 한 번 더 눌렀을 때**

**여기서 잠깐** **스위치 풀업 회로**

스위치 풀업 회로(Pull-up Circuit)는 마이크로컨트롤러 또는 디지털 논리 회로에서 사용하는 전자 회로입니다. 이 회로는 외부 스위치를 사용하여 디지털 입력 핀의 상태를 감지하거나 제어하는 데 자주 활용됩니다. 스위치 풀업 회로는 특히 스위치가 열린 상태에서 안정적으로 동작해야 할 때 유용합니다.

**❶ 스위치 풀업 회로의 주요 구성요소와 원리**

- **스위치:** 외부에서 물리적으로 작동하는 스위치로 푸시 버튼 스위치, 토글 스위치 등이 사용됩니다. 이 스위치는 일반적으로 전기 회로를 연결하거나 끊어서 전압 신호를 디지털 입력 핀에 전달하거나 차단합니다.
- **풀업 저항(Pull-up Resistor):** 풀업 회로의 핵심 요소 중 하나로, 스위치와 디지털 입력 핀 사이에 연결됩니다. 이 저항은 일반적으로 3.3V 또는 5V의 고정된 전압으로 스위치 핀을 풀업 합니다. 따라서 스위치가 열린 상태에서도 항상 로직 레벨 '1'을 유지합니다.
- **디지털 입력 핀:** 스위치의 핀과 연결되며, 스위치의 상태를 감지하는 데 사용합니다. 디지털 입력 핀은 스위치가 닫히면 로직 레벨 낮음을 뜻하는 '0'을 읽으며, 스위치가 열리면 로직 레벨이 높음을 뜻하는 '1'을 읽습니다.

**❷ 스위치 풀업 회로의 작동 원리**

스위치가 열린 상태에서는 풀업 저항에 의해 디지털 입력 핀에 고정된 전압(로직 '1')이 제공됩니다. 스위치를 닫으면 스위치와 저항이 병렬로 연결되어 디지털 입력 핀에 저항으로부터의 전압 하강이 발생하고, 디지털 입력 핀은 로직 '0'을 읽습니다. 스위치가 다시 열리면 디지털 입력 핀에는 다시 로직 '1'이 제공됩니다.

❸ **스위치 풀업 회로의 주요 장점**

- 스위치가 열린 상태에서 안정적으로 동작합니다.
- 스위치 상태를 감지하여 노이즈나 부정확한 상태 전환을 방지합니다.
- 외부 환경의 간섭에 대한 저항력을 높입니다.

주의할 점은 풀업 저항의 값이 적절하게 선택되어야 하며, 전압 레벨(3.3V 또는 5V)에 맞게 구성되어야 합니다. 스위치 풀다운 회로(Pull-down Circuit)도 비슷한 원리로 작동하지만, 스위치가 닫힌 상태에서 풀다운 저항에 의해 로직 '0'을 유지하는 것이 차이점입니다.

Section 02

# 부저

## 1 부저의 이해

부저(Buzzer)는 전기적 신호를 소리로 변환하는 장치입니다. 주로 간단한 경고 소리나 알림 소리를 생성하는 데 사용합니다. 부저의 기본 원리는 전류가 흐를 때 발생하는 전자기장을 이용하여 진동을 일으키는 것입니다. 이 진동이 주변 공기를 떨게 하여 소리를 생성합니다.

부저는 다양한 주파수의 소리를 생성할 수 있으며, 이를 통해 간단한 음악이나 경고음 등을 만들 수 있습니다. ESP32 보드와 같은 마이크로컨트롤러를 사용하면, 코드를 사용하여 원하는 주파수와 리듬으로 부저를 제어할 수 있습니다.

그림 5-6 부저의 다양한 활용

## 2 부저 회로 연결하기

– 라고 표시된 핀은 보드의 D5의 G, +는 D5의 V, S는 D5의 S에 연결합니다.

표 5-2 부저와 ESP32 보드의 핀 연결

| 부저 | – | + | S |
|---|---|---|---|
| ESP32 | D5G | D5V | D5S |

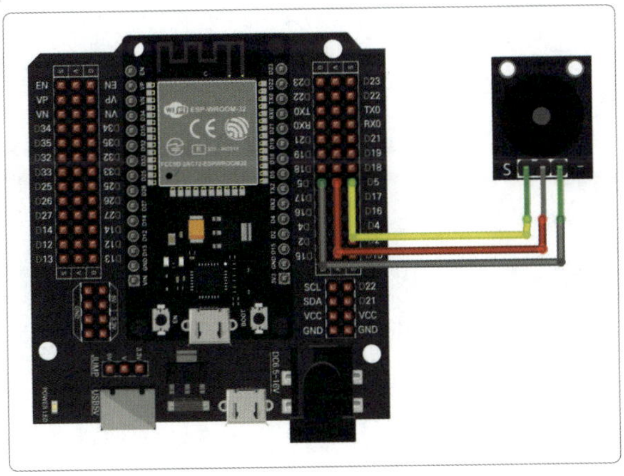

그림 5-7 부저 연결 회로

### 여기서 잠깐 피에조 부저의 소리 발생 원리

소리 파동은 공기압의 진동입니다. 진동의 속도가 소리를 만드는 것입니다. 높은 주파수의 진동이 더 높은 음을 내게 됩니다. C 음은 보통 277Hz로 정의되어 있습니다. 디지털 출력을 277번 켜고 끄면 C 음을 얻을 수 있는데 이 소리를 들으려면 전기적인 신호로 바꾸어주는 물체를 연결해야 합니다. 이 물체가 스피커 혹은 피에조 부저가 됩니다.

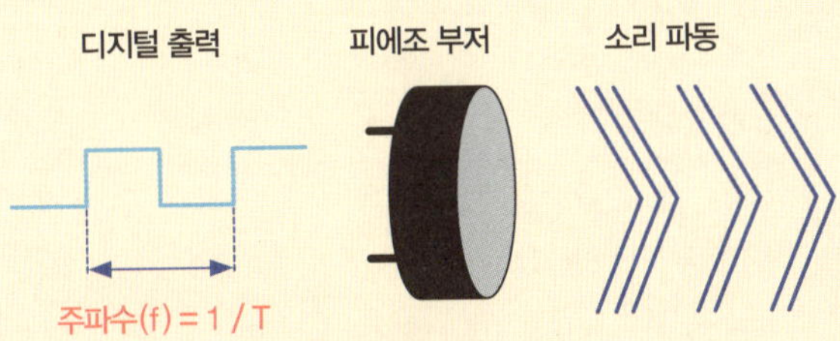


그림 5-8 피에조 부저의 소리 발생 원리

피에조 부저의 원리는 압전효과를 가진 압전소자에 전기 신호를 주어 수축과 팽창을 반복적으로 수행했을 때 울리는 진동에 따라 소리가 나는 것입니다. 우리가 소리를 들을 수 있는 원리도 이러한 진동이 공기를 통해 귀로 전달되기 때문입니다.

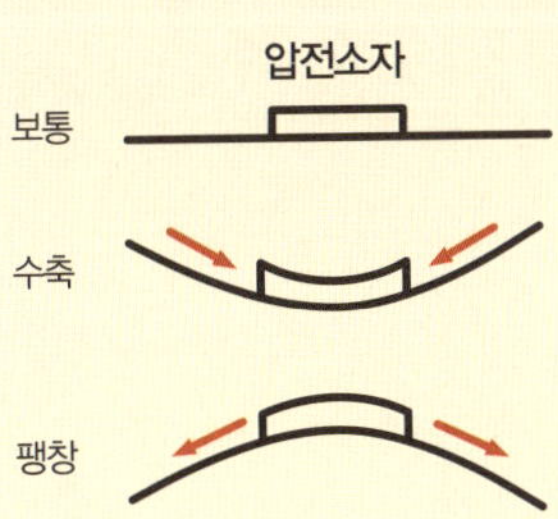

그림 5-9 피에조 부저의 압전효과

## 3 부저 음계 소리내기

부저로 음계를 출력하기 위해서는 각 음에 해당하는 주파수를 알아야 합니다.

### 음계 주파수

음악의 표준 음계에서 중앙 C(Middle C)는 보통 C4로 표시되며 주파수는 261.63Hz입니다. 이를 기준으로 다른 음의 주파수는 [표 5-3]과 같습니다. 내용을 살펴보면 음악의 옥타브마다 주파수는 두 배씩 증가하거나 반으로 감소합니다. 예를 들어, C5는 C4 주파수의 두 배인 523.25Hz이고, C3는 C4의 절반인 130.81Hz가 됩니다.

부저를 이용하여 주파수를 출력하려면 마이크로컨트롤러가 해당 주파수로 신호를 생성하여 부저에 보내야 합니다. 대부분의 마이크로컨트롤러는 PWM 신호를 이용하여 이를 구현할 수 있습니다.

표 5-3 음과 옥타브에 따른 주파수

| 음 | 1옥타브 (Hz) | 2옥타브 (Hz) | 3옥타브 (Hz) | 4옥타브 (Hz) | 5옥타브 (Hz) | 6옥타브 (Hz) | 7옥타브 (Hz) | 8옥타브 (Hz) |
|---|---|---|---|---|---|---|---|---|
| 도C | 33 | 65 | 131 | 262 | 523 | 1046 | 2093 | 4186 |
| 레D | 37 | 73 | 147 | 294 | 587 | 1174 | 2349 | 4698 |
| 미E | 41 | 82 | 165 | 330 | 659 | 1318 | 2637 | 5274 |
| 파F | 44 | 87 | 175 | 349 | 699 | 1397 | 2794 | 5587 |
| 솔G | 49 | 98 | 196 | 392 | 784 | 1568 | 3136 | 6271 |
| 라A | 55 | 110 | 220 | 440 | 880 | 1760 | 3520 | 7040 |
| 시B | 62 | 123 | 247 | 494 | 988 | 1976 | 3951 | 7902 |

ESP32 보드가 연결된 부저에서 G5(솔) 음계의 소리가 1초 동안 울린 후, 1초 동안 소리가 꺼지는 스크립트를 작성합니다.

**실습 5-3 음계 소리내기** 5-3_Buzzer.py

```
from machine import Pin, PWM
import time

buzzer = PWM(Pin(5))
buzzer.duty(1000)

buzzer.freq(784)
time.sleep(1)
```

```
09    buzzer.duty(0)
10    time.sleep(1)
```

**행별 설명**

**01~02행:** machine 모듈에서 Pin과 PWM을 불러옵니다. Pin은 ESP32 보드의 GPIO 핀을 제어하는 클래스이고, PWM은 펄스 폭 변조를 제어하는 클래스입니다. time 모듈은 일정 시간 동안 코드 실행을 멈춥니다.

**04행:** ESP32 보드의 5번 핀에 연결된 부저를 PWM 모드로 초기화하는 buzzer 객체를 생성합니다.

**05행:** duty() 함수는 부저의 듀티 사이클을 설정하는 데 사용합니다. 값은 0에서 1023 사이로 지정되어야 하며, 여기서는 1000으로 설정되었습니다. 듀티 사이클은 PWM 신호의 '켜진' 상태의 비율을 나타내는 것으로 소리의 크기를 의미합니다.

**07행:** freq() 함수는 부저의 주파수를 설정합니다. 784Hz는 'G5' 또는 '솔'음계에 해당하는 주파수입니다.

**09행:** duty() 함수의 값을 0으로 설정하면, PWM 신호의 '켜진' 상태의 비율이 0%가 되어 부저의 소리가 꺼집니다.

## 4 부저로 노래 연주하기

동요 '학교 종'의 악보를 이용하여 노래를 연주하는 스크립트를 작성합니다. 음계를 연주하기 위해 파이썬의 리스트 문법을 사용합니다.

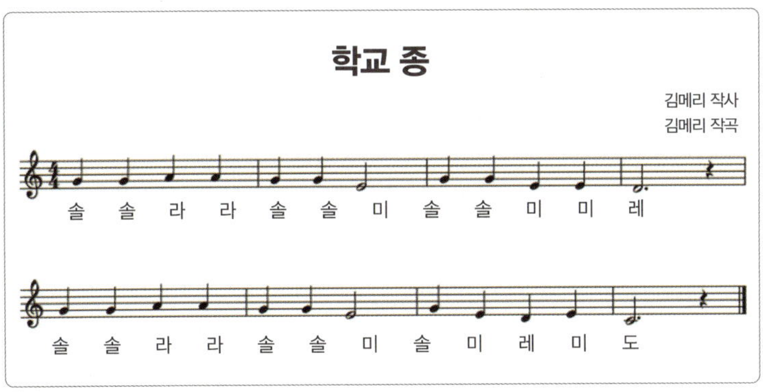

그림 5-10 **동요 '학교 종' 악보**

**실습 5-4** **'학교 종' 연주하기**

5-4_Buzzer_play.py

```
01  from machine import Pin, PWM
02  import time
03
04  buzzer = PWM(Pin(5))
05  notes_list = [ ——→ 음계의 목록을 리스트로 구성
06      (784, 4),(784, 4),(880, 4),(880, 4),(784, 4),(784, 4),
07      (659, 2),(784, 4),(784, 4),(659, 4),(659, 4),(587, 1.5),
08      (784, 4),(784, 4),(880, 4),(880, 4),(784, 4),(784, 4),
09      (659, 2),(784, 4),(659, 4),(587, 4),(659, 4),(523,1.5) ]
10
11  def play_tone(freq, duration):
12      buzzer.duty(1000)
13      buzzer.freq(freq)
14      time.sleep(1/duration)
15      buzzer.duty(0)
16      time.sleep(1/duration)
17
18  for freq, duration in notes_list:
19      play_tone(freq, duration)
```

**행별 설명**

**05~09행:** 연주할 음계의 목록입니다. (784, 4)와 같이 주파수(노트), 지속 시간(박자)을 튜플로 정의한 리스트로 구성합니다. 4는 4분의 1박자를 의미합니다.

**11행:** 주파수(freq)와 지속 시간(duration)을 인자로 받는 play_tone 함수를 정의합니다.

**14행:** 해당 음계 값의 재생 시간을 계산합니다. 예를 들어 4는 4분의 1박자를 의미하므로 duration 값이 4이면 1/4=0.25가 되어 해당 음계 값을 4분의 1박자 동안 재생하는 효과를 얻을 수 있습니다.

**16행:** 노트 사이의 간격을 동일하게 하여 연주 사이에 일정한 간격을 두어 노랫소리가 잘 들릴 수 있도록 하는 역할을 합니다.

**18행:** notes_list의 각 튜플을 순회하면서 반복합니다.

**19행:** 각 음에 대해 play_tone 함수를 호출하여 연주합니다.

### 실행 결과

- **'학교 종' 연주하기 영상**

Section 03

# 네오픽셀

## 1 네오픽셀의 이해

네오픽셀(NeoPixel)은 개별적으로 제어가 가능한 RGB LED를 의미하며, 각 LED는 다른 색상과 밝기로 설정할 수 있어 다양한 색상 효과와 애니메이션을 만들 수 있습니다. 주로 장식, 조명 프로젝트, 신호 표시, 예술 작품 등 다양한 목적으로 사용됩니다.

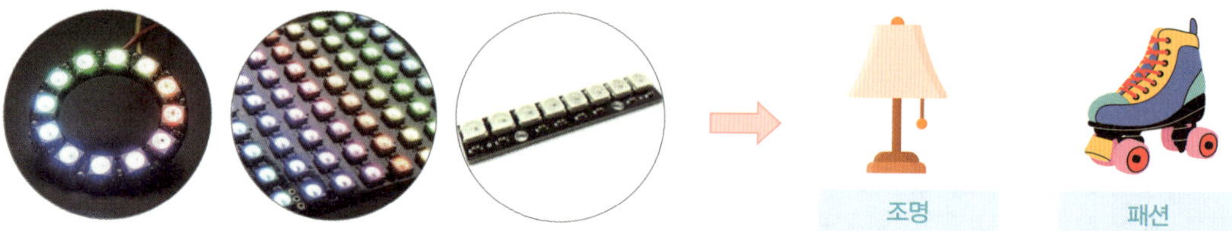


그림 5-11 **네오픽셀의 다양한 활용** © https://www.icbanq.com/

## 2 네오픽셀 회로 연결하기

실습에는 링 형태의 네오픽셀 LED를 사용합니다. DI는 신호 입력 핀으로 보드의 D14의 S 핀에 연결합니다. 5V, GND는 각각 D14의 V, D14의 G 핀에 연결합니다.

표 5-4 **네오픽셀과 ESP32 보드의 핀 연결**

| 네오픽셀 | GND | 5V | DI |
|---|---|---|---|
| ESP32 | D14G | D14V | D14S |

DOUT 핀은 네오픽셀을 추가로 연결할 때 사용하므로 이번 실습에서는 연결하지 않습니다.

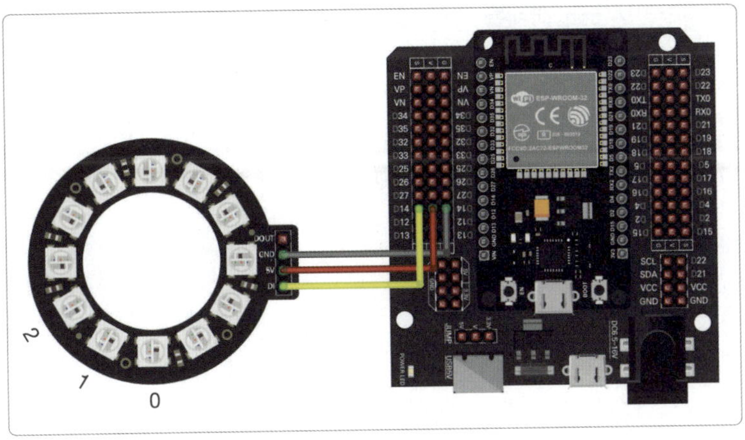


그림 5-12 **네오픽셀 연결 회로도**

## 3 네오픽셀 제어하기

### 네오픽셀 링 켜기

12개의 LED 색상을 마이크로파이썬의 `neopixel` 표준 라이브러리를 이용하여 간단하게 제어하는 방법을 알아봅니다.

**실습 5-5 네오픽셀 링 켜기** 5-5_Neopixel.py

```
01  from machine import Pin
02  from neopixel import NeoPixel
03  from time import sleep
04
05  pin = Pin(14, Pin.OUT)
06  np = NeoPixel(pin, 12)
07
08  for i in range(0,  12):  # 12번 반복하기
09      np[i] = (255, 255, 255)
10      np.write()
11      sleep(0.5)
```

**행별 설명**

**02행:** `neopixel` 모듈에서 `NeoPixel` 클래스를 가져옵니다. 12개 LED를 한 번에 다양한 색으로 제어하는데 사용하며 대소문자를 유의하여 작성합니다.

**05행:** `Pin` 클래스의 인스턴스를 생성하여 `pin` 객체를 생성 및 초기화합니다. 여기에서는 GPIO 핀 번호 14를 출력 모드(`Pin.OUT`)로 설정합니다.

**06행:** `NeoPixel` 클래스의 인스턴스 `np`를 생성하고 초기화합니다. 첫 번째 매개변수 `pin`은 네오픽셀 데이터 라인에 신호를 보낼 GPIO 핀을 나타내며, 두 번째 매개변수 12는 제어하고자 하는 네오픽셀 LED의 수를 나타냅니다.

**08행:** `np[i]` 객체 0~11에 해당하는 LED에 색상을 설정하도록 합니다.

**09행:** 0부터 11까지의 인덱스에 대해, 해당하는 LED를 흰색(`255, 255, 255`)으로 설정합니다. `neopixel` 라이브러리에 의해 RGB의 색상을 0~255로 제어할 수 있습니다.

```
np[LED 번호] = ( Red 값, Green 값, Blue 값 )
```

그림 5-13 **네오픽셀 색상 설정하기**

**10행:** 각 LED의 색상을 설정한 후에 `np.write()`를 호출하여 실제로 LED 스트립에 색상 변경 사항을 적용합니다.

**11행:** `time.sleep(0.5)`를 호출하여 0.5초 동안 일시 정지합니다.

다음의 실행 결과처럼 **10행**의 `np.write()` 코드의 들여쓰기의 위치에 따라 네오픽셀이 순차적으로 한 개씩 늘어나면서 켜지게 됩니다. 만약 네오픽셀이 한 번에 다 켜지도록 코드를 작성하고 싶다면 `np.write()` 코드를 `for` 문 내부에 작성하지 않고 색상 설정이 끝난 `for` 문 밖에 작성하면 한 번에 12개의 네오픽셀 LED를 켤 수 있습니다.

**실행 결과**

- **ESP32 보드**

- **파이파이 램프**

이 책에서는 ESP32 보드와 센서를 이용해 피지컬 컴퓨팅을 구현할 때 (주)코코아팹에서 제작한 파이파이 램프를 함께 사용하게 될 것입니다. 파이파이 램프는 네오픽셀, 조도센서, 온습도 센서, 터치 센서, OLED, 컬러 센서와 액추에이터, 광섬유 기둥으로 구성된 램프입니다. 기본 센서와 액추에이터를 이용한 구현으로 기초적인 피지컬 컴퓨팅 능력을 습득하고, 시각적이고 직관적인 결과물을 제공하는 파이파이 램프로 더 정교하고 창의적인 시스템을 구현해 볼 수 있을 것입니다. 또한 결과물을 효과적으로 활용할 아이디어도 얻을 수 있을 것입니다.

## 네오픽셀 그라데이션 출력하기

두 가지 색상이 서서히 혼합되어 서로 다른 색상으로 부드러운 전환을 만들어내는 그라데이션 효과를 네오픽셀 LED에 생성하는 스크립트를 작성합니다.

**실습 5-6 네오픽셀 그라데이션 출력하기** 5-6_Neopixel_Gradation.py

```python
from machine import Pin
from neopixel import NeoPixel

pin = Pin(14, Pin.OUT)
np = NeoPixel(pin, 12)

def wheel(pos):
    if pos < 85:
        return (255 - pos * 3, pos * 3, 0)
    elif pos < 170:
        pos -= 85
        return (0, 255 - pos * 3, pos * 3)
    else:
        pos -= 170
        return (pos * 3, 0, 255 - pos * 3)

while True:
```

```
18      for j in range(256):
19          for i in range(12):
20              rc_index = (i * 256 // 12) + j
21              np[i] = wheel(rc_index&255) ——→ 비트 단위 'AND' 연산자
22          np.write()
```

**행별 설명**

**07행:** 색상 그라데이션을 생성하는 함수입니다. 0~255 까지의 입력된 pos 값에 따라 RGB 색상을 반환합니다. 이 함수는 특정 위치에 대한 색상을 계산합니다.

**08~09행:** pos 값이 85보다 작을 때, 빨간색에서 초록색으로 변하는 그라데이션 값을 계산합니다.

**10~12행:** pos 값이 85에서 169 사이일 때, 그 범위의 수를 색상 값에 적용하기 위해 85를 빼줍니다. 그리고 그 값을 이용하여 초록색에서 파란색으로 변하는 그라데이션 값을 계산합니다.

**13~15행:** pos 값이 170 이상일 때, 그 범위의 수를 색상 값에 적용하기 위해 170을 빼줍니다. 그리고 그 값을 이용하여 파란색에서 빨간색으로 변하는 그라데이션 값을 계산합니다.

**18행:** 0부터 255까지의 j 값을 순회합니다. 그라데이션 애니메이션에서 색상 값을 나타냅니다.

**19행:** 스트립에 있는 각 LED를 순회합니다.

**20행:** 각 LED의 색상 위치를 계산합니다. 이 계산을 통해 LED 스트립을 따라 그라데이션 효과를 생성합니다.

**21행:** 계산된 rc_index 값을 wheel 함수에 적용하고 그 결과를 해당 LED에 적용합니다. &255는 rc_index 값이 255보다 커질 경우 이 값을 0에서 255 사이로 제한하는 비트 연산입니다.

**22행:** 모든 변경 사항을 네오픽셀 스트립에 적용합니다.

## &연산자

**21행**의 &255는 비트 단위의 AND 연산을 수행하며, 두 비트가 모두 1일 때만 1을 반환합니다. 256은 2의 8제곱이므로, 비트 연산에서 255(0xFF)와 AND 연산을 수행하면 랩어라운드(Wraparound) 효과를 발생시킵니다. 이는 0에서 255 사이의 값으로 허용된 최댓값을 초과하거나 최솟값 이하로 떨어질 때 범위의 반대편으로 다시 돌아가는 현상입니다. 프로그래밍에서 랩어라운드는 배열이나 리스트 같은 데이터 구조에서도 흔히 발생합니다. 배열의 마지막 요소 다음에 접근하려고 하면, 배열의 첫 번째 요소로 다시 돌아가는 형태로 구현할 수 있습니다.

간단한 연산의 예를 들어보겠습니다. 255는 이진수로 11111111 입니다. 따라서 어떤 숫자를 255와 AND 연산하면, 하위 8비트를 제외한 모든 상위 비트가 0으로 설정됩니다. 이는 주어진 숫자를 0부터 255 사이의 값으로 제한하는 효과를 가집니다.

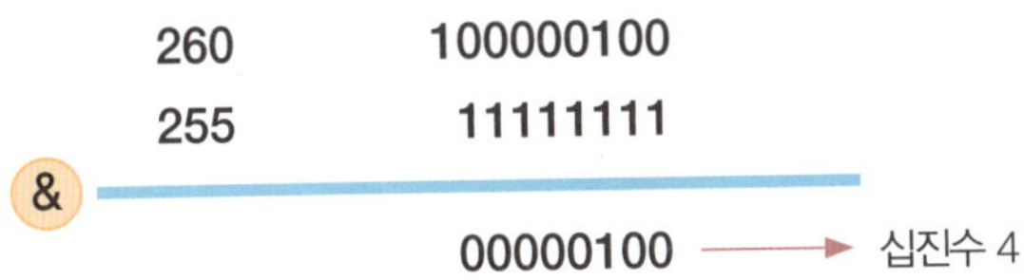


그림 5-14 260과 255 AND 연산

따라서 **21행**의 `rc_index & 255` 연산은 `rc_index` 값을 0부터 255 범위 내로 제한하여, 해당 범위 내의 유효한 RGB 색상 값을 가져오기 위한 것입니다. 이 방법은 `rc_index` 값이 256 이상이 되었을 때 0으로 다시 시작하는 순환 효과를 만듭니다.

**실행 결과**

- **ESP32 보드**

- **파이파이 램프**

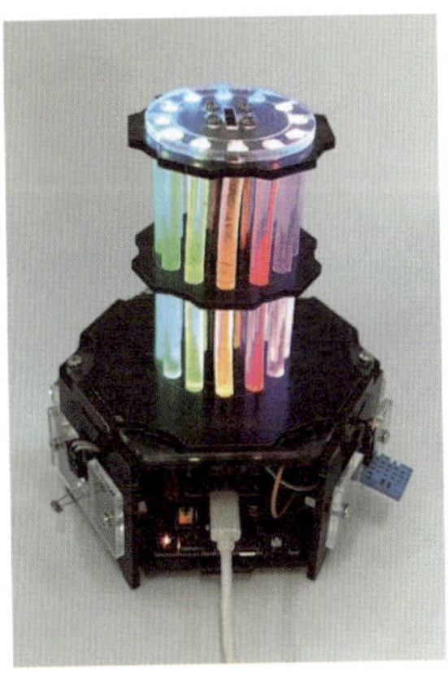

**여기서 잠깐** **비트 연산자**

비트 연산자는 정수형 데이터의 이진수 비트를 대상으로 하는 연산자로, 컴퓨터 프로그래밍에서 데이터의 가장 기본적인 형태인 비트 단위로 작업할 때 사용합니다. 다음은 주로 사용하는 비트 연산자들입니다.

- **AND(&):** 두 비트 모두 1일 때 결과 비트가 1이 됩니다.
  예 `1010 & 1100 = 1000`
- **OR(|):** 두 비트 중 하나라도 1이면 결과 비트가 1이 됩니다.
  예 `1010 | 1100 = 1110`
- **XOR(^):** 두 비트가 서로 다를 때 결과 비트가 1이 됩니다. (배타적 OR)
  예 `1010 ^ 1100 = 0110`
- **NOT(~):** 모든 비트를 반전시킵니다. 부호 비트를 포함한 모든 비트가 반전되고, 자료형에 따라 결과가 달라질 수 있습니다.
  예 `~1010 = 0101`
- **Left Shift (<<):** 지정된 비트 수만큼 왼쪽으로 이동시키고, 새로 생긴 비트는 0으로 채웁니다.
  예 `1010 << 2 = 101000`
- **Right Shift (>>):** 지정된 비트 수만큼 오른쪽으로 이동시키고, 새로 생긴 비트는 자료형이 부호 있는 정수일 경우 최상위 비트(부호 비트)와 같은 값으로, 부호 없는 정수일 경우 0으로 채웁니다.
  예 `1010 >> 2 = 0010`(부호 없는 정수)

비트 연산자는 주로 하드웨어 제어, 효율적인 메모리 사용, 암호화 알고리즘, 데이터 압축, 오류 검출 코드 등 컴퓨터 시스템과 직접적인 상호작용을 하는 프로그래밍에서 널리 사용됩니다. 비트 연산자를 이용하면, 복잡한 계산 없이도 데이터의 비트 단위 조작이 가능해져, 처리 속도를 크게 향상할 수 있습니다.

Section
# 04 조도센서

## 1 조도센서의 이해

조도센서(Photoresistor Sensor)는 주변의 빛 강도를 측정하는 센서로, 스마트폰의 화면 밝기 조절이나 가정의 스마트 조명 등에 활용됩니다. 이 센서는 주변 환경의 광량을 전기 신호로 변환해 출력합니다. 따라서, 조도에 따라 자동으로 전등을 조절하거나, 환경에 맞게 디스플레이 밝기를 변경하는 등 다양한 응용 분야에서 중요한 역할을 합니다.

그림 5-15 **조도센서의 다양한 활용**

## 2 조도센서 회로 연결하기

– 라고 표시된 핀은 보드의 D4의 G, +는 D4의 V, S는 D4의 S에 연결합니다.

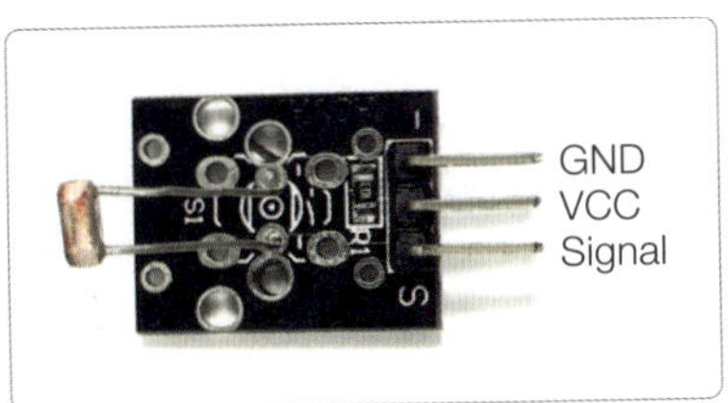


표 5-5 **조도센서와 ESP32 보드의 핀 연결**

| 조도센서 | – | + | S |
|---|---|---|---|
| ESP32 | D4G | D4V | D4S |

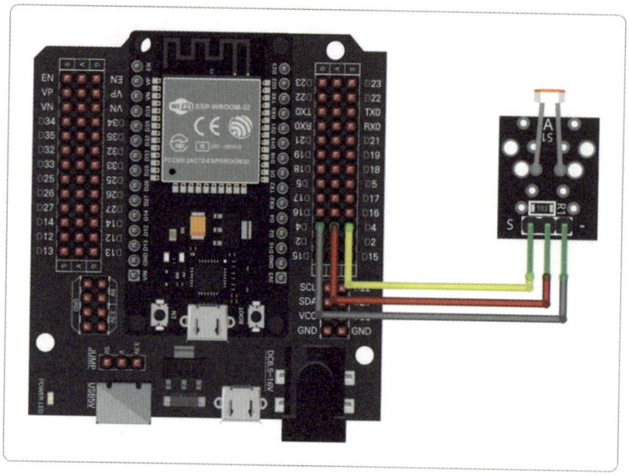

그림 5-16 조도센서 연결 회로도

## 3 조도 값 측정하기

ESP32 보드가 연결된 조도센서에서 주변의 빛의 정도를 측정하는 스크립트를 작성합니다.

**실습 5-7** 조도 값 측정하기

5-7_Cds.py

```
01  from machine import Pin, ADC
02  from time import sleep
03
04  pot = ADC(Pin(4))
05  pot.atten(ADC.ATTN_11DB)
06
07  while True:
08      pot_value = pot.read()
09      print(pot_value)
10      sleep(0.1)
```

**행별 설명**

**01행:** machine 모듈에서 Pin과 ADC 클래스를 불러옵니다. ADC는 아날로그 신호를 디지털로 변환하는 클래스입니다.

**04행:** GPIO 4번 핀에 연결된 ADC를 초기화하고 pot 객체를 생성합니다.

```
pot=ADC(Pin(핀번호))
```

그림 5-17 ADC 객체 생성하기

**05행:** ADC의 감쇠 수준을 설정합니다. 0V~3.3V까지의 전압을 설정할 수 있습니다. ADC가 읽을 수 있는 범위 내에서 최대한의 정밀도를 얻기 위해 올바른 감쇠 값을 설정합니다. 이 설정은 연결된 아날로그 센서나 장치의 출력 전압 범위에 따라 조절될 수 있습니다. ATTN_11DB는 가장 넓은 범위를 의미합니다.

```
pot.atten(최대 전압 값)
```

그림 5-18 **전압 조절하기**

**08행:** ADC 객체인 pot에서 현재 아날로그값을 read() 함수를 이용하여 읽고 pot_value 변수에 저장합니다. pot.read() 함수는 현재 ADC 핀에 입력되는 전압에 대응하는 0~4095 사이의 값을 반환합니다. 감쇠 설정에 따라 이 값은 입력 전압의 상대적인 크기를 나타냅니다.

```
pot.read()
```

그림 5-19 **센서값 읽기**

**09행:** 현재의 아날로그값을 while 문으로 무한 반복하여 콘솔에 출력합니다.

## 조도 값 확인하기

쉘 창에서 주변 밝기에 따라 측정된 조도센서의 값을 확인합니다. ESP32 보드의 ADC의 해상도에 따라 0에서 4095 사이의 범위로 값을 읽을 수 있습니다.

**실행 결과**

▪ **밝을 때**

```
쉘 ×
871
871
869
866
866
```

▪ **약간 어두울 때**

```
쉘 ×
2895
2892
2896
2899
2935
```

▪ **매우 어두울 때**

```
쉘 ×
4095
4095
4095
4095
4095
```

## ESP32 ADC 감쇠 기능

ESP32의 아날로그-디지털 변환기(ADC)에서 감쇠(Attenuation) 기능은 아날로그 신호의 입력 전압 범위를 조절하여, ADC의 입력 전압 한계 내에서 더 넓은 범위의 신호를 읽을 수 있게 하는 기능입니다. 서로 다른 센서에서 나오는 다양한 전압 범위를 ESP32 보드의 안전한 입력 범위 내에서 처리할 수 있도록 합니다. ESP32 ADC 감쇠 옵션은 [표 5-6]과 같은 옵션 값을 가집니다.

**표 5-6 ESP32 ADC 감쇠 옵션**

| 감쇠 옵션 | 최대 입력 전압 | 설명 |
|---|---|---|
| ADC.ATTN_0DB | 0V~1V | • 감쇠를 적용하지 않는다.<br>• 가장 높은 감도로 낮은 전압 신호를 정밀하게 측정한다. |
| ADC.ATTN_2_5DB | 0V~1.34V | • 약간 더 높은 전압의 신호를 측정할 수 있다. |
| ADC.ATTN_6DB | 0V~2V | • 중간 범위의 전압 신호 측정에 적합하다. |
| ADC.ATTN_11DB | 0V~3.3V | • 가장 넓은 입력 전압 범위를 제공한다.<br>• 높은 전압 신호 측정에 사용한다. |

[그림 5-20]에서 설정한 최대 전압 값에 따라 3.3V보다 적은 전압에도 최댓값인 4095가 출력됨을 알 수 있습니다.

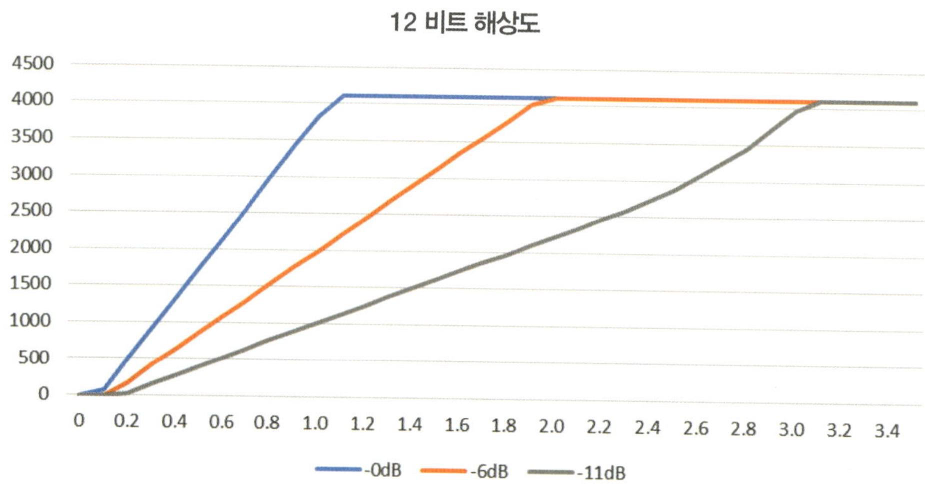


그림 5-20 **감쇠 옵션에 따른 출력값** © https://www.researchgate.net/

## 온도 센서 값 측정하기

감쇠기 설정을 조정하는 것이 신호의 정확도에 어떤 영향을 미치는지 간단히 알아보겠습니다. 온도 센서를 사용하여 주변 환경의 온도를 측정하려고 할 때 이 센서는 특정 온도 범위에 대해 특정 전압 범위를 출력합니다. 예를 들어, 센서가 0℃에서 50℃의 온도 범위에 대해 0V에서 1V의 전압을 출력한다고 가정해 봅시다.

### ❶ 낮은 감쇠 설정 사용

- **설정** 0dB 감쇠(변경 없음)
- **적용 범위** 0V에서 1V까지
- **결과** ADC는 낮은 전압 범위 내에서의 세밀한 변화를 더 잘 감지할 수 있습니다. 즉, 온도가 조금만 변해도 그 변화를 정밀하게 감지할 수 있어 온도의 미세한 변화를 모니터링할 때 유리합니다.

그림 5-21 **낮은 감쇠 설정 사용의 특징**

### ❷ 높은 감쇠 설정 사용

- **설정** 11dB 감쇠
- **적용 범위** 확장된 전압 범위, 0V에서 3.3V까지
- **결과** 이 설정을 사용하면 ADC는 더 넓은 전압 범위를 처리할 수 있지만, 같은 전압 변화에 대해 더 적은 수의 디지털 값 변화를 갖게 됩니다. 이는 전압 변화가 덜 민감하게 감지됨을 의미합니다. 즉, 온도가 변해도 ADC로 변환되는 디지털 값의 변화가 더 적어, 온도 변화를 세밀하게 감지하는 것이 어려울 수 있습니다.

그림 5-22 **높은 감쇠 설정 사용의 특징**

낮은 감쇠 설정에서는 ADC가 더 낮은 전압 범위에 대해 민감하게 반응하여 정밀한 측정을 가능하게 합니다. 이는 민감도가 중요한 작은 변화를 감지해야 할 때 유리합니다. 반면, 높은 감쇠 설정은 ADC가 더 넓은 전압 범위를 처리할 수 있게 하지만, 전압 변화에 대한 민감도가 감소합니다. 이는 더 넓은 범위의 신호를 측정해야 할 때 유리하지만, 변화의 세밀함을 포착하는 능력은 다소 떨어질 수 있습니다. 따라서 사용하는 센서나 측정해야 할 신호의 특성에 따라 적절한 감쇠 설정을 선택하는 것이 중요합니다.

**여기서 잠깐** **아날로그-디지털 변환기(ADC)**

ESP32 보드의 ADC는 아날로그 신호를 디지털 값으로 변환하는 역할을 합니다. 이러한 변환 기능은 센서 데이터를 읽거나 아날로그 신호를 처리할 때 매우 유용합니다.

❶ **해상도:** ESP32는 12비트 해상도의 ADC를 내장하고 있으며, 이는 아날로그 신호를 0에서 4095 사이의 디지털 값으로 변환할 수 있음을 의미합니다.

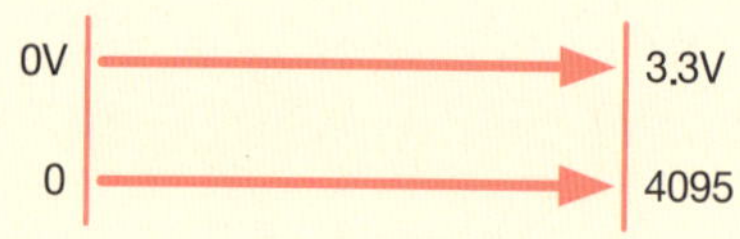


그림 5-23 **ESP32 아날로그 신호 범위**

❷ **채널:** ESP32는 여러 개의 아날로그 입력 채널을 제공합니다. ESP32의 정확한 모델에 따라 사용할 수 있는 ADC 채널의 수가 다를 수 있습니다. 일반적으로 ESP32는 ADC1과 ADC2 두 개의 ADC를 가지고 있으며, 각각 8개와 10개의 입력 채널을 제공합니다. 다음 핀들을 사용하여 아날로그값을 입력받을 수 있습니다.
예 0, 2, 4, 12, 13, 14, 15, 25, 26, 27, 32, 33, 34, 35

❸ **입력 범위:** ADC의 입력 전압 범위는 일반적으로 0V에서 3.3V 사이입니다. 그러나, ESP32는 입력 감쇠기를 사용하여 이 범위를 확장할 수 있어 더 높은 전압 신호를 안전하게 읽을 수 있습니다.

❹ **응용 프로그램:** 센서 데이터 읽기, 배터리 전압 모니터링, 아날로그 신호 처리 등 다양한 응용 프로그램에서 ADC를 활용할 수 있습니다.

❺ **주의 사항:** ADC2는 와이파이 통신과 공유되므로, 와이파이를 사용하는 동안에는 ADC2의 일부 채널의 사용이 어려울 수 있습니다.

## 4 조도센서로 네오픽셀 밝기 조절하기

주변의 밝기 값을 측정하는 조도센서를 이용하여 네오픽셀의 밝기를 조절할 수 있습니다. 조도센서의 회로에 네오픽셀 회로를 [표 5-7]과 [그림 5-24]를 참고하여 연결합니다.

표 5-7 네오픽셀과 조도센서의 ESP32 보드 핀 연결

| 조도센서 | – | + | S | 네오픽셀 | GND | 5V | DI |
|---|---|---|---|---|---|---|---|
| ESP32 | D4G | D4V | D4S | ESP32 | D14G | D14V | D14S |

그림 5-24 네오픽셀과 조도센서의 연결 회로

주변이 어두워질수록 네오픽셀의 밝기가 밝아지고 주변이 밝아질수록 네오픽셀의 밝기는 어두워지도록 [실습 5-8]과 같이 스크립트를 작성합니다.

**실습 5-8 조도센서로 네오픽셀의 밝기 조절하기** 5-8_Cds_brightness.py

```
from machine import Pin, ADC
from time import sleep
from neopixel import NeoPixel

pot = ADC(Pin(4))
pot.atten(ADC.ATTN_11DB)

pin = Pin(14, Pin.OUT)
np = NeoPixel(pin, 12)

def adjust_brightness(value, max_value=4095, max_brightness=255):
    return int((value / max_value) * max_brightness)

while True:
    pot_value = pot.read()
    brightness = adjust_brightness(pot_value)
    print(pot_value)
```

```
18        color = (brightness, brightness, brightness)
19        for i in range(12):
20            np[i] = color
21        np.write()
22        sleep(0.1)
```

**행별 설명**

**11행:** max_value는 ADC가 출력할 수 있는 최댓값이고, max_brightness는 LED가 출력할 수 있는 최대 밝기입니다. ADC에서 읽은 현재의 아날로그 value 값을 네오픽셀 밝기의 범위에 맞추어 조절하는 함수를 정의합니다.

**12행:** value를 max_value로 나누어, 입력된 아날로그 값이 0과 1 사이의 비율로 변환됩니다. max_brightness에 곱하여, 이 비율을 LED의 밝기 범위로 변환합니다. 최종 계산 결과를 정수로 변환하여 반환합니다.

**16행: 15행**에서 읽은 pot_value 값을 범위 조절 함수에 전달하여 네오픽셀 밝기 값으로 조절한 뒤 brightness에 저장합니다.

**18행:** 조절된 밝기 값을 기반으로 RGB 색상 값을 설정합니다. 여기서는 R, G, B 모두 같은 값을 사용하여 흰색의 밝기를 조절합니다.

**19~20행:** 12개의 모든 LED를 업데이트하여 같은 색상과 밝기로 설정합니다.

**21행:** np.write() 함수를 호출하여 변경 사항을 실제 LED 스트립에 한 번에 모두 적용합니다.

**22행:** sleep(0.1)은 각 반복 사이에 0.1초의 지연을 추가하여, 너무 빠르게 반응하는 것을 방지하고 시각적으로 부드러운 전환을 가능하게 합니다.

**실행 결과**

▪ **주변이 밝으면 어둡게 켜짐**

```
셸 ×
129
130
128
134
131
```

▪ **주변이 어두우면 밝게 켜짐**

```
셸 ×
4095
4095
4095
4095
3920
```

## 요약

### 1. 스위치

- **센서:** 스위치, 조도, 온습도, 토양 수분, 터치 감지 등 다양한 센서를 활용하여 환경 데이터를 수집합니다.
- **스위치(Switch):** 전기 회로를 제어하기 위한 하드웨어 구성요소 중 하나로, 일반적으로 전류의 흐름을 제어하여 장치를 켜고 끄는 데 사용합니다.

### 2. 부저

- **액추에이터:** 부저, 네오픽셀, OLED, 서보모터 등 알고리즘에 의해 반응하고 동작하는 역할을 합니다.
- **부저(Buzzer):** 전기적 신호를 소리로 변환하는 장치입니다. 주로 간단한 경고 소리나 알림 소리를 생성하는 데 사용합니다.

### 3. 네오픽셀

- **네오픽셀(NeoPixel):** 개별적으로 제어가 가능한 RGB LED를 의미합니다.
- **&연산자:** 비트 단위의 AND 연산을 수행하며, 두 비트가 모두 1일 때만 1을 반환합니다.

### 4. 조도센서

- **조도센서(Photoresistor Sensor):** 주변의 빛 강도를 측정하는 센서로, 주변 환경의 광량을 전기 신호로 변환해 출력합니다.
- **감쇠(Attenuation):** 아날로그 신호의 입력 전압 범위를 조절하여, ADC의 입력 전압 한계 내에서 더 넓은 범위의 신호를 읽을 수 있게 하는 기능입니다.

# 도전 문제 ▶ 음악 시각화 재생기 만들기

이 장에서 공부한 다양한 센서들을 융합하여 창의적이고 확장된 프로젝트를 설계해 봅시다. 이번 도전 문제에서는 '음악 시각화 재생기'를 만들어 봅니다. ESP32 보드와 네오픽셀 LED를 활용하여 음악이 재생되는 주파수에 따라 네오픽셀 LED의 색상을 제어하는 스크립트를 작성합니다. 음악 연주와 시각적 요소가 동시에 작동하는 프로그램으로, 먼저 부저를 사용해 멜로디를 연주하고, 각 주파수에 맞춰 네오픽셀 LED의 색상을 변경합니다.

**실행 결과**

- ESP32 보드
- 파이파이 램프

## STEP 1 회로 연결하기

네오픽셀과 부저를 [그림 5-25]와 같이 연결하여 회로를 구성합니다. 정확한 핀 번호의 위치는 [표 5-8]을 참고합니다.

**표 5-8 네오픽셀, 부저와 ESP32 보드의 핀 연결**

| 네오픽셀 | GND | 5V | DI |
|---|---|---|---|
| ESP32 | D14G | D14V | D14S |
| 부저 | − | + | S |
| ESP32 | D5G | D5V | D5S |

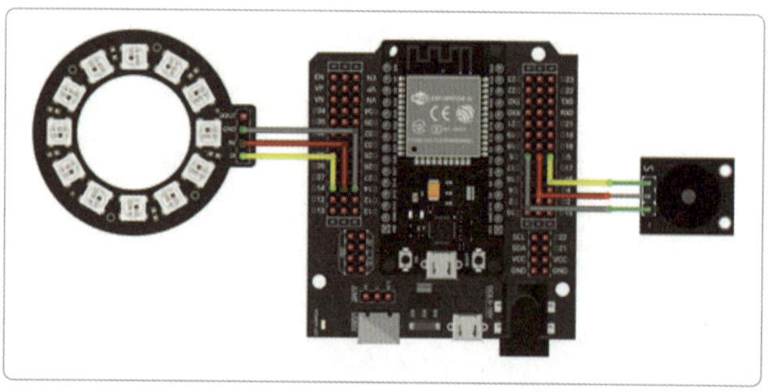

그림 5-25 네오픽셀과 부저 연결 회로

## STEP 2 스크립트 작성하기

**코드** 음악 시각화 재생기 만들기 5_buzzer_nopixel_brightness.py

```python
from machine import Pin, PWM
import neopixel
from time import sleep

BUZZER_PIN = 5
NEOPIXEL_PIN = 14
NUMPIXELS = 12

buzzer = PWM(Pin(BUZZER_PIN))
np = neopixel.NeoPixel(Pin(NEOPIXEL_PIN), NUMPIXELS)

melody = [262, 294, 330, 349, 392, 440, 494, 523]
durations = [2, 2, 2, 2, 2, 2, 2, 2]

def play_tone(freq, length):
    buzzer.duty(512)
    buzzer.freq(freq)
    sleep(length)
    buzzer.duty(0)
    sleep(0.05)

def clear_leds():
    for i in range(NUMPIXELS):
        np[i] = (0, 0, 0)
    np.write()

def set_color_based_on_pitch(freq):
    min_freq = 262
    max_freq = 523
    range_scale = (freq - min_freq) / (max_freq - min_freq)
    intensity = int(255 * (range_scale * 0.9 + 0.1))
    color_r = intensity
    color_g = intensity
    color_b = intensity

```

```
36         for i in range(NUMPIXELS):
37             np[i] = (color_r, color_g, color_b)
38         np.write()
39 
40     def main():
41         for i, freq in enumerate(melody):
42             set_color_based_on_pitch(freq)
43             play_tone(freq, 1/durations[i])
44             sleep(0.1)
45 
46     while True:
47         main()
48         sleep(1)
49         clear_leds()
50         sleep(1)
```

### STEP 3 풀이

**12행** 멜로디의 주파수(음표) 배열을 4옥타브 도부터 5옥타브 도까지 설정합니다.

**13행** 각 노트의 지속 시간을 4분의 2박자로 설정합니다.

**15~20행** play_tone 함수를 정의합니다. 주파수와 지속 시간을 매개변수로 받습니다. PWM의 듀티 사이클을 50%로 설정하여 부저를 활성화하고 부저에 입력되는 주파수를 이용하여 소리를 냅니다. 지정된 길이만큼 부저가 연주되면 듀티 사이클을 0으로 설정하여 부저를 끕니다.

**22~25행** 모든 네오픽셀을 끄는 함수 clear_leds()를 만듭니다.

**27~31행** set_color_based_on_pitch 함수를 정의합니다. 주파수에 따라 색상의 밝기를 결정합니다. 사용되는 최소 주파수와 최대 주파수를 찾아 변수에 저장합니다.

range_scale = (freq - min_freq) / (max_freq - min_freq) 식을 이용하여 주파수를 0과 1사이로 정규화하여 range_scale 변수에 저장합니다. 계산된 범위를 기반으로 밝기를 조정합니다.

**32~34행** 각색의 성분을 intensity 값으로 설정합니다.

**36~38행** 모든 네오픽셀 LED에 대해 계산된 값을 반복하면서 설정합니다. 3개의 색을 모두 혼합하므로 흰색에 대한 밝기 조절을 하게 됩니다.

**40~44행** melody 배열을 반복하면서 각 음표의 주파수를 가져오는 main() 함수를 정의합니다. 해당 주파수에 따라 LED 색상을 설정하고 주파수와 계산된 지속 시간으로 음표를 연주합니다.

### 스스로 풀어보기

**01.** 도, 레, 미, 파, 솔, 라, 시 7개의 음계 값에 따라 네오픽셀의 LED가 각각 다른 색상이 출력되도록 스크립트를 작성합니다.

**02.** 158페이지 [실습 5-4]에서 만들어 본 '학교 종' 음악에 맞추어 음계 값에 따라 다른 색상이 표현되는 시각화 재생기를 완성합니다.

CHAPTER

# 06

# ESP32와 응용 센서



학습목표

- ESP32 보드와 마이크로파이썬을 사용하여 다양한 응용 센서를 제어합니다.
- OLED 디스플레이를 통해 센서 데이터를 시각적으로 표현합니다.
- 터치 센서로 터치 인터페이스를 구현하고 상호작용하는 방법을 배웁니다.
- 센서와 액추에이터를 결합하여 자동화된 시스템을 구축하는 방법을 이해합니다.

## 이번 장에선 무엇을 배우나요?

이번 장에서는 다양한 센서의 작동 원리와 ESP32 보드와의 연결 방법을 배우며, 센서로 실제 데이터를 수집하고 분석하는 능력을 키울 수 있습니다. 또한, 이러한 지식을 바탕으로 간단한 프로젝트를 구현할 수 있습니다.

### 이번 장의 준비물

ESP32 보드

USB 연결선

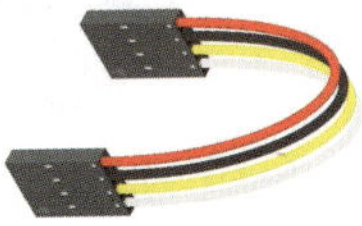
점퍼 케이블

OLED

온습도 센서

터치 센서

서보모터

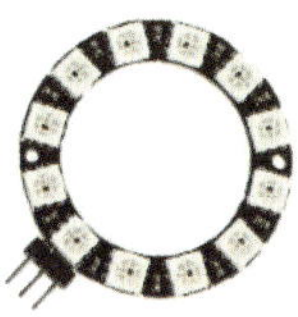
네오픽셀

Section 01

# OLED

## 1 OLED의 이해

OLED(Organic Light Emitting Diodes)는 LCD(액정 디스플레이)와 달리 백라이트가 필요 없으며, 각 픽셀이 독립적으로 빛을 낼 수 있어 더 깊은 검은색을 표현할 수 있습니다. 따라서 뛰어난 대비를 제공하기 때문에 더욱 풍부한 색상으로 이미지를 생생하게 표현할 수 있고 시야각은 더 넓어지게 됩니다. OLED는 자동차, 가전, 스마트폰 등 액정이 활용되는 다양한 기기들에 사용되고 있습니다.

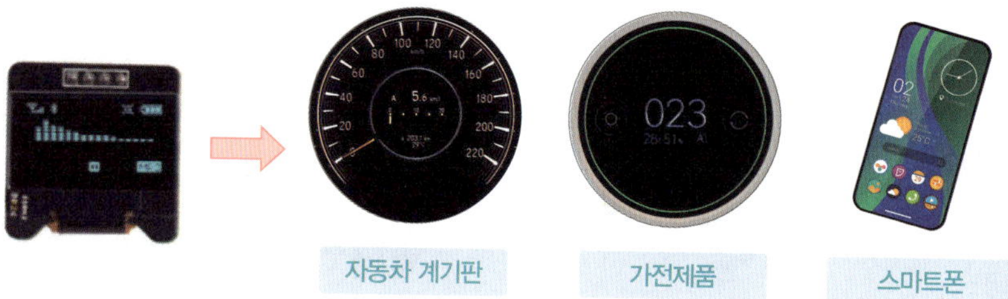


그림 6-1 OLED의 다양한 활용

실습에 사용할 OLED는 너비 128픽셀, 높이 64픽셀인 디스플레이입니다. OLED 내 픽셀은 좌푯값을 갖습니다. 좌표를 기준으로 픽셀의 ON과 OFF 상태를 제어하여 텍스트 및 이미지를 표현할 수 있습니다.

128×64픽셀 OLED 디스플레이에서 좌표 시스템은 좌측 상단 모서리를 (0,0)으로 시작하며 X축은 오른쪽으로 증가하고 Y축은 아래로 증가합니다.

- **X축 좌표** 0에서 시작하여 127까지 증가합니다. 화면의 너비는 총 128픽셀입니다.
- **Y축 좌표** 0에서 시작하여 63까지 증가합니다. 화면의 높이는 총 64픽셀입니다.

OLED를 사용하기 위한 라이브러리를 설치하면 도형 및 텍스트를 출력하는 함수를 활용해 픽셀을 일일이 제어하지 않고 편리하게 사용할 수 있습니다.

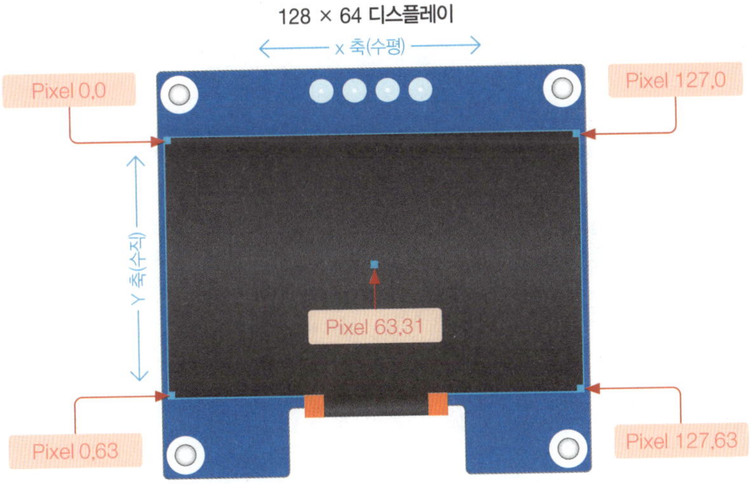


그림 6-2 OLED 디스플레이의 픽셀과 좌푯값

## 2 OLED 회로 연결하기

OLED I2C 통신으로 보드와 데이터를 주고받습니다. 따라서 GND, VCC, 데이터 전송 타이밍을 조절하는 SCL, 데이터를 전송하는 SDA 핀으로 구성되어 있습니다. 보드의 오른쪽 하단에 I2C 통신을 위한 곳에 회로를 연결하고 SCL은 D22, SDA는 D21에 연결합니다.

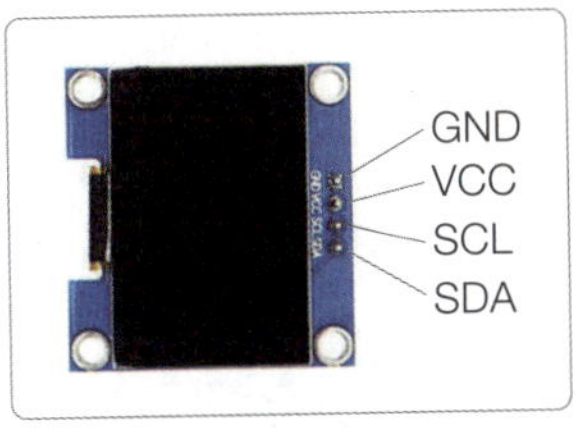


표 6-1 OLED와 ESP32 보드의 핀 연결

| OLED | GND | VCC | SCL | SDA |
|---|---|---|---|---|
| ESP32 | GND | VCC | D22 | D21 |

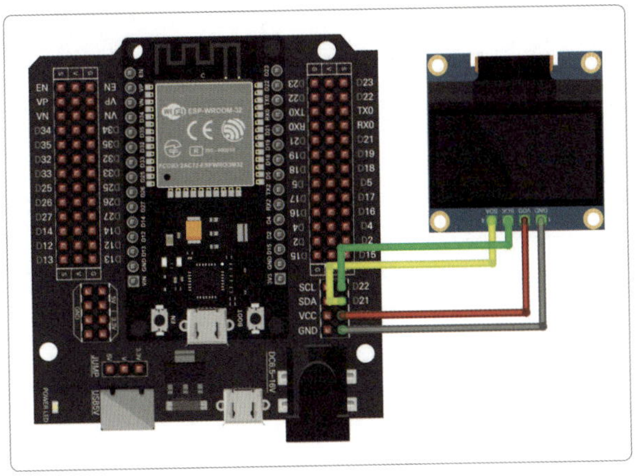

그림 6-3 OLED 연결 회로도

## 3 라이브러리 설치하기

마이크로파이썬을 사용할 때, 일부 라이브러리는 마이크로파이썬 펌웨어에 포함되어 있어 별도의 설치 없이 사용할 수 있습니다. 반면, 특정 센서나 기능을 위한 라이브러리는 추가로 설치해야 할 수도 있습니다. OLED 디스플레이를 이용하여 다양한 값과 그림을 출력할 때 필요한 'ssd1306.py' 라이브러리를 설치하겠습니다.

**01** [도구]–[패키지 관리]를 선택합니다.

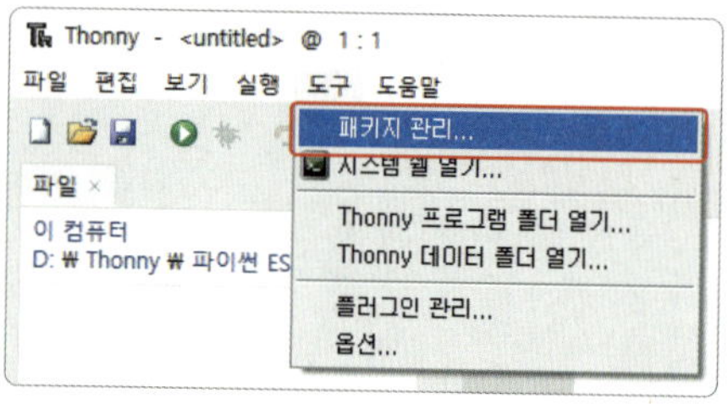


**02** 'ssd1306'를 검색한 후 'ssd1306 @ micropython–lib'를 클릭하여 설치합니다.

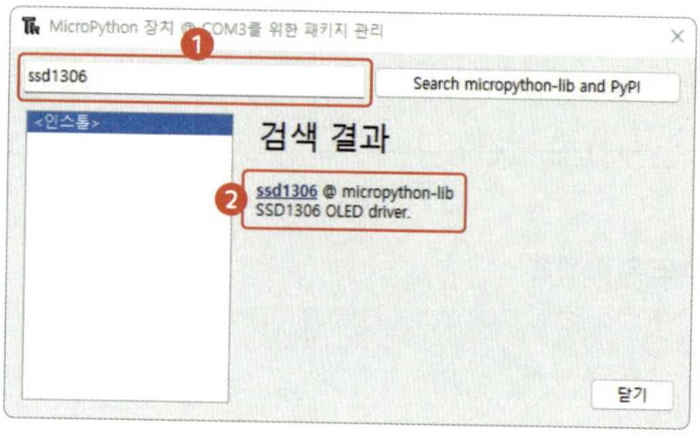


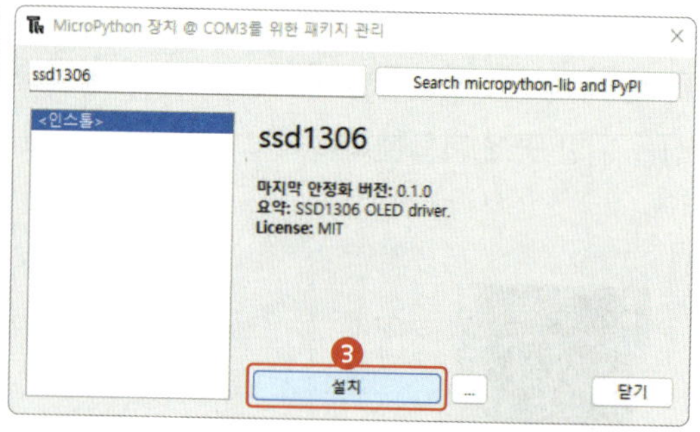


**03** [MicroPython 장치] 항목에서 'lib'폴더가 생성되고 폴더 안에 'ssd1306.py' 라이브러리가 설치되어 있음을 확인합니다.

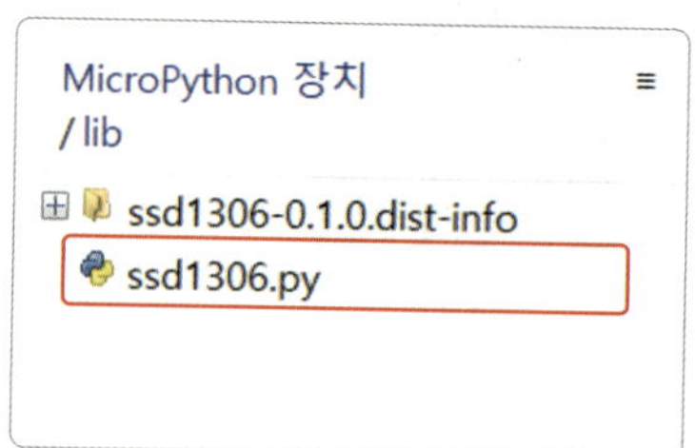

여기서 잠깐 **마이크로파이썬의 주요 라이브러리**

[표 6-2]는 이 책에서 주로 사용하게 될 라이브러리들에 대한 설치 여부를 정리한 표입니다. machine, time, network, ujson은 펌웨어 설치 시에 함께 포함되는 라이브러리이며, dht, OLED, Bluetooth, Servo 등은 추가적으로 설치가 필요한 라이브러리입니다. 책에서 안내하는 방법에 따라 설치하여 사용합니다.

표 6-2 **마이크로컨트롤러의 응용 분야**

| 라이브러리 | 펌웨어 포함 여부 | 용도 | 추가 설치 필요 여부 |
|---|---|---|---|
| machine | 예 | 하드웨어 인터페이스 제어(GPIO, PWM, ADC, I2C, SPI) | – |
| time | 예 | 시간 관련 기능(딜레이, 타임스탬프) | – |
| network | 예 | 네트워킹 기능(Wi-Fi, TCP/IP) | – |
| ujson | 예 | JSON 인코딩 및 디코딩 | – |
| dht | – | DHT 센서로부터 온도 및 습도 데이터 읽기 | 예 |
| OLED | – | OLED 디스플레이 제어 | 예 |
| Bluetooth | – | 블루투스 통신 사용 | 예 |
| Servo | – | 서보모터 제어 | 예 |

## 4 OLED로 이미지와 글자 출력하기

마이크로파이썬의 로고와 글자 'MicroPython ssd1306 OLED 128x64'를 출력하는 스크립트를 작성합니다. [표 6-3]의 OLED 디스플레이 명령어에 주의해서 작성합니다.

표 6-3 **OLED 디스플레이 명령어**

| 명령어 | 동작 |
|---|---|
| `display.fill(색상)` | 색상 값으로 전체 화면 채우기 (0은 검은색, 1은 흰색 ) |
| `display.pixel(x, y, 색상)` | 좌표(x, y)에 해당 값으로 점 찍기 |
| `display.hline(x, y, 길이 , 색상)` | 좌표부터 길이만큼 가로줄 그리기 |
| `display.vline(x, y, 길이 , 색상)` | 좌표부터 길이만큼 세로줄 그리기 |
| `display.line(시작 x, 시작 y, 끝 x, 끝 y, 색상)` | 시작 좌표부터 끝 좌표까지 선 그리기 |
| `display.rect(시작 x, 시작 y, 가로 길이, 세로 길이, 색상)` | 시작 좌표부터 끝 좌표까지 빈 네모 그리기 |
| `display.fill_rect(시작 x, 시작 y, 가로 길이, 세로 길이, 색상)` | 시작 좌표부터 끝 좌표까지 꽉 찬 네모 그리기 |
| `display.text('텍스트', x, y, 색상)` | 좌표에 텍스트 출력하기 |
| `display.show()` | 위 명령어로 세팅한 화면을 OLED로 출력하기 |

**실습 6-1** OLED에 이미지와 글자 출력하기

6-1_OLED.py

```
01 from machine import Pin, SoftI2C
02 import ssd1306
03
04 i2c = SoftI2C(sda=Pin(21), scl=Pin(22))
05 display = ssd1306.SSD1306_I2C(128, 64, i2c)
06
07 display.fill(0)
08 display.fill_rect(0, 0, 32, 32, 1)
09 display.fill_rect(2, 2, 28, 28, 0)
10 display.vline(9, 8, 22, 1)
11 display.vline(16, 2, 22, 1)
12 display.vline(23, 8, 22, 1)
13 display.fill_rect(26, 24, 2, 4, 1)
14 display.text('MicroPython', 40, 0, 1)
15 display.text('SSD1306', 40, 12, 1)
16 display.text('OLED 128x64', 40, 24, 1)
17 display.show()
```

(07~13행) 마이크로파이썬 로고 그리기

(14~16행) 텍스트 출력하기

**행별 설명**

**01행:** machine 모듈에서 Pin, SoftI2C를 불러옵니다. SoftI2C는 마이크로컨트롤러에서 소프트웨어를 통해 I2C 통신을 구현하는 기능입니다. 하드웨어 I2C 통신을 위한 전용 SDA, SCL 핀이 부족하거나 사용할 수 없을 때, 일반 디지털 입출력 핀을 사용하여 I2C 통신을 구현할 수 있습니다. 이를 통해 다양한 핀에 I2C 기능을 할당할 수 있으며, 하드웨어 I2C와 동일한 방식으로 장치 간 통신을 수행할 수 있습니다.

**02행:** ssd1306 모듈을 가져와 해당 디스플레이와 통신할 수 있는 함수와 메서드들을 사용할 수 있게 합니다.

**04행:** SDA를 21번, SCL을 22번 핀으로 설정하여 I2C 객체를 생성합니다.

```
i2c=SoftI2C(sda=Pin(sda 핀 번호), scl=Pin(scl 핀 번호))
```

그림 6-4 I2C 통신을 위한 객체 생성하기

**05행:** ssd1306.SSD1306_I2C 클래스를 사용하여 128×64 픽셀 해상도를 갖는 OLED 디스플레이에 대한 객체를 생성합니다. 마이크로파이썬 환경에서 SSD1306 기반의 OLED 디스플레이와의 통신할 수 있는 초기 설정을 포함합니다. i2c는 이전에 설정한 I2C 통신 객체를 말합니다. 이 객체를 통해 사용자는 디스플레이에 직접 그림을 그리거나 텍스트를 출력할 수 있습니다.

```
display=ssd1306.SSD1306_I2C(가로 픽셀 수, 세로 픽셀 수, i2c)
```

그림 6-5 OLED 객체 생성하기

**07행:** 디스플레이 화면을 검정색으로 채웁니다.

**08행:** (0, 0) 위치에 가로 길이 32, 세로 길이 32 크기의 사각형을 흰색으로 채웁니다.

**09행:** (2, 2) 위치에 가로 28, 세로 28 크기의 사각형을 검정색으로 채워 테두리를 생성합니다.

**10행:** (9, 8) 위치에서 시작하는 높이 22의 세로 선을 흰색으로 그립니다.

**11행:** (16, 2)에서 시작하는 높이 22의 세로 선을 흰색으로 그립니다.

**12행:** (23, 8)에서 시작하는 높이 22의 세로 선을 흰색으로 그립니다.

**13행:** (26, 24) 위치에 가로 2, 세로 4 크기의 흰색으로 채운 사각형을 그립니다.

**14행:** 'MicroPython' 텍스트를 (40, 0) 위치에 흰색으로 표시합니다.

**15행:** OLED 모델명인 'SSD1306' 텍스트를 (40, 12) 위치에 흰색으로 표시합니다.

**16행:** 'OLED 128x64' 텍스트를 (40, 24) 위치에 흰색으로 표시합니다.

**17행:** 변경 사항을 디스플레이에 적용하여 보여줍니다.

실행 결과

여기서 잠깐 **I2C 통신**

**I2C 통신(Inter-Integrated Circuit)**은 장치 간의 데이터 교환을 위해 설계된 일반적인 직렬 통신 프로토콜입니다. 이 시스템은 마이크로컨트롤러, 센서, 메모리 칩 및 기타 주변 장치 간의 통신에 널리 사용됩니다. I2C 통신은 간단하면서도 효율적인 방법으로 여러 장치를 하나의 버스(통신 경로)에 연결하여 데이터를 교환할 수 있도록 합니다.

**❶ I2C 통신의 기본사항**

I2C 통신 시스템은 두 개의 신호 라인을 사용합니다.

- **SDA(Serial Data Line):** 데이터 전송을 위한 라인입니다.
- **SCL(Serial Clock Line):** 데이터 전송의 타이밍을 조정하는 클럭 신호 라인입니다.

이 두 신호 라인은 여러 장치를 연결하여 통신을 가능하게 합니다. 각 장치는 고유한 주소를 가지고 있기 때문에 같은 버스에 여러 장치가 연결되어 있어도 특정 장치와만 통신할 수 있습니다.

**❷ 마스터와 슬레이브**

I2C 시스템은 마스터-슬레이브 구조를 따릅니다.

- **마스터 장치:** 통신을 시작하고 제어하는 장치입니다. 버스의 클럭 신호를 생성하고, 슬레이브 장치에 통신을 시작하거나 종료하라는 신호를 보냅니다.
- **슬레이브 장치:** 마스터 장치의 요청에 응답하는 장치입니다. 예를 들어, OLED 디스플레이나 센서가 슬레이브 장치가 될 수 있습니다.

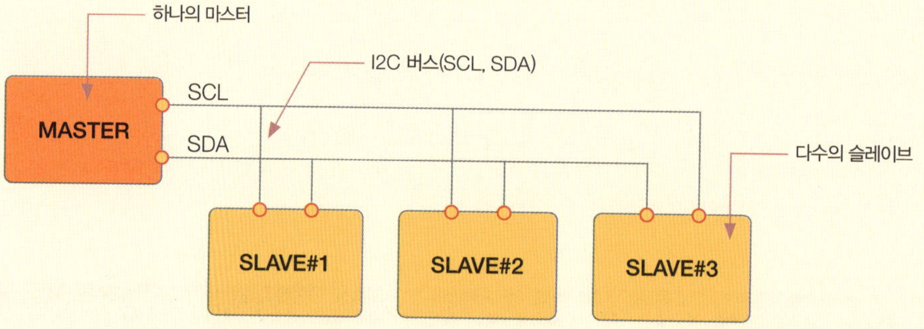


그림 6-6 **I2C 통신의 구조**

Section

02

# 온습도 센서

## 1 온습도 센서의 이해

온습도 측정에 사용하게 될 DHT11은 디지털 신호로 온도와 습도 정보를 제공하는 센서입니다. 이 센서는 작고 효율적이며, 간단한 전자 프로젝트나 복잡한 환경 모니터링 시스템에 사용할 수 있습니다. DHT11은 습도와 온도를 측정하여 디지털 데이터로 변환하는 기능을 가지고 있으며, 이 정보는 마이크로컨트롤러나 다른 디지털 처리 시스템으로 쉽게 전송될 수 있습니다.

그림 6-7 **온습도 센서의 다양한 활용**

DHT11의 작동 방식과 특징은 다음과 같습니다.

- **전원** +3.3V에서 +5V 전원으로 작동
- **온도 측정 범위** 0℃에서 50℃까지
- **습도 측정 범위** 20%에서 80%까지

이 센서의 오차범위는 온도의 경우 ±2℃이며, 습도의 경우 ±5%RH입니다. DHT11은 저전력 소모가 특징이기 때문에 배터리로 구동되는 장치에도 적합합니다.

## 2 온습도 센서 회로 연결하기

− 라고 표시된 핀은 보드의 D27의 G, +는 D27의 V, S는 D27의 S에 연결합니다.

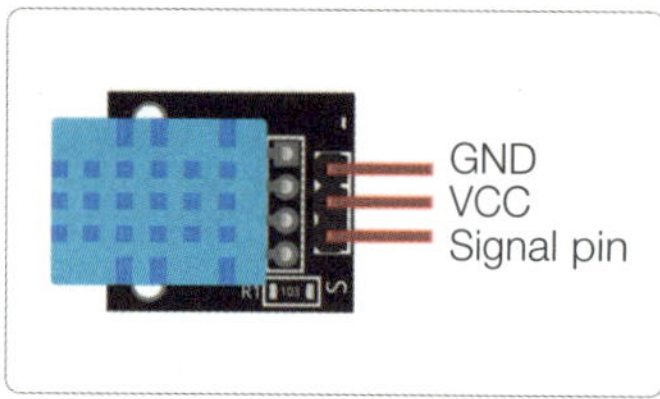


표 6-4 DHT11과 ESP32 보드의 핀 연결

| DHT11 | − | + | S |
|---|---|---|---|
| ESP32 | D27G | D27V | D27S |

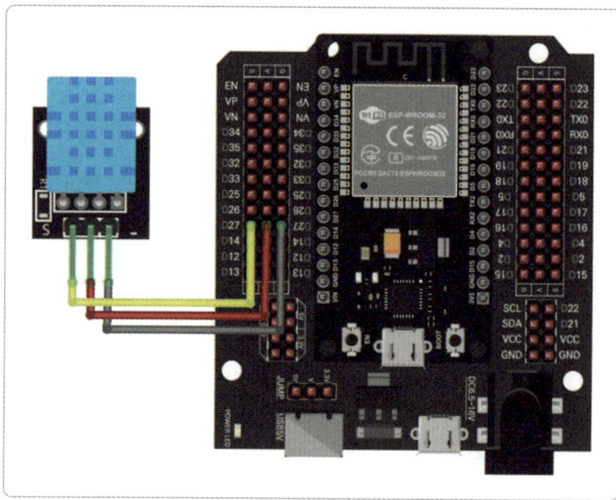

그림 6-8 DHT11의 연결 회로

## 3 라이브러리 설치하기

온습도 센서를 이용하여 센서 값을 측정하기 위해서는 특정 라이브러리가 필요합니다. 'dht.py' 라이브러리를 설치하겠습니다.

**01** [도구]−[패키지 관리]를 선택합니다.

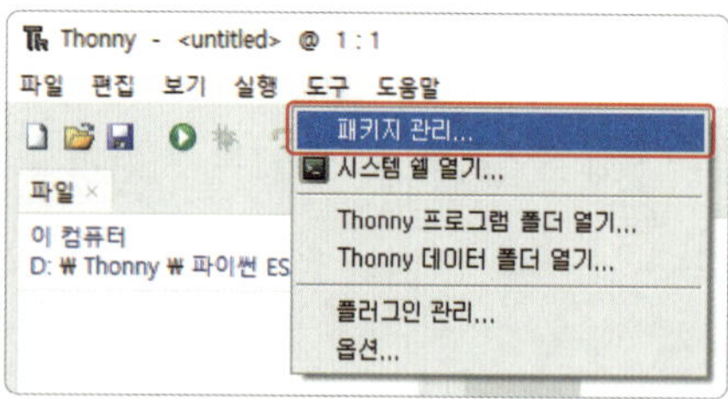

**02** 'dht'를 검색한 후 'dht @ micropython-lib'를 클릭하여 설치합니다.

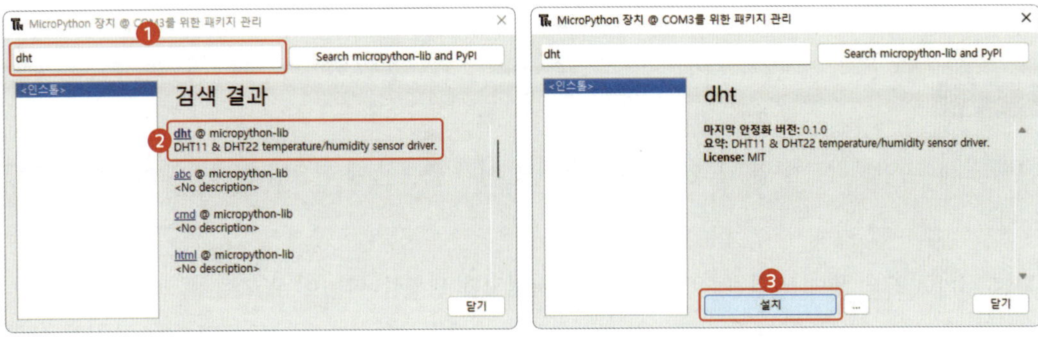


**03** [MicroPython 장치] 항목에서 'lib'폴더가 생성되고 폴더 안에 'dht.py' 라이브러리가 설치되어 있음을 확인합니다.

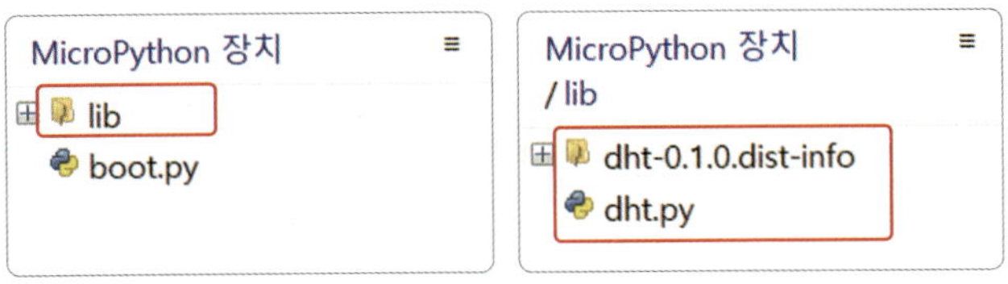


## 4 온도와 습도 값 읽기

온습도 값을 측정하는 스크립트를 작성합니다.

**실습 6-2 온습도 값 읽기** 6-2_dht11.py

```
import dht
from machine import Pin
from time import sleep
d = dht.DHT11(Pin(27))

while True:
    try:
        d.measure()
        print(d.temperature())
        print(d.humidity())

    except OSError as e:
        print("Failed to read from DHT sensor, retrying...")
```

```
14
15        sleep(2)
```

**행별 설명**

**01행:** 'dht' 라이브러리를 임포트합니다. DHT11 센서와 통신할 때 필요한 클래스와 함수를 제공합니다.

**04행:** GPIO 27번 핀에 연결된 DHT11 센서 객체를 d를 생성합니다. 이 핀으로 센서와 통신합니다.

```
d = dht.DHT11(Pin(핀 번호))
```

그림 6-9 **온습도 객체 생성하기**

**07~13행:** `try` 블록 내에서 `measure()` 메서드를 호출하여 센서 값을 읽고 온도와 습도를 출력합니다. 하지만 `OSError`가 발생했을 때, 즉 센서로부터 데이터를 읽는 데 실패했을 때에는 `except`를 이용하여 예외 처리를 합니다. 센서로 온도와 습도 데이터를 측정하고, 이를 객체 내부에 저장합니다. `d.temperature()` 함수에 온도 값이 `d.humidity()` 함수에 습도 값이 저장됩니다.

```
d.measure()
```

그림 6-10 **온습도 측정하기**

**15행:** 2초 동안 프로그램 실행을 일시 정지합니다. 이는 센서가 다음 측정을 준비할 시간으로 `OSError`를 줄이는 데 도움이 됩니다.

쉘 창에서 온습도 출력 결과를 확인합니다. 온도와 습도에 변화를 주어 측정이 제대로 되는지 확인합니다. 첫 번째 줄은 온도, 두 번째 줄은 습도가 출력됩니다.

**실행 결과**

```
쉘 ×

MPY: soft reboot
26
47

26
47
```

```
쉘 ×

MPY: soft reboot
29
50

30
59
```

## 5 OLED를 이용한 온습도계 만들기

온도와 습도를 측정한 뒤 디스플레이 장치인 OLED에 출력하는 온습도계를 만들어보겠습니다. [표 6-5]의 OLED 회로를 추가하고 스크립트를 작성하여 실행합니다.

표 6-5 OLED와 ESP32 보드의 핀 연결

| OLED | GND | VCC | SCL | SDA |
|---|---|---|---|---|
| ESP32 | GND | VCC | D22 | D21 |

그림 6-11 DHT11, OLED의 연결 회로

실습 6-3 온습도 값 OLED에 출력하기 6-3_dhtxOLED.py

```python
from machine import Pin, SoftI2C
import ssd1306
import dht
from time import sleep

i2c = SoftI2C(sda=Pin(21), scl=Pin(22))
display = ssd1306.SSD1306_I2C(128, 64, i2c)
d = dht.DHT11(Pin(27))

while True:
    try:
        d.measure()
        temperature = d.temperature()
        humidity = d.humidity()
        display.text('Temp :', 10, 20, 1)
        display.text(str(int(temperature)) + '*C', 65, 20, 1)
```

```
17            display.text('Humi : ', 10, 44, 1)
18            display.text(str(humidity) + '%', 65, 44, 1)
19            display.show()
20
21        except OSError as e:
22            display.text('Sensor Error', 10, 30, 1)
23            display.show()
24
25        sleep(2)
```

**행별 설명**

**06행:** 21, 22번 핀을 사용해 I2C 통신 설정을 합니다.

**07행:** OLED 디스플레이를 초기화하고 객체 `display`를 생성합니다.

**08행:** 27번 핀에 연결된 DHT11 센서 객체 d를 생성합니다.

**11~14행:** 오류가 발생하지 않는다면 DHT11 센서에서 측정한 온도 값을 `temperature` 변수에 저장하고 측정한 습도 값을 `humidity` 변수에 저장합니다.

**15행:** 'Temp :' 텍스트를 (10, 20)의 위치에 흰색으로 표시합니다.

**16행:** 소수점으로 출력되는 온도 값을 정수로 형 변환한 후 다시 문자열로 변환합니다. '*C' 문자와 결합하여 (6, 20)의 위치에 흰색으로 표시합니다.

**17행:** 'Humi :' 텍스트를 (10, 44)의 위치에 흰색으로 표시합니다.

**18행:** 습도 값을 문자열로 변환하여 '%'와 합쳐 (65, 44)의 위치에 흰색으로 표시합니다.

**19행:** OLED에 설정한 값들을 출력합니다.

**21~23행:** 센서 값 읽기에 실패하면 'Sensor Error' 메시지를 화면에 표시합니다.

**실행 결과**

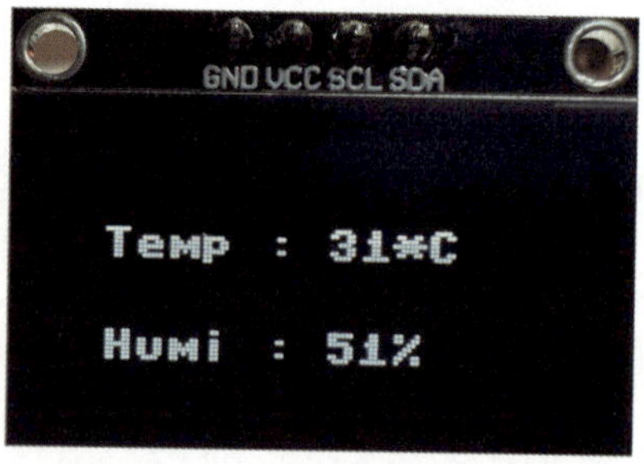

## 3 터치 센서 값 읽기

터치 센서를 이용해 터치 입력을 감지하고, 감지된 입력에 맞는 번호를 출력하는 프로그램을 작성합니다.

**실습 6-4 터치 센서 값 읽기** 6-4_touch.py

```
01  from machine import Pin
02  from time import sleep
03
04  touch1 = Pin(33, Pin.IN)
05  touch2 = Pin(32, Pin.IN)
06  touch3 = Pin(35, Pin.IN)
07  touch4 = Pin(34, Pin.IN)
08
09  while True:
10      if touch1.value():
11          print("1번 터치")
12      elif touch2.value():
13          print("2번 터치")
14      elif touch3.value():
15          print("3번 터치")
16      elif touch4.value():
17          print("4번 터치")
18      sleep(0.5)
```

**행별 설명**

**04~07행:** GPIO 핀 33, 32, 35, 34번을 입력 모드로 설정하고 각각 `touch1`, `touch2`, `touch3`, `touch4` 변수에 할당하여 인스턴스를 생성합니다.

**10행:** `touch1`의 값이 1일 때, 즉 `touch1.value()` 메소드가 참을 반환할 때 해당 조건문이 실행됩니다. 여기서 `touch1.value()`는 터치 센서에 연결된 핀의 전기적 상태를 읽어, 터치가 감지되었는지 여부를 판단합니다. 터치 센서는 터치가 감지되었을 때 1(True)을 반환하고, 터치가 감지되지 않았을 때는 0(False)을 반환합니다.

**18행:** 0.5초 동안 프로그램 실행을 일시 중지합니다. 이 코드는 스위치의 채터링 상태를 방지하는 목적으로 사용됩니다.

센서를 터치하면서 결과를 쉘 창에서 확인합니다. 스크립트의 `sleep()`의 초를 바꿔보면서 센서의 반응 민감도를 조절해도 좋습니다.

**실행 결과**

▪ **쉘 창**

```
MPY: soft reboot
1번 터치
2번 터치
3번 터치
4번 터치
```

▪ **터치 센서**

터치 인식 인디케이터를 알아봅시다. 각 채널에 터치가 인식되면 다음처럼 LED가 켜집니다.

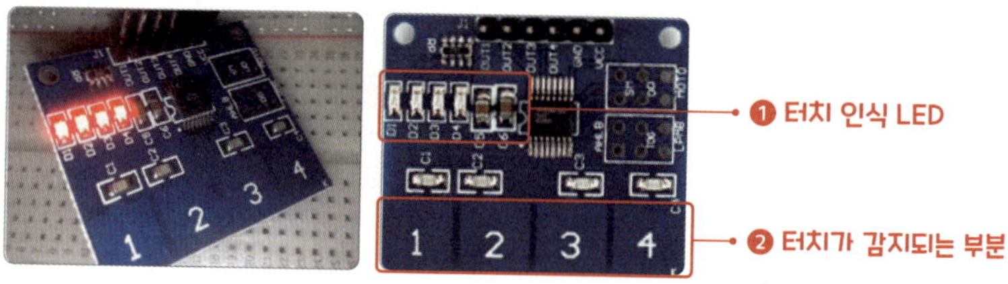


그림 6-15 **터치 인식 인디케이터 구조**

**여기서 잠깐** **채터링 현상**

채터링(Chattering) 현상은 스위치, 릴레이, 기타 전기적 접점이 있을 때 발생하는 문제로, 접점이 빠르게 연결되었다가 끊어지는 현상을 말합니다. 이 현상은 주로 물리적인 접촉면의 불안정성 때문에 발생하며, 단 한 번의 의도된 조작이 여러 번의 신호로 잘못 인식될 수 있게 만듭니다. 터치 센서에서는 스위치를 누르거나 뗄 때 접점 부분의 미세한 움직임이 반복되어 채터링을 유발할 수 있습니다.

❶ **채터링의 원인**

- **물리적 불안정성:** 스위치를 누르거나 뗄 때 접점 부분의 미세한 움직임이 반복되어 채터링을 유발할 수 있습니다.
- **전기적 잡음:** 전기 회로 내의 잡음 또는 외부에서 유입되는 간섭 신호가 채터링을 야기할 수 있습니다.
- **기계적 충격:** 스위치 주변에서 발생하는 충격이 접점에 영향을 주어 채터링이 발생할 수 있습니다.

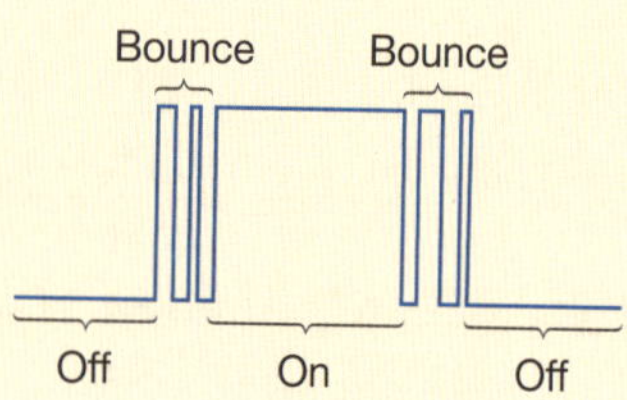


그림 6-16 **스위치 채터링 현상**

❷ **채터링의 영향**

입력 데이터가 잘못 기록되거나, 예상치 못한 동작이 발생할 수 있습니다. 또한 채터링으로 인해 처리해야 할 신호가 많아지면 시스템의 전반적인 성능이나 속도에 영향을 미칠 수 있습니다.

❸ **채터링 방지 방법**

- **하드웨어 디바운싱:** 접점의 물리적 설계를 개선하거나, 축전기와 저항을 사용하여 회로를 안정화할 수 있습니다.
- **소프트웨어 디바운싱:** 소프트웨어적으로 입력 신호를 일정 시간 동안 안정화하기 위해 지연 시간을 두어 처리합니다. 입력이 일정 기간 동안 안정적으로 유지되면 유효한 입력으로 간주합니다.

## 4 터치 센서로 네오픽셀 제어하기

터치 센서를 스위치로 사용하여 네오픽셀의 다양한 색을 제어해 봅니다. [표 6-7]과 같이 회로를 추가하고 스크립트를 작성하여 실행합니다.

**표 6-7 네오픽셀과 ESP32 보드의 핀 연결**

| 네오픽셀 | GND | 5V | DI |
|---|---|---|---|
| ESP32 | D14G | D14V | D14S |

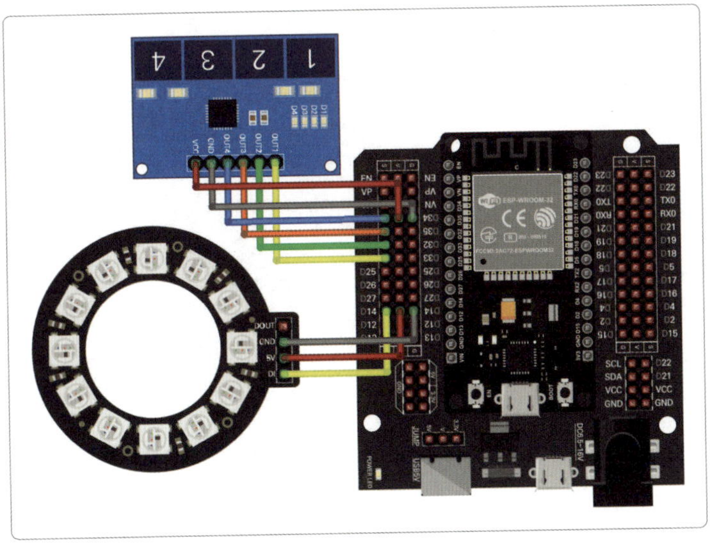


**그림 6-17 터치 센서, 네오픽셀 연결 회로**

### 실습 6-5 터치 센서로 네오픽셀 제어하기

6-5_touch_Neopixel.py

```
01 from machine import Pin
02 from neopixel import NeoPixel
03 from time import sleep
04 
05 pin = Pin(14, Pin.OUT)
06 np = NeoPixel(pin, 12)
07 
08 touch1 = Pin(33, Pin.IN)
09 touch2 = Pin(32, Pin.IN)
10 touch3 = Pin(35, Pin.IN)
11 touch4 = Pin(34, Pin.IN)
12 
13 while True:
14     if touch1.value():
15         for i in range(0, 12):
16             np[i] = (255, 0, 0)
17 
18     if touch2.value():
19         for i in range(0, 12):
20             np[i] = (0, 255, 0)
21 
22     if touch3.value():
23         for i in range(0, 12):
24             np[i] = (0, 0, 255)
25 
26     if touch4.value():
27         for i in range(0, 12):
28             np[i] = (0, 0, 0)
29 
30     np.write()
31     sleep(0.3)
```

**행별 설명**

**14~16행:** 14~16행의 코드는 touch1 센서가 활성화되면 네오픽셀의 12개 LED를 빨간색으로 설정합니다. 이 코드는 touch2, 3, 4에도 동일하게 적용되어 다른 색상으로 네오픽셀의 색상을 조절할 수 있습니다. 또한 **13행**의 while 문에 의해 터치가 감지됨을 무한 반복으로 확인하여 터치가 발생할 때마다 색상이 조절됩니다.

**30행:** np.write()를 이용하여 색을 출력합니다.

ESP32 보드와 파이파이 램프에서 실행 결과를 확인합니다. 터치 센서의 1번을 터치하면 빨간색, 2번을 터치하면 초록색, 3번을 터치하면 파란색이 켜지고 4번을 터치하면 불이 꺼집니다.

### 실행 결과

■ **ESP32 보드**

■ **파이파이 램프**

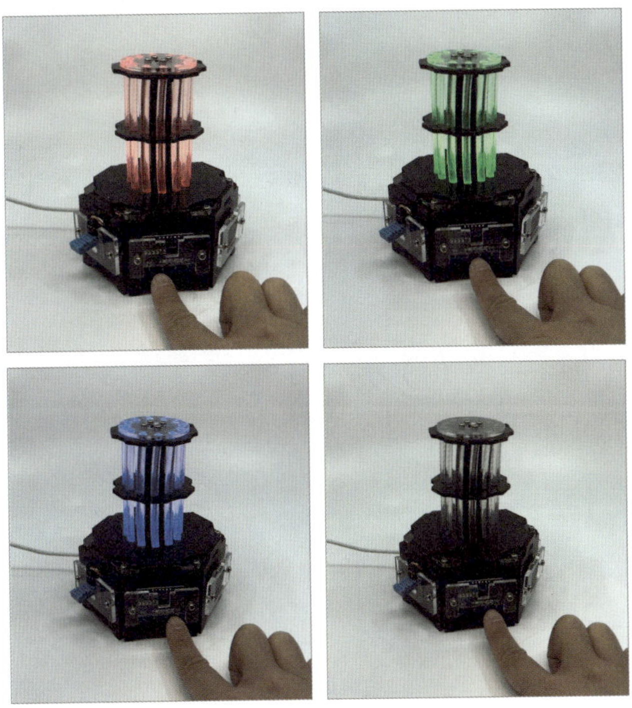

Section 04

# 서보모터

## 1 서보모터의 이해

서보모터(Servomotor)는 일반 모터와 달리 특정 각도로 정밀하게 회전하는 데 특화된 모터입니다. 서보모터는 전원을 공급하면 특정 각도로 정밀하게 회전할 수 있어 RC카나 로봇의 관절, 드론 카메라 짐벌, 정밀한 위치 제어가 필요한 산업용 기계 등에 주로 사용됩니다.

그림 6-18 서보모터의 다양한 활용

서보모터는 제어 신호에 따라 특정 각도로 회전하게 되는데 제어 신호는 PWM 방식으로 제어되며, PWM 신호의 펄스 폭에 따라 서보모터의 각도가 결정됩니다.

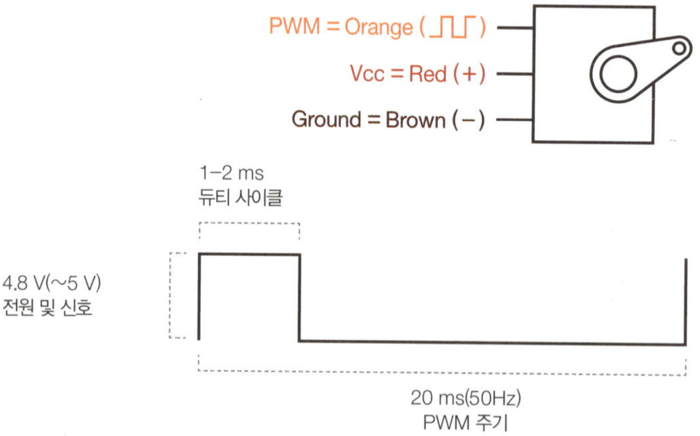


그림 6-19 서보모터 PWM 제어 방식

## 2 서보모터 회로 연결하기

실습에 사용하는 서보모터의 기종인 SG90은 소형 모터로써, 가장 흔히 사용되는 모터 종류입니다. 서보모터는 힘(토크)과 정밀도에 따라 수많은 종류가 있습니다. 서보모터는 [그림 6-20]과 같이 기어 박스, DC 모터, IC 회로(가변 저항)로 구성되어 있습니다.

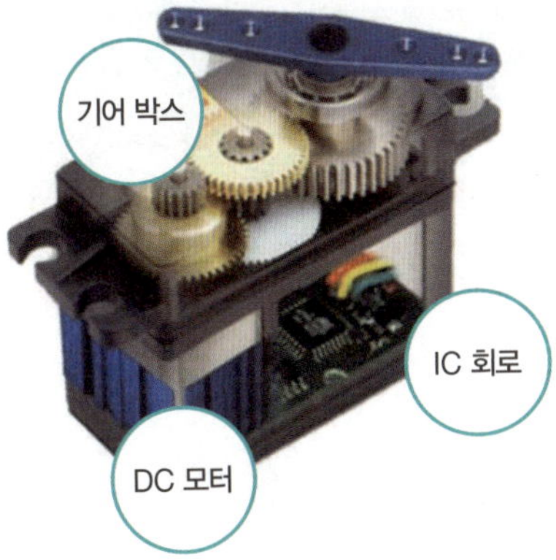


그림 6-20 **서보모터의 구성**

기어 박스에서 조절된 각도를 눈으로 잘 보이게 하거나 다른 구조물에 적용하기 위해 혼을 사용합니다. [그림 6-21]과 같이 혼을 끼워줍니다.

그림 6-21 **서보모터의 조립**

기어는 0~180도로 움직일 수 있습니다. [그림 6-22]는 0도일 때 혼을 오른쪽으로 향하게 끼워 0~180도를 사용하는 예시입니다. 조절된 각도에 맞춰 혼의 방향을 원하는 대로 끼워서 다른 방향으로 향하게 할 수도 있습니다.

코드로 제어하지 않고 손으로 무리하게 각도를 조절하면 기어에 손상이 갈 수 있으니 주의합니다.

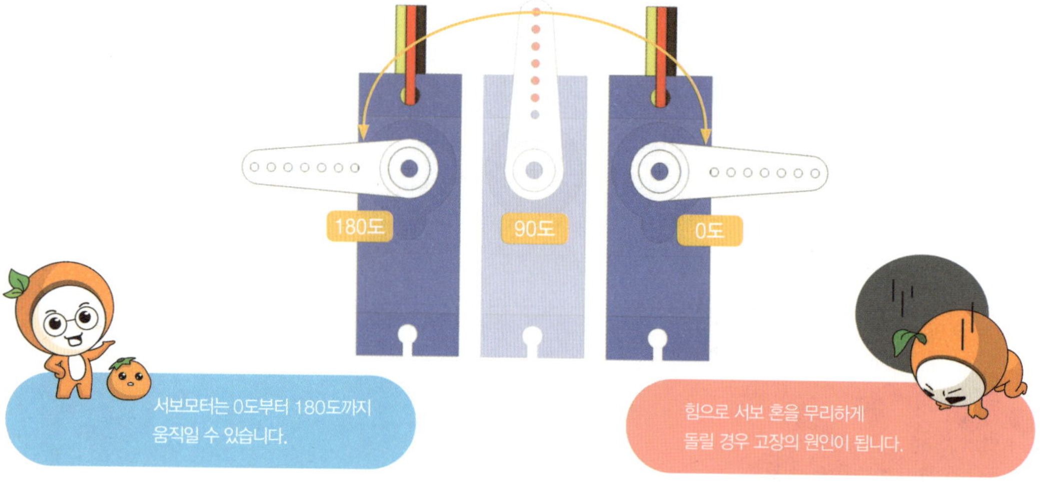


그림 6-22 **서보모터의 특징과 주의사항**

서보모터는 GND(갈색), VCC(빨간색), S(주황색)의 세 가닥의 선이 있습니다. S는 PWM의 신호를 위한 신호선으로 D4의 S에 연결합니다. GND는 D4의 G, VCC D4의 V에 연결합니다.

표 6-8 **서보모터와 ESP32 보드의 핀 연결**

| 서보모터 | S | GND | VCC |
|---|---|---|---|
| ESP32 | D4S | D4G | D4V |

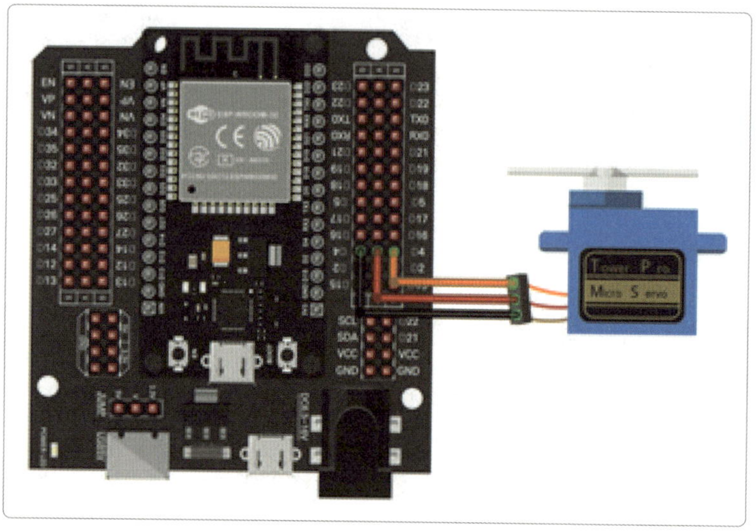

그림 6-23 **서보모터 연결 회로**

서보모터는 PWM 클래스를 이용하여 각도 제어를 할 수 있습니다. 서보모터 각도에 따른 펄스 폭에 대해 알아봅니다.

**여기서 잠깐** **서보모터와 PWM 주파수**

서보모터는 각도의 위치를 조절하기 위해 PWM 신호를 사용합니다. 서보모터의 위치는 PWM 신호의 펄스 폭 또는 **듀티 사이클(Duty Cycle)**에 의해 결정되며, 실습에서 사용하는 SG90 서보모터의 PWM의 주파수는 일반적으로 50Hz로 설정됩니다.
다시 말해, 50Hz의 주파수는 1초 동안 50번의 PWM 펄스가 발생하는 것으로 매 초마다 20ms(밀리초) 간격으로 신호를 보내야 함을 의미합니다. SG90 모터는 펄스 폭은 1ms에서 2ms 사이의 값을 가지며, 이 값에 따라 모터의 회전 각도가 결정됩니다.

- **1ms 펄스 폭:** 일반적으로 모터를 0°(도) 위치로 회전시킵니다.
- **1.5ms 펄스 폭:** 모터를 중앙 위치인 약 90°(도)로 회전시킵니다.
- **2ms 펄스 폭:** 모터를 180°(도) 위치로 회전시킵니다.

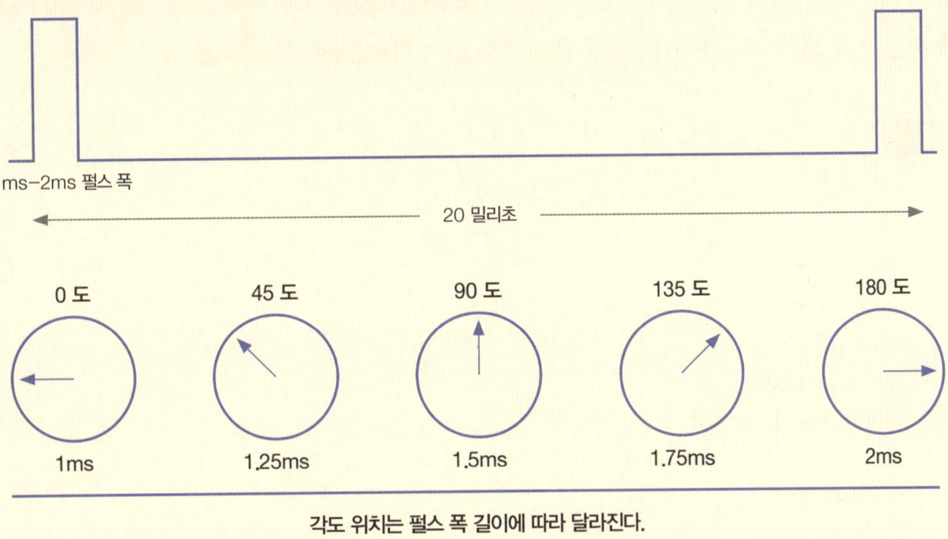


그림 6-24 **펄스 폭에 따른 서보모터의 회전 각도**

## 3 서보모터 각도 제어하기

ESP8266 또는 ESP32 같은 보드에서 마이크로파이썬을 사용하는 경우 `machine` 라이브러리 PWM 클래스의 `duty()` 메서드가 가질 수 있는 일반적인 입력 범위는 0부터 1023까지 입니다. 이는 듀티 사이클의 항상 꺼짐을 나타내는 0%부터 항상 켜짐을 나타내는 100%까지를 1024개의 단계로 나눈 것입니다.

서보모터를 0도에서 180도로 제어할 때 사용하는 듀티 값의 범위는 서보모터의 모델과 사양에 따라 다를 수 있지만, SG90S 모터를 마이크로파이썬과 함께 사용할 때의 일반적인 범위는 [표 6-9]와 같습니다.

**표 6-9** SG90S 모터의 각도 제어를 위한 듀티 값의 범위

| 각도 | 펄스 폭(ms) | 듀티 사이클(%) | 듀티 값 범위 |
|---|---|---|---|
| 0° | 1.0 | 5 | 26~32 |
| 90° | 1.5 | 7.5 | 75~78 |
| 180° | 2.0 | 10 | 123~130 |

## 각도 제어를 위한 듀티 값 조정하기

[표 6-9]의 값들은 서보모터 종류에 따라 약간 다를 수 있으므로, 정확한 각도를 얻기 위해서는 듀티 값을 조정하는 것이 좋습니다. [실습 6-6]의 스크립트를 이용하여 서보모터의 0도, 90도, 180도에 대한 듀티 값을 조정해 보고, 이를 기반으로 전체 범위를 세밀하게 조정합니다.

**실습 6-6** 서보모터 각도 제어 값 찾기

6-6_Servo01.py

```
01 from machine import Pin, PWM
02 import time
03 # 서보모터를 GPIO 2번 핀에 연결
04 servo = PWM(Pin(4), freq=50)
05 # 0도 설정
06 servo.duty(26)
07 time.sleep(1)  # 1초 동안 기다림
08 # 90도 설정 (대략적인 중간 값)
09 servo.duty(75)
10 time.sleep(1)
11 # 180도 설정
12 servo.duty(130)
13 time.sleep(1)
```

**행별 설명**

**04행:** GPIO 핀 4를 PWM 모드로 설정하고, 주파수를 50Hz로 설정합니다. 이렇게 설정된 핀 4에 서보모터의 신호선이 연결되어 있으며, 서보모터는 주로 50Hz의 PWM 신호로 제어됩니다.

**09행:** duty() 메서드의 인자로 전달되는 듀티 값은 PWM 신호의 듀티 사이클을 입력하여 원하는 각도로 제어합니다.

## 0도 90도 180도로 제어하기

[실습 6-6]에서 듀티 값을 제어하여 각자 환경에 잘 맞는 제어 값을 찾아봅니다. 책에서 사용하는 서보모터의 경우 0도 기준 '30' 90도 기준 '80' 180도 기준 '130'일 때 잘 제어가 되었습니다. 따라서 해당 값을 [실습 6-7]의 기준값으로 작성하겠습니다. 찾아낸 듀티 값을 이용하여 서보모터의 각도를 제어하는 스크립트를 작성한 뒤 실행합니다.

**실습 6-7 서보모터 각도를 0도, 90도, 180도로 제어하기** 6-7_Servo02.py

```
01 from machine import Pin, PWM
02 from time import sleep
03
04 servo = PWM(Pin(4), freq=50)
05
06 def set_angle(angle):
07     duty = int((angle / 180) * 100 + 30)
08     servo.duty(duty)
09
10 angles = [0, 90, 180]
11 for angle in angles:
12     set_angle(angle)
13     sleep(1)
```

**행별 설명**

**06~08행:** 서보모터의 각도를 설정하는 함수를 정의합니다. 입력된 각도를 사용하여 duty 값을 계산하고 계산된 duty 값으로 서보모터의 각도를 조정합니다. 입력된 angle 각도를 듀티 사이클로 변환하기 위해 (angle / 180)을 이용하여 입력된 각도를 0~1 사이의 비율로 변환합니다. ((angle / 180) * 100 + 30)에서 30과 130은 0도에서 180도까지의 각도 변화에 대응하는 듀티 사이클의 변화량입니다. 이는 펄스 폭이 1ms에서 2ms로 변화하는 것에 대응하는 비율입니다. 각도가 0일 때 5% 듀티 사이클에 해당하는 30과, 각도가 180도일 때 10% 듀티 사이클에 해당하는 130을 계산하기 위한 것입니다. 이렇게 계산된 듀티 사이클 값은 서보모터가 특정 각도로 정확하게 위치하는 데 사용됩니다.

**10행:** 각도를 리스트로 정의합니다.

**11~13행:** for 문을 이용하여 angles 리스트를 순회하면서 set_angle 함수로 각도를 1초 간격으로 제어합니다.

다음 실행 결과와 같이 0도, 90도, 180도가 1초에 제어되는 것을 확인합니다.

**실행 결과**

▪ **듀티 값 '30', 0도**

▪ **듀티 값 '80', 90도**

▪ **듀티 값 '130', 180도**

영상으로도 확인해 봐요!

## 4 서보모터 제어를 위한 패키지 만들기

서보모터를 사용하기 위해 PWM 신호의 듀티 사이클을 입력하여 원하는 각도로 제어하는 방법을 알아보겠습니다. 각도에 대응하는 듀티 사이클을 계산하여 `duty()` 메서드로 각도 제어를 처리하는 함수를 생성하고 이 코드를 모듈화하여 서보모터를 더욱 간단하게 사용할 수 있는 패키지를 만들어 봅니다.

### 패키지의 구조

패키지란 모듈을 모은 것이고 모듈은 함수들을 모은 파이썬 파일을 말합니다. 패키지는 하나 이상의 모듈을 포함하고, 구조적으로 관리됩니다. 패키지는 [그림 6-25]와 같은 파일 구조를 가집니다.

```
my_package/
|
├── __init__.py
├── module1.py
└── module2.py
```

그림 6-25 **패키지의 파일 구조**

- **__init__.py** 이 파일은 디렉토리를 파이썬 패키지로 인식하게 하는 역할을 합니다. 이 파일은 비어 있을 수도 있고, 패키지 초기화 코드를 포함할 수도 있습니다.
- **module1, 2.py** 이 파일들은 패키지의 일부인 각각의 모듈입니다.

만든 패키지는 다른 파이썬 스크립트에서 다음 코드와 같이 불러와 사용할 수 있습니다.

```
from my_package import module1
from my_package.module2 import some_function
```

파이썬에서는 모듈과 패키지를 이용해 코드를 구조화하고 재사용할 수 있습니다. 패키지 관리 시스템으로 코드를 관리하면 여러 프로젝트에서 동일한 코드를 쉽게 공유하고 사용할 수 있습니다.

## 서보 패키지 구조 설계하기

먼저 'servo_control'이라는 이름의 디렉토리를 [Micro Python 장치] 항목에 만들고, 필요한 파일들을 구성합니다. 기본적인 파일 구조는 [그림 6-26]과 같습니다.

```
servo_control/
|
├── __init__.py
└── servo.py
```

그림 6-26 **서보 패키지의 구조**

## servo.py 모듈 만들기

생성한 servo_control 디렉토리에 servo.py 파일을 생성하여 [코드 6-1]을 작성하고 장치에 만들어놓은 servo_control 디렉토리 아래 servo.py 로 저장합니다.

**코드 6-1** 서보 모듈 만들기

servo.py

```
01 from machine import Pin, PWM
02
03 class Servo:
04     def __init__(self, pin, freq=50):
05         self.pwm = PWM(Pin(pin), freq=freq)
06         self.pwm.duty(0)
07
08     def angle_to_duty(self, angle):
09         return int((angle /180)*100  + 30)
10
11     def set_angle(self, angle):
12         duty = self.angle_to_duty(angle)
13         self.pwm.duty(duty)
14
15     def off(self):
16         self.pwm.deinit()
```

**행별 설명**

- **Servo 클래스**

**03행:** 'Servo'라는 이름의 클래스를 정의합니다. 이 클래스는 서보모터를 제어하기 위한 메서드를 포함합니다.

- **init 메서드**

**04~06행:** 클래스의 생성자로, 서보모터가 연결된 핀 번호와 PWM 신호의 주파수를 매개변수로 받습니다. 기본 주파수는 50Hz로 설정됩니다. **05행**에서 PWM 객체를 생성하고, 주어진 핀에 PWM 신호를 설정합니다. 이 신호는 서보모터의 제어에 사용됩니다. **06행**은 PWM 듀티 사이클을 0으로 초기화합니다. 듀티 사이클이 0이면 서보모터는 움직이지 않는 상태가 됩니다.

- **angle_to_duty 메서드**

**08~09행:** 이 메서드는 서보모터가 입력받은 각도로 회전하도록 각도 값을 듀티 사이클 값으로 변환하는 계산식입니다. 0도는 듀티 사이클 값 30, 180도는 듀티 사이클 값 130에 해당합니다.

각도 제어가 제대로 되지 않을 때 이 값들을 조금씩 변형하여 조절해도 됩니다.

- **set_angle 메서드**

  **11~13행:** 서보모터의 각도를 설정하는 메서드입니다. 이 메서드는 입력받은 각도에 따라 PWM 듀티 사이클을 적용하여 PWM 객체에 설정하여 서보모터가 원하는 각도로 회전하도록 합니다.

- **off 메서드**

  **15~16행:** 서보모터의 작동을 중지하는 메서드로 PWM 신호를 비활성화합니다. PWM 객체의 `deinit` 메서드를 호출하여 PWM 신호를 비활성화하고, 서보모터의 연결을 해제합니다.

## __init__.py 파일 만들기

[코드 6-2] 스크립트를 작성하고 servo_control 디렉토리 아래 __init__.py로 저장하여 Servo 클래스를 직접 임포트할 수 있게 합니다. [코드 6-2]의 `01`행 임포트 문에서 점(.)은 상대 임포트를 나타냅니다. 상대 임포트는 현재 모듈의 위치를 기준으로 다른 모듈이나 패키지를 참조할 때 사용합니다.

**코드 6-2** __init__.py 파일 만들기 — __init__.py

```
01    from .servo import Servo
```

## servo_control 디렉토리 위치 확인

패키지는 반드시 ESP32 장치에 위치해야 합니다. [servo.py]와 [__init__.py]를 포함하는 servo_control 디렉토리 생성을 확인합니다. 서보를 제어하기 위한 패키지가 준비되었습니다.

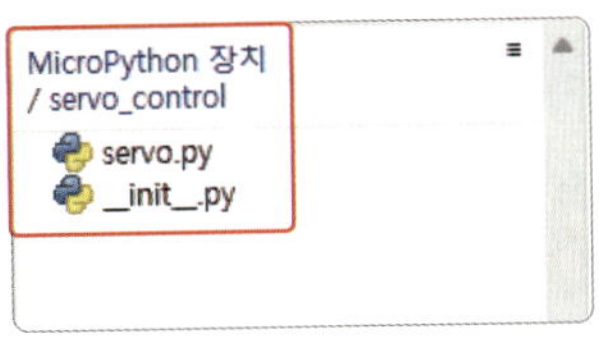


그림 6-27 **디렉토리 위치와 파일**

## 서보 패키지 사용하기

servo_control 패키지에서 정의된 Servo 클래스를 사용하여 서보모터의 각도를 조절합니다. Servo 클래스의 `set_angle` 메소드는 모터를 특정 각도로 회전시키는 기능을 담당하며, `off` 메소드는 모터의 작동을 안전하게 중지합니다. 이를 이용하여 서보모터를 0도에서 180도 그리고 180도에서 0도까지 자연스럽게 이동하고 멈출 수 있습니다. [실습 6-8] 스크립트를 작성하고 실행합니다.

**실습 6-8** 서보 패키지로 제어하기

6-8_servo03.py

```
01  from servo_control import Servo
02  from time import sleep
03
04  servo = Servo(pin=4)
05
06  for angle in range(0, 181, 1):
07      servo.set_angle(angle)
08      sleep(0.01)
09
10  for angle in range(180, -1, -1):
11      servo.set_angle(angle)
12      sleep(0.01)
13
14  servo.off()
```

**행별 설명**

**01행:** servo_control 패키지에서 Servo 클래스를 임포트합니다.

**04행:** 4번 핀에 연결된 서보모터를 위한 Servo 객체를 생성합니다.

**06~08행:** 0도에서 180도까지 1도 간격으로 각도를 증가시키면서 반복합니다.

**10~12행:** 180도에서 0도까지 1도 간격으로 각도를 감소시키면서 반복합니다.

**14행:** 서보모터의 작동을 중지하고 모터를 정지시킵니다.

**실행 결과**

[코드 6-7] 실행 결과와 달리 서보모터의 각도가 변하는 움직임이 자연스러워졌어요!

## 요약

### 1. OLED

- **OLED(Organic Light Emitting Diodes):** 각 픽셀이 독립적으로 빛을 낼 수 있는 LED로 뛰어난 대비감과 풍부한 색감으로 이미지를 생생하게 표현할 수 있습니다.

### 2. 온습도 센서

- **온습도 센서(DHT11):** 디지털 신호로 온도와 습도 정보를 제공하는 센서입니다.

### 3. 터치 센서

- **터치 센서(Touch Sensor):** 물체가 센서에 접촉하거나 근접했을 때 이를 감지하는 기능을 수행하는 센서입니다. 정전 용량식과 광학식 터치 센서로 구분됩니다.

### 4. 서보모터

- **서보모터(Servomotor):** 일반 모터와 달리 특정 각도로 정밀하게 회전하는 데 특화된 모터로 전원을 공급하면 특정 각도로 정밀하게 회전할 수 있습니다.

## 도전 문제 ▶ 터치 센서로 다양한 이미지 출력하기

터치 센서를 스위치로 사용하여 네오픽셀의 다양한 색을 제어했습니다. 도전 문제에서는 같은 원리로 터치 센서를 이용하여 OLED에 다양한 그림을 선택하여 출력해 봅니다.

**실행 결과**

▪ 1번

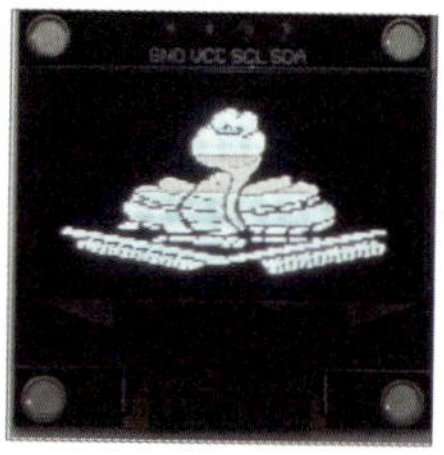


▪ 2번

▪ 3번

▪ 4번

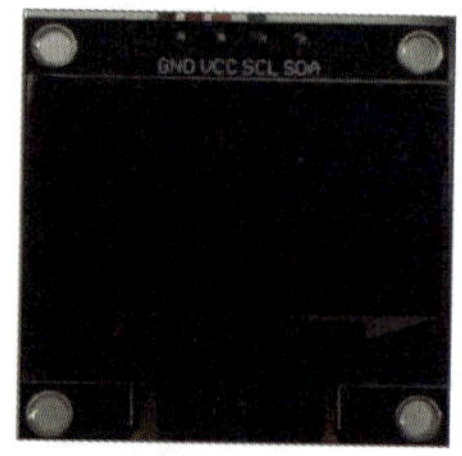


### STEP 1 회로 연결하기

터치 센서와 OLED의 회로를 연결합니다.

**표 6-10 터치 센서와 ESP32 보드의 핀 연결**

| 터치 센서 | OUT1 | OUT2 | OUT3 | OUT4 | GND | VCC |
|---|---|---|---|---|---|---|
| ESP32 | D33S | D32S | D35S | D34S | D34G | D34V |

**표 6-11 OLED와 ESP32 보드의 핀 연결**

| OLED | GND | VCC | SCL | SDA |
|---|---|---|---|---|
| ESP32 | GND | VCC | D22 | D21 |

그림 6-28 터치 센서, OLED 연결 회로

## STEP 2 이미지 준비하기

OLED에 출력할 흑백 이미지 3개를 준비합니다. 이미지는 ESP32 보드가 처리하기 쉬운 흑백(HEX 코드)형태로 변환하는 것이 좋습니다. 마이크로컨트롤러와 같은 임베디드 시스템에서는 자원이 제한되어 있기 때문에 데이터를 효율적으로 관리해야 합니다. 따라서 이미지 또는 큰 데이터 파일을 HEX 코드로 변환하여 포함시키면, 외부 저장 매체 없이도 데이터를 쉽게 사용할 수 있게 되고, 프로그램 실행 중에 데이터를 빠르고 안정적으로 처리할 수 있습니다. 따라서 이미지 파일을 HEX 코드로 변환하겠습니다.

**01** 실습에 사용할 흑백 이미지 3장을 준비합니다. 책에서는 [그림 6-29]의 이미지를 활용하겠습니다.

그림 6-29 **마이크로파이썬, 코코아팹, 한빛아카데미 로고**

**02** 이미지 파일을 HEX 코드로 변환하는 PicturetoC_Hex_converter 사이트로 접속합니다.(https://www.digole.com/tools/PicturetoC_Hex_converter.php)

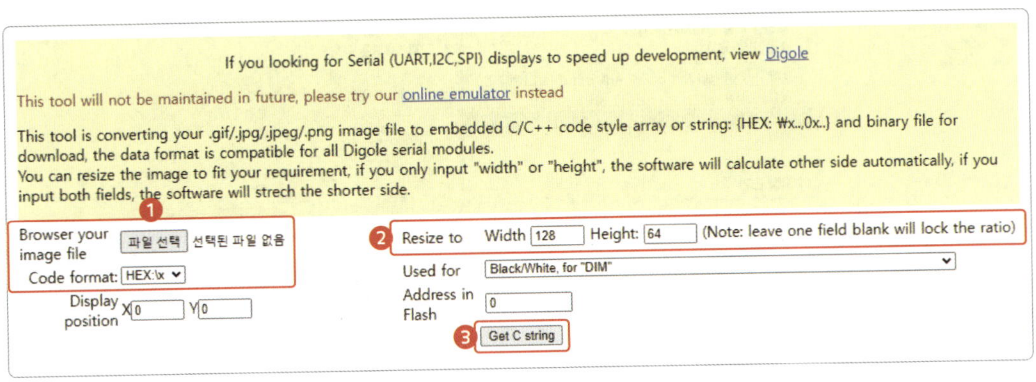


❶ 〈파일 선택〉을 클릭하여 원하는 이미지를 업로드합니다. 그리고 [Code format] 항목을 'HEX: \x'로 설정합니다.

❷ 128×64 디스플레이에서 출력할 이미지의 크기를 설정합니다. 책에서는 128×64로 설정했습니다.

❸ 〈Get C string〉을 클릭하여 이미지 데이터를 변환합니다.

**03** 페이지 하단에 〈Download data〉를 클릭하여 변환된 이미지 파일을 다운로드하면 파일은 .bin 파일로 저장됩니다. 터치 센서를 실습하고 있는 디렉토리 아래 다운로드 받습니다.

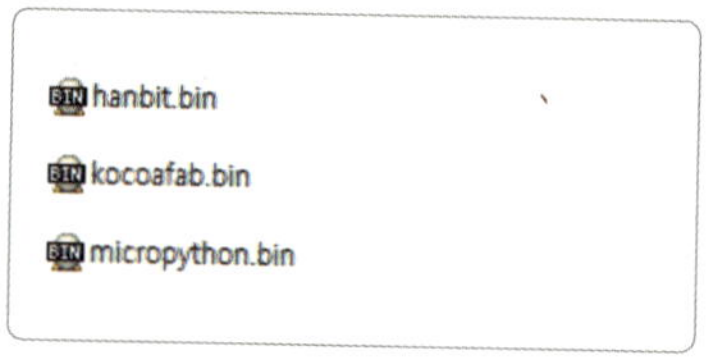

bin 파일의 이름은 동일하게 내려받아집니다. 그러므로 처음에 준비한 png 파일과 같은 이름으로 변경하면 더욱 편하게 사용할 수 있습니다.

**01~03** 과정으로 준비된 파일은 컴퓨터에 저장되어 있습니다. 이것을 ESP32 보드에 저장하겠습니다.

## STEP 3 ESP32 보드에 이미지 저장하기

**01** [MicroPython 장치] 항목에서 마우스 오른쪽을 클릭하여 [새로운 디렉토리...]를 선택합니다. 'img'라는 이름의 디렉토리를 생성합니다.

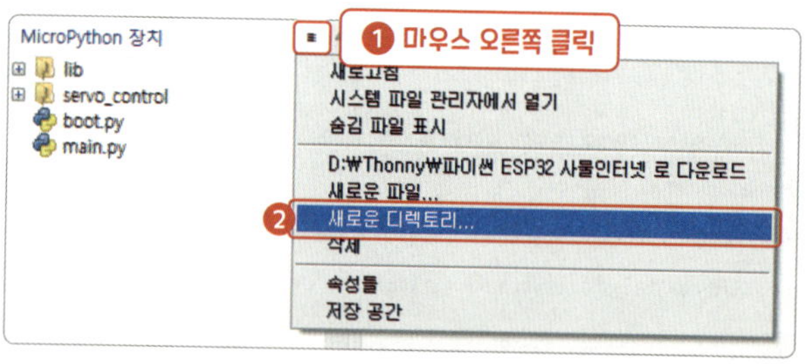


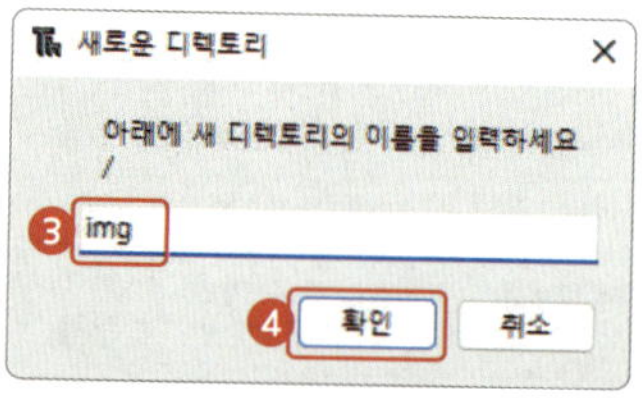


**02** 생성한 'img' 디렉토리를 클릭하여 디렉토리 내부로 들어갑니다. 여기에 .bin으로 변형된 이미지 파일을 저장합니다.

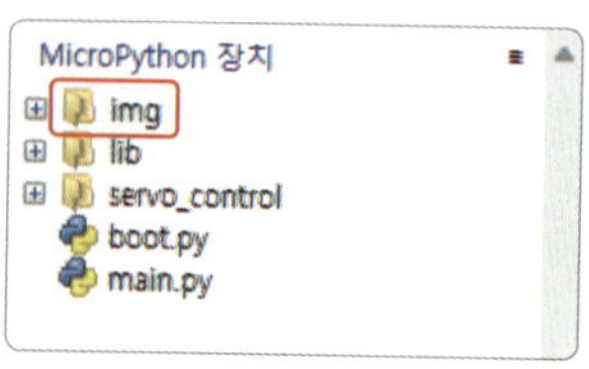


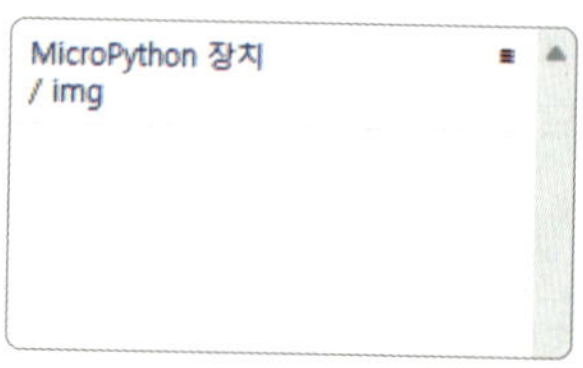

**03** .bin 파일을 저장한 디렉토리에서 ESP32 보드로 저장할 파일을 선택하고 오른쪽 마우스를 클릭합니다. [/img 에 업로드]를 선택하여 장치로 이동합니다. 준비된 세 개의 모든 파일을 이동시킵니다.

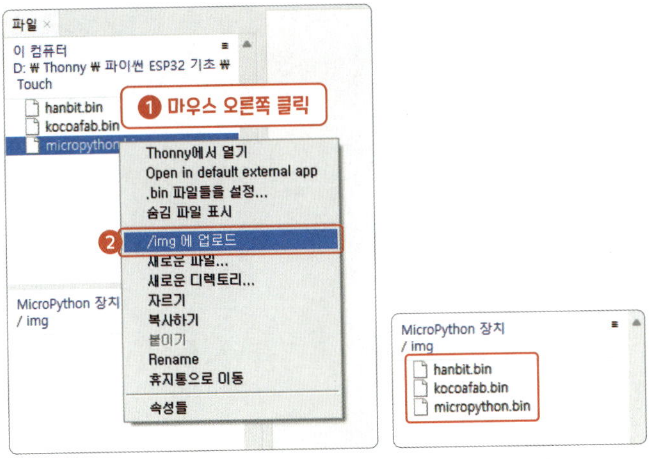


**여기서 잠깐** **HEX 코드**

HEX 코드는 **16진수(Hexadecimal)** 코드입니다. 컴퓨터 프로그래밍에서 널리 사용되는 표현법은 0부터 15까지의 수를 나타내기 위해 0부터 9까지의 숫자와 A부터 F까지의 문자를 사용합니다. 이 방식은 이진 데이터를 읽기 쉽고 관리하기 쉬운 형태로 표현할 수 있도록 합니다.

HEX:0x는 16진수의 값을 표현하는 일반적인 방식이며 HEX: \x는 문자열 내에서 16진수 바이트 값을 표현하는 방식입니다. 따라서 이 형식은 이진 데이터를 문자열로 표현할 때 사용되며, 파이썬에서 바이트 문자열로 이미지를 처리하거나 바이너리 데이터로의 직접적인 변환이 필요할 때 사용합니다.

이진 데이터를 HEX 형식으로 표현하면 훨씬 짧고 간결해집니다. 예를 들어, 8비트의 바이너리 데이터 11111111은 HEX 코드 FF로 표현할 수 있어 데이터를 더 쉽게 읽고 이해할 수 있게 도와줍니다. 메모리 주소, 색상 코드, 이진 데이터의 파일 내용 등을 표현할 때 널리 사용됩니다.

## STEP 4 스크립트 작성하고 이미지 출력하기

이제 이미지를 OLED에 출력하는 과정이 남았습니다. 터치 센서를 이용하여 터치되는 번호에 따라 다른 이미지를 출력할 것입니다. 다음 스크립트를 작성하고 실행합니다.

코드 터치 센서로 다양한 이미지 출력하기

6_touch_OLED.py

```python
from machine import Pin, SoftI2C
import ssd1306
import framebuf
from time import sleep

i2c = SoftI2C(sda=Pin(21), scl=Pin(22))
display = ssd1306.SSD1306_I2C(128, 64, i2c)

touch1 = Pin(33, Pin.IN)
touch2 = Pin(32, Pin.IN)
touch3 = Pin(35, Pin.IN)
touch4 = Pin(34, Pin.IN)

def image_show(image_data):

    with open("img/"+ image_data, "rb") as f:
        image_data = f.read()
    fb = framebuf.FrameBuffer(bytearray(image_data), 128, 64, framebuf.MONO_HLSB)
    display.blit(fb, 0, 0)

while True:
    if  touch1.value() :
        image_show("micropython.bin")

    elif  touch2.value() :
        image_show("kocoafab.bin")

    elif  touch3.value() :
        image_show("hanbit.bin")

    elif  touch4.value() :
        display.fill(0)

    display.show()
    sleep(0.1)
```

**STEP 5** **풀이**

**03행** `framebuf` 모듈을 임포트합니다. 이 모듈은 이미지 데이터를 메모리 버퍼에 저장하고 처리합니다.

**06행** I2C 통신을 위해 SDA와 SCL 핀을 지정하여 `SoftI2C` 객체를 생성합니다. 이 객체는 OLED 디스플레이와 통신하는 데 사용됩니다.

**07행** SSD1306 기반 OLED 디스플레이를 128×64 해상도로 초기화합니다. 이 객체를 통해 디스플레이에 그래픽을 출력할 수 있습니다.

**14행** `image_show` 함수를 정의합니다. 이 함수는 이미지 파일 이름을 인자로 받아 OLED 디스플레이에 이미지를 출력합니다.

**16~17행** img/ 폴더에 있는 이미지 파일을 이진 읽기 모드로 엽니다. `with` 문은 파일을 자동으로 닫아줍니다.

**18행** 파일의 내용을 이진 데이터로 읽어들여 읽은 데이터를 `bytearray`로 변환하여 `FrameBuffer fb`라는 객체를 생성합니다. 128×64 크기의 흑백 모노크롬의 옵션을 사용하여 이미지 출력 설정을 합니다.

**19행** `FrameBuffer`의 내용을 OLED 디스플레이의 지정된 위치(0, 0)에 복사합니다.

**22~34행** 1, 2, 3번의 각 터치 센서가 활성화되면 지정한 이미지를 디스플레이에 출력합니다. 4번 터치 센서가 활성화되면 디스플레이의 모든 픽셀을 검은색으로 채워 이미지 출력을 지우는 효과를 냅니다. 이 모든 설정을 `display.show()`를 이용하여 디플레이의 변경 사항을 화면에 적용합니다.

터치 센서의 번호를 터치할 때마다 OLED에 다른 이미지가 출력되는 결과를 확인합니다.

이번 도전 과제를 응용하여 다양한 이미지를 출력해 봅시다.

## 스스로 풀어보기

**01.** 터치 센서를 이용해 비밀번호를 입력하고, 서보모터를 사용해 잠금 장치를 제어하는 스마트 도어 시스템을 만들어 봅니다.

**02.** 터치 센서를 이용한 음악 플레이어 또는 미디어 컨트롤러를 만들어 봅니다.

# PART 03

# 파이썬 피지컬 컴퓨팅 응용 프로젝트

CONTENTS

CHAPTER

# 07

# ESP32와 파이썬 사물인터넷 프로젝트



**학습목표**

- ESP32 보드의 블루투스 기능을 이용하여 스마트폰과 ESP32 보드 간의 통신을 구현합니다.
- ESP32 보드에서 웹 서버를 설정하여 스마트 홈 기기를 웹 브라우저를 통해 모니터링하고 제어하는 방법을 학습합니다.

## 이번 장에선 무엇을 배우나요?

이번 장에서는 사물인터넷의 정의와 원리를 이해하고, 인공지능과 사물인터넷의 융합을 통해 스마트 시스템을 구현하는 방법을 탐구합니다. 블루투스 통신을 이용해 ESP32 보드와 연결된 네오픽셀 LED의 색상을 제어하여 스마트 홈의 전등을 제어하는 실습을 진행합니다. 또한, 스테이션 모드와 액세스 포인트 모드에서 웹 서버를 구축하여 네오픽셀 LED를 제어합니다. 블루투스, 와이파이와 같은 통신 방법으로 사물인터넷 시스템의 구성요소를 이해하고, 실제 프로젝트를 구현해보며 사물인터넷의 전체적인 구조와 기능을 이해할 수 있습니다.

### 이번 장의 준비물

ESP32 보드

USB 연결선

점퍼 케이블

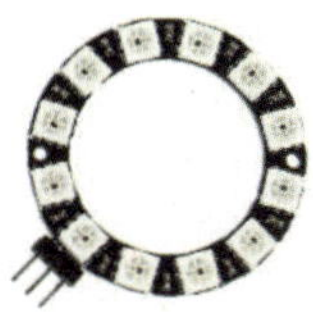

네오픽셀

온습도 센서

Section 01

# 사물인터넷의 이해

## 1 사물인터넷과 인공지능융합 기술

사물인터넷(Internet of Things, IoT)은 인터넷에 연결된 물리적 기기, 차량, 가전제품 등 다양한 객체들이 서로 데이터를 주고받으며 상호작용하고 정보를 교환하는 기술 네트워크입니다. 이를 통해 기기들은 인간의 직접적인 개입 없이도 상호작용할 수 있습니다. 사물인터넷 기술을 활용하면 기기의 효율성을 높이고, 경제적 이익을 창출할 수 있으며, 삶의 질을 향상시킬 수 있습니다.

그림 7-1 **사물인터넷의 개념**

사물인터넷 기반 위에 인공지능융합 기술(Artificial Intelligence of Things, AIoT)이 등장하였습니다. 인공지능융합 기술은 인공지능 기술과 사물인터넷을 결합한 개념으로, 스마트 디바이스와 시스템이 데이터를 수집하고, 인공지능이 데이터를 분석하여 자동으로 의사결정을 내릴 수 있도록 합니다. 사물인터넷의 연결성과 인공지능의 학습 능력이 결합함으로써 더욱 지능적이고 상호작용적인 기술 환경을 만들어 나가고 있습니다.

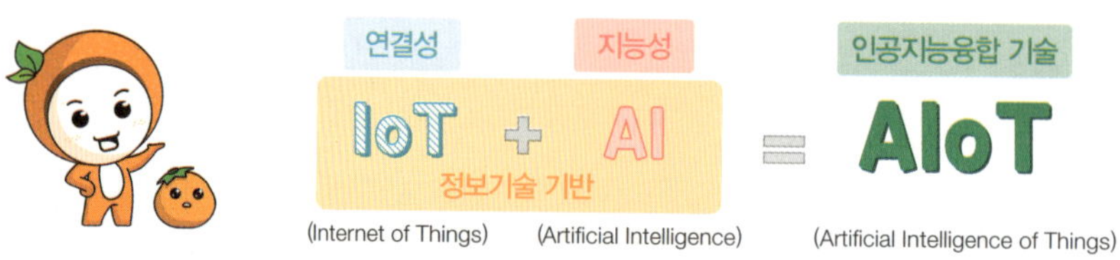


그림 7-2 **사물인터넷과 인공지능융합 기술**

## 사물인터넷과 데이터 처리

사물인터넷으로 통합된 다양한 기술 요소들이 복잡한 데이터를 어떻게 실시간으로 처리하고 활용하는지 구조별로 살펴보겠습니다.

- **센서** 센서는 각종 환경 데이터나 사용자의 활동을 실시간으로 감지하고 정보를 수집합니다. 이러한 센서들은 'Things'로 표현되며 일상생활에서 사용하는 다양한 물건이나 설비에 부착될 수 있습니다.
- **클라우드** 센서에서 수집된 데이터는 클라우드(Cloud)로 전송됩니다. 클라우드는 이 정보를 저장, 처리, 분석하는 역할을 하며, 이때 데이터는 더 큰 가치를 생성할 수 있는 정보로 변환됩니다.

  클라우드에 저장된 데이터를 빅데이터(Big Data)라고 부를 수 있습니다. 빅데이터는 다양하고 빠르게 변화하는 특성을 가진 데이터 집합을 의미합니다. 클라우드의 데이터는 다양한 분석 도구와 알고리즘을 통해 분석될 수 있으며, 데이터 분석 결과는 인공지능에 의해 더 깊게 이해되고, 특정 패턴이나 예측 모델을 생성하는 자료로 사용됩니다. 이는 전체 시스템의 효율성을 개선하고 자동화된 의사결정을 가능하게 합니다.
- **컨트롤 타워** 컨트롤 타워(Control Tower)는 수집된 데이터와 분석 결과를 기반으로 전체 네트워크 관리와 최적화를 담당합니다. 컨트롤 타워는 사물인터넷 시스템의 중심으로 실시간 모니터링과 의사결정이 이루어지는 곳이라 할 수 있습니다.

이러한 시스템은 스마트 시티, 스마트 홈, 헬스케어, 산업 자동화 등의 다양한 분야에서 활용되어 효율성을 높이고 사용자 맞춤형 서비스를 가능하게 합니다.

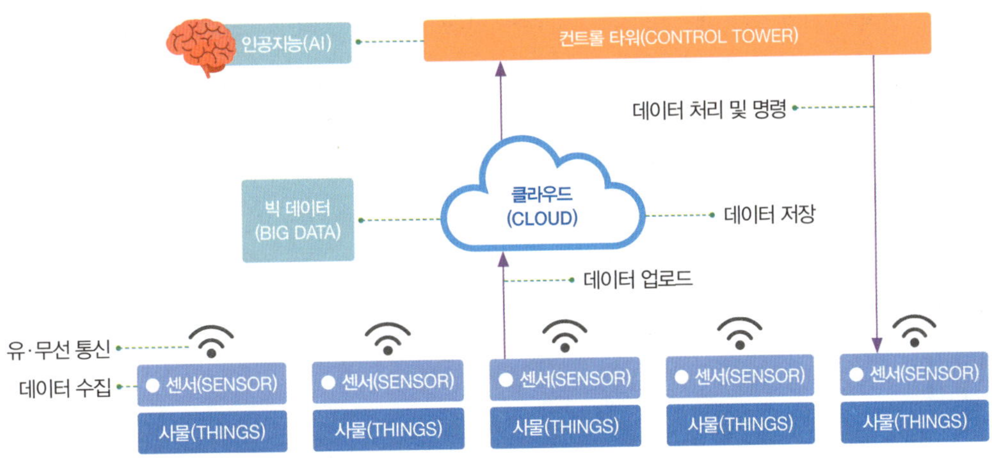


그림 7-3 **사물인터넷의 데이터 처리 방법**

## 2 ESP32 보드를 활용한 스마트 홈 시스템

사물인터넷 기술은 다양한 기기를 인터넷에 연결하여 제어하고 데이터를 수집, 분석할 수 있게 합니다. 스마트 홈 시스템은 사물인터넷의 대표적인 응용 분야로, 사용자는 스마트 홈 기술을 이용해 조명, 온도, 보안 시스템, 가전제품 등을 원격으로 제어할 수 있습니다. 이러한 기술은 생활의 편리성을 높이고, 에너지 효율성을 증대시키며, 보안과 안전을 강화할 수 있습니다. 스마트 홈 시스템은 스마트폰 앱이나 음성 명령으로 제어할 수 있으며, 다양한 센서와 연결되어 상황에 맞게 자동으로 작동합니다.

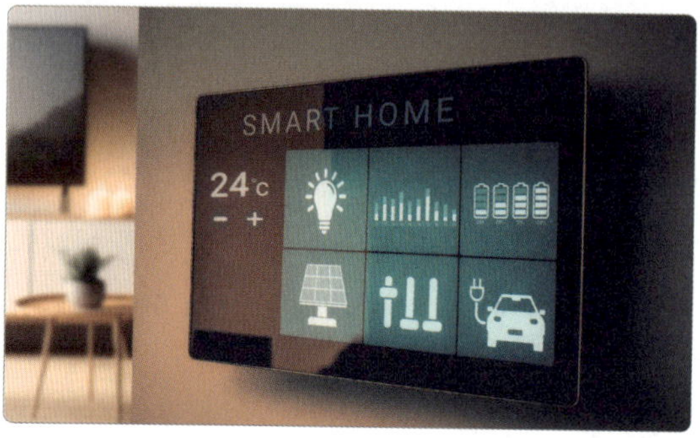


그림 7-4 **스마트 홈**

### 블루투스 통신을 이용한 스마트 홈 시스템

블루투스(Bluetooth)는 휴대기기를 서로 연결해 정보를 교환하는 근거리 무선 기술의 표준을 말합니다. 주로 10미터 안팎의 초단거리에서 저전력 무선 연결이 필요할 때 사용되며, BLE(Bluetooth Low Energy)는 4.0 버전 이상 블루투스 중에서 저전력 블루투스를 의미합니다. 블루투스는 낮은 전력 소비와 쉬운 페어링 과정 덕분에 스마트 홈 기기 제어에 널리 사용됩니다. 예를 들어, 스마트 전구의 밝기와 색상을 조절하거나, 스마트 도어록을 잠그고 해제하는 등의 작업을 수행할 수 있습니다. 이런 시스템은 설치가 간편하고 비용이 저렴하며, 실시간 제어가 가능하다는 장점이 있지만, 통신 거리가 짧고, 다수의 기기를 동시에 제어하는 데 한계가 있기도 합니다.

그림 7-5 **블루투스를 활용한 스마트 홈의 예**

## 웹 서버를 이용한 스마트 홈 시스템

웹 서버를 이용한 스마트 홈 시스템은 장소에 구애받지 않고 집안의 기기들을 인터넷으로 제어하고 모니터링할 수 있게 합니다. ESP32 보드와 같은 사물인터넷 기기는 내장된 와이파이 모듈을 통해 인터넷에 연결할 수 있으며, 웹 서버와의 통신으로 데이터를 주고받습니다.

ESP32 보드가 웹 서버에 연결되어 있으면 사용자는 웹 인터페이스를 통해 집안의 전등을 켜고 끄는 시스템을 구축할 수 있습니다. 또한 ESP32 보드가 수집한 다양한 센서 데이터를 웹 서버를 통해 실시간으로 모니터링할 수 있습니다.

다음 절부터 ESP32 보드로 파이썬 사물인터넷 프로젝트를 진행합니다. 블루투스 통신을 이용한 스마트 홈 시스템과 웹 서버를 이용한 스마트 홈 시스템을 제작합니다.

Section 02

# 블루투스를 이용한 스마트 홈 원격제어

ESP32 보드는 와이파이와 블루투스 기능을 내장하여 스마트 홈 프로젝트를 구현하기에 이상적인 플랫폼입니다. 다양한 센서와 액추에이터를 연결하고 블루투스 기능으로 다른 기기와 쉽게 통신할 수 있어, 스마트 홈 시스템을 구축하는 데 활용할 수 있습니다. 우리는 스마트폰 앱을 이용해 조명의 상태를 제어하고 집안의 온습도를 모니터링하는 시스템을 구현할 것입니다.

## 1 회로 구성하기

집안의 조명색을 제어하고 온습도를 모니터링하기 위해 네오픽셀과 온습도 센서를 준비합니다. [표 7-1]과 [그림 7-6]처럼 네오픽셀과 온습도 센서를 연결합니다.

표 7-1 네오픽셀, 온습도 센서와 ESP32 보드의 핀 연결

| 네오픽셀 | GND | 5V | DI |
|---|---|---|---|
| ESP32 | D14G | D14V | D14S |
| DHT11 | − | + | S(out) |
| ESP32 | D4G | D4V | D4S |

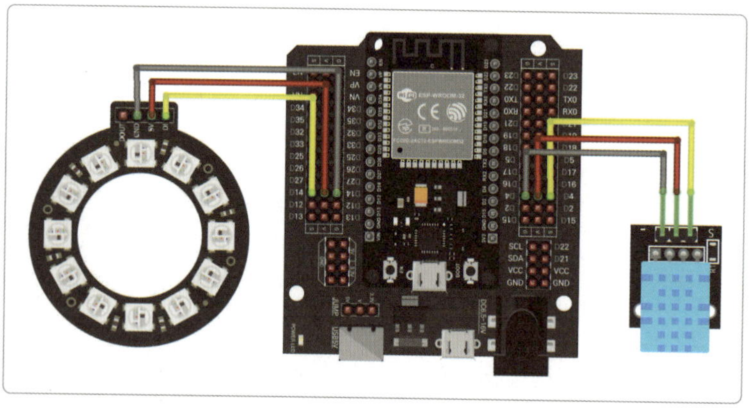

그림 7-6 네오픽셀, 온습도 센서의 연결 회로

## 2 라이브러리 설치하기

블루투스를 사용할 때 필요한 'ble_library.py' 라이브러리를 설치합니다.

**01** [도구]-[패키지 관리]를 선택합니다.

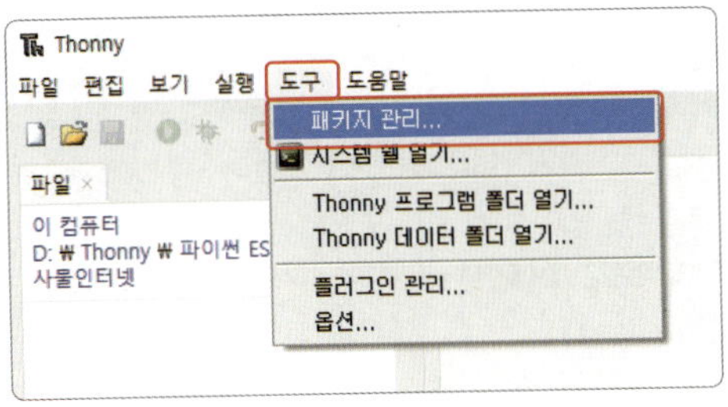


**02** 'ble-library'를 검색한 후 [검색 결과] 항목에서 'ble_library'를 선택하여 설치합니다.

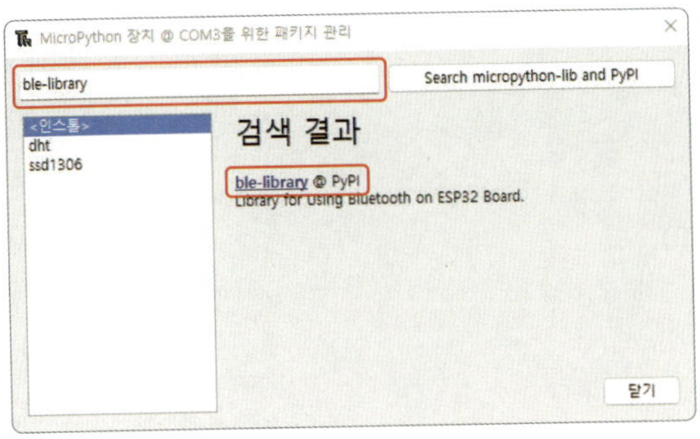


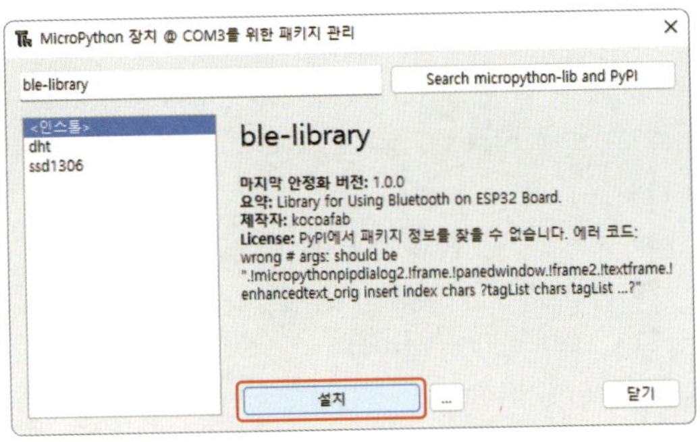


**03** [MicroPython 장치] 항목에서 'lib' 폴더안에 'ble_library.py' 라이브러리가 설치되어 있음을 확인합니다.

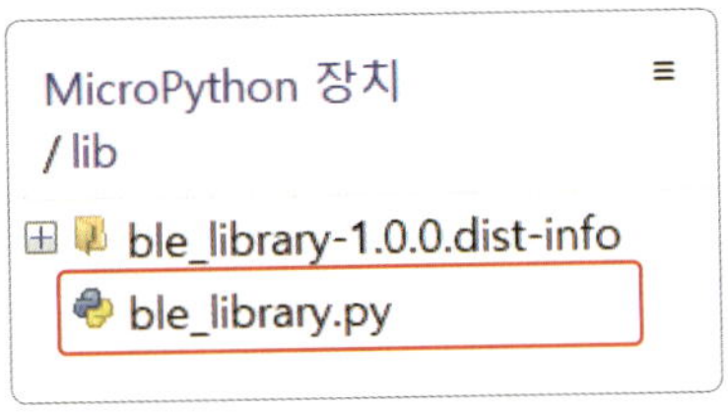


## 3 블루투스로 조명 제어하기

### 스크립트 작성하기

스마트폰에서 전송되는 데이터를 이용하여 네오픽셀의 LED 점멸과 색상을 제어하는 스크립트를 작성하고 실행합니다.

**실습 7-1** 블루투스로 네오픽셀 조명 색상 제어하기

7-1_ble_neopixel.py

```
import bluetooth
import ble_library
from machine import Pin
from neopixel import NeoPixel
v=None
pin = Pin(14, Pin.OUT)
np = NeoPixel(pin, 12)
ble = bluetooth.BLE()
p = ble_library.BLESimplePeripheral(ble, "자신의 보드 이름")

def wheel(pos):
    if pos < 85:
        return (255 - pos * 3, pos * 3, 0)
    elif pos < 170:
        pos -= 85
        return (0, 255 - pos * 3, pos * 3)
    else:
        pos -= 170
        return (pos * 3, 0, 255 - pos * 3)

def on_rx(value):
    global v
    v=value
    print(v)

def set_pixels(v):
    if v == '1':
        for i in range(0, 12):
            np[i] = (255, 0, 0)
    elif v == '2':
        for i in range(0, 12):
            np[i] = (0, 255, 0)
    elif v == '3':
        for i in range(0, 12):
            np[i] = (0, 0, 255)
    elif v == '4':
        for i in range(0, 12):
            np[i] = (0, 0, 0)
    elif v == '5':
```

- import bluetooth → 블루투스 모듈 불러오기
- import ble_library → BLE 통신을 위한 사용자 정의 라이브러리 불러오기
- "자신의 보드 이름" → 8자리 이하의 영어 이름을 설정

```
40          for j in range(255):
41              for i in range(12):
42                  rc_index = (i * 256 // 12) + j
43                  np[i] = wheel(rc_index & 255)
44              np.write()
45
46      np.write()
47
48  p.on_write(on_rx)
49
50  while True:
51      set_pixels(v)
```

**행별 설명**

**08행:** 블루투스 BLE 객체를 초기화합니다.

**09행:** 블루투스 장치의 이름을 8자 이하의 영어로 설정하고 "자신의 보드 이름"에 입력합니다. BLESimplePeripheral 클래스는 BLE 주변기기로서 광고를 설정하여 자신의 존재를 알릴 수 있도록 합니다.

**11~19행:** 색상 변화를 위한 함수를 정의합니다. 입력된 pos을 세 범위로 나누어 각 구역마다 다른 색상을 적용하여 그라데이션 효과를 구현합니다.

**21행~24행:** 블루투스 데이터 수신 시 호출되는 함수를 정의합니다. 수신된 데이터를 다른 함수에서도 사용할 수 있도록 전역 변수 v를 사용하여 수신된 데이터를 저장합니다.

**26행~46행:** 네오픽셀 LED를 설정하는 함수 정의합니다. '1~4' 중 수신되는 데이터값에 따라 빨간색, 초록색, 파란색, 끄기로 설정하고 '5'가 전송되면 12개의 네오픽셀 조명의 색이 계속 변화하면서 무지개 효과를 출력하게 합니다.

**48행:** 블루투스에서 데이터를 수신하면 on_rx 함수를 호출하도록 설정합니다.

**50~51행:** 네오픽셀 LED를 v 값에 따라 설정합니다.

## 블루투스 애플리케이션 설정하기

안드로이드와 IOS 설정에 차이가 있으므로 해당 운영체제에 맞는 설정으로 진행합니다.

■ **안드로이드 설정**

**01** ❶ 'Google Play Store'에서 'nRF Toolbox'를 검색하여 애플리케이션을 설치한 후 ❷ 통신 설정을 위해 [UART]를 선택합니다. 주변에 블루투스 통신으로 스마트폰과 연결될 수 있는 디바이스 목록이 뜨면 ❸ 자신의 ESP32 보드의 이름을 선택하여 연결합니다. 이때 자신의 스마트폰 이름이 뜨지 않는다면 이름 설정이 올바른지 확인하거나 Thonny 편집기에서 [실습 7-1]의 스크립트가 실행 상태인지 확인합니다.

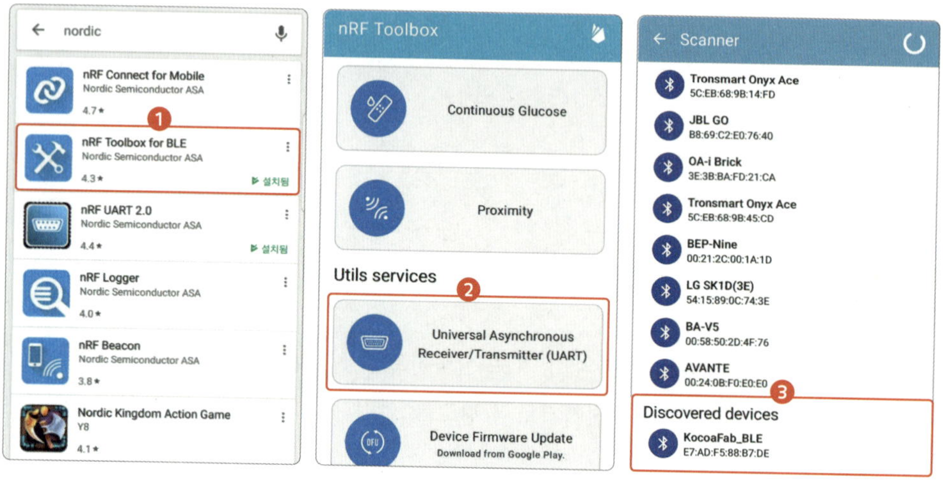

UART 통신은 직렬 통신 방식 중 하나로, 두 장치 간에 데이터를 비동기식으로 주고받습니다. UART 통신은 마이크로컨트롤러나 블루투스 모듈 같은 장치들 간의 데이터 교환에 자주 사용되며 'nRF Toolbox' 애플리케이션은 BLE를 사용하여 UART 프로파일을 통해 데이터를 송수신합니다.

**02** 미리 정의된 명령어 또는 명령어 세트를 저장하여, 반복적인 작업을 쉽게 수행하는 기능인 [Macros]를 선택하고 [Add]를 선택하여 원하는 이름으로 설정하여 추가합니다.

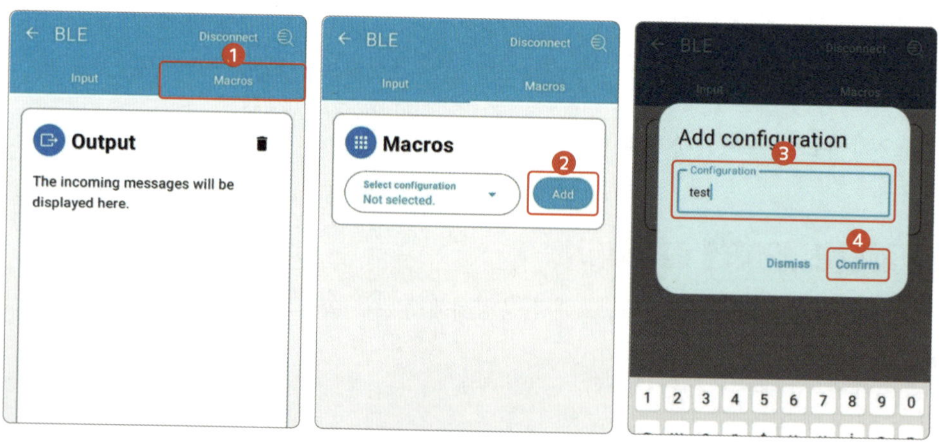

**03** ❶ 편집기 버튼( )을 클릭하여 전송될 명령어를 편집합니다. ❷ 빈 버튼을 하나 클릭하고 ❸ 버튼의 모양을 '1'을, 버튼을 클릭하여 ❹ 전송할 데이터에도 '1'을 입력합니다. 이때 전송할 데이터를 비워두지 않도록 다시 한번 확인 후 ❺ 〈comfirm〉을 선택하여 버튼 하나에 대한 설정을 마칩니다. 같은 방법으로 1부터 5까지의 전송 데이터를 입력하고 ❻ 편집기 버튼( )을 눌러 5개의 버튼 설정을 완료합니다.

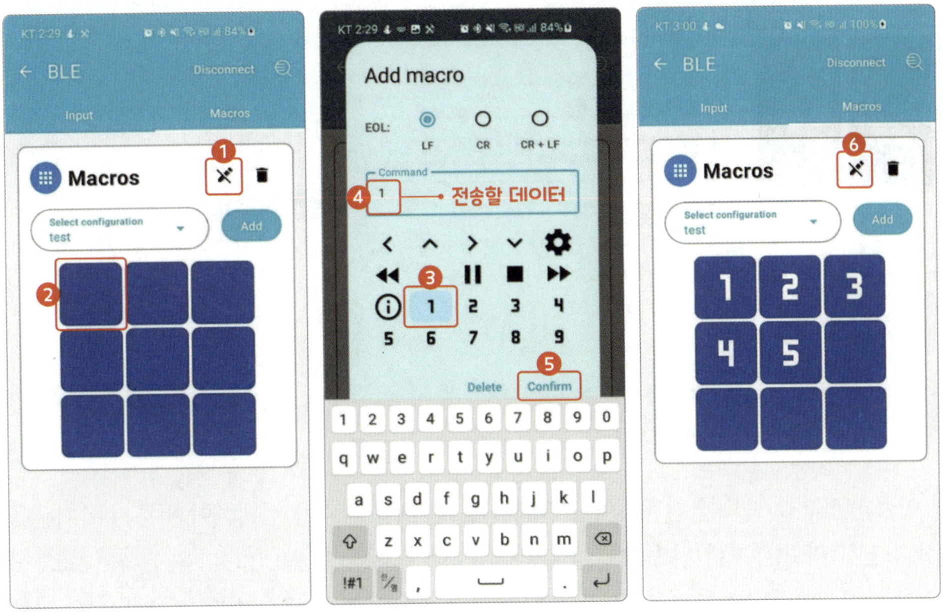


**04** 설정이 완료된 화면은 다음과 같습니다.

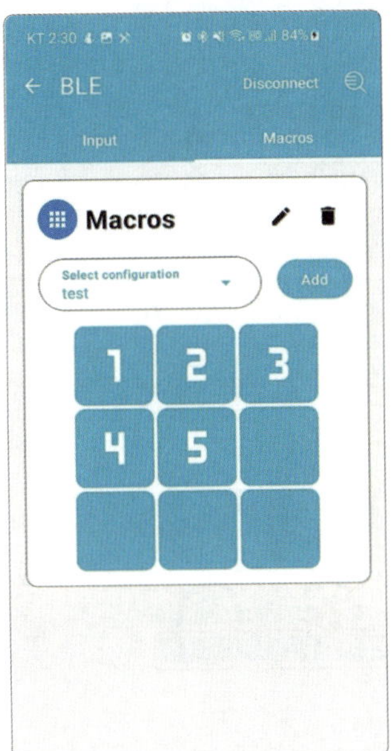

## ■ IOS 설정

**01** 'APP Store'에서 'nRF Toolbox'를 검색하여 애플리케이션을 설치하고 [UART] 통신을 선택합니다. 스마트폰과 ESP32 보드를 연결하기 위해 〈Connect〉 버튼을 선택합니다.

**02** 설정한 이름의 ESP32 보드를 선택하여 연결합니다. 빈 버튼 하나를 선택하여 버튼의 아이콘을 ①로 설정합니다. 그리고 데이터 전송의 끝을 나타내는 제어 문자 옵션인 [EOL]을 'None'으로 설정하여 순수한 데이터만 전송되도록 합니다. 해당 버튼을 선택하였을 때 전송될 데이터 '1'을 반드시 입력한 후 〈save〉 버튼을 선택하여 한 개의 버튼에 대한 설정을 완료합니다.

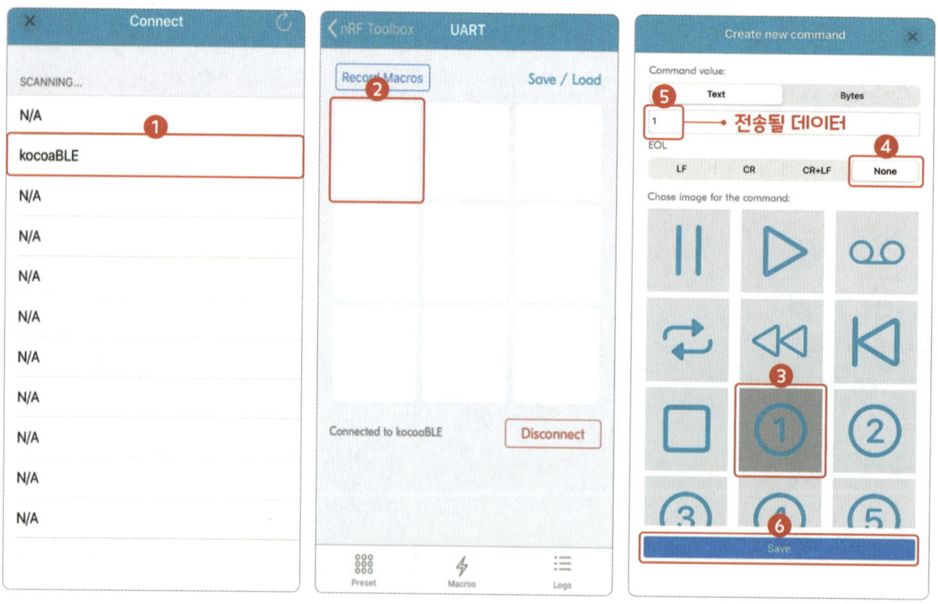

**03** 같은 방법으로 1부터 5까지의 전송 데이터를 입력하고 5개의 버튼 설정을 완료합니다. IOS 버튼의 수정은 해당 버튼을 2초 이상 누른 뒤 편집모드로 들어가 수정할 수 있으며 〈Save / Load〉 등을 이용하여 저장과 불러오기 기능을 사용할 수 있습니다.

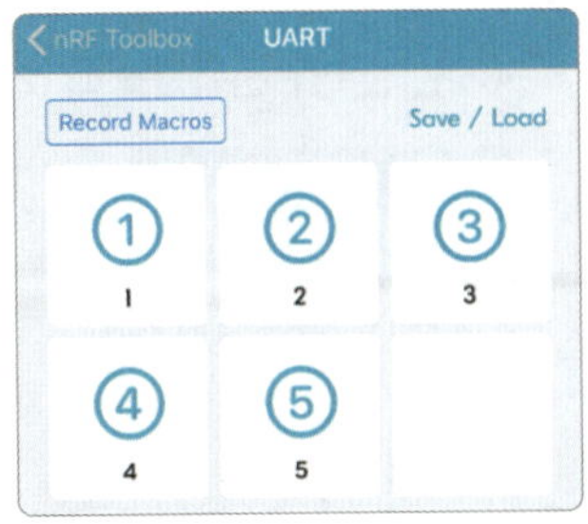


## 스마트 홈 전등 제어하기

설정이 완료된 스마트폰을 이용하여 해당 데이터가 잘 전송되는지 셸 창에서 확인하고, 블루투스 통신으로 스마트 홈의 전등을 제어합니다.

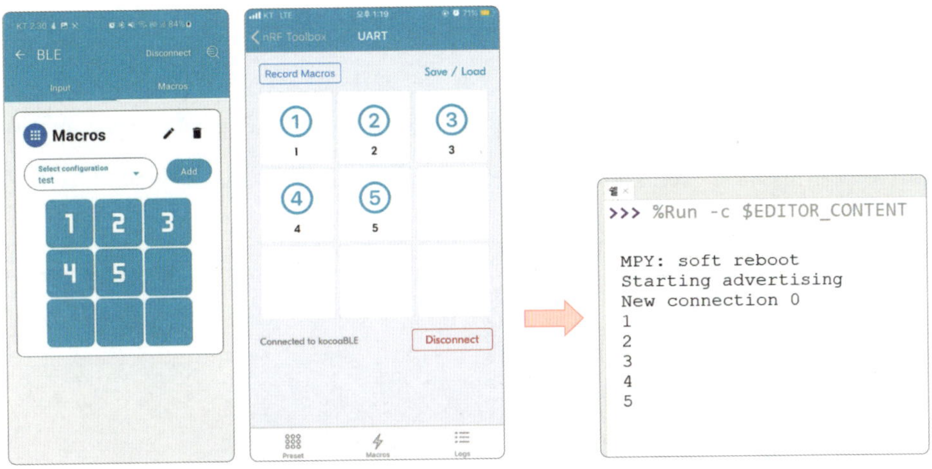


그림 7-7 **전송된 데이터 확인하기**

### 실행 결과

- ②번 항목을 선택했을 때 (ESP32 보드)

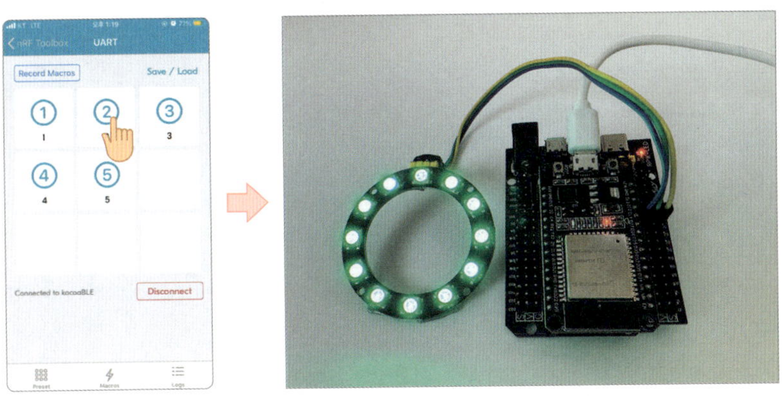

▪ ⑤번 항목을 선택했을 때 (파이파이 램프)

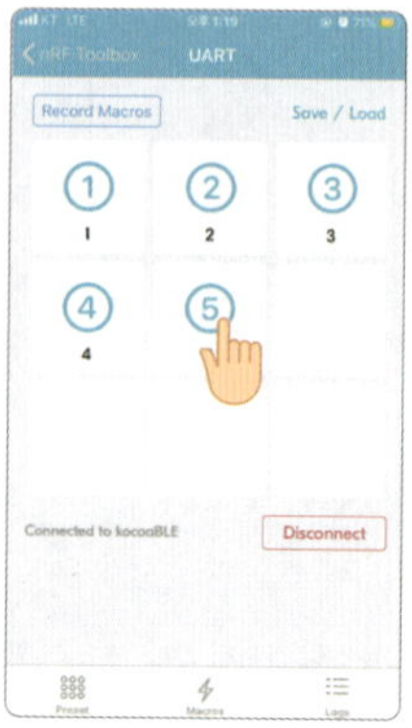

## 4 집안의 온습도 모니터링하기

ESP32 보드에 연결된 온습도 센서에서 측정한 값이 블루투스 통신으로 스마트폰에 전송되어 집안의 온도와 습도를 모니터링할 수 있습니다. [실습 7-2]의 스크립트를 작성하고 실행합니다.

**실습 7-2 블루투스로 온도와 습도 모니터링하기** 7-2_dht_ble.py

```python
import ble_library
import bluetooth
from machine import ADC, Pin
import dht
from time import sleep

d = dht.DHT11(Pin(4))
ble = bluetooth.BLE()
p = ble_library.BLESimplePeripheral(ble, "SMHome")

while True:
    d.measure()
    temperature = d.temperature()
    humidity = d.humidity()
    p.send(f"{temperature},{humidity}")
    print( temperature)
    print(humidity)
    print()
    sleep(2)
```

**행별 설명**

**11~15행:** 온습도 센서를 이용하여 현재의 온도와 습도 값을 읽어 2초 간격으로 쉘 창에 출력합니다. 온도와 습도를 쉼표로 구분하여 문자열 형태로 스마트폰으로 전송합니다.

```
쉘
MPY: soft reboot
Starting advertising
29
61
```

그림 7-8 **쉘 창에서 표시되는 집안의 온습도 값**

온습도 센서 측정이 잘되지 않는다면 [실습 6-2]의 '온습도 값 읽기' 코드를 적용하여 실행합니다.

**실행 결과**

▪ **안드로이드**

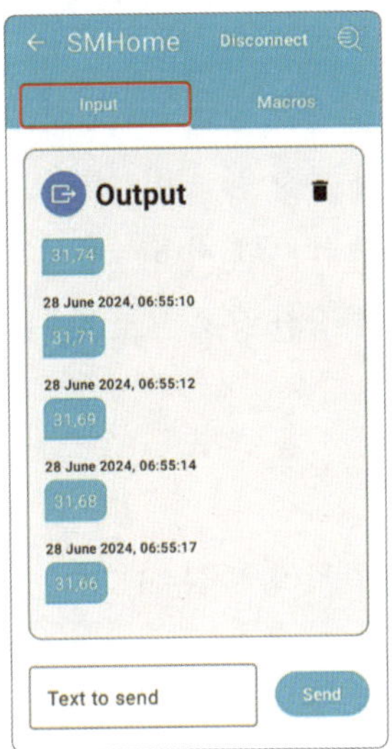


▪ **IOS**

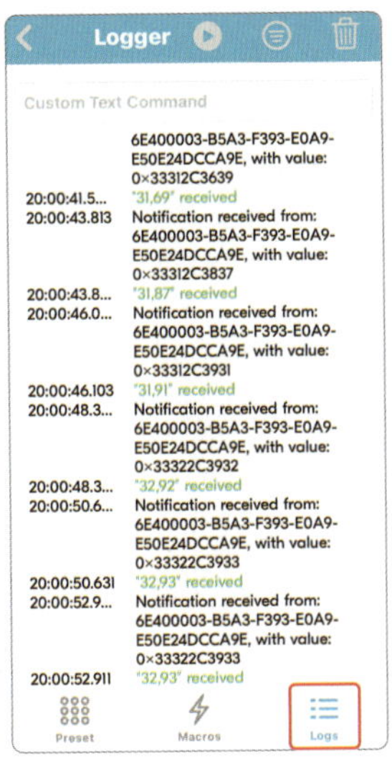


ESP32 보드와 스마트폰을 연결한 후 안드로이드 폰에서는 'Input'에서 값을 확인할 수 있고 IOS에서는 'Logs'에서 전송되는 값을 확인할 수 있습니다. 해당 프로젝트를 응용하여 온습도 값에 따라 에어컨, 커튼을 자동으로 제어하는 시스템으로 확장해 볼 수 있습니다.

Section 03

# 웹 서버를 이용한 스마트 홈 원격제어

ESP32 보드는 와이파이 연결을 지원하므로 웹 서버를 설정하면 사용자는 웹 브라우저를 통해 집안의 전등을 제어하거나 온습도 등을 쉽게 관리할 수 있습니다. 이번 절에서는 웹 서버를 구축하여 조명의 상태를 제어하고 집안의 온습도를 모니터링하는 시스템을 구현합니다. 이러한 시스템은 사용자가 웹 브라우저를 이용해 기기를 간편하게 제어할 수 있으며, 필요에 따라 자동으로 작동하도록 프로그래밍할 수 있습니다. 웹 서버를 이용하면 사용자는 집안의 상태를 실시간으로 확인하고, 다양한 사물인터넷 기기를 통합적으로 관리할 수 있습니다.

## 1 웹 서버와 웹 브라우저

웹 서버(Web Server)는 클라이언트의 요청을 처리하고, 해당 요청에 적절한 응답을 반환하는 역할을 합니다. 예를 들어, 사용자가 웹 브라우저(Web Browser)를 통해 특정 웹 페이지를 요청하면, 웹 서버는 해당 페이지의 HTML 파일을 찾아 클라이언트에게 전달합니다. 웹 서버는 동적인 콘텐츠를 생성할 수 있는 기능을 제공하며, 데이터베이스와 연동하여 더 복잡한 응용 프로그램을 지원할 수도 있습니다.

웹 브라우저와 웹 서버간의 상호작용 단계는 다음과 같습니다.

❶ 사용자가 웹 브라우저에서 'www.example.com'을 입력하면, 웹 브라우저는 HTTP 요청을 'example.com'의 웹 서버로 보냅니다. ❷ 웹 서버는 요청을 받은 후, 해당 요청에 대응하는 'index.html' 파일을 찾아서 HTTP 응답으로 웹 브라우저에 반환합니다. ❸ 웹 브라우저는 웹 서버로부터 받은 'index.html' 파일을 해석하여 화면에 웹 페이지를 표시합니다. ❹ 사용자가 페이지 내의 링크를 클릭하면, 웹 브라우저는 다시 웹 서버에 새로운 HTTP 요청을 보내고, 웹 서버는 해당 리소스를 응답으로 반환합니다.

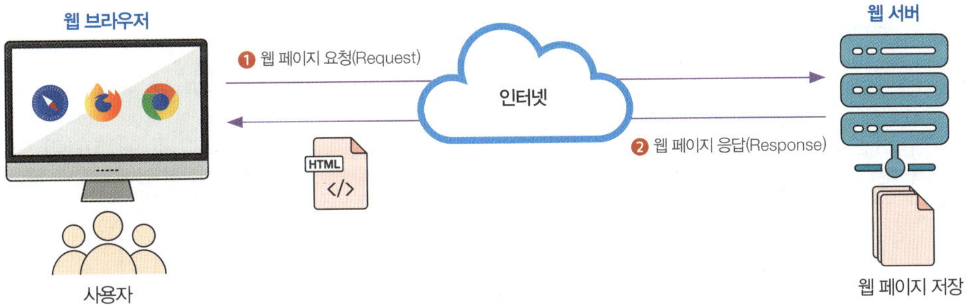


그림 7-9 **웹 서버와 웹 브라우저의 상호작용**

이러한 방식으로 웹 서버와 웹 브라우저는 상호작용하며, 사용자가 인터넷으로 다양한 웹 페이지와 데이터를 이용할 수 있게 합니다.

## 2 클라이언트와 서버

클라이언트-서버(Client-server) 모델은 네트워크 아키텍처의 핵심 원칙 중 하나입니다. 이 모델은 네트워크 상에서 리소스를 요청하는 클라이언트와 리소스를 제공하는 서버 간의 상호작용을 기반으로 합니다.

- **클라이언트** 서비스나 데이터를 요청하는 사용자 측의 컴퓨터나 장치를 말합니다. 예를 들어 웹 브라우저는 웹 서버에 페이지를 요청하는 클라이언트의 역할을 합니다.
- **서버** 클라이언트의 요청에 응답하여 데이터, 서비스, 리소스를 제공하는 시스템입니다. 서버는 데이터를 저장하고 처리하는 데 필요한 많은 리소스와 능력을 갖추고 있습니다.

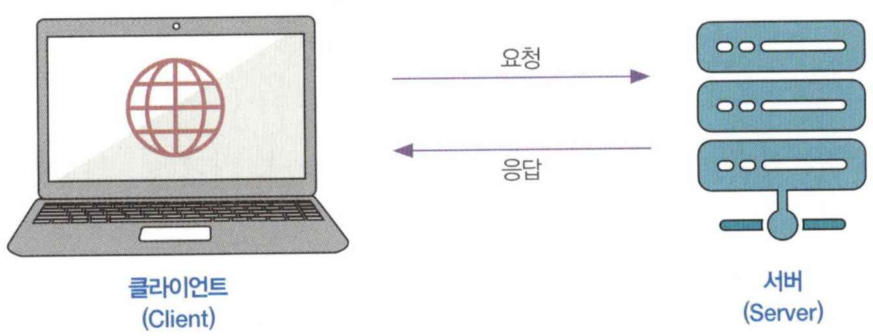


그림 7-10 **클라이언트와 서버의 상호작용**

## 3 웹 서버 구축하기

ESP32 보드에 내장된 와이파이 모듈은 2.4 GHz 와이파이 표준을 지원하며, 와이파이 스테이션, 액세스 포인트의 역할을 할 수 있습니다. 스테이션 모드에서는 와이파이 네트워크에 연결되어 인터넷을 사용할 수 있고, 액세스 포인트 모드에서는 스스로 와이파이 네트워크를 생성할 수 있습니다. ESP32 보드의 와이파이 모듈을 활용하면, 사물인터넷 기기가 인터넷에 연결되어 데이터를 주고받을 수 있으며, 이는 다양한 애플리케이션에서 중요한 역할을 합니다.

### 스테이션(STA) 모드

ESP32 보드가 와이파이 스테이션(Station)으로 설정되면 라우터와 같은 다른 네트워크에 연결할 수 있습니다. 라우터는 ESP32 보드에 고유한 IP 주소를 할당하고 ESP32 보드의 고유 IP 주소를 참조하여 동일한 네트워크에 연결된 다른 장치(스테이션)를 사용하여 ESP32 보드와 통신할 수 있습니다.

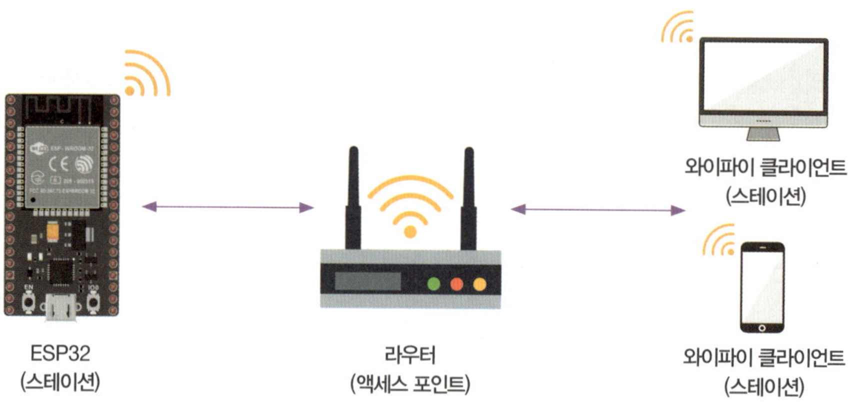


그림 7-11 ESP32의 스테이션 모드

#### ■ 스테이션 모드의 특징

- **연결성** ESP32 보드가 기존의 와이파이 네트워크에 클라이언트로 연결됩니다. 이는 집, 사무실, 공공장소에서 제공되는 와이파이 네트워크에 연결될 때 사용됩니다.
- **사용 예** ESP32 보드가 인터넷에 연결되어야 하거나, 외부 서버에 데이터를 보내거나 받아야 할 때 사용됩니다. 예를 들어, 클라우드 서버에 데이터를 업로드하거나, 원격 서버로부터 명령을 받아 LED를 제어하는 경우에 적합합니다.
- **장점** 기존 네트워크 인프라를 활용할 수 있으며, 인터넷 접근이 가능합니다.
- **제한 사항** ESP32 보드가 와이파이 네트워크의 범위 내에 있어야 하며, SSID, 비밀번호가 필요합니다.

## 액세스 포인트(AP) 모드

ESP32 보드를 액세스 포인트(Access Point)로 설정하면 라우터에 연결하지 않고도 와이파이 기능이 있는 모든 장치를 사용하여 연결할 수 있습니다.

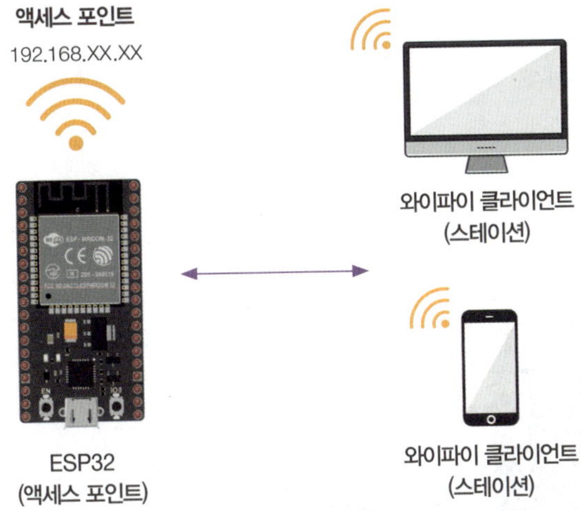


그림 7-12 ESP32의 액세스 포인트 모드

### ■ 액세스 포인트 모드의 특징

- **연결성** ESP32 보드 자체가 와이파이 네트워크를 생성합니다. 스마트폰, 태블릿, 컴퓨터와 같은 다른 와이파이 장치들이 ESP32 보드의 와이파이 네트워크에 직접 연결될 수 있습니다.
- **사용 예** ESP32 보드가 독립적인 와이파이 네트워크를 제공해야 할 때 사용됩니다. 예를 들어, 특정 장소에 인터넷 연결이 없는 상황에서 ESP32 보드를 사용하여 로컬 네트워크를 구축하고, 이 네트워크를 통해 LED 제어와 같은 작업을 수행할 수 있습니다.
- **장점** 외부 네트워크에 의존하지 않고 독립적으로 작동할 수 있어, 간단한 로컬 네트워크 설정에 적합합니다.
- **제한 사항** 인터넷 접근이 불가능하며, ESP32 보드의 와이파이 범위는 제한적일 수 있습니다. 인터넷에서 라이브러리를 로드하거나 펌웨어를 사용하려고 하면 작동하지 않습니다. 센서 판독 값을 클라우드에 게시하기 위해 인터넷 서비스에 HTTP 요청을 하는 인터넷 서비스를 사용할 수 없습니다.

## 4 회로 구성하기

네오픽셀, 온습도 센서 회로를 D14와 D4에 추가합니다.

**표 7-2 네오픽셀, 온습도 센서와 ESP32 보드의 핀 연결**

| 네오픽셀 | GND | 5V | DI |
|---|---|---|---|
| ESP32 | D14G | D14V | D14S |
| DHT11 | – | + | S(out) |
| ESP32 | D4G | D4V | D4S |

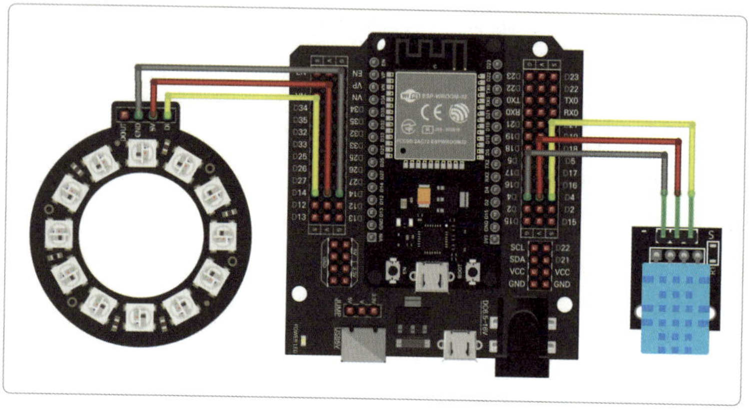

그림 7-13 네오픽셀, 온습도 센서의 연결 회로

## 5 스테이션 모드로 조명 제어하기

### 내장 LED 제어하기

먼저 ESP32 보드의 내장 LED를 제어합니다. ESP32 보드가 와이파이 네트워크에 연결된 후 웹 서버를 실행하여, 클라이언트가 〈ON〉, 〈OFF〉 버튼이 있는 웹 페이지를 통해 LED를 제어할 수 있도록 합니다. 웹 페이지에서 버튼을 클릭하면 해당 요청이 ESP32 보드로 전송되고, ESP32 보드는 이에 따라 LED를 켜거나 끌 수 있습니다. [실습 7-3]의 스크립트를 작성하고 실행합니다.

**실습 7-3 스테이션 모드로 내장 LED 제어하기** 7-3_web_server_ST.py

```
import network
import machine
from machine import Pin
from time import sleep
```

```
import socket

SSID = 'Wi-Fi 이름'
PASSWORD = 'Wi-Fi 비밀번호'

wifi = network.WLAN(network.STA_IF)
wifi.active(True)
wifi.connect(SSID, PASSWORD)
while not wifi.isconnected():
    sleep(1)
print("Connected to", SSID)
print("IP Address:", wifi.ifconfig()[0])

led = Pin(2, Pin.OUT)

HTML_TEMPLATE1= """<html>
<head><title>ESP32 LED Control</title></head>
<body>
<h2>ESP32 LED Control</h2>
<a href="/?LED=ON"><button>ON</button></a>
<a href="/?LED=OFF"><button>OFF</button></a>
<p>LED State : {state}</p>
</body></html>"""

def web_server():
    s = socket.socket(socket.AF_INET, socket.SOCK_STREAM)
    s.bind(('', 80))
    s.listen(5)

    while True:
        conn, addr = s.accept()
        request = conn.recv(1024).decode()

        if '/?LED=ON' in request:
            led.value(1)
            led_state = 'ON'
        elif '/?LED=OFF' in request:
            led.value(0)
            led_state = 'OFF'
        else:
            led_state = 'ON' if led.value() else 'OFF'
```

네트워크 이름과 비밀번호 입력

```
46
47             response = HTML_TEMPLATE1.format(state=led_state)
48             conn.send('HTTP/1.1 200 OK\r\n')
49             conn.send('Content-Type: text/html\r\n')
50             conn.send('Connection: close\r\n\r\n')
51             conn.sendall(response)
52             conn.close()
53
54 web_server() ──────── 웹 서버 실행
```

**행별 설명**

**01, 05행:** 네트워크 인터페이스를 사용하기 위해 network 모듈을 소켓 프로그래밍을 위해 socket 모듈을 가져옵니다.

소켓 통신은 네트워크를 통해 두 장치 간에 데이터를 주고받는 방법입니다. 소켓은 네트워크 통신의 끝점을 나타내는 추상적인 개념으로, IP 주소와 포트 번호로 구성되며 소켓으로 두 장치가 데이터를 송·수신할 수 있습니다. 소켓 통신은 클라이언트-서버 모델을 기반으로 하며, 네트워크 프로그래밍에서 매우 중요한 역할을 합니다.

**10~12행:** 스테이션 모드로 동작할 네트워크 인터페이스를 생성하고 네트워크 인터페이스를 활성화합니다. 설정된 SSID와 비밀번호를 사용하여 와이파이 네트워크에 연결합니다.

**13~16행:** 와이파이 네트워크에 연결이 되면 연결된 와이파이의 SSID와 IP Address를 출력합니다.

**20~27행:** 웹 페이지의 HTML 템플릿을 정의합니다. 이 템플릿은 ESP32 웹 서버의 HTML 페이지를 구성할 때 사용되며, LED 상태를 제어하고 표시하는 기능을 합니다.

**29~30행:** 웹 서버를 설정하고 실행하는 함수를 정의합니다. IPv4와 TCP를 사용하는 소켓 객체 's'를 생성합니다. AF_INET은 IPv4 주소 체계를 사용한다는 의미이며, SOCK_STREAM은 TCP 프로토콜을 사용한다는 것을 의미합니다.

**31행:** 첫 번째 인자의 빈 문자열은 모든 네트워크 인터페이스를 의미합니다. 이는 서버가 실행되는 컴퓨터의 모든 IP 주소에서 들어오는 연결 요청을 수신할 수 있음을 의미하며 특정 IP 주소로 제한할 수도 있습니다. 두 번째 인자 80은 포트 번호입니다. HTTP 서버의 기본 포트 번호인 80을 사용하여, 웹 브라우저가 이 서버에 접속할 때 포트 80을 통해 연결됩니다.

**34~36행:** 클라이언트의 연결을 수락하고 클라이언트 소켓 conn과 주소 addr를 반환합니다. 수신 버퍼의 크기를 바이트 단위로 지정하고 서버가 클라이언트로부터 데이터를 수신하고 디코드합니

다. decode() 메서드를 사용하는 이유는 수신한 데이터를 바이트 스트림에서 문자열로 변환하기 위함입니다. 네트워크를 통해 전송되는 데이터는 일반적으로 바이트 형식으로 전송되기 때문에 이를 사람이 읽을 수 있는 문자열로 변환해야 합니다. 기본적으로 UTF-8 인코딩을 사용하여 바이트 데이터를 문자열로 변환합니다.

**38~45행:** 요청에 'LED=ON'이 포함되어 있으면 LED를 켜고 LED 상태를 'ON'으로 설정하고 'LED=OFF'가 포함되어 있으면 LED를 끄고, LED 상태를 'OFF'로 설정합니다. 서버는 수신된 요청 문자열을 확인하여 LED=ON 또는 LED=OFF 명령을 인식하고, 적절한 동작을 수행합니다. 요청에 따라 서버는 클라이언트에게 응답을 보냅니다.

**47행:** HTML 템플릿에 현재 LED 상태를 삽입하여 응답을 생성합니다.

**48행:** HTTP 상태 코드 200과 함께 응답 헤더를 전송합니다. 상태 코드 200은 클라이언트가 서버에 요청한 작업이 성공적으로 처리되었음을 의미합니다.

**49행:** 응답의 콘텐츠 유형을 HTML로 설정합니다.

**50행:** 연결을 닫는 헤더를 전송합니다.

**51행:** 생성된 HTML 응답을 클라이언트로 전송합니다.

**52행:** 클라이언트 연결을 닫습니다.

스크립트를 실행하여 [그림 7-14](a)와 같이 쉘 창에서 [IP Address]를 확인합니다. 이 주소는 예시이므로 자신이 할당받은 주소를 사용합니다. IP 주소는 사용하는 네트워크 환경에 따라 다를 수 있으며, 같은 네트워크에서도 ESP32 보드마다 다른 IP 주소가 할당됩니다. 따라서, 출력된 IP 주소를 정확히 사용해야 합니다. 웹 브라우저에서 ESP32 보드의 IP 주소를 입력하여 접속하면, [그림 7-14](b)와 같은 페이지가 나타납니다. 이 페이지는 ESP32 보드의 웹 서버가 제공하는 LED 제어 인터페이스로, 사용자는 버튼을 클릭하여 LED의 상태를 제어할 수 있습니다.

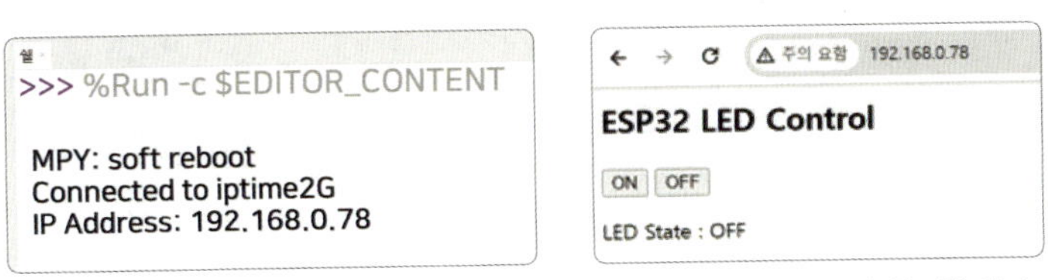


(a) 쉘 창에서 IP Address 확인하기

(b) LED의 상태를 제어하는 웹 서버

그림 7-14 **ESP32 웹 서버를 이용한 LED 제어**

웹 브라우저의 〈ON〉, 〈OFF〉 버튼을 클릭하며 ESP32 보드의 내장 LED가 제어되는지 확인합니다.

## 실행 결과

▪ 〈ON〉 버튼을 클릭했을 때

▪ 〈OFF〉 버튼을 클릭했을 때

**여기서 잠깐** HTML 태그

[실습 7-3]의 20~27행에 작성된 **HTML(HyperText Markup Language)** 태그는 문서를 구성하는 기본 요소입니다. HTML 태그는 웹 페이지의 구조와 콘텐츠를 정의하고, 브라우저가 콘텐츠를 어떻게 표시할지 지정합니다. HTML 문서는 태그로 이루어진 트리 구조를 가지며, 각 태그는 특정한 역할과 기능을 수행합니다. 사용된 요소에 대한 설명은 다음과 같습니다.

- `<html>`: HTML 문서의 시작과 끝을 나타냅니다.
- `<head>`: 문서의 메타 데이터를 포함합니다.
- `<title>`: 브라우저 탭에 표시될 문서의 제목을 정의합니다.
- `<body>`: 문서의 본문을 포함합니다.
- `<h2>`: 두 번째 수준의 제목을 정의합니다.
- `<a href="/?LED=ON">`: /?LED=ON URL로 연결되는 하이퍼링크를 정의합니다.
- `<button>`: 클릭 가능한 버튼을 정의합니다.
- `<p>`: 단락을 정의합니다. `{state}`는 동적으로 변경될 내용을 나타내기 위해 사용된 자리 표시자입니다.

## 조명 색상 제어하기

이번엔 네오픽셀 LED의 색상을 제어해 보겠습니다. [실습 7-4] 스크립트를 작성하고 실행하여 웹 서버로 색상을 변경합니다.

**실습 7-4** 스테이션 모드로 조명 색상 제어하기

7-4_neopixel_ST.py

```python
import network
from machine import Pin
from time import sleep
import socket
from neopixel import NeoPixel

pin = Pin(14, Pin.OUT)
np = NeoPixel(pin, 12)

SSID = 'Wi-Fi 이름'
PASSWORD = 'Wi-Fi 비밀번호'

wifi = network.WLAN(network.STA_IF)
wifi.active(True)
wifi.connect(SSID, PASSWORD)

while not wifi.isconnected():
    sleep(1)
print("Connected to", SSID)
print("IP Address:", wifi.ifconfig()[0])

HTML_TEMPLATE = """<!DOCTYPE HTML>
<html>
<head><title>ESP32 LED Control</title></head>
<body>
<h2>ESP32 LED Control</h2>
<a href="/?LED=RED"><button>RED</button></a>
<a href="/?LED=BLUE"><button>BLUE</button></a>
<a href="/?LED=GREEN"><button>GREEN</button></a>
<a href="/?LED=PURPLE"><button>PURPLE</button></a>
<a href="/?LED=WHITE"><button>WHITE</button></a>
<a href="/?LED=OFF"><button>OFF</button></a>
<p>LED State : {state}</p>
</body></html>"""

def web_server():
    s = socket.socket(socket.AF_INET, socket.SOCK_STREAM)
    s.bind(('', 80))
    s.listen(5)

```

네트워크 이름과 비밀번호 입력

```
    while True:
        conn, addr = s.accept()
        request = conn.recv(1024).decode()

        if '/?LED=RED' in request:
            for i in range(0, 12):
                np[i] = (255, 0, 0)
            np.write()
            led_state = 'RED'

        elif '/?LED=BLUE' in request:
            for i in range(0, 12):
                np[i] = (0, 0, 255)
            np.write()
            led_state = 'BLUE'

        elif '/?LED=GREEN' in request:
            for i in range(0, 12):
                np[i] = (0, 255, 0)
            np.write()
            led_state = 'GREEN'

        elif '/?LED=PURPLE' in request:
            for i in range(0, 12):
                np[i] = (255, 0, 255)
            np.write()
            led_state = 'PURPLE'

        elif '/?LED=WHITE' in request:
            for i in range(0, 12):
                np[i] = (255, 255, 255)
            np.write()
            led_state = 'WHITE'

        elif '/?LED=OFF' in request:
            for i in range(0, 12):
                np[i] = (0, 0, 0)
            np.write()
```

```python
79             led_state = 'OFF'
80 
81         else:
82             led_state = 'OFF'
83 
84         response = HTML_TEMPLATE.format(state=led_state)
85         conn.send('HTTP/1.1 200 OK\r\n')
86         conn.send('Content-Type: text/html\r\n')
87         conn.send('Connection: close\r\n\r\n')
88         conn.sendall(response)
89         conn.close()
90 
91 web_server()
```

**행별 설명**

**22~34행:** 조명을 다양한 색으로 제어하는 HTML 템플릿 코드를 추가합니다.

- **HTML 링크와 버튼** `<a href="/?LED=COLOR"><button>COLOR</button></a>` 형식으로 각 버튼을 클릭하면 브라우저가 서버에 GET 요청을 보냅니다. 이 요청은 LED=COLOR와 같은 쿼리 매개변수를 포함하여 서버에 전달됩니다.
- **서버 처리** 서버는 요청을 수신하고, 요청에 포함된 명령에 따라 LED의 색상을 변경하거나 끕니다. 요청에 따라 서버는 적절한 응답을 클라이언트에게 보냅니다. 이 구조를 통해 사용자는 웹 페이지에서 버튼을 클릭하여 ESP32 보드에 연결된 LED의 색상을 쉽게 변경할 수 있습니다.

[실습 7-4]를 실행하여 출력된 [IP Address]를 주소창에 입력합니다. 이 주소는 예시이므로 자신이 할당 받은 주소를 사용합니다.

(a) 쉘 창에서 IP Address 확인하기 (b) LED의 상태를 제어하는 웹 페이지

그림 7-15 **ESP32 웹 서버를 이용한 조명 색상 제어**

실행 결과

▪ 〈RED〉 버튼을 클릭했을 때

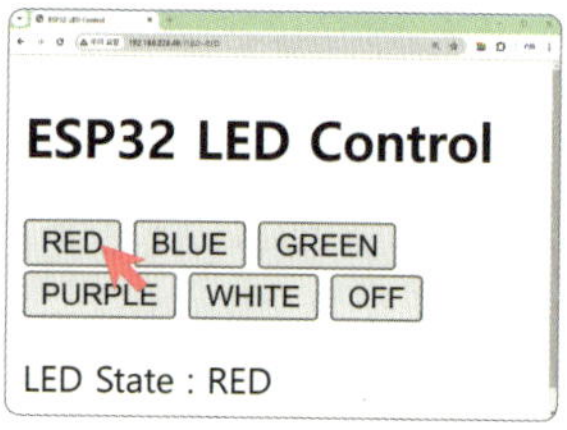

▪ 〈PURPLE〉 버튼을 클릭했을 때

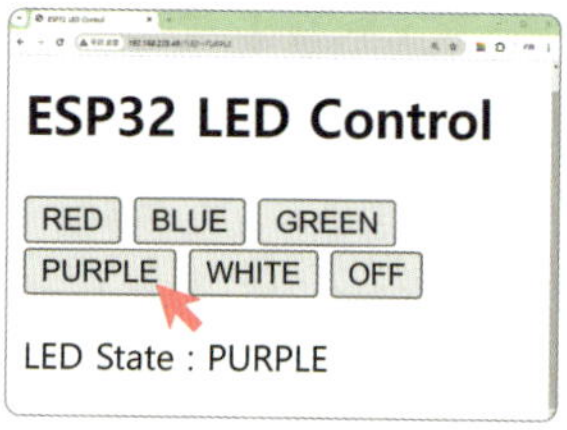

▪ 〈GREEN〉 버튼을 클릭했을 때

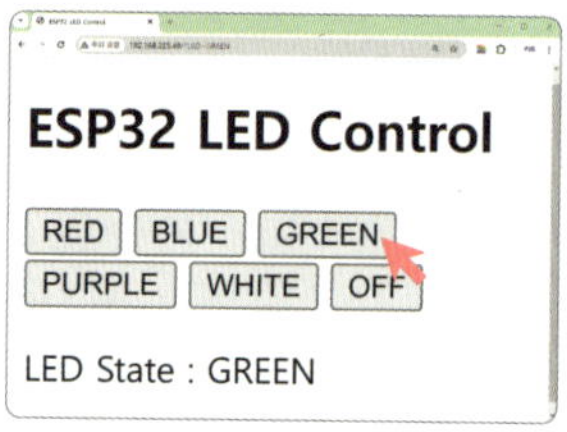

이 프로젝트를 스마트 홈과 접목하여, 집안의 조명, 온도 조절기, 보안 시스템 등 다양한 사물인터넷 기기를 웹 브라우저를 통해 쉽게 제어하고 모니터링할 수 있는 시스템으로 확장할 수 있습니다.

## 6 스테이션 모드로 온습도 모니터링 시스템 만들기

ESP32 보드에서 측정된 센서의 값으로 온습도를 모니터링 하는 시스템을 만듭니다. [실습 7-5] 스크립트를 작성하고 실행합니다.

**실습 7-5** 스테이션 모드로 온습도 모니터링 시스템 만들기 7-5_DHT_ST.py

```python
import network
from machine import Pin
import dht
import time
import usocket as socket
import json

sensor = dht.DHT11(Pin(4))

SSID = 'Wi-Fi 이름'
PASSWORD = 'Wi-Fi 비밀번호'

def connect_wifi(SSID, PASSWORD):
    wifi = network.WLAN(network.STA_IF)
    wifi.active(True)

    if not wifi.isconnected():
        wifi.connect(SSID, PASSWORD)
        while not wifi.isconnected():
            pass
    print('Connected to', SSID)
    print('ESP32 IP Address:', wifi.ifconfig()[0])

def get_sensor_data():
    sensor.measure()
    temperature = sensor.temperature()
    humidity = sensor.humidity()
    data = {'temperature': temperature, 'humidity': humidity}
    return json.dumps(data)

def get_main_page():
    html = """<!DOCTYPE html>
<html>
<head>
    <title>ESP32 Sensor Data</title>
    <script>
        setInterval(function() {
            fetch("/data").then(response => response.json()).then(data => {
                document.getElementById('temperature').textContent = data.temperature;
```

네트워크 이름과 비밀번호 입력

```
40                 document.getElementById('humidity').textContent = data.humidity;
41             });
42         }, 5000);
43     </script>
44 </head>
45 <body>
46     <h1>ESP32 Sensor Data</h1>
47     <h2>Temperature: <span id="temperature">-</span>&deg;C</h2>
48     <h2>Humidity: <span id="humidity">-</span>%</h2>
49 </body>
50 </html>
51 """
52     return html
53 
54 def web_server():
55     s = socket.socket(socket.AF_INET, socket.SOCK_STREAM)
56     s.bind(('', 80))
57     s.listen(5)
58 
59     while True:
60         conn, addr = s.accept()
61         request = conn.recv(1024).decode()
62 
63         if '/data' in request:
64             response = get_sensor_data()
65             conn.send('HTTP/1.1 200 OK\n')
66             conn.send('Content-Type: application/json\n')
67             conn.send('Connection: close\n\n')
68             conn.sendall(response)
69         else:
70             conn.sendall(get_main_page())
71 
72         conn.close()
73         time.sleep(1)
74 
75 connect_wifi(SSID, PASSWORD)
76 web_server()
```

**행별 설명**

**24~29행:** DHT11 센서 데이터를 가져오는 함수를 정의합니다. 값을 읽어와 온도와 습도를 딕셔

너리로 저장합니다. 웹 서버를 통해 게시하기 위해 딕셔너리 데이터를 JSON 형식으로 변환하여 반환합니다.

**31~52행:** ESP32 보드의 센서 데이터를 표시하는 HTML 페이지를 생성하여 반환하는 함수를 작성합니다.

**59~68행:** 요청 문자열에 /data가 포함되어 있으면, 서버는 센서 데이터를 JSON 형식으로 클라이언트에게 반환합니다.

**69~73행:** 요청 문자열에 /data가 포함되지 않으면, 서버는 기본 HTML 페이지를 클라이언트에게 반환합니다.

웹 브라우저에서 출력된 ESP32 보드의 IP 주소를 입력하여 접속하면, 실행 결과와 같이 현재의 온도와 습도가 실시간으로 업데이트되고 있음을 확인할 수 있습니다.

**실행 결과**

▪ **웹 페이지에서 확인하기**

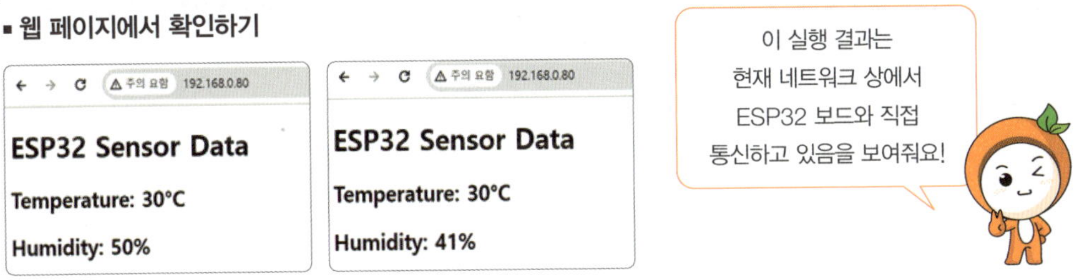


## 7 액세스 포인트 모드로 내장 LED 제어하기

이번에는 ESP32 보드를 사용하여 액세스 포인트 모드에서 웹 서버를 구축하고, 웹 페이지를 통해 LED를 제어합니다. [실습 7-6]의 스크립트를 작성하고 실행합니다.

**실습 7-6** **액세스 포인트 모드로 내장 LED 제어하기** 7-6_web_server_AP.py

```
import network
import socket
import machine
import time
led = machine.Pin(2,machine.Pin.OUT)
led.off()

```

```
SSID = 'ESP32-AP-WebServer'
PASSWORD = '123456789'

ap = network.WLAN(network.AP_IF)
ap.active(True)
ap.config(essid=SSID, password=PASSWORD)

while not ap.active():
    pass
print('network config:', ap.ifconfig())

s = socket.socket(socket.AF_INET, socket.SOCK_STREAM)
s.bind(('',80))
s.listen(5)

def web_page():
    if led.value()==1:
        led_state = 'ON'
        print('led is ON')
    elif led.value()==0:
        led_state = 'OFF'
        print('led is OFF')

    html_page = """<!DOCTYPE HTML>
     <html>
     <head>
      <meta name="viewport" content="width=device-width, initial-scale=1">
     </head>
     <body>
       <center><h2>ESP32 Web Server in MicroPython </h2></center>
       <center>
        <form>
         <button type='submit' name="LED" value='ON'> LED ON </button>
         <button type='submit' name="LED" value='OFF'> LED OFF </button>
        </form>
       </center>
       <center><p>LED is now <strong>""" + led_state + """</strong>.</p></center>
     </body>
     </html>"""
    return html_page
```

```
48
49  while True:
50      conn, addr = s.accept()
51      print("Got connection from %s" % str(addr))
52      request=conn.recv(1024)
53      print("")
54      print("")
55      print("Content %s" %str(request))
56
57      request = str(request)
58
59      if '/?LED=ON' in request:
60          led.value(1)
61          led_state = 'ON'
62      elif '/?LED=OFF' in request:
63          led.value(0)
64          led_state = 'OFF'
65      else:
66          led_state = 'ON' if led.value() else 'OFF'
67
68      response = web_page()
69      conn.send('HTTP/1.1 200 OK\n')
70      conn.send('Content-Type: text/html\n')
71      conn.send('Connection: close\n\n')
72      conn.sendall(response)
73
74      conn.close()
```

**행별 설명**

**08~09행:** 설정할 와이파이 네트워크의 SSID와 비밀번호를 설정합니다.

**11~12행:** 액세스 포인트 모드로 동작할 네트워크 인터페이스를 생성하고 네트워크 인터페이스를 활성화합니다. 설정된 SSID와 비밀번호로 액세스 포인트를 구성합니다.

**15~17행:** 액세스 포인트가 활성화될 때까지 기다립니다. 활성화가 되면 현재 네트워크 설정을 출력합니다.

[실습 7-6]을 실행하고 와이파이 네트워크 설정에서 컴퓨터나 스마트폰 같은 클라이언트 장치를 액세스 포인트 모드에서 생성된 네트워크 'ESP32-AP-WebServer'에 연결합니다. 비밀번호는

'123456789'입니다. 인터넷이 없는 ESP32 보드 와이파이에 컴퓨터가 연결되었는지 확인합니다.

그림 7-16 **ESP32 보드 와이파이 연결 확인하기**

ESP32 보드가 액세스 포인트 모드에서 사용하고 있는 고정 IP 주소는 '192.168.4.1'입니다. 이는 ESP32 보드가 생성한 네트워크의 게이트웨이 주소로, 웹 브라우저에서 이 주소를 입력하여 ESP32 보드의 웹 서버에 접속할 수 있습니다.

클라이언트 장치가 ESP32 보드의 와이파이 네트워크에 연결된 후 할당받은 IP 주소는 '192.168.4.2' 입니다. 이는 ESP32 보드의 DHCP 서버가 할당한 동적 IP 주소입니다.주소창에 '192.168.4.1'를 입력하면 코드에서 작성하였던 웹 페이지가 나타납니다. 〈LED ON〉 또는 〈LED OFF〉 버튼을 클릭하여 GPIO 2번에 연결된 내장 LED를 제어합니다.

```
>>> %Run -c $EDITOR_CONTENT

MPY: soft reboot
network config: ('192.168.4.1', '255.255.255.0', '192.168.4.1', '0.0.0.0')
Got connection from ('192.168.4.2', 7095)
```

그림 7-17 **ESP32 보드의 IP 주소 확인**

**실행 결과**

▪ **웹 페이지에서 확인하기**

**여기서 잠깐** **ESP32 IP 주소 할당**

ESP32 보드는 와이파이 모듈을 내장한 마이크로컨트롤러로, 스테이션 모드와 액세스 포인트 모드에서 각각 다르게 IP 주소를 할당받고 할당합니다.

**❶ 스테이션(STA) 모드**

스테이션 모드에서 IP 주소 할당은 다음과 같이 이루어집니다.

- **동적 IP 주소 할당:** 기본적으로 ESP32 보드는 연결된 네트워크의 DHCP 서버로부터 동적으로 IP 주소를 할당받습니다. 이 IP 주소는 네트워크 환경과 설정에 따라 다를 수 있습니다.
- **고정 IP 주소 설정:** ESP32 보드는 고정 IP 주소(Static IP)를 설정할 수 있습니다. `network` 모듈의 `ifconfig()` 메서드를 사용하여 정적 IP 주소를 설정할 수 있습니다. 이때 네트워크 환경에 맞는 적절한 IP 대역을 사용해야 합니다.

**❷ 액세스 포인트(AP) 모드**

AP 모드에서 IP 주소 할당은 다음과 같이 이루어집니다.

- **ESP32의 고정 IP 주소:** ESP32 보드는 AP 모드에서 기본적으로 192.168.4.1의 고정 IP 주소를 사용합니다.
- **클라이언트 장치의 IP 주소 할당:** ESP32 보드는 액세스 포인트 모드에서 DHCP 서버 역할을 수행하여 클라이언트 장치들에게 동적으로 IP 주소를 할당합니다. 할당 범위는 기본적으로 192.168.4.2에서 192.168.4.254 사이입니다.
- **IP 주소 범위 변경:** `network.WLAN` 객체의 `ifconfig()` 메서드를 사용하여 액세스 포인트 모드의 IP 주소 범위를 설정할 수 있습니다.

## 8 스테이션 모드로 도어락 시스템 만들기

웹 서버를 구축한 뒤 비밀번호를 입력하여 보안을 강화하는 스마트 홈 시스템을 구현하는 방법을 살펴봅니다. 스테이션 모드로 설정하여 와이파이에 연결하고, 웹 서버를 통해 비밀번호를 입력받는 도어락 시스템을 만들어 봅니다.

**실습 7-7** **스테이션 모드로 도어락 시스템 만들기** 7-7_doorlock_ST.py

```
import machine
import neopixel
import network
import socket
import ure

```

```
SSID = 'Wi-Fi 이름'
PASSWORD = 'Wi-Fi 비밀번호'

station = network.WLAN(network.STA_IF)
station.active(True)
station.connect(SSID, PASSWORD)

while not station.isconnected():
    pass

print('Connection successful')
print(station.ifconfig()[0])

# NeoPixel 설정 (GPIO 14번 핀, 12개의 LED)
pin = machine.Pin(14)
num_leds = 12
np = neopixel.NeoPixel(pin, num_leds)

def set_color(np, color):
    for i in range(num_leds):
        np[i] = color
    np.write()

html_form = """<!DOCTYPE html>
<html>
    <head>
        <title>Smart Home Login</title>
    </head>
    <body>
        <h1>Enter Password to Access Smart Home System</h1>
        <form action="/login" method="post">
            <input type="password" name="password">
            <input type="submit" value="Login">
        </form>
    </body>
</html>
"""

html_result = """<!DOCTYPE html>
<html>
```

네트워크 이름과 비밀번호 입력

```
    <head>
        <title>Smart Home Login</title>
    </head>
    <body>
        <h1>{message}</h1>
        <form action="/">
            <input type="submit" value="Try Again">
        </form>
    </body>
</html>
"""

correct_password = "1234"
addr = socket.getaddrinfo('0.0.0.0', 80)[0][-1]

s = socket.socket()
s.setsockopt(socket.SOL_SOCKET, socket.SO_REUSEADDR, 1)
s.bind(addr)
s.listen(1)

while True:
    cl, addr = s.accept()
    request = cl.recv(1024).decode('utf-8')

    if 'POST /login' in request:
        body = request.split('\r\n\r\n')[1]

        match = ure.search("password=([^&]*)", body)
        if match:
            password = match.group(1)
            if password == correct_password:
                message = "Access Granted"
                set_color(np, (0, 255, 0))
            else:
                message = "Access Denied"
                set_color(np, (255, 0, 0))

        response = html_result.format(message=message)
        cl.send('HTTP/1.1 200 OK\r\nContent-Type: text/html\r\n\r\n')
        cl.send(response)
```

```
87        else:
88            cl.send('HTTP/1.1 200 OK\r\nContent-Type: text/html\r\n\r\n')
89            cl.send(html_form)
90        cl.close()
```

**행별 설명**

**30~43행:** 초기 로그인 폼 HTML 페이지를 정의합니다.

**45~57행:** 비밀번호 입력 후 결과 메시지를 보여줄 HTML 페이지를 정의합니다.

**59행:** 원하는 비밀번호를 설정합니다.

**71~74행:** 요청이 'POST /login'을 포함하고 있는지 확인합니다. 즉, 클라이언트가 웹 페이지에서 로그인 폼을 제출했을 때 발생합니다. 요청 헤더와 본문은 빈 줄(`'\r\n\r\n'`)로 구분하여 본문 부분을 추출하고 `'password='`로 시작하는 부분을 찾아 비밀번호 값을 추출합니다.

**75~82행:** 비밀번호가 본문에 포함되어 있다면 추출된 비밀번호를 `'password'` 변수에 저장합니다. 비밀번호가 올바르다면 접근 허가 메시지를 출력하고 네오픽셀을 초록색으로 설정합니다. 비밀번호가 올바르지 않다면 접근 거부 메시지와 함께 네오픽셀을 빨간색으로 설정합니다.

**84~86행:** 요청이 'POST /login'을 포함하고 있을 때 비밀번호 체크 과정을 거쳐 결과 페이지에 메시지 포함하여 생성된 HTML 응답 본문을 클라이언트에게 전송합니다.

**87~89행:** 클라이언트 요청이 'POST /login'을 포함하지 않을 때 즉, 클라이언트가 처음으로 로그인 페이지를 요청할 때 실행되며, 로그인 폼이 포함된 초기 HTML 페이지를 클라이언트에게 전송합니다. 이를 통해 사용자는 비밀번호를 입력할 수 있는 폼을 웹 브라우저에서 보게 됩니다.

코드를 실행 후 생성된 IP 주소로 접속하면 비밀번호를 입력할 수 있는 도어락 시스템 웹 페이지가 나타납니다.

그림 7-18 **도어락 시스템 웹 페이지 접속하기**

## 실행 결과

■ 비밀번호를 맞게 입력했을 때

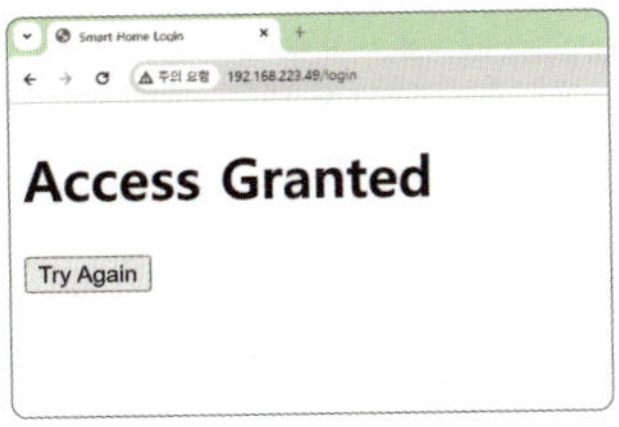

■ 비밀번호를 다르게 입력했을 때

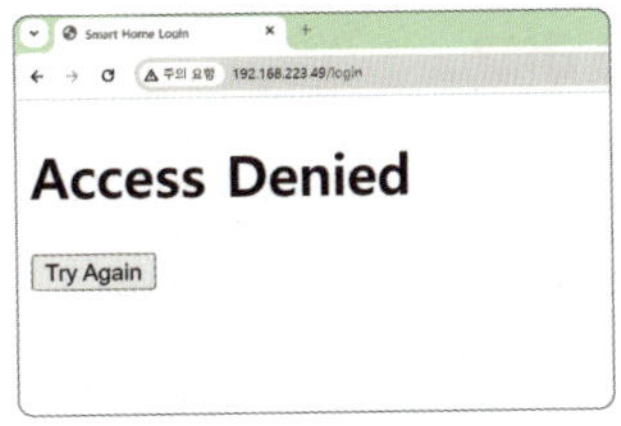

### 여기서 잠깐 스마트폰으로 접속하기

[실습 7-7]은 스마트폰의 크롬 애플리케이션으로 접속하여 실행할 수 있습니다.

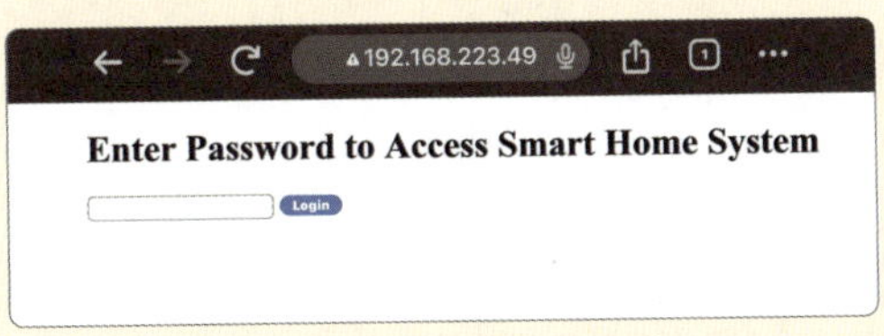


그림 7-19 스마트폰 크롬 애플리케이션으로 접속한 웹 페이지

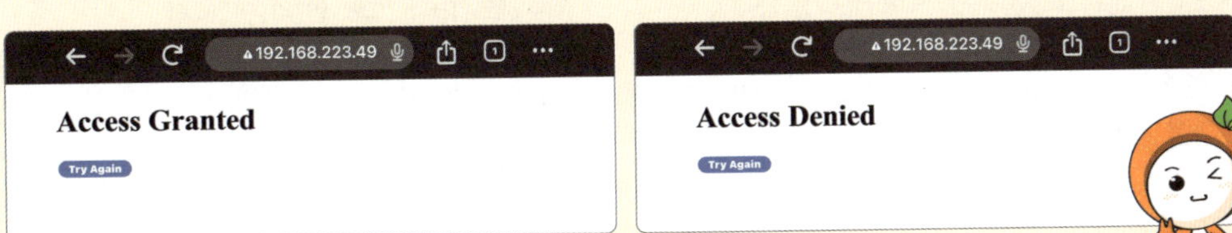


그림 7-20 비밀번호 입력했을 때의 화면

# 요약

### 1. 사물인터넷의 이해

- **사물인터넷(Internet of Things, IoT):** 인터넷에 연결된 물리적 기기, 차량, 가전제품 등 다양한 객체들이 서로 데이터를 주고받으며 상호작용하고 정보를 교환하는 기술 네트워크입니다.
- **인공지능융합 기술(Artificial Intelligence of Things, AIoT):** 인공지능 기술과 사물인터넷을 결합한 개념으로, 스마트 디바이스와 시스템이 수집한 데이터를 인공지능이 분석하여 자동으로 의사결정을 내릴 수 있도록 합니다.

### 2. 블루투스를 이용한 스마트 홈 원격제어

- **원리:** 블루투스를 통해 ESP32 보드와 데이터 통신을 구현할 수 있습니다.
- **실습:** 스마트 홈 전등 제어, 집안의 온습도 모니터링

### 3. 웹 서버를 이용한 스마트 홈 원격제어

- **원리:** 스테이션 모드와 액세스 포인트 모드에서 웹 서버를 구축합니다. 생성한 HTML 페이지로 클라이언트의 요청에 따라 원격제어를 진행합니다.
- **실습:** 스마트 홈 전등 제어, 온습도 센서 데이터 모니터링
- **네트워크 설정 차이**

| 스테이션 모드 | 액세스 포인트 모드 |
|---|---|
| • ESP32 보드는 사용자가 설정한 와이파이 네트워크에 연결합니다.<br>• 연결된 네트워크를 통해 인터넷에 접근 가능합니다.<br>• 같은 네트워크에 있는 다른 장치와 통신이 가능합니다.<br>• IP 주소는 동적으로 네트워크의 DHCP 서버로부터 IP 주소를 할당받습니다. 예 192.168.1.x<br>따라서 접속하는 와이파이 네트워크에 따라 IP 주소가 다르게 생성됩니다. | • ESP32 보드가 자체적으로 와이파이 네트워크를 생성합니다.<br>• 외부 네트워크나 인터넷 연결이 안됩니다.<br>• 다른 장치들이 네트워크에 연결할 수 있어 직접 연결되어 독립적인 네트워크 환경을 제공합니다.<br>• IP 주소는 ESP32 보드가 고정 IP 주소 192.168.4.1을 사용하며, 클라이언트 장치에 192.168.4.x 범위 내에서 동적으로 IP 주소를 할당합니다. |

## 도전 문제 ▶ 오프그리드 태양광 모니터링 시스템 만들기

오늘날 환경 보호와 에너지 자립에 관한 관심이 높아지면서, 태양광 패널을 활용한 오프그리드 시스템(Off-grid System)이 주목받고 있습니다. 오프그리드 시스템은 전력망과 독립적으로 동작하여, 태양광 패널로부터 직접 생산한 에너지를 사용하는 자립형 에너지 시스템입니다.

이번 도전 문제는 태양광 패널을 이용한 오프그리드 모니터링 시스템을 구축합니다. 태양광 패널에서 생성된 전력을 효율적으로 활용하고, ESP32 보드로 데이터를 실시간 모니터링합니다. 이 프로젝트는 태양광 에너지를 활용한 자립형 에너지 시스템의 이해를 돕고, 실제로 구현할 수 있는 구체적인 방법을 제공합니다. 지속 가능한 에너지 솔루션에 관심이 있는 모든 분들에게 유용한 프로젝트가 될 것입니다.

우선 태양광 패널을 이용하여 생성되는 전력을 측정하고 이 전력으로 LED 하나를 켤 것입니다. 생성되는 전력은 웹 서버를 통해 실시간으로 모니터링됩니다. 이 전력을 저장하거나 전력의 소모량 등을 정확히 측정하기 위해서는 복잡한 회로와 추가적인 하드웨어가 필요합니다. 예를 들어, 배터리 저장 시스템, 전력 관리 모듈, 고정밀 전류 센서 등의 장치가 필요할 수 있습니다. 이러한 추가적인 요소들은 프로젝트의 복잡성을 높이고, 비용을 증가시키며, 설정과 유지 관리에 많은 노력을 요구합니다.

따라서 이번 도전 문제는 태양광 패널에서 생성되는 전력으로 LED를 켜보고, 생성된 전력을 실시간으로 모니터링할 수 있는 웹 서버를 구축하는 것을 목표로 할 것입니다. 이를 통해 기본적인 에너지 생성 및 사용량을 확인하는 모니터링 시스템을 구현하고, 이후 필요에 따라 복잡한 기능을 추가할 수 있습니다.

그림 7-21 **생활 속 오프그리드 시스템의 예**

### 실행 결과

▪ 웹 페이지로 패널의 전압, 전류, 전력, LED 상태를 모니터링

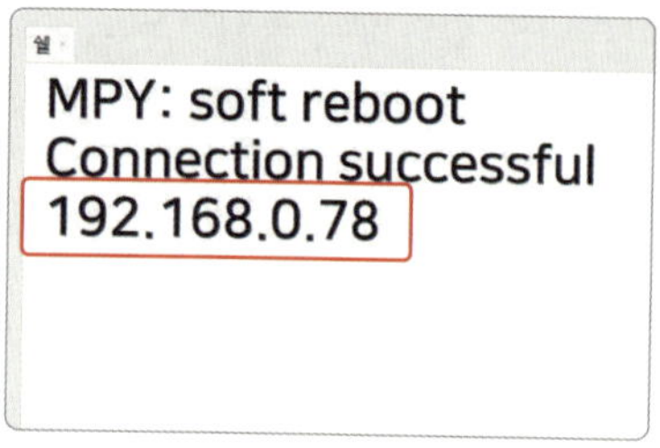


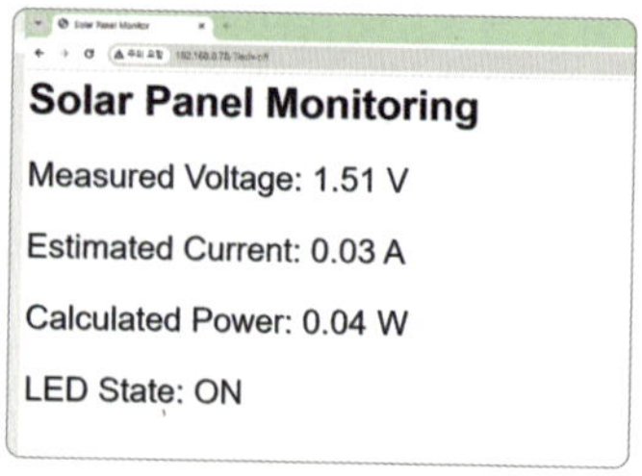


▪ 빛이 있을 때 ESP32 보드

▪ 빛이 없을 때 ESP32 보드

빛이 있을 때는 생산된 에너지로 LED가 켜지고, 전력이 1.0 이상이면 ESP32 보드의 내장 LED가 켜짐을 확인합니다.

## STEP 1 하드웨어 준비하기

필요한 하드웨어는 [그림 7-22]와 같으며, 인터넷에서 쉽게 구매할 수 있습니다.

❶ **태양광 패널:** 6V, 100mA 정도의 전선이 연결된 것으로 준비합니다.

❷ **브레드보드:** 회로 구성을 편리하게 하는 도구로 편한 크기로 준비합니다.

❸ **저항:** 330Ω 저항 1개 10kΩ 저항 2개를 준비합니다.

④ **LED:** 낮은 전압에도 발광이 가능한 빨간색 LED로 준비합니다. 다른 색 LED도 사용해도 됩니다.

⑤ **암수 점퍼 케이블:** 한쪽엔 핀이 달려있고 다른 한쪽은 핀이 없는 암수 점퍼 케이블을 준비합니다.

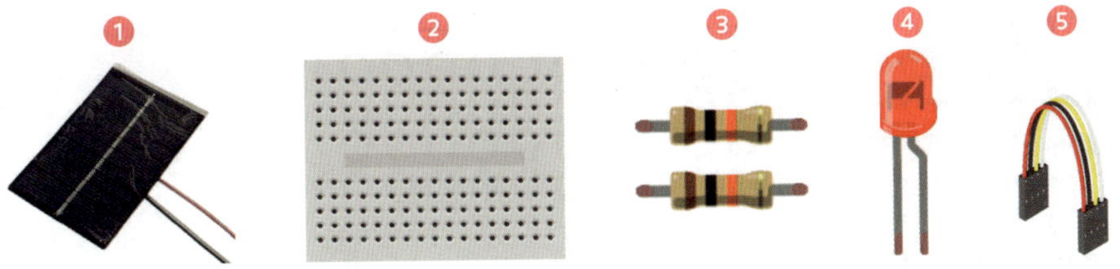


그림 7-22 **프로젝트에 필요한 하드웨어**

## STEP 2 회로 구성하기

**01** 태양광 패널 + 선과 330Ω 저항 한쪽 끝을 브레드보드를 이용하여 연결합니다. 그리고 330Ω 저항 다른 한쪽 끝을 LED의 긴다리(+)와 연결합니다.

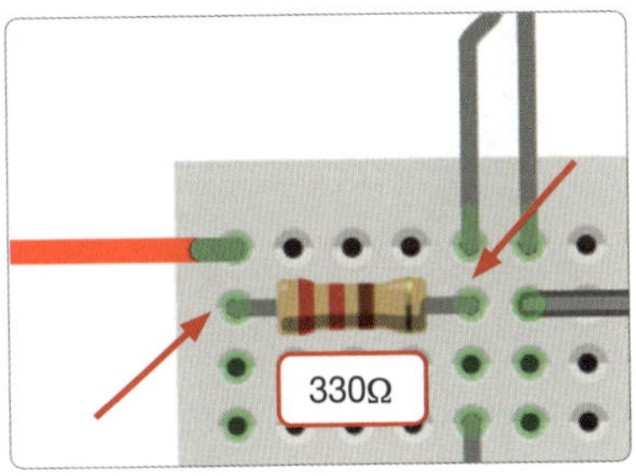


**02** LED의 짧은 다리(−)를 점퍼 케이블을 이용하여 보드의 GND와 연결합니다.

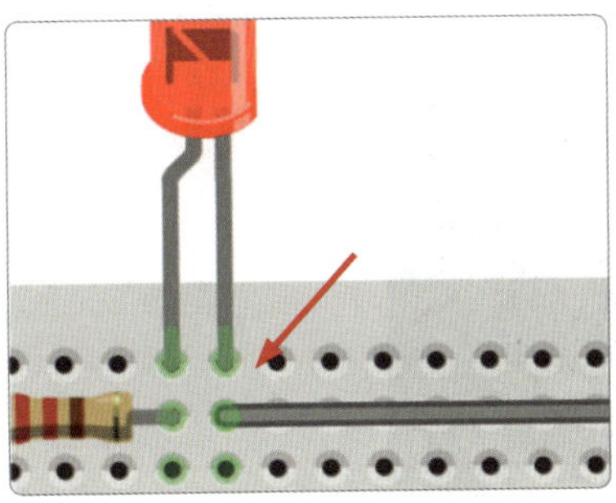

**03** 330Ω 저항과 LED의 긴다리를 연결한 곳에 R1(10kΩ)의 한쪽 다리를 연결합니다. 그리고 다른 한쪽 다리는 브레드보드의 중간 부분(절연 구간)을 건너뛰어 꽂습니다. 그리고 그 다리 끝 세로선에 D34S와 연결할 점퍼 케이블을 꽂습니다.

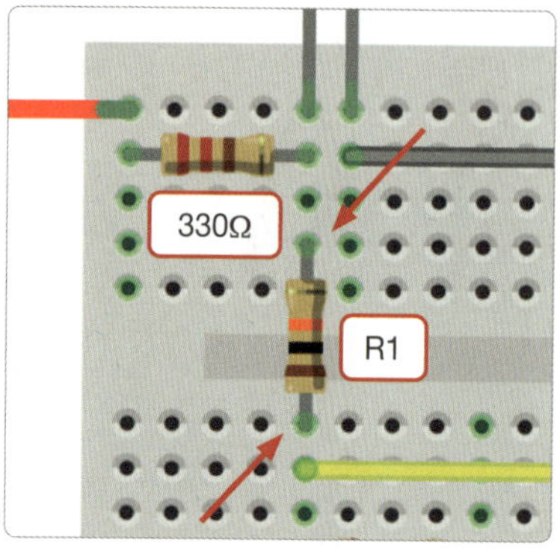


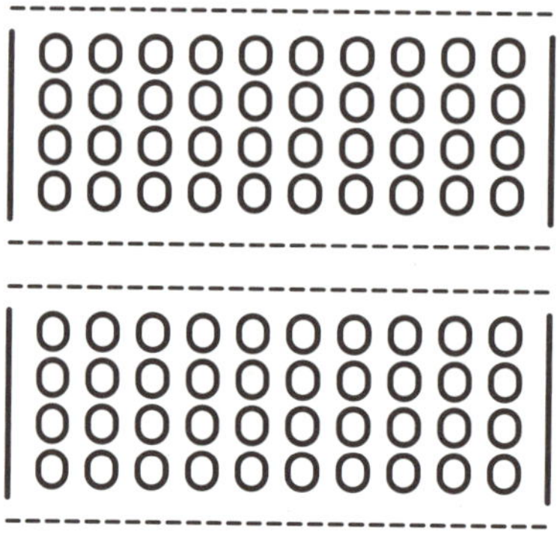


**04** R2(10kΩ)의 다른 끝을 점퍼 케이블을 이용하여 보드의 GND와 연결합니다.

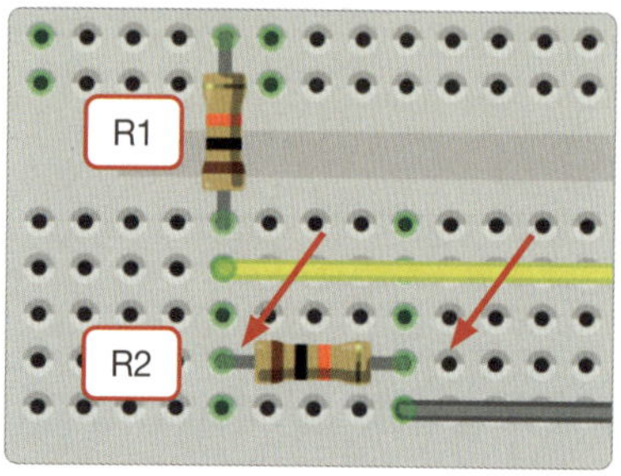


실습 번호의 안내와 [그림 7-23]을 참고하여 회로를 구성합니다.

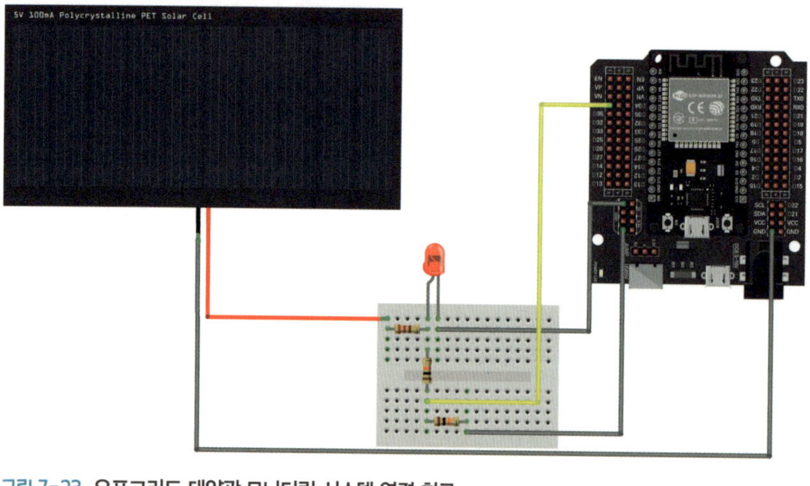


그림 7-23 **오프그리드 태양광 모니터링 시스템 연결 회로**

## STEP 3 전압 분배의 원리 알아보기

ESP32 보드의 ADC 핀은 0V에서 3.3V 범위의 전압을 측정할 수 있습니다. 태양광 패널의 출력 전압이 이 한계를 초과하면, ESP32 보드가 손상될 위험이 있습니다. 따라서 R1과 R2의 저항 두 개로 전압 분배기를 구성하여, 태양광 패널의 높은 전압을 ESP32 보드의 ADC 핀에서 측정 가능한 낮은 전압으로 변환할 필요가 있습니다.

**전압 분배기(Voltage Divider)**는 두 개의 저항을 직렬로 연결하여 입력 전압(V_in)을 두 저항에 걸쳐 분배하는 회로입니다. 이를 통해 전압의 수준을 낮춰 ADC 핀이 정확하고 안전하게 전압을 측정할 수 있고 ESP32 보드는 과전압 위험 없이 태양광 패널의 출력을 모니터링할 수 있습니다. 이번 도전 과제에서는 저항을 이용하여 저항 분배기를 구현하도록 하겠습니다.

### 여기서 잠깐 전압 분배 원리

전압 분배기의 기본 원리는 **옴의 법칙(Ohm's Law)**과 전압 분배 법칙을 사용하는 것입니다. 직렬로 연결된 두 저항에 걸리는 전압은 다음과 같이 계산할 수 있습니다.

$$V_{out} = V_{in} \times \frac{R2}{R1+R2}$$

$V_{in}$은 태양광 패널에서 나오는 전압 입력 전압이며 $V_{out}$은 두 저항 중간에서 측정된 출력 전압입니다. R1과 R2는 각각의 저항값을 의미합니다. 예를 들어, 태양광 패널이 6V의 전압을 출력하고, 두 개의 10kΩ 저항을 사용하면 다음과 같습니다.

$$V_{out} = 6V \times \frac{10k\Omega}{10k\Omega + 10k\Omega} = 6V \times \frac{10k\Omega}{20k\Omega} = 6V \times 0.5 = 3V$$

따라서, 입력 전압이 6V일 때, 전압 분배기를 통해 얻는 출력 전압은 3V가 됩니다. 이는 ESP32 보드의 ADC 입력 범위인 0V에서 3.3V 내이므로, 보드가 손상되지 않고 안전하게 전압을 측정할 수 있습니다.

## STEP 4 스크립트 작성하기

다음 스크립트를 작성하고 생성되는 웹 서버 IP 주소에 접속하여 태양광 패널에서 생성되는 전력을 모니터링합니다.

**코드** 오프그리드 태양광 에너지 모니터링하기 7_offgrid_solar.py

```
import time
from machine import Pin, ADC
import network
```

```python
import socket
import json

SSID = 'Wi-Fi 이름'
PASSWORD = 'Wi-Fi 비밀번호'

station = network.WLAN(network.STA_IF)
station.active(True)
station.connect(SSID, PASSWORD)

while not station.isconnected():
    pass
print('Connection successful')
print(station.ifconfig()[0])

led = Pin(2, Pin.OUT)
adc = ADC(Pin(34))
adc.width(ADC.WIDTH_12BIT)
adc.atten(ADC.ATTN_11DB)

def measure_voltage():
    raw_value = adc.read()
    voltage = raw_value * (3.3 / 4095) * 2
    return voltage

def estimate_current(voltage):
    Voc = 6.0    # 개방 회로 전압 (예상값)
    Isc = 0.11   # 단락 회로 전류 (예상값)
    Vmp = 5.5    # 최대 전력점 전압
    Imp = 0.10   # 최대 전력점 전류

    if voltage <= Vmp:
        current = (voltage / Vmp) * Imp  # 단순 비례식
    else:
        current = Imp - ((voltage - Vmp) / (Voc - Vmp)) * Imp

    return current

def web_page(voltage, current, power, led_state):
```

네트워크 이름과 비밀번호 입력

전압값을 입력으로 받아 해당 전압에서의 전류를 추정하는 함수

```
    html = f"""
    <html>
    <head>
        <title>Solar Panel Monitor</title>
        <style>
            body {{ font-family: Arial, sans-serif; }}
            h1 {{ font-size: 60px; }}
            p {{ font-size: 48px; }}
        </style>
        <script>
            function fetchData() {{
                fetch("/data").then(response => response.json()).then(data => {{
                    document.getElementById('voltage').innerText = data.voltage.toFixed(2);
                    document.getElementById('current').innerText = data.current.toFixed(2);
                    document.getElementById('power').innerText = data.power.toFixed(2);
                    document.getElementById('led_state').innerText = data.led_state;
                }});
            }}
            setInterval(fetchData, 2000);  // 1초 마다 데이터 업데이트
        </script>
    </head>
    <body>
        <h1>Solar Panel Monitoring</h1>
        <p>Measured Voltage: <span id="voltage">{voltage:.2f}</span> V</p>
        <p>Estimated Current: <span id="current">{current:.2f}</span> A</p>
        <p>Calculated Power: <span id="power">{power:.2f}</span> W</p>
        <p>LED State: <span id="led_state">{led_state}</span></p>
    </body>
    </html>
    """
    return html

def handle_request(request):
    voltage = measure_voltage()
    current = estimate_current(voltage)
    power = voltage * current
```

```
79
80      if voltage > 1:
81          led.on()
82      else:
83          led.off()
84      led_state = "ON" if led.value() == 1 else "OFF"
85
86      if '/data' in request:
87          data = {
88              'voltage': voltage,
89              'current': current,
90              'power': power,
91              'led_state': led_state
92          }
93          return 'HTTP/1.1 200 OK\r\nContent-Type: application/json\r\n\r\n' + json.dumps(data)
94      else:
95          response = web_page(voltage, current, power, led_state)
96          return 'HTTP/1.1 200 OK\r\nContent-Type: text/html\r\n\r\n' + response
97
98  addr = socket.getaddrinfo('0.0.0.0', 80)[0][-1]
99  sock = socket.socket()
100 sock.bind(addr)
101 sock.listen(1)
102
103 while True:
104     cl, addr = sock.accept()
105     request = cl.recv(1024).decode('utf-8')
106     response = handle_request(request)
107     cl.send(response)
108     cl.close()
```

**22행** ADC 감쇠를 11dB로 설정하면, 입력 전압의 최대 측정 범위가 3.3V까지 확장됩니다.

**24~27행** 전압 측정 함수를 생성합니다. ADC로부터 값을 읽어 실제 전압 값으로 변환합니다. 측정된 값을 실제 전압으로 변환하기 위한 비율을 계산합니다.

**35~40행** 전류 계산을 합니다. 전압이 Vmp 이하일 때는 전류는 전압에 비례합니다. 단순 비례식으로 전류를 계산할 수 있습니다.

**42~73행** 태양광 패널에서 생산된 에너지를 모니터링하기 위한 웹 페이지 생성 함수이며, 생성된 HTML 반환합니다.

**75~78행** 클라이언트 요청 처리 함수를 생성합니다.

**80~84행** 전압이 1V보다 크면 2번에 연결된 보드의 내장 LED 켜고 1V보다 작으면 LED을 끕니다. 현재 LED의 상태를 확인하고, 'ON' 또는 'OFF' 문자열로 저장합니다.

**86~92행** 클라이언트 요청이 "/data" 경로를 포함하고 있는지 확인하고, 맞다면 전압, 전류, 전력, LED 상태와 같은 태양광 패널의 측정 데이터를 JSON 형식으로 반환합니다.

**93~96행** 클라이언트 요청에 따라 적절한 HTTP 응답을 생성하고 반환합니다. 요청이 "/data" 경로로 들어온 경우와 그렇지 않은 경우로 나누어 처리합니다.

## STEP 5 파이파이 램프에 적용하기

다음은 [그림 7-24]와 같이 파이파이 램프에 태양광 패널을 연결하여 네오픽셀과 OLED를 이용한 오프그리드 에너지 모니터링 시스템을 구현한 것입니다. 웹 서버 및 파이파이 램프에서 직접 생산되는 에너지를 모니터링할 수 있습니다.

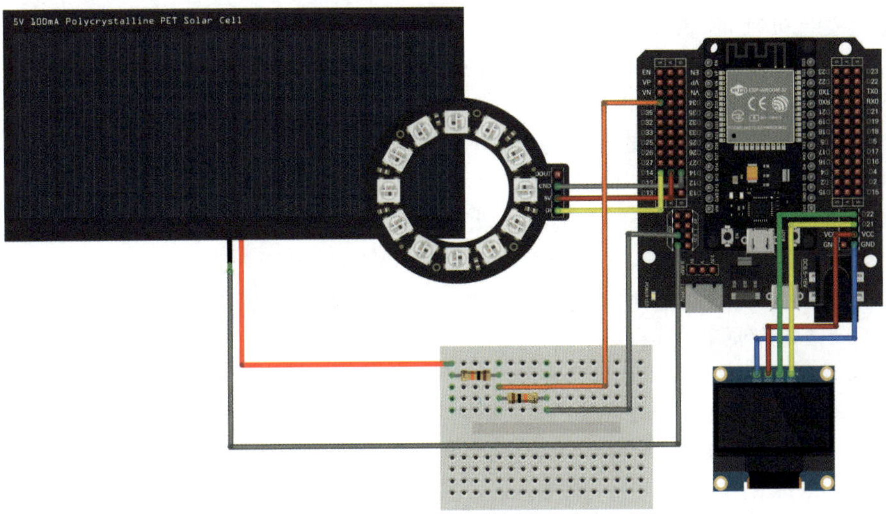


그림 7-24 **파이파이 램프 태양광 모니터링 시스템 연결 회로**

## 실행 결과

- 빛이 있을 때 파이파이 램프

- 빛이 없을 때 파이파이 램프

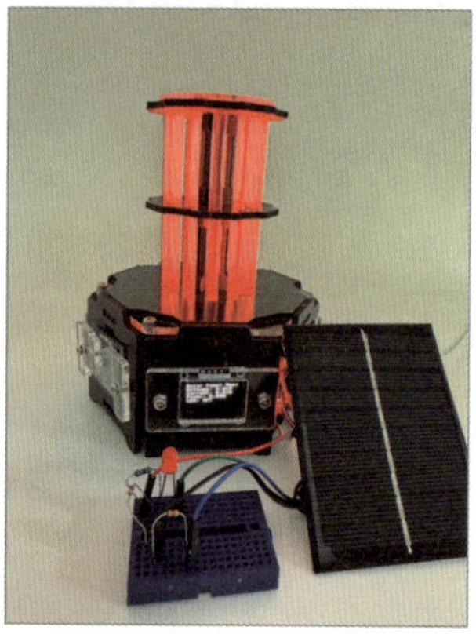

### 여기서 잠깐 생성된 전력으로 네오픽셀을 켜기

태양광 패널에서 생산된 전력으로 일반 LED를 켜는 것은 비교적 쉽습니다. 일반 LED는 낮은 전압과 전류로도 동작할 수 있어, 태양광 패널의 출력이 조금 변동하더라도 큰 문제가 없습니다. 예를 들어, 태양광 패널에서 3V의 전압이 생성되면, LED는 이 전압에서도 효율적으로 빛을 발할 수 있습니다.

반면에 네오픽셀 LED는 상황이 다릅니다. 네오픽셀은 각 LED에 개별적인 제어 회로를 포함하고 있으며, 일정하고 안정적인 5V 전원이 필요합니다. 또한 네오픽셀은 전류 소모가 일반 LED보다 많아, 태양광 패널의 출력만으로는 충분한 구동이 어렵습니다. 태양광 패널의 출력은 햇빛의 세기와 각도에 따라 변동하기 때문에, 네오픽셀을 직접 구동하려면 전압이 안정적이지 않을 수 있습니다.

이 문제를 해결하려면 DC-DC 변환기나 배터리 저장 시스템을 사용해야 합니다. DC-DC 변환기는 태양광 패널의 변동하는 출력을 안정적인 5V로 변환하여 네오픽셀에 공급할 수 있습니다. 배터리 저장 시스템은 태양광 패널에서 생산된 전력을 저장했다가, 필요할 때 안정적으로 공급할 수 있습니다. 이 방법을 통해 네오픽셀이 필요로 하는 안정적인 전압과 전류를 제공할 수 있습니다.

결론적으로, 태양광 패널의 전력으로 네오픽셀을 구동하려면 추가적인 전력 관리 장치가 필수적입니다. 이러한 장치들은 태양광 패널의 출력 변동을 완화하고, 네오픽셀의 요구에 맞는 안정적인 전력을 제공할 수 있습니다. 일반 LED는 낮은 전압과 전류로도 구동이 가능하므로, 태양광 패널의 출력을 직접 활용하는 데 적합하지만, 네오픽셀은 더욱 정교한 전력 관리가 필요합니다.

**스스로 풀어보기**

01. [실습 7-7]에서 제작한 비밀번호 도어락 시스템에서 서보모터와 부저를 추가하여 완성도를 높여봅니다.

CHAPTER

# 08

# ESP32와 파이썬 데이터 분석 프로젝트

01 와이파이를 이용한 공공데이터의 활용

02 날씨 정보 알리미 만들기

03 컬러 센서로 데이터 수집하기

04 색상 분류 모델 만들기

요약

도전 문제: 주변 색상에 따라 변하는 램프 만들기

**학습목표**

- 공공 날씨 API를 활용하여 실시간 날씨 정보를 출력 장치에 표시하는 알림 시스템을 구현합니다.
- 컬러 센서를 이용하여 색상 데이터를 수집하는 방법을 학습합니다.
- 데이터 분석 도구인 오렌지3를 이용하여 머신러닝 기법으로 색상 분류 모델을 제작합니다.

## 이번 장에선 무엇을 배우나요?

ESP32 보드를 이용하여 센서 데이터를 수집하고 처리하는 방법을 배우고 데이터를 활용하여 실제 생활 속 문제를 해결하는 사물인터넷 프로젝트를 설계하고 구현해 봅니다. 또한, ESP32 보드의 와이파이 기능을 이용하여 인터넷을 통한 데이터 전송, 간단한 웹 서버 구축, 센서 값과 웹 페이지로 하드웨어를 제어합니다. 이 실습으로 네트워킹과 웹 프로그래밍에 대한 이해도를 높일 수 있습니다. 마지막으로 데이터 분석과 머신러닝의 기초를 다지는 과정에서 '오렌지3'라는 프로그램 사용하여 수집된 데이터로부터 유의미한 정보를 추출하고 예측 모델을 구현하는 방법을 알아보겠습니다.

### 이번 장의 준비물

ESP32 보드

USB 연결선

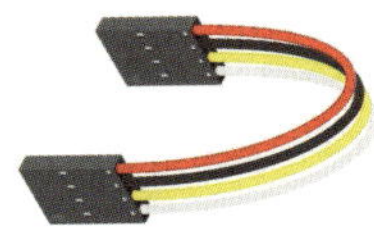

점퍼 케이블

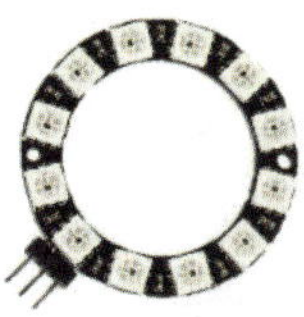

네오픽셀

OLED

컬러 센서

오렌지3

Section 01

# 와이파이를 이용한 공공데이터의 활용

## 1 와이파이 통신의 이해

와이파이(Wi-Fi) 통신은 무선 LAN(WLAN) 기술을 사용하여 인터넷이나 네트워크에 장치를 연결하는 방법입니다. 이 기술은 전자기파를 사용하여 데이터를 전송하며, 주로 2.4GHz와 5GHz의 주파수 대역을 사용합니다. 2.4GHz 대역은 더 넓은 범위를 커버하지만, 신호 간섭에 취약할 수 있고 5GHz 대역은 더 높은 속도를 제공하지만, 커버 범위가 좁습니다.

### 와이파이 통신의 기본 원리

와이파이 네트워크는 액세스 포인트를 중심으로 구성됩니다. 액세스 포인트는 와이파이 신호를 방출하고, 와이파이 기능이 내장된 장치는 이 신호를 수신하여 네트워크에 연결됩니다. 데이터는 패킷(Packet)이라는 단위로 나누어져 전송되며, 이 과정에서 여러 가지 암호화 기술이 데이터 보안을 위해 사용됩니다.

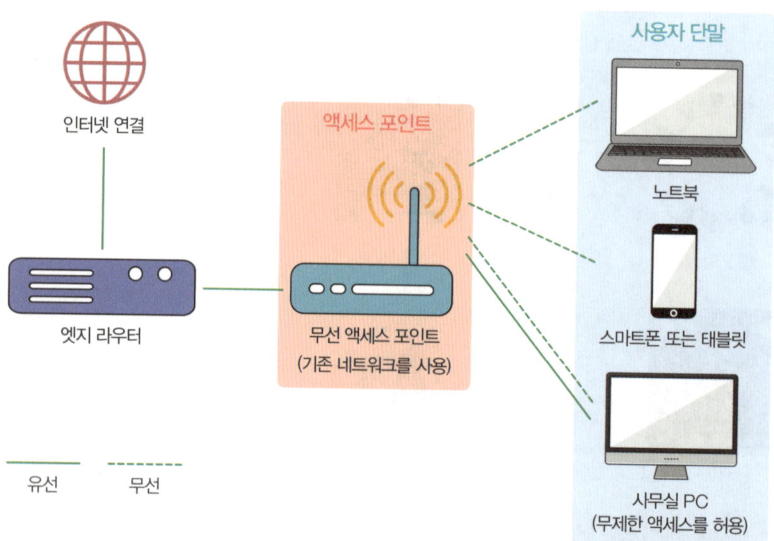


그림 8-1 와이파이 통신의 기본 원리

## 와이파이 통신의 특징

와이파이 통신의 특징은 고속 데이터 전송, 무선 연결, 광범위한 호환성, 암호화와 보안 등이 있습니다.

- **고속 데이터 전송** 현대의 와이파이 표준은 초당 수백 메가비트(Mbps)에서 기가비트(Gbps) 단위의 데이터 전송 속도를 지원합니다.
- **무선 연결** 케이블 없이 장치 간에 데이터를 전송할 수 있어 설치가 용이하고, 이동성이 뛰어납니다.
- **광범위한 호환성** 대부분의 스마트 장치는 와이파이 연결을 지원하므로, 다양한 장치를 쉽게 네트워크에 통합할 수 있습니다.
- **암호화와 보안** WPA2, WPA3 등의 보안 프로토콜을 사용하여 데이터 전송 과정에서 보안을 강화합니다.

## 와이파이와 사물인터넷 프로젝트

사물인터넷 프로젝트에서 와이파이는 센서 데이터를 수집하여 이를 클라우드 서버나 다른 장치로 전송하는 주요 수단입니다. ESP32 보드와 같은 마이크로컨트롤러를 사용하여 온도 센서로 데이터를 수집했다면, 수집한 데이터를 와이파이를 통해 인터넷에 연결된 데이터베이스로 전송할 수 있습니다. 이 방법으로 사용자는 어디서든 실시간으로 데이터를 모니터링하고 분석할 수 있습니다.

와이파이를 통한 무선 데이터 전송 기능은 장치를 인터넷에 연결하고, 다양한 애플리케이션과 서비스를 개발할 수 있는 기반을 제공합니다. 따라서 와이파이 통신을 이해하고 활용하는 것은 사물인터넷 프로젝트를 구현하는 데 있어 매우 중요합니다.

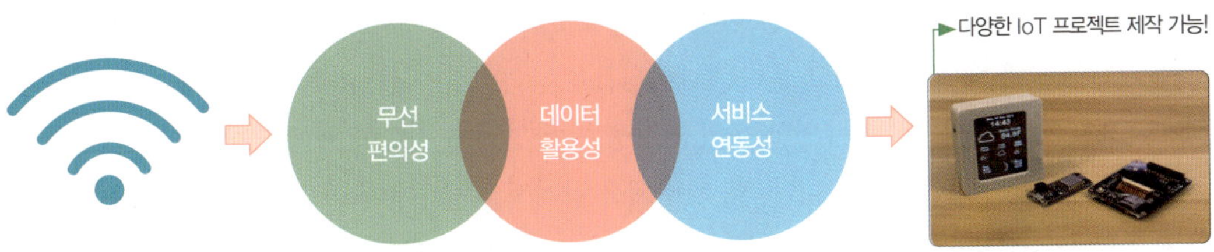


그림 8-2 **사물인터넷 프로젝트에서 와이파이의 중요성**

# 2 공공데이터

공공데이터(Public Data)는 정부나 공공 기관이 수집한 정보로, 시민들이 자유롭게 이용할 수 있도록 공개된 데이터를 의미합니다. 이러한 데이터는 주로 공공 서비스를 개선하고 시민들에게 정보를 제공하기 위해 수집된 것이며 대부분 무료로 이용할 수 있습니다. 공공데이터를 활용하는 일은 정부나 공공 기관이 제공하는 데이터를 사용하여 새로운 가치를 창출하거나 문제를 해결하는 과정 중의 하나입니다. 통계 데이터, 지리 정보, 환경 데이터, 기상 데이터, 교통 정보, 보건 통계, 경제지표 등 광범위한 분야의 정보가 제공되어 다양한 분야에서 공공데이터를 활용할 수 있습니다. ESP32 보드와 같이 와이파이 기능을 갖춘 장치를 이용하여 공공데이터를 활용하는 것은 사물인터넷 프로젝트의 범위를 확장할 수 있는 좋은 방법입니다.

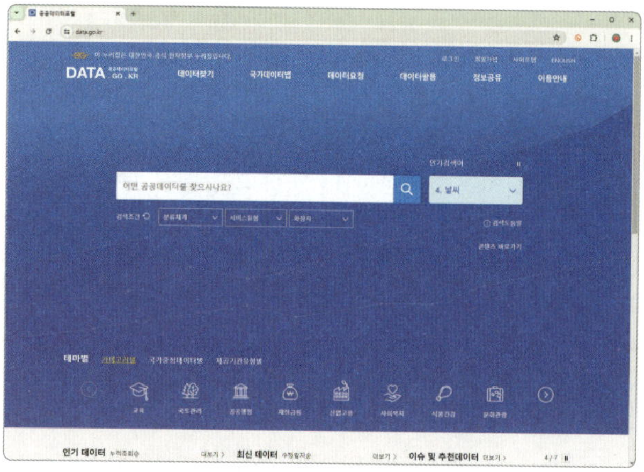

그림 8-3 **공공데이터 포털** © https://www.data.go.kr/

## 공공데이터에 접근하기

대부분의 공공데이터는 무료로 사용할 수 있지만, 일부 데이터는 사용 조건이나 라이센스를 확인해야 합니다. 많은 공공데이터 포털은 API를 통해 데이터에 접근할 수 있는 기능을 제공합니다. API를 사용하면 프로그램에서 직접 데이터를 요청하고 받아올 수 있습니다. API가 제공되지 않는다면 CSV, JSON과 같은 데이터 파일 형태로 다운로드하여 로컬에서 직접 분석하거나, 데이터베이스에 저장할 수 있습니다. 그리고 준비된 데이터를 이용하여 파이썬, R과 같은 프로그래밍 언어를 사용하여 데이터 정제, 필터링, 변환 등의 과정을 거쳐 분석에 적합한 형태로 만들고 데이터를 분석하여 유의미한 정보를 추출합니다. 이 과정에서 통계적 방법, 데이터 시각화, 머신러닝 모델 등을 활용할 수 있습니다. 분석된 데이터를 웹 사이트, 모바일 앱, 사물인터넷 장치 등의 응용 프로그램에 적용하면 사용자에게 유용한 정보를 제공하거나 특정 작업을 자동화할 수 있습니다.

## API의 이해

API(Application Programming Interface)는 소프트웨어 간에 서로 소통할 수 있도록 하는 도구 또는 규약으로 한 프로그램이 다른 프로그램의 기능이나 데이터에 접근할 수 있도록 '중간자' 역할을 합니다. 서로 다른 시스템, 애플리케이션, 라이브러리가 서로 통신하고 데이터를 교환할 수 있는 표준화된 방법을 제공하기 때문에 API는 소프트웨어 개발의 효율성을 높이고, 다양한 시스템 간의 통합을 용이하게 합니다.

### ■ API의 핵심 개념

- **인터페이스(Interface)** 소프트웨어 간의 상호작용을 위한 명확한 방법을 제공합니다. 즉, 어떤 기능을 사용할 수 있는지, 그리고 그 기능을 어떻게 호출해야 하는지에 대한 규칙을 정의합니다.
- **추상화(Abstraction)** API는 복잡한 기능을 단순한 명령으로 추상화하기 때문에 개발자는 복잡한 내부 구조를 자세히 알 필요 없이 원하는 기능을 쉽게 사용할 수 있습니다.
- **캡슐화(Encapsulation)** API는 내부의 복잡한 로직이나 데이터 구조를 숨기고 필요한 기능만 외부에 노출합니다. 이는 소프트웨어의 모듈성과 유지 보수성을 향상합니다.

### ■ API의 사용 예

- 웹 사이트나 애플리케이션에서 사용자가 페이스북, 구글 등의 계정으로 로그인할 수 있는 기능은 해당 서비스의 API를 통해 구현됩니다.
- 구글 맵스 API를 사용하여 웹 사이트나 모바일 앱에 지도를 표시하고, 위치 기반 서비스를 제공할 수 있습니다.
- 금융, 날씨, 교통 등 다양한 공공데이터를 제공하는 API를 활용하여, 데이터 분석이나 시각화를 수행할 수 있습니다.

API는 소프트웨어 개발의 핵심 요소로, 사용자가 더 빠르고 쉽게 프로젝트를 구현할 수 있도록 지원합니다. 다양한 기능과 데이터를 쉽게 접근하고 활용할 수 있게 하므로 더욱 풍부하고 강력한 애플리케이션을 개발할 수 있습니다.

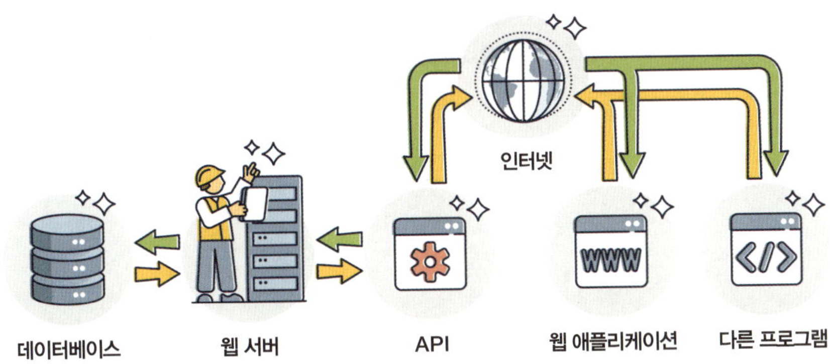


그림 8-4 **API를 통한 데이터 통신 과정**

## 3 ESP32 보드를 이용한 공공데이터 활용 사례

ESP32 보드와 Thonny IDE를 이용하여 공공데이터를 활용한 다양한 프로젝트를 진행할 수 있습니다. 이러한 프로젝트는 사물인터넷을 기반으로 한 솔루션을 제공하며, 공공데이터를 활용하기 때문에 사회적, 경제적 가치를 창출할 수 있습니다.

표 8-1 공공데이터를 활용한 사물인터넷 프로젝트의 사례

| 활용 사례 | 내용 및 프로젝트 목표 |
|---|---|
| 날씨 정보 알리미 | • 날씨 API에 접속하여 현재 날씨 정보를 가져와 LED 또는 LCD 디스플레이를 이용하여 사용자에게 표시한다.<br>• 실시간으로 날씨 정보를 제공하여 날씨에 따른 적절한 대비가 가능하다. |
| 교통 상황 알림 시스템 | • API에 접속하여 도로 혼잡도 및 교통사고 정보를 가져와 LED 매트릭스 또는 부저를 이용하여 사용자에게 알린다.<br>• 교통 상황을 실시간으로 제공하여 이동 계획을 수립할 수 있다. |
| 미세먼지 측정기 | • 미세먼지 센서에서 데이터를 수집하고 공공데이터 API를 통해 추가적인 미세먼지 정보를 가져와 OLED 디스플레이에 표시한다.<br>• 주변 미세먼지 수준을 실시간 제공하여 건강에 유익한 환경을 조성한다. |
| 공공자전거 이용 알리미 | • 공공자전거 스테이션의 대여 가능한 자전거 수를 모니터링하고 사용자에게 대여 가능한 자전거의 수를 알리는 시스템을 구축한다.<br>• 공공자전거를 효율적으로 검색 및 이용할 수 있다. |
| 재난 알림 시스템 | • 재난 관련 공공데이터 API에 접속하여 지진, 홍수, 화재 등의 재난 정보를 실시간으로 가져와 사용자에게 알림을 전송한다.<br>• 재난 상황 발생 시 즉각적으로 경고하여 대피 등의 조치를 알릴 수 있다. |
| 재생 가능 에너지 모니터링 시스템 | • 재생 가능 에너지 발전량을 측정하고, 공공데이터 API를 통해 전력 사용량 데이터를 가져와 사용자에게 실시간으로 전력 사용량 및 재생 가능 에너지 비율을 보여준다.<br>• 에너지 소비 패턴을 시각적으로 제공하여 에너지 절약 및 재생 가능 에너지 이용을 촉진한다. |
| 주변 시설 검색 시스템 | • 주변의 음식점, 병원, 약국 등의 시설 정보를 공공데이터 API를 통해 가져와 OLED 디스플레이에 표시한다.<br>• 주변 시설을 편리하게 검색 및 이용할 수 있다. |
| 스마트 홈 자동화 시스템 | • 공공데이터 API를 통해 날씨 정보를 활용하여 스마트 홈 장치들을 자동으로 제어한다.<br>예 날씨에 따라 창문을 자동으로 열고, 닫는다.<br>• 생활 편의성을 높이고 에너지를 절약할 수 있다. |

# Section 02 날씨 정보 알리미 만들기

이번 장에서는 공공데이터에서 제공하는 날씨 API를 활용하는 프로젝트를 진행합니다. 실시간으로 날씨 정보를 확인할 수 있는 간편한 날씨 정보 알리미를 제작할 것입니다. ESP32 보드에 연결된 OLED 디스플레이에 현재 날씨, 온도, 습도 등의 정보를 실시간으로 표시합니다.

## 1 공공데이터 API 키 발급받기

**01** 'OpenWeatherMap'을 이용하여 날씨 정보를 가져옵니다. 사이트(https://openweathermap.org/)에 접속하여 절차에 따라 회원가입을 완료합니다.

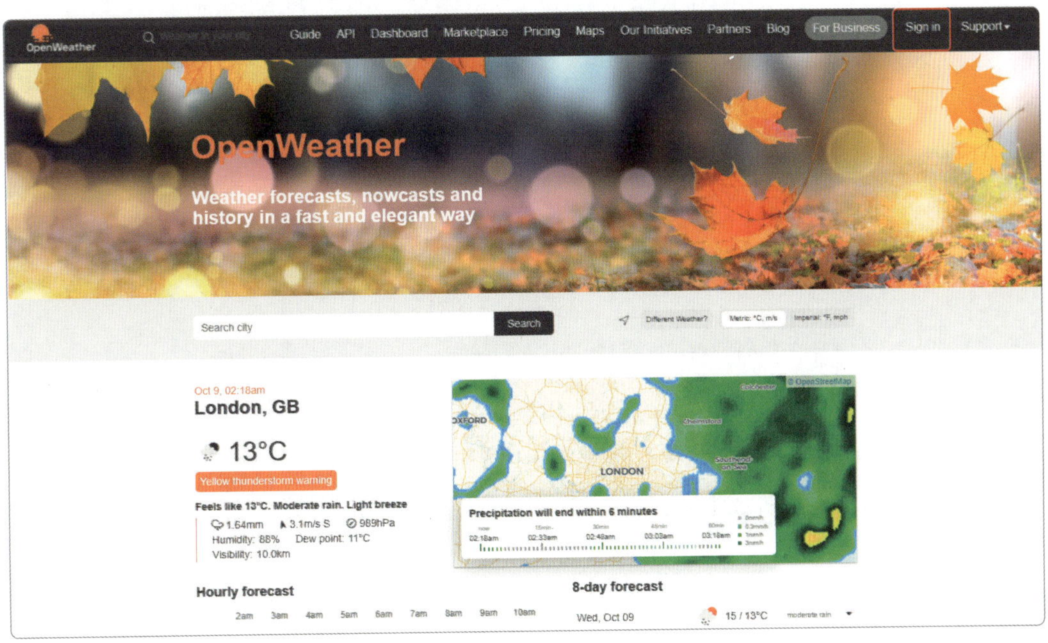

회원가입 시 발송되는 메일을 통해 계정을 인증해야 즉시 API 키를 사용할 수 있습니다.

**02** [API keys]를 클릭하여 API 키를 얻을 수 있는 페이지에 접속합니다.

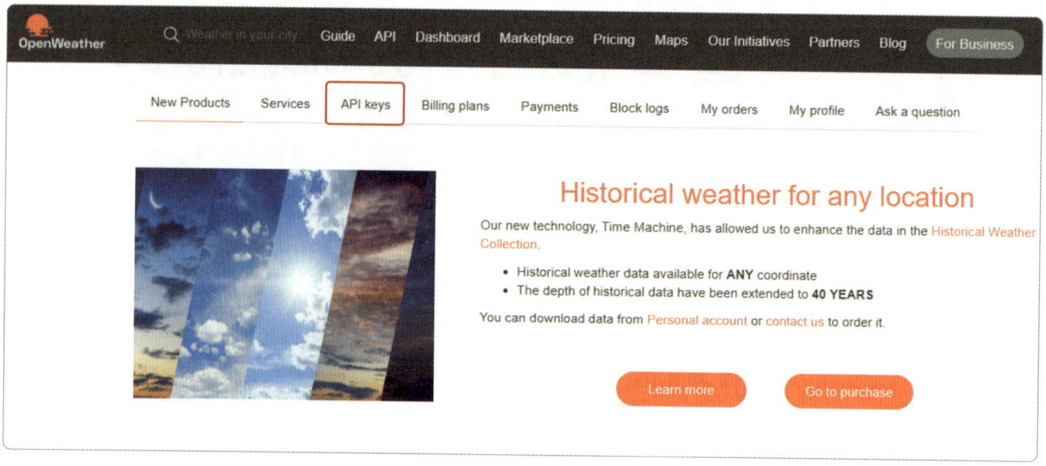


**03** 'key'를 확인한 뒤 복사하여 활용합니다. API 키는 외부에 공유되지 않도록 유의합니다.

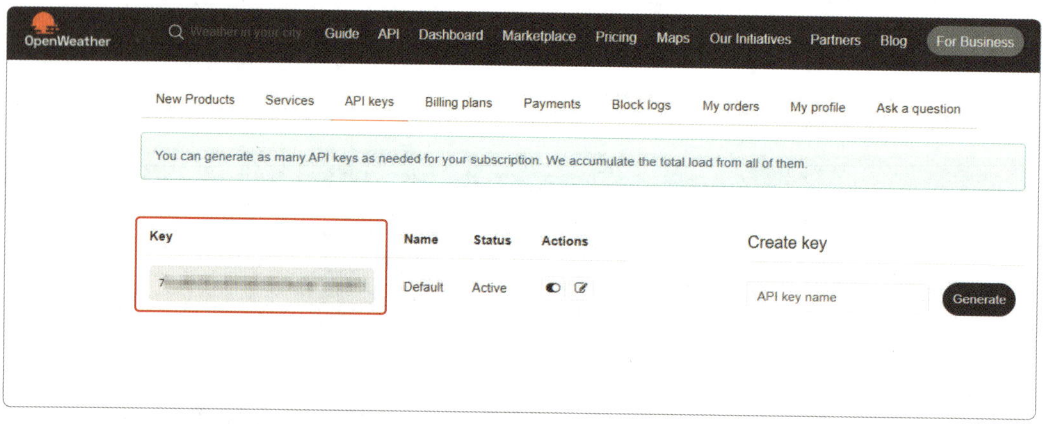


## 2 회로 구성하기

날씨 정보를 OLED에 출력하고 날씨 정보에 따라 네오픽셀의 색깔을 다르게 켜볼 것입니다. OLED와 네오픽셀을 [표 8-2]와 [그림 8-5]를 참고하여 연결합니다.

**표 8-2 OLED와 네오픽셀의 ESP32 보드 핀 연결**

| OLED | SDA | SCL | VCC | GND |
|---|---|---|---|---|
| ESP32 | D21 | D22 | VCC | GND |
| 네오픽셀 | GND | VCC | DI | DO |
| ESP32 | D14G | D14V | D14S | X |

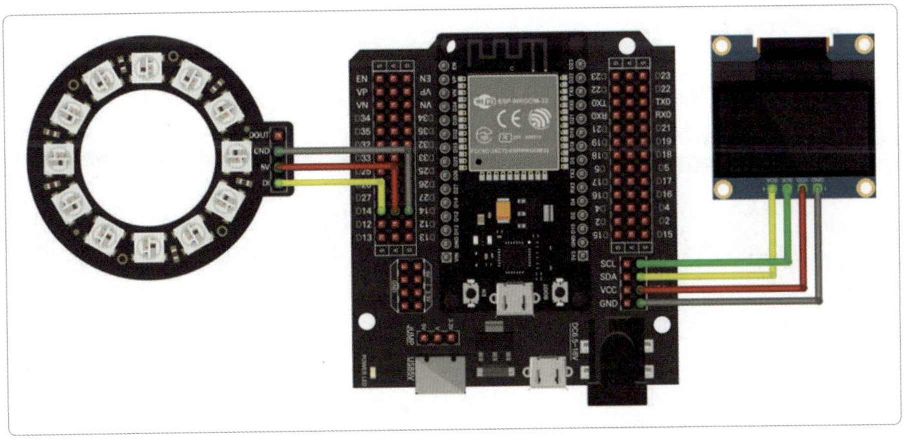

그림 8-5 네오픽셀과 OLED 연결 회로

# 3 날씨 정보 가져오기

## 스크립트 작성하기

Thonny IDE에서 새 파일을 열고 [실습 8-1]의 스크립트를 작성합니다.

실습 8-1 날씨 정보 가져오기 8-1_weatherAPI.py

```
import time
from machine import Pin

try:
    import urequests as requests
except:
    import requests

try:
    import ujson as json
except:
    import json

import network

import esp
esp.osdebug(None)

import gc
```

```
20  gc.collect()
21
22  SSID = 'wifi 이름'
23  PASSWORD = 'wifi 비밀번호'
24
25  city = 'seoul'       # 도시
26  country_code = 'KR'  # 나라
27  open_weather_map_api_key = '자신의 API Key를 입력하세요.'
28
29  station = network.WLAN(network.STA_IF)
30  station.active(True)
31  station.connect(SSID, PASSWORD)
32
33  while station.isconnected() == False:
34      pass
35
36  print('Connection successful')
37  print(station.ifconfig())
38
39  open_weather_map_url = 'http://api.openweathermap.org/data/2.5/weather?q=' + city +
    ',' + country_code + '&APPID=' + open_weather_map_api_key+'&units=metric'
40  weather_data = requests.get(open_weather_map_url)
41  print(weather_data.json())
```

**행별 설명**

**04~07행:** 네트워크 요청을 위해 urequests 모듈을 requests로 임포트하려고 시도합니다. urequests는 마이크로컨트롤러를 위한 경량화된 requests 모듈의 변형으로 만약 urequests가 없다면, 표준 requests 모듈을 임포트합니다. 이 코드는 마이크로컨트롤러 환경과 표준 파이썬 환경 양쪽에서 작동할 수 있게 합니다.

**09~12행:** JSON 데이터를 처리하기 위해 ujson 모듈을 json으로 임포트하려고 시도합니다. ujson은 마이크로컨트롤러용으로 최적화된 json 모듈로 ujson이 없다면 표준 json 모듈을 임포트합니다.

**14행:** network 모듈을 임포트합니다. 이 모듈은 네트워크 연결을 설정하고 관리하는 함수를 제공하고 와이파이 연결을 설정하는 데 사용합니다.

**16~17행:** ESP 모듈에서 디버그 출력을 비활성화하는 명령어입니다. 불필요한 로그 메시지를 출력하지 않도록 설정하여 시리얼 출력의 혼잡을 줄일 수 있습니다.

**19~20행:** gc 모듈을 임포트하여 가비지 컬렉션을 관리합니다. gc.collect()를 호출해 사용하지 않는 메모리를 정리하고, 메모리를 최적화합니다. 이는 마이크로컨트롤러에서 제한된 메모리를 효율적으로 관리하는 데 중요한 역할을 합니다.

위의 코드들은 마이크로컨트롤러에서 네트워크 통신과 데이터 처리를 시작하기 전에 필요한 기본 설정을 수행합니다. 메모리 최적화, 네트워크 및 GPIO 설정 등 마이크로컨트롤러 프로그래밍의 핵심 요소를 포함합니다.

**25~27행:** 날씨 정보를 조회할 도시와 국가 코드, 그리고 'OpenWeatherMap API'를 사용하기 위한 개인 API 키를 설정합니다.

**29~31행:** 와이파이 클라이언트 인터페이스를 초기화합니다. 여기서 STA_IF는 스테이션 인터페이스를 의미하며, ESP32 보드를 와이파이 네트워크의 클라이언트로 동작하게 합니다.

**33~37행:** 마이크로컨트롤러가 네트워크에 성공적으로 연결되었다면 해당 네트워크의 구성 세부 정보를 사용자에게 제공합니다. station.ifconfig() 메서드를 호출하면, 현재 네트워크 인터페이스의 구성 정보를 튜플로 반환합니다. 이 정보에는 IP 주소, 서브넷 마스크, 게이트웨이, DNS 서버 주소 등이 포함됩니다.

**39행:** 'OpenWeatherMap API'에 요청을 보낼 URL을 구성합니다. URL에는 조회할 도시와 국가 코드, 개인 API 키가 포함됩니다. url 구성 마지막에 &units=metric 매개변수를 추가하여 캘빈 온도로 반환되는 값을 섭씨로 표시합니다.

**40행:** requests.get() 함수를 사용하여 구성한 URL로 HTTP GET 요청을 보내고, 응답을 weather_data 변수에 저장합니다.

**41행:** requests.get()을 통해 API로부터 받은 응답에 대해 .json() 메서드를 호출합니다. json() 메서드는 JSON 형식으로 인코딩된 응답 데이터를 파이썬 딕셔너리로 변환합니다. 출력을 통해 도시의 날씨 정보를 확인할 수 있습니다.

[실습 8-1]은 마이크로컨트롤러를 사용하여 인터넷 기반의 API 서비스에 접근하고, 데이터를 처리하는 방법을 보여줍니다. 와이파이 연결부터 API 요청, 데이터 처리까지의 전체 과정을 포함하므로 사물인터넷 프로젝트에서 다양하게 응용될 수 있습니다.

## 실행 결과 살펴보기

[실습 8-1]을 실행한 파이썬 출력 결과에는 'OpenWeatherMap API'를 통해 받아온 날씨 정보가 딕셔너리 형태로 표시되어 있습니다. 여기서 각 키는 데이터의 이름을 나타내고, 해당 키에 할당된 값은 저장된 데이터 정보를 나타냅니다.

```
MPY: soft reboot
Connection successful
('192.168.0.80', '255.255.255.0', '192.168.0.1', '210.220.163.82')

{'timezone': 32400, 'cod': 200, 'dt': 1716866863, 'base': 'stations', 'weather': [{'id': 800, 'icon': '01d', 'main': 'Clear', 'description': 'clear sky'}], 'sys': {'country': 'KR', 'sunrise': 1716840860, 'sunset': 1716893084, 'id': 8105, 'type': 1}, 'name': 'Seoul', 'clouds': {'all': 0}, 'coord': {'lon': 126.9778, 'lat': 37.5683}, 'visibility': 10000, 'wind': {'speed': 3.09, 'deg': 30}, 'id': 1835848, 'main': {'feels_like': 30.15, 'pressure': 1006, 'temp_min': 25.65, 'humidity': 48, 'temp_max': 32.15, 'temp': 30.19}}
```

- **timezone** UTC로부터의 시간 오프셋을 나타냅니다.
- **cod** API 응답의 상태 코드입니다. '200'은 요청이 성공적으로 처리되었음을 의미합니다.
- **dt** 데이터의 타임스탬프로, 요청이 처리된 시점을 UNIX 시간으로 나타냅니다.
- **base** 데이터가 어떤 기지국에서 온 것인지를 나타냅니다.
- **weather** 날씨에 대한 정보가 배열 안에 객체 형태로 담겨 있습니다. 여기에는 날씨 상태, 아이콘 코드, 주요 날씨 상태명, 상세 설명이 포함됩니다.
- **sys** 시스템 관련 정보, 국가 코드, 일출과 일몰 시간 등이 담겨 있습니다.
- **name** 요청된 도시의 이름입니다.
- **main**: 기본 날씨 정보로 현재 온도, 체감 온도, 기압, 습도 등을 포함합니다.

## ifconfig() 네트워크 인터페이스의 구성 정보

[실습 8-1]의 37행에 사용한 `ifconfig()`는 네트워크 인터페이스의 구성을 확인하거나 설정하는 함수입니다. 일반적으로 이 함수는 네트워크 인터페이스의 IP 주소, 서브넷 마스크, 게이트웨이 및

기타 네트워크 구성 정보를 확인하는 데 사용합니다. 이 정보는 네트워크에 성공적으로 연결되었을 때 해당 장치의 네트워크 구성을 나타냅니다.

- **IP 주소(IPv4 Address)** 장치가 네트워크에서 고유하게 식별되는 주소입니다. 인터넷 프로토콜 버전 4(IPv4) 주소는 32비트로 구성되며, 네트워크 상에서 특정 장치를 식별하는 데 사용됩니다. 일반적으로 'xxx.xxx.xxx.xxx' 형식입니다.
- **서브넷 마스크(Subnet Mask)** IP 주소를 네트워크와 호스트(식별 가능한 장치)로 나누는 데 사용합니다. IP 주소와 서브넷 마스크를 AND 연산하면 네트워크 주소를 얻을 수 있습니다. 서브넷 마스크는 네트워크의 크기와 구조를 나타내며, 'xxx.xxx.xxx.xxx' 형식입니다.
- **게이트웨이(Gateway)** 연결된 네트워크의 게이트웨이 또는 라우터의 IP 주소입니다. 게이트웨이는 한 네트워크에서 다른 네트워크로 데이터를 전달하는 역할을 합니다. 이것은 무선 장치가 외부 네트워크 또는 인터넷과 통신할 수 있도록 하는 중요한 구성요소입니다.
- **DNS 서버(DNS Server)** Domain Name System 서버의 IP 주소입니다. 이 서버는 도메인 이름을 IP 주소로 해석하는 데 사용합니다.

**여기서 잠깐** **ESP32 보드를 네트워크에 연결하기**

ESP32 보드를 이용하여 와이파이 네트워크에 연결하는 일반적인 마이크로파이썬 코드입니다. 와이파이 프로젝트에서 기본적으로 사용하는 코드이므로 잘 이해하여 사용합니다.

```
import network
SSID = 'Wi-Fi 이름'
PASSWORD = 'Wi-Fi 비밀번호'

station = network.WLAN(network.STA_IF)
station.active(True)
station.connect(SSID, PASSWORD)

while station.isconnected() == False:
    pass
print('Connection successful')
print(station.ifconfig())
```

## 4 날씨 정보를 하드웨어로 출력하기

### 스크립트 작성하기

이제 원하는 지역의 날씨를 가져와 OLED에 출력하고 날씨 정보에 따라 네오픽셀의 색을 변경하는 스크립트를 [실습 8-2]와 같이 작성합니다.

**실습 8-2 원하는 날씨 정보를 OLED에 출력하기** 8-2_weatherstation.py

```
import time
from neopixel import NeoPixel
from machine import Pin, SoftI2C
import ssd1306

try:
    import urequests as requests
except:
    import requests
try:
    import ujson as json
except:
    import json
import network
import esp
esp.osdebug(None)
import gc
gc.collect()

pin = Pin(14, Pin.OUT)
np = NeoPixel(pin, 12)
i2c = SoftI2C(sda=Pin(21), scl=Pin(22))
display = ssd1306.SSD1306_I2C(128, 64, i2c)

SSID = 'wifi 이름'
PASSWORD = 'wifi 비밀번호'
city = 'seoul'
country_code = 'KR'

open_weather_map_api_key = '자신의 API Key를 입력하세요.'
station = network.WLAN(network.STA_IF)

station.active(True)
```

```
station.connect(SSID, PASSWORD)

while station.isconnected() == False:
    pass

print('Connection successful')
print(station.ifconfig())

while True:
    open_weather_map_url = 'http://api.openweathermap.org/data/2.5/weather?q=' + city + ',' + country_code + '&APPID=' + open_weather_map_api_key+'&units=metric'
    weather_data = requests.get(open_weather_map_url)

    description = weather_data.json().get('weather')[0].get('main')
    print(description)
    temperature = weather_data.json().get('main').get('temp')
    print(temperature)
    humidity = weather_data.json().get('main').get('humidity')
    print(humidity)

    display.text('Weather : ', 10, 0, 1)
    display.text(description, 40, 12, 1)
    display.text('Temp : ', 10, 36, 1)
    display.text(str(int(temperature))+ '*C', 50, 36, 1)
    display.text('Humi : ', 10, 48, 1)
    display.text(str(humidity) + '%', 50, 48, 1)

    display.show()
    display.fill(0)

    if description == 'Clear':
        for i in range(0, 12):
            np[i] = (0, 0, 255)
    elif description == 'Rain':
        for i in range(0, 12):
            np[i] = (255, 0, 255)
    elif description == 'Snow':
        for i in range(0, 12):
            np[i] = (255, 255, 255)
    elif description == 'Clouds':
        for i in range(0, 12):
```

```
74                np[i] = (0, 255, 255)
75        else:
76            for i in range(0, 12):
77                np[i] = (0, 0, 0)
78
79        np.write()
80        time.sleep(10)
```

**행별 설명**

**42~44행:** 'OpenWeatherMap API'에 요청을 보낼 url의 구성과 그 url로부터의 데이터 수신을 while 문에 포함하여 지속적으로 날씨 정보를 업데이트할 수 있도록 합니다.

**46~51행:** 날씨 정보를 추출하기 위해 url로부터 요청하여 받은 JSON 데이터를 딕셔너리로 파싱한 weather_data에서 원하는 데이터를 추출합니다.

파싱(Parsing)이란 구조화된 데이터를 읽고 이해할 수 있는 형태로 변환하는 과정입니다. 일반적으로 JSON, XML 등의 데이터 형식을 파이썬 딕셔너리와 같은 데이터 구조로 변환하여, 특정 키를 사용해 필요한 값을 추출할 때 사용합니다. 이 과정은 데이터를 더 쉽게 다루고 분석할 수 있도록 돕습니다.

## 데이터 추출하기

weather_data에서 데이터와 '키 : 값'은 다음과 같으며, weather, sys, name, main 객체에서 원하는 데이터를 선택하면 됩니다.


```
'timezone': 32400,
'cod': 200,
'dt': 1716866863,
'base': 'stations',
'weather': [{'id': 800, 'icon': '01d', 'main': 'Clear', 'description': 'clear sky'}],
'sys': {'country': 'KR', 'sunrise': 1716840860, 'sunset': 1716893084, 'id': 8105, 'type': 1},
'name': 'Seoul',
'clouds': {'all': 0},
'coord': {'lon': 126.9778, 'lat': 37.5683}, 'visibility': 10000, 'wind': {'speed': 3.09,
'deg': 30},
'id': 1835848,
'main': {'feels_like': 30.15, 'pressure': 1006, 'temp_min': 25.65, 'humidity': 48, 'temp_
max': 32.15, 'temp': 30.19}
```

■ **서울의 현재 날씨 상태, 온도, 습도 추출하기**

서울의 현재 날씨 상태, 온도, 습도를 추출하고자 한다면 다음과 같이 해당 키에 접근할 수 있습니다.

```
'weather': [{'id': 800, 'icon': '01d', 'main': 'Clear', 'description': 'clear sky'}],
'main': {'feels_like': 30.15, 'pressure': 1006, 'temp_min': 25.65, 'humidity': 48, 'temp_
max': 32.15, 'temp': 30.19}
```

키가 'weather'인 값의 자료 형태는 요소가 1개인 리스트입니다. 또한 리스트의 첫 번째 인덱스 자료의 형태도 딕셔너리이므로 다시 키가 'main'인 Value 값 'Clear'를 가져옵니다.

```
weather[0]['main']
```

키가 'main'인 값은 자료 형태도 딕셔너리입니다. 온도 값을 가져오기 위해 값에서 키가 'temp'인 30.19를 가져옵니다. 습도 값은 'humidity'의 값인 48을 가져옵니다.

```
현재 온도: main['temp']
습도: main['humidity']
```

**53~77행:** 추출한 날씨 정보를 OLED에 출력하고 날씨 상태에 따른 조건문을 작성하여 네오픽셀의 색을 다르게 켭니다. 출력된 상태에 따라 OLED 출력과 네오픽셀의 색상을 확인할 수 있습니다.

```
MPY: soft reboot
Connection successful
('192.168.0.78', '255.255.255.0', '192.168.0.1', '210.220.163.82')
Clear
30.19
48
```

## 실행 결과

▪ ESP32 보드

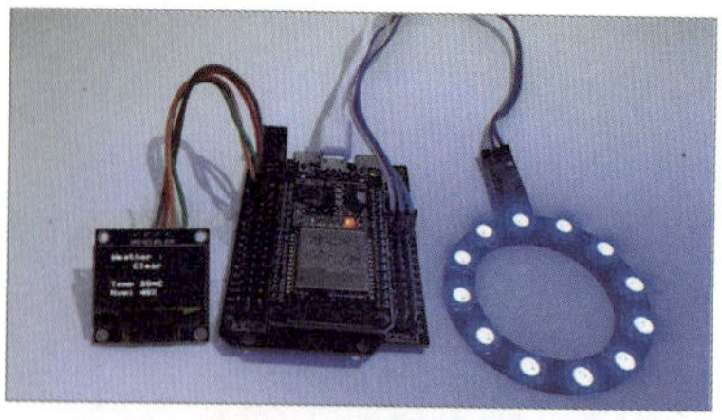

▪ 파이파이 램프

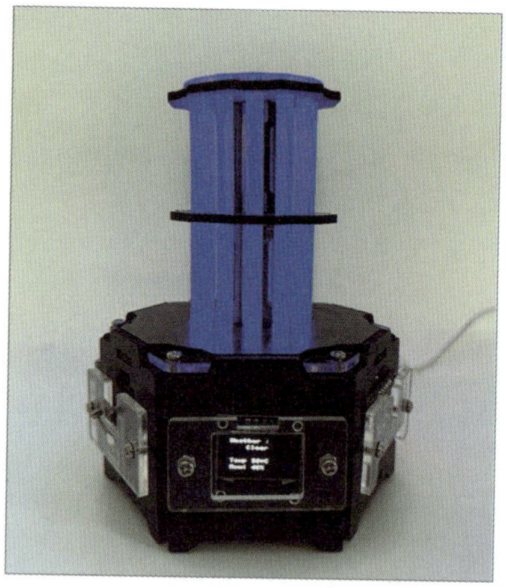

날씨의 종류는 Thunderstorm, Drizzle, Rain, Snow, Atmosphere, Clear, Clouds, Extreme, Additional 등이 있으며 사이트(http://openweathermap.org/weather-conditions)에서 확인할 수 있습니다.

### 여기서 잠깐 JSON

**JSON(JavaScript Object Notation)**은 데이터를 저장하고 교환하는 데 널리 사용되는 경량의 텍스트 기반 표준 포맷입니다. JSON은 더글라스 크록포드(Douglas Crockford)에 의해 개발되었고, 자바스크립트 프로그래밍 언어의 객체 표기법에서 파생되었습니다. 하지만 자바스크립트뿐만 아니라 파이썬, 루비(Ruby), 자바 등 많은 프로그래밍 언어에서 쉽게 사용될 수 있습니다.

JSON에서는 객체를 중괄호 `{}`로 둘러싸고, 이름과 값은 콜론(`:`)으로 구분합니다. 예를 들어, `{"name": "John", "age": 30}`는 `'name'`과 `'age'`라는 두 개의 이름과 값, 쌍을 포함하는 JSON 객체입니다.

`weather_data.json()` 코드의 결과물은 파이썬의 딕셔너리입니다. `.json()` 메서드는 내부적으로 JSON 형식의 문자열을 파이썬의 딕셔너리 객체로 변환합니다. 그래서 출력 결과는 파이썬 딕셔너리로 변환된 것을 보여줍니다. 이 딕셔너리는 파이썬에서 직접적으로 접근하고 조작할 수 있는 자료형이며, 키-값 쌍으로 데이터에 접근할 수 있습니다.

# Section 03 컬러 센서로 데이터 수집하기

## 1 컬러 센서의 이해

컬러 센서는 색상을 감지하는 센서로 주변 환경의 빛을 측정하여 다양한 색을 식별할 수 있으며, 주변 환경의 밝기에 따라 색상 감지 수준을 조절할 수 있습니다.

### 컬러 센서의 색상 측정 원리

[그림 8-6]은 컬러 센서가 색상을 감지하는 원리를 시각적으로 설명합니다. 빛이 컬러 센서로 들어가면 빛을 구성하는 기본 색상인 빨간색, 초록색, 파란색으로 분리합니다. 빛이 센서의 각 필터를 통과할 때 해당 필터는 특정한 파장의 빛만 통과시킵니다. 예를 들어, 빨간색 필터는 빨간색 빛만 통과시키고, 나머지 색상은 차단합니다.

필터를 통과한 빛은 센서 내의 개별 광 다이오드에 도달합니다. 광 다이오드는 특정 파장의 빛을 감지하여 전기 신호로 변환합니다. 광 다이오드에서 생성된 전기 신호는 아날로그-디지털 변환기를 통해 디지털 신호로 변환되고 센서는 감지된 빛의 강도에 따라 RGB 값을 출력합니다. 이 RGB 값은 우리가 눈으로 보는 색상을 숫자로 표현한 것입니다.

최종적으로, 센서가 계산한 RGB 값은 I2C 인터페이스를 통해 마이크로컨트롤러나 컴퓨터로 전송되어 외부 장치가 색상 데이터를 사용할 수 있게 됩니다. 이 과정으로 컬러 센서는 주변 환경의 색상을 정확하게 감지하고, 디지털 신호로 변환한 정보는 다양한 응용 분야에 활용할 수 있습니다.

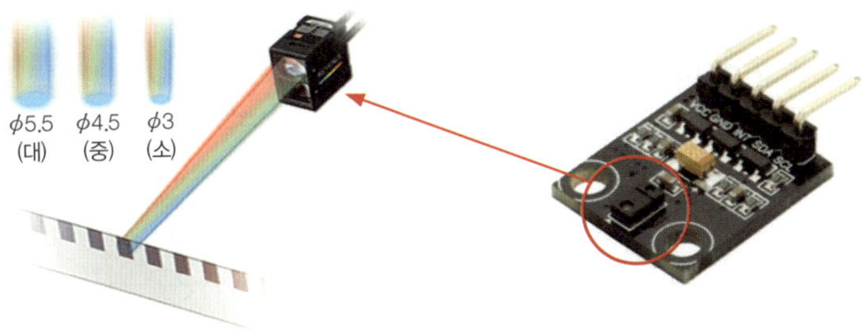


그림 8-6 컬러 센서의 색상 측정 원리

## 2 회로 구성하기

사용할 TCS34725 컬러 센서입니다. [표 8-3]을 참고하여 ESP32 보드와 연결합니다.

그림 8-7 **TCS34725 컬러 센서의 구성**

표 8-3 **컬러 센서와 ESP32 보드의 핀 연결**

| 컬러 센서 | GND | 3.3V | SCL | SDA |
|---|---|---|---|---|
| ESP32 | GND | 3.3V | D16S | D17S |

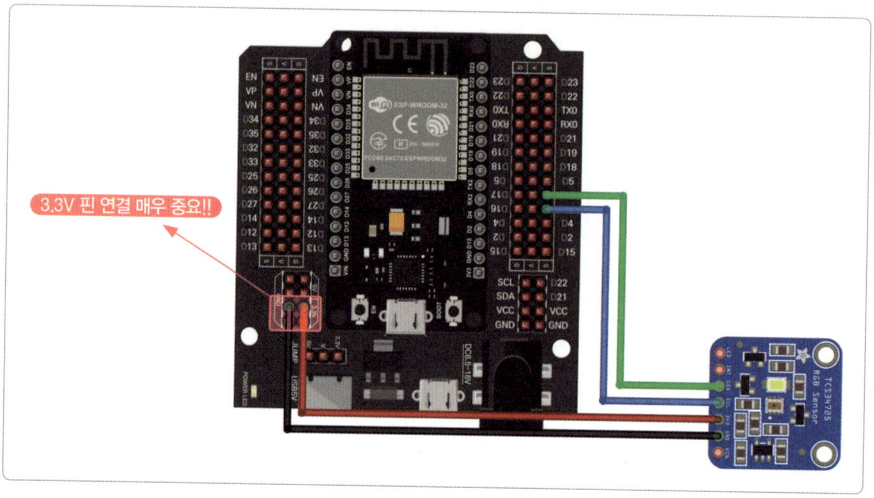


그림 8-8 **컬러 센서 연결 회로**

## 3 라이브러리 설치하기

TCS34725 컬러 센서의 'tcs34725' 라이브러리를 추가로 설치합니다. 이 라이브러리는 TCS34725 센서와 상호작용하기 위한 다양한 클래스와 함수를 제공합니다.

**01** 먼저 [도구]-[패키지 관리]를 선택합니다.

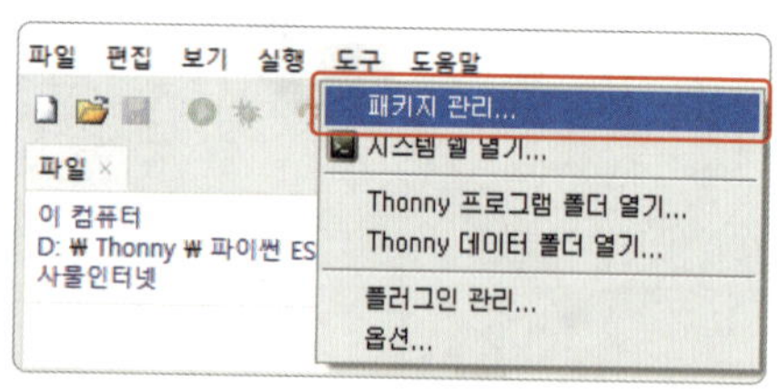

**02** ‘tcs34725’를 검색한 후 ‘tcs34725’를 클릭하여 설치합니다.

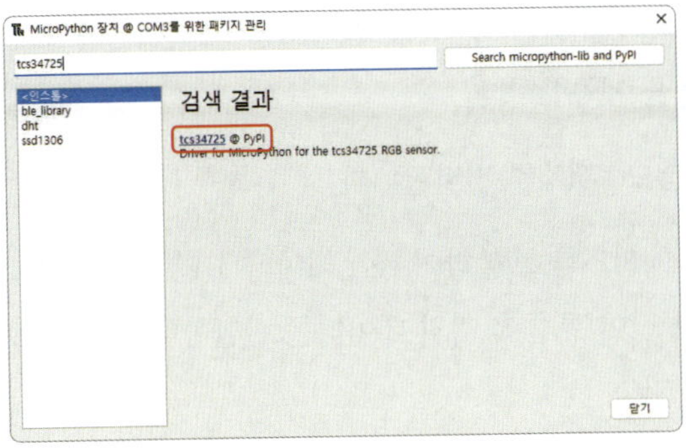


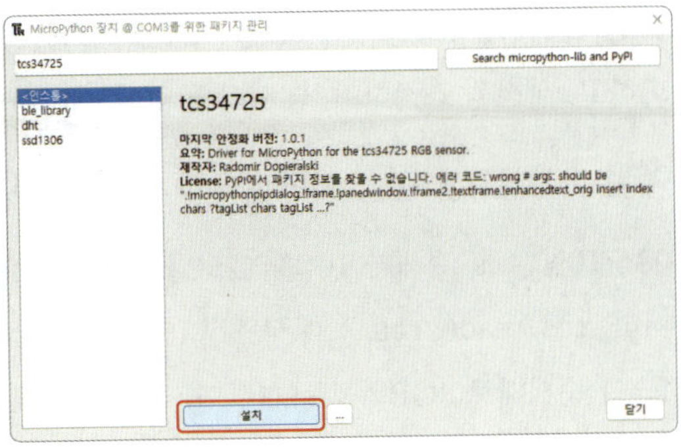


**03** 마이크로파이썬 장치에서 ‘lib’폴더가 생성되고 폴더 안에 ‘tcs34725.py’ 라이브러리가 설치되어 있음을 확인합니다.

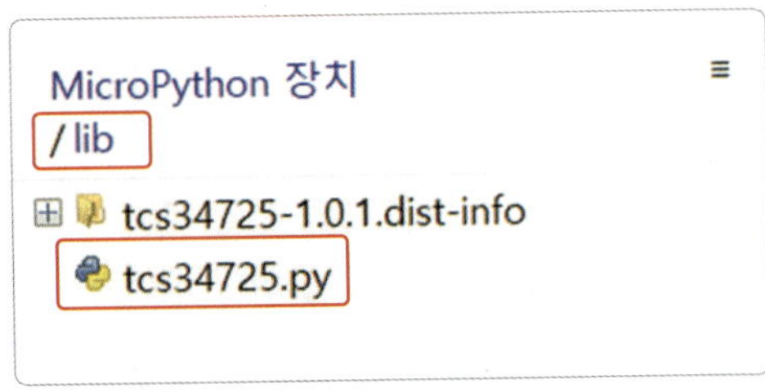


# 4 색상 데이터 활용하기

## 색상 데이터 읽기

컬러 센서를 이용하여 RGB 색상 데이터를 읽어보도록 하겠습니다. [실습 8-3] 스크립트를 작성하고 실행합니다.

**실습 8-3 색상 데이터 읽기** 8-3_Color_01.py

```
from machine import Pin, SoftI2C
from tcs34725 import TCS34725
from time import sleep

i2c = SoftI2C(scl=Pin(16), sda=Pin(17))
tcs = TCS34725(i2c)

while True:
    print('rgb: {} '.format(tcs.read('rgb')))
    sleep(1)
```

**행별 설명**

**02행:** tcs34725 모듈에서 TCS34725 클래스를 임포트합니다. 이 클래스는 TCS34725 센서를 초기화하고, 설정을 조정하며, 데이터를 읽어오는 기능을 제공합니다.

**06행:** TCS34725 객체 `tcs`를 생성하고 앞서 설정한 i2c 객체를 전달합니다.

**08~10행:** `tcs` 객체가 TCS34725 클래스의 `read` 메서드를 호출하여 rgb 데이터를 읽어와 출력합니다. `tcs.read('rgb')` 메서드는 `(2, 2, 1, 5)`과 같이 튜플 형태의 데이터를 반환합니다. `(2, 2, 1, 5)` 순서대로 RGB와 Clear(투명) 값을 포함합니다.

```
tcs.read('rgb')
```

그림 8-9 **컬러 센서로 색상 값 읽기**

컬러 센서에 측정하고 싶은 색상의 카드, 물건 등을 가져다 대고 쉘 창에서 결과를 확인합니다. 다음은 빨간색 색상 카드를 제시하고 약 3~5cm 사이에서 측정한 결과입니다.

**실행 결과**

```
쉘
MPY: soft reboot
rgb: (2, 2, 1, 5)
rgb: (2, 2, 1, 5)
rgb: (2, 2, 1, 5)
rgb: (2, 2, 1, 5)
```

- **첫 번째 값(2)** 빨간색(Red) 채널의 값
- **두 번째 값(2)** 녹색(Green) 채널의 값
- **세 번째 값(1)** 파란색(Blue) 채널의 값
- **네 번째 값(5)** 클리어(Clear) 채널의 값

컬러 센서의 출력값은 16비트 정수로, 각 채널의 범위는 0에서 65535까지입니다. 따라서 (2, 2, 1, 5)라는 출력은 전체 범위에서 매우 낮은 값에 해당하여 RGB 색상 차이가 거의 나타나지 않습니다. 이럴 때에는 센서가 감지한 신호의 강도를 증폭시키고 수집하는 시간을 조절하여 센서가 다양한 환경에서 더 정확하고 유효한 데이터를 수집할 수 있도록 해야합니다.

## 유효한 색상 데이터 읽기

증폭(Gain)과 측정 시간(Integration Time)을 설정하여 유효한 색상 데이터를 읽을 수 있습니다. 증폭은 TCS34725 라이브러리의 `gain` 메소드를, 측정 시간은 `integration_time` 메소드를 사용합니다. [표 8-4]의 증폭과 측정 시간의 사용 상황과 기대효과, 설정값의 범위를 알아봅시다.

표 8-4 **증폭과 측정 시간 설정에 따른 기대효과**

| 구분 | 사용 상황과 기대효과 | 설정값의 범위 |
|---|---|---|
| 증폭 | • 어두운 환경이나 반사율이 낮은 물체를 측정하여 신호가 약할 때 증폭을 증가시키면 작은 변화에도 센서의 감도를 높일 수 있어 신호를 더 명확히 감지할 수 있다.<br>• 단, 증폭값이 커질수록 노이즈 값도 커져 정확도가 떨어질 수도 있다.<br>예 증폭값이 1에서 4로 변경되면, 같은 빛 강도에서 출력값이 약 4배 정도 증가한다. | 1(기본값 No gain), 4, 16, 60 |
| 측정 시간 | • 측정 시간을 길게 설정하면 더 많은 빛을 수집하여 어두운 환경에서 색상을 잘 측정할 수 있어 정확한 측정이 가능하다.<br>• 단, 값이 커질수록 센서 측정 시간이 길어져 센서 동작 속도가 느려질 수 있다.<br>예 2.4ms에서 24ms로 증가하면, 이론적으로 센서가 수집하는 빛의 양이 10배가 되므로 출력값도 약 10배 증가할 수 있다. 그러나 실제 값은 조명 조건, 노이즈, 센서의 포화 상태 등 여러 요인에 따라 달라질 수 있다. | 2.4ms(기본값)~614.4ms |

[그림 8-10]과 [표 8-4]를 참고하여 증폭과 측정 시간을 조절한 뒤 색상 값을 다시 측정합니다.

```
tcs.gain(증폭 값), tcs.intergration_time(측정 시간)
```

그림 8-10 **증폭과 측정 시간 설정하기**

**실습 8-4 증폭과 측정 시간을 조절하여 색상 데이터 읽기** 8-4_Color_02.py

```python
from machine import Pin, SoftI2C
from tcs34725 import TCS34725
from time import sleep

i2c = SoftI2C(scl=Pin(16), sda=Pin(17))
tcs = TCS34725(i2c)

tcs.gain(4)
tcs.integration_time(240)

while True:
    print('rgb: {} '.format(tcs.read('rgb')))
    sleep(1)
```

**행별 설명**

**08행:** 증폭 값을 4로 설정합니다.

**09행:** 측정 시간을 240ms로 설정합니다.

다시 빨간색 색상 카드를 컬러 센서에 측정하면 처음 RGB를 측정하였을 때보다 빨간색 값이 증가하여 색상 값이 조금 더 유효하고 명확하게 측정된 것을 알 수 있습니다.

**실행 결과**

```
MPY: soft reboot
rgb: (789, 342, 263, 1390)
rgb: (784, 340, 262, 1381)
rgb: (779, 339, 261, 1376)
rgb: (798, 352, 272, 1423)
rgb: (883, 376, 288, 1541)
```

## 색상 데이터로 네오픽셀 제어하기

컬러 센서를 이용하여 제시된 색상의 RGB 값을 읽고 그 중 가장 혼합 비율이 높은 색상으로 네오픽셀의 LED 색을 제어합니다. 네오픽셀의 회로는 282~3페이지 [표 8-2]와 [그림 8-5]를 참고하여 연결합니다.

**실습 8-5** 색상 데이터로 네오픽셀 제어하기 8-5_Color_03.py

```
from machine import Pin, SoftI2C
from tcs34725 import TCS34725
from neopixel import NeoPixel
from time import sleep
i2c = SoftI2C(scl=Pin(16), sda=Pin(17))
tcs = TCS34725(i2c)
npPin = Pin(14, Pin.OUT)
np = NeoPixel(npPin, 12)
tcs.gain(4)
tcs.integration_time(240)

def RGB_read():
    value = tcs.read('rgb')
```

```
14        print('rgb: {} '.format(value))
15
16        max_value = max(value[0:3])
17        color_index = value.index(max_value)
18        print('color_index: ', color_index)
19        return color_index
20
21    while True:
22        color_index = RGB_read()
23
24        if color_index == 0:
25            for i in range(0, 12):
26                np[i] = (255, 0, 0)
27
28        elif color_index == 1:
29            for i in range(0, 12):
30                np[i] = (0, 255, 0)
31
32        elif color_index == 2:
33            for i in range(0, 12):
34                np[i] = (0, 0, 255)
35
36        np.write()
37        sleep(2)
```

**행별 설명**

**12~19행:** RGB 값을 읽어오는 함수를 정의하여 TCS34725 센서에서 RGB 값을 읽어옵니다. value[0:3]는 (R, G, B) 튜플의 부분을 의미합니다. max 명령문으로 value에서 가장 값이 높은 인덱스를 찾습니다. 그리고 그 값을 color_index 값으로 반환합니다. 여기서 투명도 값을 포함하지 않기 위해 인덱스 값은 0~2만 비교하고 가장 강한 색상의 인덱스를 결정합니다.

**21~37행:** RGB_read()의 반환값을 color_index에 저장하고 color_index가 0(빨강), 1(녹색), 2(파랑)인 경우에 따라 네오픽셀의 모든 LED를 해당 색상으로 설정합니다.

다양한 색상 카드를 컬러 센서에 가져다 대고 네오픽셀이 제어되는 색을 살펴봅니다. 가장 강한 색상 데이터를 기준으로 네오픽셀 LED의 색상이 결정되어 제어되는 것을 알 수 있습니다.

```
MPY: soft reboot
rgb: (1484, 5183, 8610, 15832)
color_index:  2
rgb: (2432, 826, 650, 3839)
color_index:  0
rgb: (2362, 9591, 4218, 16872)
color_index:  1
```

그림 8-11 색상 카드에 따른 쉘 창의 결과

### 실행 결과

- ESP32 보드

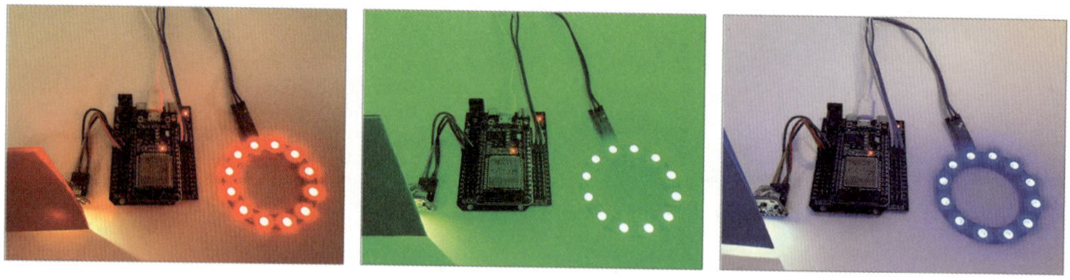

- 파이파이 램프

Section

04

# 색상 분류 모델 만들기

이번 절에서는 ESP32 보드와 컬러 센서로 색상 값을 수집한 뒤 이 데이터를 머신러닝으로 학습시켜 새로운 색상을 분류하는 모델을 생성할 것입니다. 이때 오렌지3(Orange3)라는 인공지능 데이터 분석 툴을 이용합니다. 이번 프로젝트 실습은 데이터 분석의 기본 과정을 쉽게 이해하고 머신러닝에 대한 지식과 기술을 향상할 수 있는 계기가 될 것입니다.

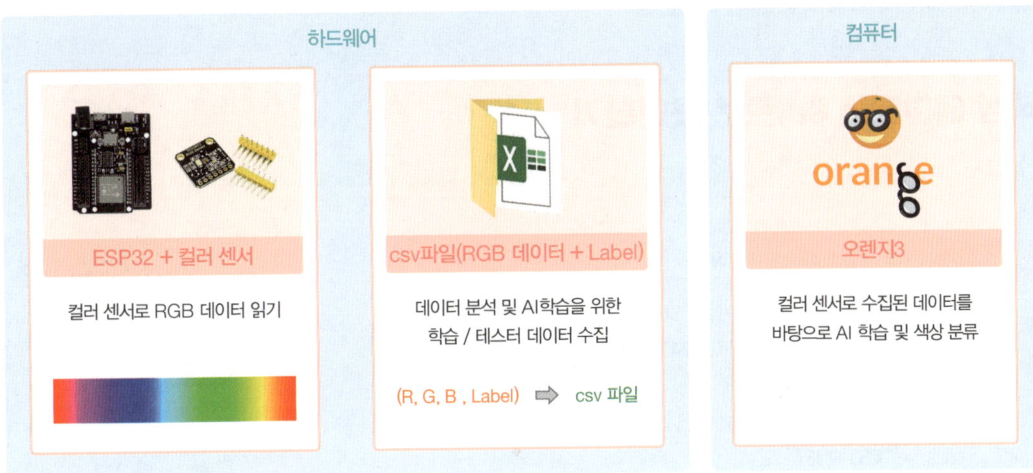


그림 8-12 **색상 분류 모델 제작 개요**

## 1 색상 데이터 읽기

오렌지3를 이용하여 다양한 색상을 분류하는 인공지능 모델을 만드는 첫 번째 단계로 컬러 센서를 활용해 색상 데이터를 읽어야 합니다.

그런데 3절의 실습에서 사용한 RGB 값은 16비트로 표현된 값으로 각 채널은 0에서 65535 사이의 값을 가집니다. HTML에서 흔히 사용되는 색상 표현 방식은 8비트 값이므로, RGB 값의 각 채널을 0에서 255 사이의 값으로 표현하는 것이 좋습니다.

이때 사용하는 `html_rgb` 함수는 센서에서 읽어온 16비트 형태의 RGB 원시 데이터값을 8비트 형태의 RGB 값으로 변환하는 유틸리티 함수입니다. 유틸리티 함수란 특정 작업을 간편하게 처리하기 위해 설계된 보조 함수로, 이 경우 16비트 데이터를 8비트 데이터로 변환하는 역할을 합니다.

예를 들어, (32768, 49152, 65535)이라는 16비트 RGB 값을 `html_rgb` 함수에 전달하면, 이 함수는 (128, 192, 255)와 같이 8비트로 축소된 값으로 변환합니다. 이 값은 HTML에서 사용되는 RGB 형식으로 표현될 수 있습니다. 그리고 RGB 중 가장 큰 값을 기준으로 정규화 과정을 거쳐 색상 데이터를 일정한 범위로 조절하고 일관된 비율로 표현하여 사용합니다.

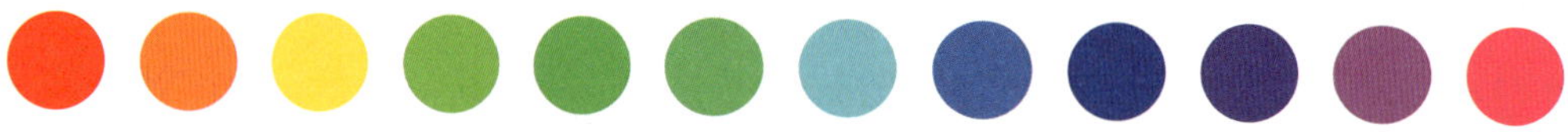

|   |   |   |   |   |   |   |   |   |   |   |   |   |
|---|---|---|---|---|---|---|---|---|---|---|---|---|
| R | 255 | 255 | 255 | 125 | 0 | 0 | 0 | 0 | 0 | 125 | 255 | 255 |
| G | 0 | 125 | 255 | 255 | 255 | 255 | 255 | 125 | 0 | 0 | 0 | 0 |
| B | 0 | 0 | 0 | 0 | 0 | 125 | 255 | 255 | 255 | 255 | 255 | 125 |

그림 8-13 **8비트 색상 데이터로 표현한 색상표**

## 색상 데이터를 8비트로 표현하기

[실습 8-6]으로 16비트 RGB 값을 8비트 RGB 값으로 변환합니다.

**실습 8-6 RGB 값을 8비트로 표현하기** 8-6_Color_04.py

```
from machine import Pin, SoftI2C
from tcs34725 import TCS34725, html_rgb

i2c = SoftI2C(scl=Pin(16), sda=Pin(17))
tcs = TCS34725(i2c)

tcs.gain(4)
tcs.integration_time(240)

def read_color():
    R, G, B = tuple(int(item) for item in html_rgb(tcs.read(True)))

    max_color = max(R, G, B)
    color_base = 255 / max_color if max_color != 0 else 0
    R, G, B = (int(color_base * R), int(color_base * G), int(color_base * B))
    return R,G,B
print(read_color())
```

**행별 설명**

**10~11행:** 컬러 센서에서 읽은 RGB 값을 처리하여 가장 강한 색상 성분을 찾고, 이를 정규화하여 반환하는 과정을 수행하는 `read_color()` 함수를 정의합니다. `tcs.read(True)`는 TCS34725 센서에서 측정한 원시 RGB 값으로, 16비트로 구성된 튜플입니다. 세 개의 원소가 있으며 각각 Red, Green, Blue 색상 채널의 강도를 나타내며 각 채널은 0부터 65535 사이의 값을 가질 수 있습니다. 그러나 `html_rgb` 함수에 의해 값이 0부터 255까지의 8비트로 축소된 형태로 반환됩니다.

```
html_rgb(tcs.read(True))
```

그림 8-14 **16비트 값을 8비트로 변환하기**

**13~14행:** `max` 함수를 이용하여 R, G, B 값 중 가장 큰 값을 찾아 `max_color`에 저장합니다. 최대 색상 값을 기준으로 색상 비율을 구하기 위해 최댓값이 0이 아니면 255를 최댓값으로 나누어주고 0이면 `color_base`를 0으로 설정합니다. 이것은 색상 값을 정규화하기 위해 가장 밝은 색상이 255에 도달하도록 모든 색상 값을 조절하는 것입니다.

**15행:** 각각의 RGB 값에 `color_base`를 곱하여 새로운 R, G, B 값을 계산합니다. 이는 가장 큰 값이 255가 되도록 하여 색상 강도를 표준화하는 과정입니다. 예를 들어, `max_color`가 100이라고 가정하고, `color_base`를 계산하면 `color_base = 255/100 = 2.55`가 됩니다. 만약 r, g, b가 각각 50, 75, 100이라면, 정규화된 RGB 값은 각각 `int(2.55*50) = 127`, `int(2.55*75) = 191`, `int(2.55*100) = 255`가 됩니다.

**16~17행:** 조정된 R, G, B 값을 반환하여 `read_color` 함수를 호출하고 값을 출력합니다.

컬러 센서에 파란색 색상 카드를 약 3~5cm 사이에서 측정한 결과입니다. B 값이 255로 정규화되어 이전 측정값보다 조금 더 직관적으로 해석되어 편리하게 사용할 수 있습니다.

**실행 결과**

```
셸
MPY: soft reboot
(47, 151, 255)
```

## 2 학습 데이터와 테스트 데이터 만들기

컬러 센서로부터 다양한 색상의 RGB 데이터값을 수집했다면 이 데이터를 오렌지3에서 읽고 학습시키고, 분류하기 위해 CSV 파일로 저장해야 합니다. CSV 파일에 대해 간단히 알아보겠습니다.

### CSV 파일

CSV 파일은 'Comma-Separated Values'의 약자로, 데이터를 쉼표(,)로 구분하여 저장하는 파일 형식입니다. 주로 표 형식의 데이터를 저장하고 교환하는 데 사용합니다.

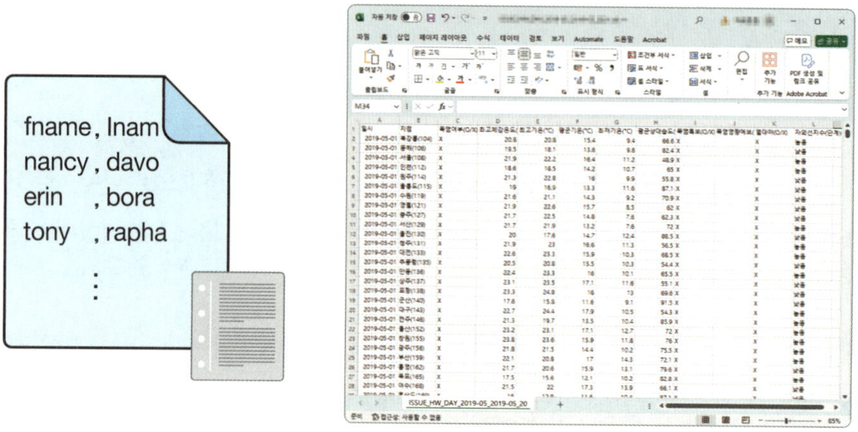


그림 8-15 **CSV 파일의 예** © 기상청 기상자료 개방 포털

CSV 파일은 그 단순성과 유연성 덕분에 다양한 분야에서 널리 사용됩니다. 데이터 저장, 교환, 분석 등의 목적으로 적합하며, 많은 도구와 호환되기 때문에 실용적입니다. 그런 CSV 파일은 다음과 같은 특징을 가지고 있습니다.

- CSV 파일은 텍스트 파일로, 각 행이 한 줄로 표현되고 각 열은 쉼표로 구분됩니다.
- CSV 파일은 다양한 프로그램에서 열고 편집할 수 있습니다. 엑셀(Excel), 구글 시트(Google Sheets)를 포함하여 대부분의 데이터베이스와 프로그래밍 언어에서 지원됩니다.
- CSV 파일의 확장자는 .csv입니다.
- CSV 파일은 구조가 단순하여 데이터의 읽기와 쓰기가 빠르고 쉽습니다. 그래서 서로 다른 시스템 간에 데이터를 쉽게 교환할 수 있습니다.
- CSV 파일은 숫자, 문자열과 같은 기본 데이터 형식을 지원하지만, 중첩된 데이터, 이진 데이터와 같이 복잡한 데이터는 표현할 수 없습니다.

```
연도,제조사,모델,설명,가격
1997,Ford,E350,"ac, abs, moon",3000.00
1999,Chevy,"Venture ""Extended Edition""","",4900.00
1999,Chevy,"Venture ""Extended Edition, Very Large""",,5000.00
1996,Jeep,Grand Cherokee,"MUST SELL!air, moon roof, loaded",4799.00
```

| 연도 | 제조사 | 모델 | 설명 | 가격 |
|---|---|---|---|---|
| 1997 | Ford | E350 | ac, abs, moon | 3000.00 |
| 1999 | Chevy | Venture "Extended Edition" | | 4900.00 |
| 1999 | Chevy | Venture "Extended Edition, Very Large" | | 5000.00 |
| 1996 | Jeep | Grand Cherokee | MUST SELL! air, moon roof, loaded | 4799.00 |

그림 8-16 **CSV 파일 사용의 예**

## 테스트 데이터 수집하기

파이썬에서 수집한 데이터를 CSV 파일로 저장하는 실습을 진행하겠습니다. 먼저 다양한 색상 카드를 이용하여 R, G, B 값을 읽어보는 코드입니다. 이 코드로 생성된 CSV 파일은 색상 모델을 만들기 위한 학습 데이터 또는 모델의 성능을 테스트하기 위한 테스트 데이터로 사용할 수 있습니다. [실습 8-7]의 스크립트를 작성하고 실행하면서 자세히 알아보겠습니다.

**실습 8-7 레이블이 없는 테스트 데이터 수집하기** 8-7_colorCapture_test.py

```
from machine import Pin, SoftI2C
from tcs34725 import TCS34725, html_rgb

i2c = SoftI2C(scl=Pin(16),sda=Pin(17))
tcs = TCS34725(i2c)

tcs.gain(4)
tcs.integration_time(240)

R, G, B = 0, 0, 0
def read_color():
    global R, G, B
    R, G, B = tuple(int(item) for item in html_rgb(tcs.read(True)))
    max_color = max(R, G, B)
```

```
15        color_base = 255 / max_color if max_color != 0 else 0
16        R, G, B = (int(color_base * R), int(color_base * G), int(color_base * B))
17        return R,G,B
18
19    def save_to_csv(filename, data):
20        with open(filename, 'w') as csvfile:
21            csvfile.write("R,G,B\n")
22            for i in data:
23                csvfile.write("{},{},{}\n".format(i[0], i[1], i[2]))
24
25    data = []
26    count = 0
27    for _ in range(30):
28        read_color()
29        data.append((R, G, B))
30        count = count + 1
31        print("count :", count, " ,  ", "RGB:",R,G,B )
32
33    save_to_csv("colorCapture_test.csv", data)
```

**행별 설명**

**10행:** 전역변수 R, G, B를 초기화합니다. 이 변수들은 나중에 읽은 색상 값을 저장하여 다른 함수에서 사용하기 위해 전역변수로 생성합니다.

**19~21행:** 데이터를 CSV 파일로 저장하는 함수 save_to_csv를 정의합니다. open 함수는 파이썬에서 파일을 열거나 생성할 때 사용하는 내장함수입니다. 파일을 읽기, 쓰기, 추가 또는 이진 모드 등으로 열 수 있게 해줍니다. open 함수는 파일 객체를 반환하며 이 객체를 이용해 원하는 파일 작업을 수행할 수 있습니다. 이 코드에서는 반환된 파일 객체를 'csvfile'이라는 변수에 할당합니다. 'w'는 지정한 파일 이름으로 CSV 파일을 쓰기 모드로 설정하는 것입니다. 'with open'은 파일을 열고, 직업이 끝난 후 자동으로 파일을 닫는 구문입니다.

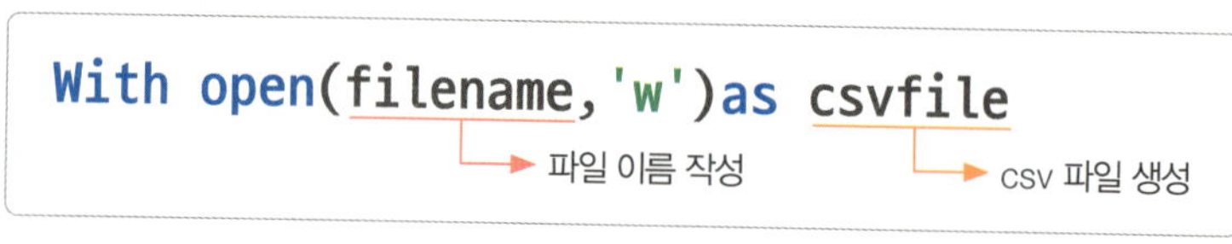


그림 8-17 **파일 열기**

csvfile.write("셀 입력 값")은 CSV 파일에 데이터를 입력하는 명령어이고 ' , '를 이용하여 셀을 나누어 데이터를 입력할 수 있습니다. csvfile.write("R,G,B\n")는 파일의 첫 줄에 헤더를

R,G,B로 쓰고 다음 줄로 넘어갑니다.

```
csvfile.write("셀 입력 값")
```

그림 8-18 CSV 파일에 데이터 쓰기

**22~23행:** save_to_csv 함수 내에서 반복문을 통해 data 리스트의 각 row를 순회하는데, 이 때 각 row는 RGB 값을 담고 있는 튜플입니다. data는 1개 이상의 측정된 색상 값이 저장되어 있는 리스트입니다. data 리스트의 각 항목에 대해 반복하여 각 데이터 항목을 CSV 형식으로 파일에 씁니다.

**25행:** 색상 데이터를 저장할 빈 리스트를 초기화합니다.

**26행:** 측정 횟수를 저장할 변수를 초기화합니다.

**27~31행:** 30개의 데이터 셋을 모으기 위해 반복문을 시작합니다. 먼저 read_color() 함수를 호출하여 현재 색상 값을 읽어와 데이터 리스트에 추가하고 측정 횟수를 나타내는 count 변숫값을 하나 증가시킵니다. 현재 측정 횟수와 읽어온 색상 값을 출력합니다.

**33행:** CSV 파일을 생성하는 함수 save_to_csv()를 이용해 수집한 색상 데이터를 "colorCapture_test.csv" 이름으로 저장합니다.

코드의 실행이 끝나면 파일은 ESP32 장치에 저장됩니다. 장치에 바로 나타나지 않을 때는 메뉴를 클릭하여 [새로고침]을 선택합니다. 지정한 이름 'colorCapture_test.csv' 파일이 생성되어 있음을 확인합니다.

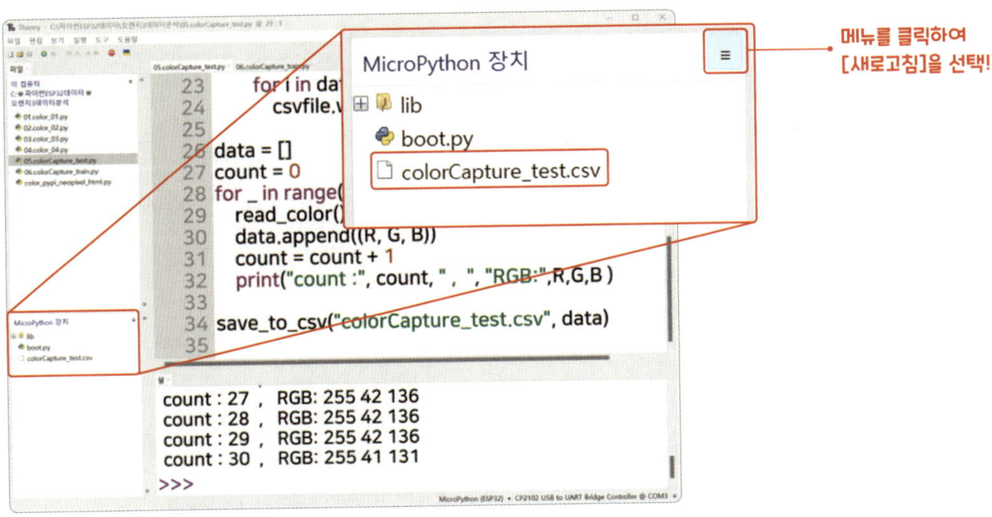


그림 8-19 CSV 파일을 마이크로파이썬 장치에 저장하기

## 학습 데이터 수집하기

오렌지3로 색상 분류 모델을 생성할 때 쓰이는 학습 데이터 파일을 생성합니다. 컴퓨터가 다양한 색상 값을 보고 그것이 무슨 색상인지 분류하기 위해서는 값들이 의미하는 색상의 이름을 함께 알려주어야 합니다. 이를 위해 센서로 읽은 R, G, B 값에 해당하는 색상 레이블을 추가하여 CSV 파일을 생성합니다.

이 학습 과정을 머신러닝의 '지도학습'이라고 하며 9장에서 조금 더 자세하게 설명합니다.

**실습 8-8 레이블을 추가한 학습 데이터 수집하기** 8-8_colorCapture_train.py

```
from machine import Pin, SoftI2C
from tcs34725 import TCS34725, html_rgb
i2c = SoftI2C(scl=Pin(16), sda=Pin(17))
tcs = TCS34725(i2c)
tcs.gain(4)
tcs.integration_time(240)

R, G, B = 0, 0, 0
def read_color():
    global R, G, B
    R, G, B = tuple(int(item) for item in html_rgb(tcs.read(True)))
    max_color = max(R, G, B)
    color_base = 255 / max_color if max_color != 0 else 0
    R, G, B = (int(color_base * R), int(color_base * G), int(color_base * B))
    return R,G,B

def label_mixed_color(R, G, B):
    colors = {'red': R, 'green': G, 'blue': B}

    sorted_colors = sorted(colors.items(), key=lambda item: item[1], reverse=True)
    primary_color, primary_value = sorted_colors[0]
    secondary_color, secondary_value = sorted_colors[1]

    if secondary_value < primary_value * 0.5:
        return primary_color

    else:
        if primary_color == 'red' and secondary_color == 'green':
```

```
29            return 'orange'
30        elif primary_color == 'red' and secondary_color == 'blue':
31            return 'pink'
32        elif primary_color == 'blue' and secondary_color == 'red':
33            return 'purple'
34        elif primary_color == 'green' and secondary_color == 'red':
35            return 'yellow'
36        else:
37            return 'others'
38
39  def save_to_csv(filename, data):
40      with open(filename, 'w') as csvfile:
41          csvfile.write("R,G,B,Label\n")
42          for i in data:
43              csvfile.write("{},{},{},{}\n".format(i[0], i[1], i[2], i[3]))
44
45  data = []
46  count = 0
47  for _ in range(300):
48      read_color()
49      mixed_color_label = label_mixed_color(R, G, B)
50      data.append((R, G, B, mixed_color_label))
51      count = count + 1
52      print("count :", count, " ,  ", "RGB:",R,G,B, " ,  ", mixed_color_label)
53
54  save_to_csv("colorCapture_train.csv", data)
```

**행별 설명**

**17~20행:** 혼합 색상을 레이블링하는 함수 label_mixed_color를 정의합니다. R, G, B 값을 딕셔너리로 colors에 저장합니다. 키는 색상 이름, 값은 색상 값입니다. 20행을 자세히 살펴봅니다.

- **colors.items()** 딕셔너리의 항목을 (키, 값) 쌍의 튜플로 반환합니다. 예를 들어, colors.items()는 [('red', R), ('green', G), ('blue', B)]와 같은 형태의 튜플 목록이 됩니다.
- **sorted() 함수** 주어진 반복 가능한 객체를 정렬된 리스트로 반환합니다. 반복 가능한 자료형에는 list, tuple, dict, set, string, range 등이 있으며 값을 차례대로 꺼낼 수 있는 데이터를 말합니다. 또한 key, reverse라는 매개변수를 넣어 정렬 기준과 정렬 방법을 설정할 수 있습니다.
- **key 매개변수** 정렬 기준을 지정합니다. lambda item:item[1]에서 item은 colors.items()에서

나온 (키,값) 쌍의 튜플이며, item[1]은 튜플의 두 번째 요소인 값입니다. 따라서 lambda item: item[1]은 각 (키, 값) 쌍의 값 부분을 반환합니다. 이 값이 정렬의 기준이 됩니다.

- **reverse 매개변수** 정렬 방법을 지정합니다. 기본값 False는 오름차순으로 정렬하고, reverse=True를 지정하면 내림차순으로 정렬합니다.

**21~22행:** sorted()에 의해 가장 큰 색상 값이 sorted_color의 첫 번째 요소가 됩니다. 가장 큰 색상 값과 그 색상 이름을 primary_color와 primary_value에 저장하고 두 번째로 큰 색상 값과 그 색상 이름을 secondary_color와 secondary_value에 저장합니다.

**24~37행:** 두 번째로 큰 색상 값이 가장 큰 색상 값의 절반 미만이라면 함수의 반환값으로 primary_color를 반환합니다. 그리고 나머지의 경우는 두 가지 색상을 혼합한 색상 레이블을 반환합니다.

**39~43행:** 데이터를 CSV 파일로 저장하는 함수 save_to_csv를 정의합니다. 지정한 파일 이름으로 데이터 리스트의 각 항목에 대해 반복합니다. CSV 파일을 쓰기 모드로 열고 CSV 파일의 첫 줄에 헤더를 씁니다. 앞서 작성한 CSV 파일 만드는 함수의 헤더 및 각 항목에서 Label이 열이 추가됩니다. 그리고 각 데이터 항목을 CSV 형식으로 파일에 씁니다.

**47~52행:** 300회 반복을 시작합니다. read_color 함수를 호출하여 현재 색상 값을 읽어오고 label_mixed_color 함수를 호출하여 측정된 색상 값을 기반으로 색상 레이블을 결정합니다. 읽어온 색상 값과 색상 레이블을 데이터 리스트에 append 명령을 이용하여 추가합니다. 이 과정이 끝나면 측정 횟수를 하나 증가시킵니다. 현재의 측정 횟수와 읽어온 색상 값, 혼합 색상 레이블을 출력합니다.

코드의 실행이 끝나면 파일은 ESP32 장치에 저장됩니다. 장치에 바로 나타나지 않을때는 세 줄 메뉴를 클릭하여 [새로고침]을 선택합니다. 지정한 이름 'colorCapture_train.csv' 파일이 생성되어 있음을 확인합니다.

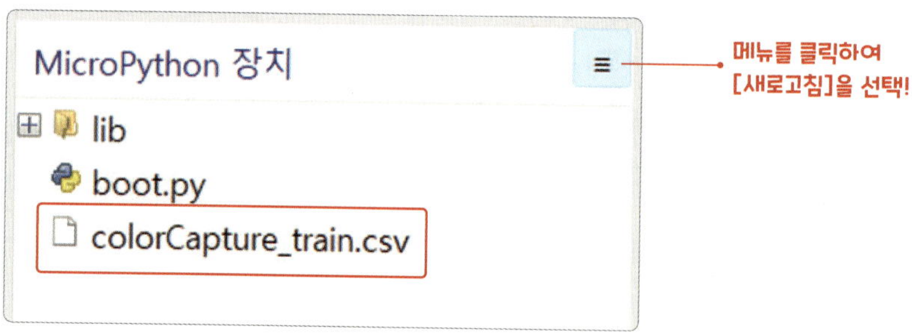


그림 8-20 CSV 파일을 마이크로파이썬 장치에 저장하기

## 테스트와 학습 데이터 이동하기

컬러 센서로부터 수집하여 저장한 데이터는 ESP32 장치에 저장됩니다. 이 데이터를 열어보거나 오렌지3의 테스트, 학습 데이터로 활용하려면 사용자의 컴퓨터로 이동하여 저장해야 합니다.

**01** 두 개의 CSV 파일을 선택해 마우스 오른쪽을 클릭한 뒤 내 컴퓨터에서 현재 작업하고 있는 폴더로 다운로드합니다.

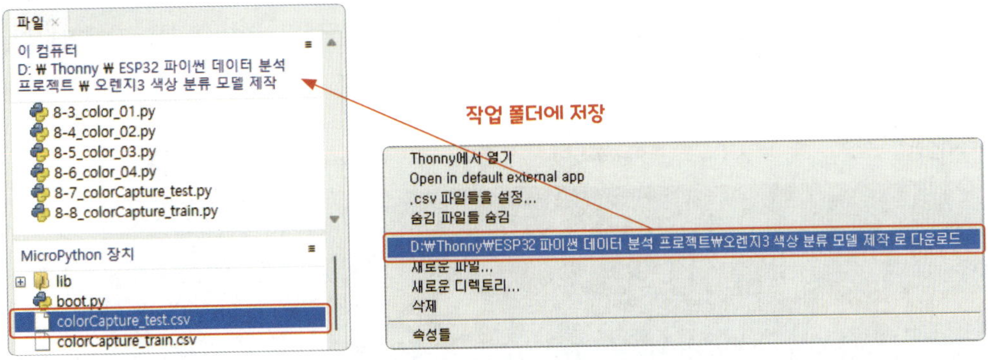


**02** 내 컴퓨터 작업 폴더 안에 복사된 CSV 파일을 확인합니다.

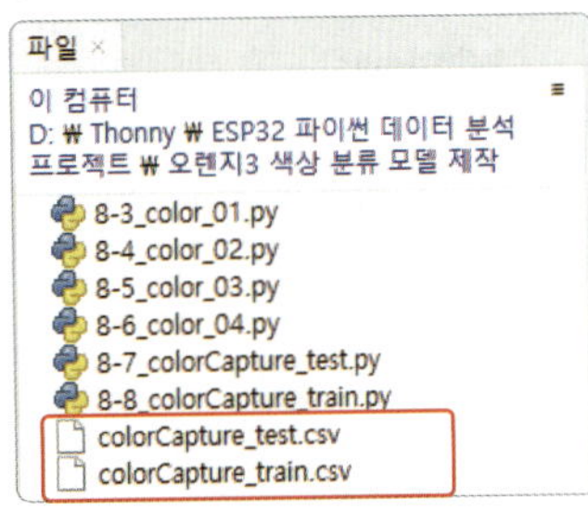


**03** 측정된 데이터값이 CSV 파일로 잘 생성되었는지 확인합니다. 'colorCapture_test.csv' 파일은 레이블 없이 RGB 값만 수집한 데이터로 색상 분류 모델이 잘 만들어졌는지 테스트를 하거나 색상을 분류하는 데 사용할 수 있습니다. 'colorCapture_train.csv' 파일은 레이블이 존재하여 각 색상의 RGB 값을 학습할 수 있는 데이터입니다.

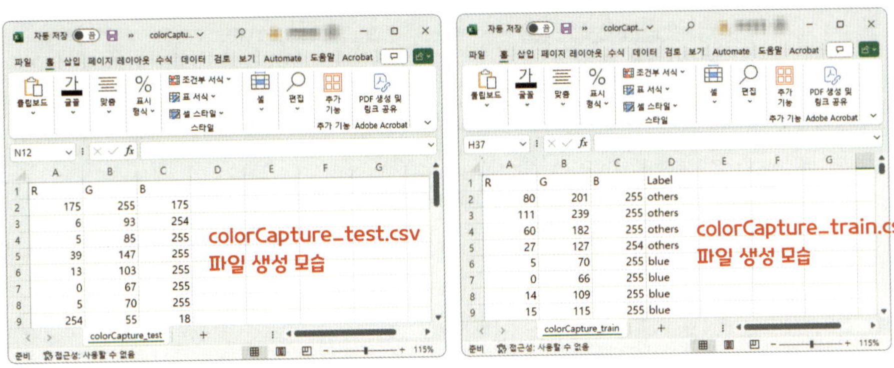

## 3 색상 분류 모델 제작 환경 설정하기

### 오렌지3 설치하기

텍스트 코딩 없이 데이터 분석이 가능한 오렌지3를 이용하여 AI 학습과 색상 분류를 진행합니다. 먼저 '오렌지3'를 설치합니다.

**01** 오렌지3 사이트(https://orangedatamining.com/)에 접속한 뒤 〈Download〉 버튼을 클릭합니다. OS에 맞는 최신 버전을 다운로드한 뒤 실행 파일을 더블클릭하여 설치를 진행합니다. (2024.7.1. 기준 버전 3.37.0)

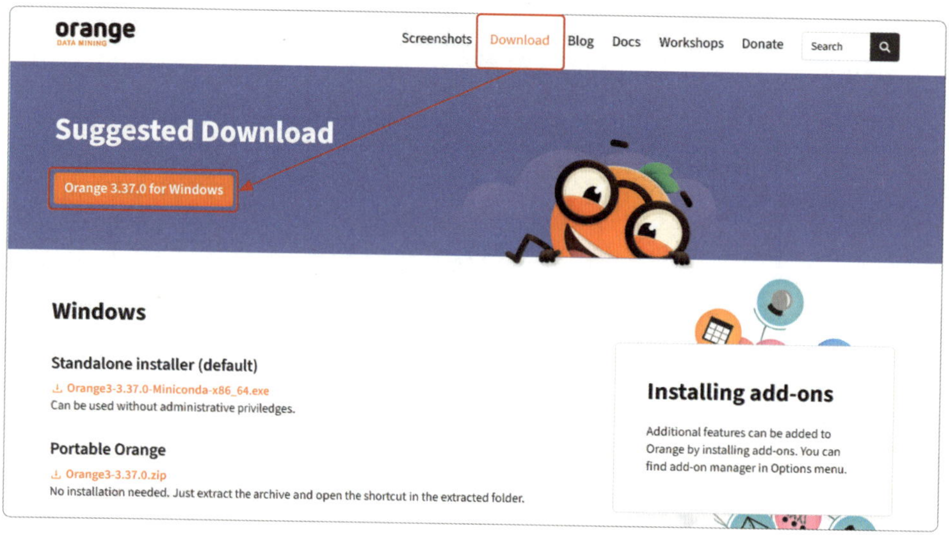


**02** 각 설치 단계마다 기본 설정을 그대로 두고 〈Next〉 또는 〈I Agree〉를 클릭합니다.

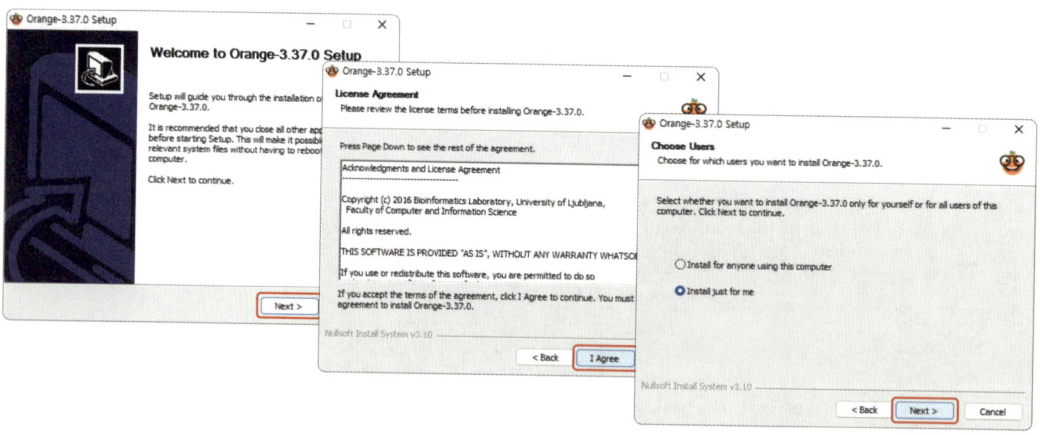

**03** 02 단계와 마찬가지로 〈Next〉 버튼을 클릭한 뒤 마지막으로 〈Install〉을 클릭합니다.

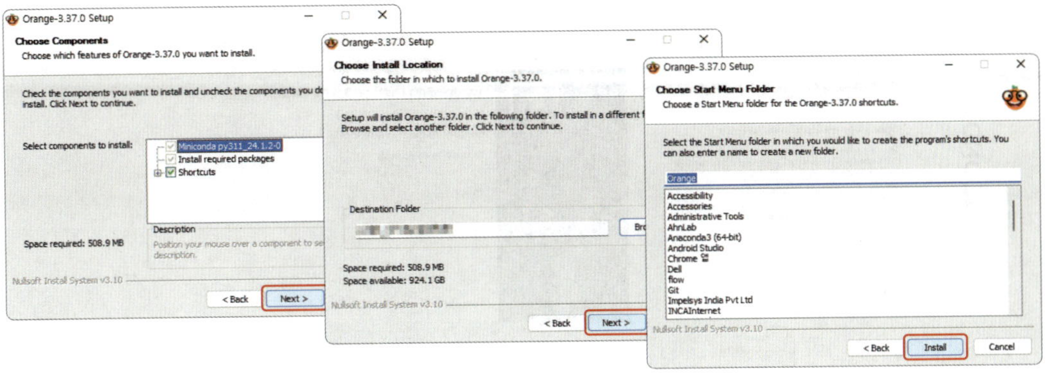


**04** 아나콘다 설치 팝업이 뜨면 〈확인〉을 클릭하여 아나콘다도 함께 설치합니다. 오렌지3는 데이터 분석 및 시각화 작업을 위해 다양한 파이썬 라이브러리와 패키지들을 사용합니다. 아나콘다는 이러한 패키지들을 자동으로 설치하고, 호환성을 유지하는 포괄적인 데이터 과학 플랫폼으로 아나콘다를 사용하면 필요한 모든 패키지를 쉽게 설치하고 관리할 수 있습니다.

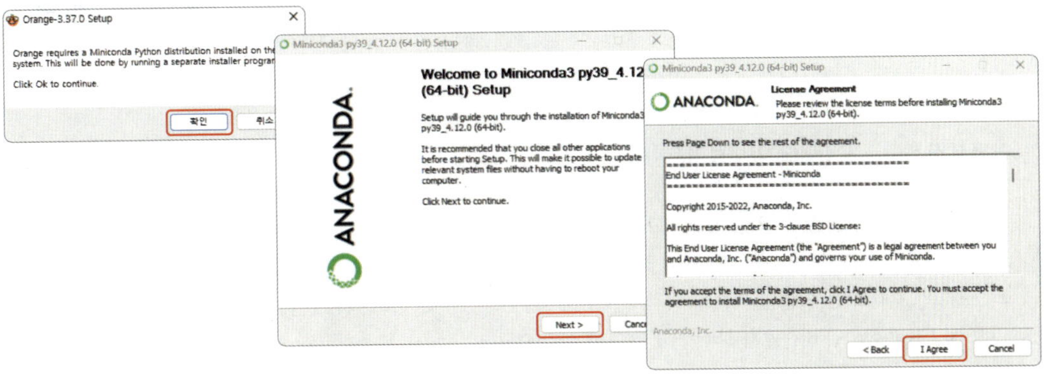


**05** 〈Next〉를 클릭하여 다운로드를 세부 옵션을 다음과 같이 선택한 후 〈Install〉을 클릭합니다.

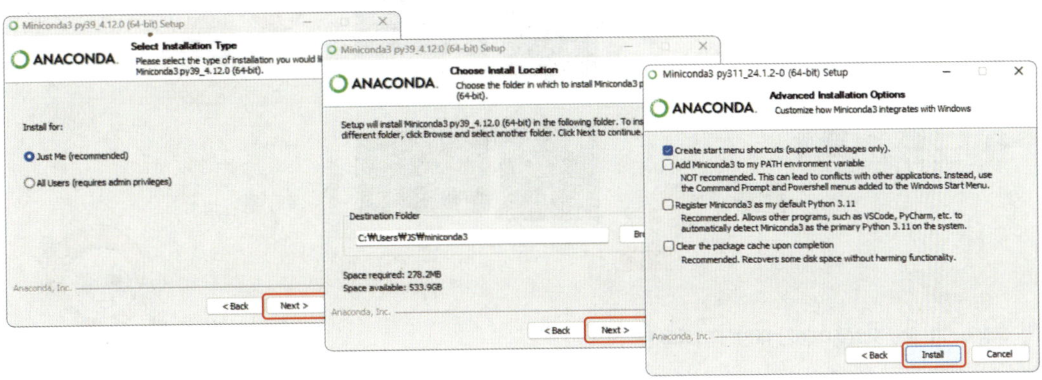

**06** 아나콘다의 설치가 완료되면 오렌지3 설치 화면으로 넘어갑니다. 〈Next〉를 클릭하여 오렌지3까지 설치가 완료되면 〈Finish〉를 클릭하여 마무리합니다.

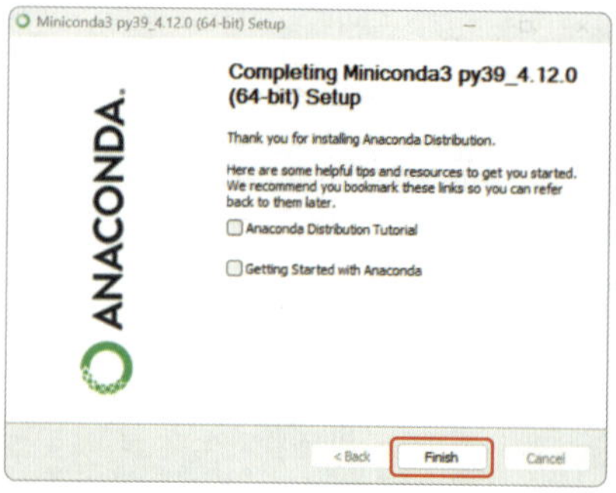


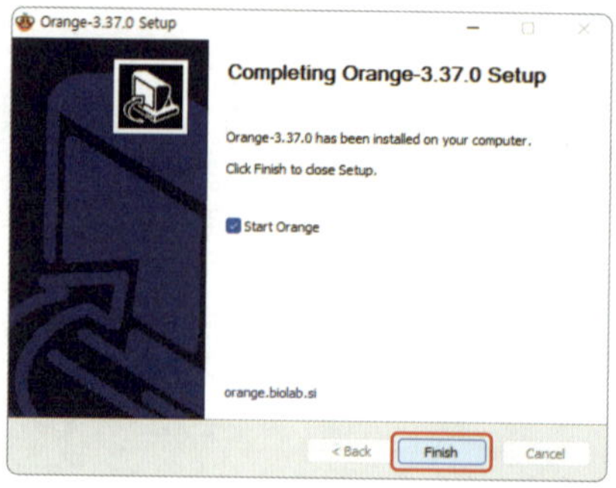


**07** 설치가 끝나면 바탕화면의 바로가기 아이콘을 클릭하여 오렌지3를 실행합니다.

**여기서 잠깐** **오렌지3 알아보기**

오렌지3는 슬로베니아에서 가장 오래되고 큰 대학교인 류블랴나 대학교에서 공개된 프로그램으로 텍스트 코딩 없이 데이터 과학, 통계, 머신러닝을 학습할 수 있는 툴입니다. 데이터 분석과 머신러닝을 위한 데이터 탐색, 전처리, 모델링, 시각화 등 다양한 기능과 시각적 프로그래밍 환경을 제공하여 다양한 데이터 분석 작업을 진행할 수 있고 데이터 과학자와 비전공자 모두 쉽게 접근할 수 있습니다.

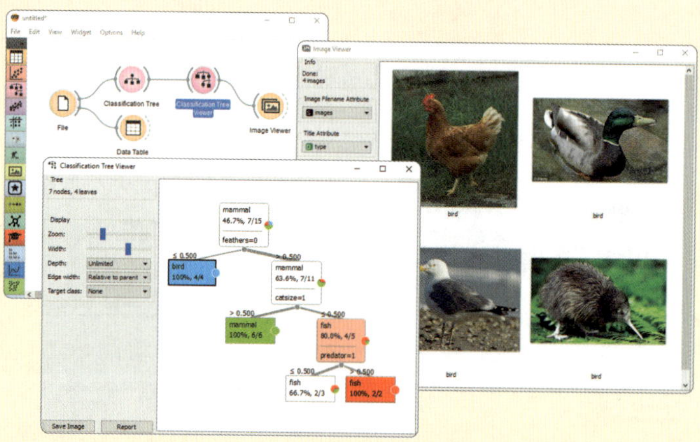

**그림 8-21** 오렌지3를 이용한 다양한 데이터 분석의 예

## 오렌지3 사용하기

오렌지3의 기본 실행 화면은 [그림 8-22]와 같습니다.

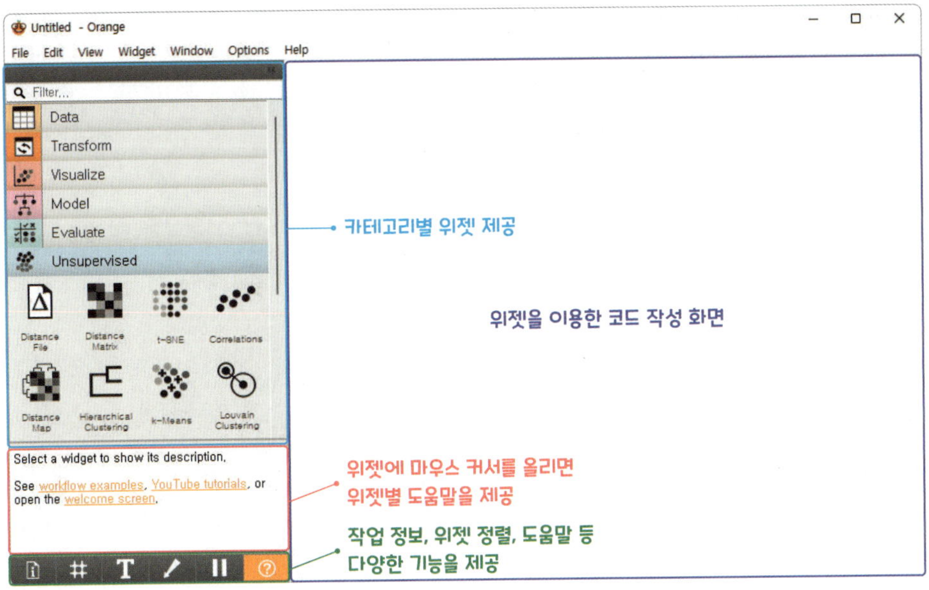


그림 8-22 **오렌지3 기본 실행 화면**

### ■ 위젯

위젯은 데이터 분석을 위한 다양한 기능을 시각적으로 제공하는 도구입니다. 각 위젯은 특정한 데이터 처리 또는 분석 작업을 수행하며 위젯들을 연결하여 인공지능의 학습, 복잡한 데이터 분석을 할 수 있습니다. 오렌지3의 위젯은 직관적인 형태로 구성되어 있어 데이터 로드, 전처리, 시각화 및 분석을 쉽게 수행할 수 있습니다.

### ■ 위젯 카테고리

기본적인 카테고리의 메뉴는 [그림 8-23]과 같습니다.

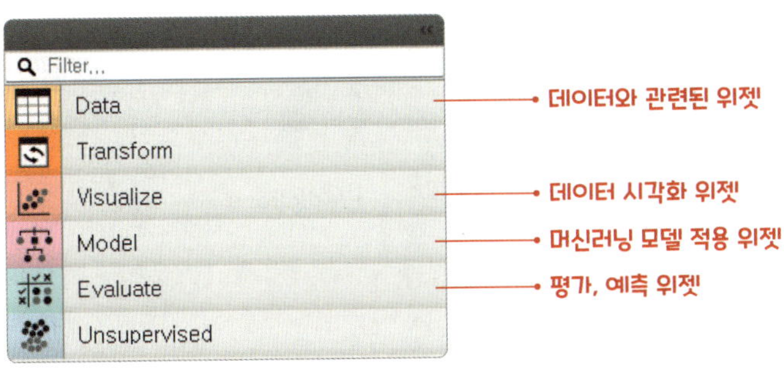


그림 8-23 **위젯 카테고리 메뉴**

[Options]–[Add–ons...] 항목을 선택하여 필요한 위젯 카테고리를 추가 설치할 수 있습니다.

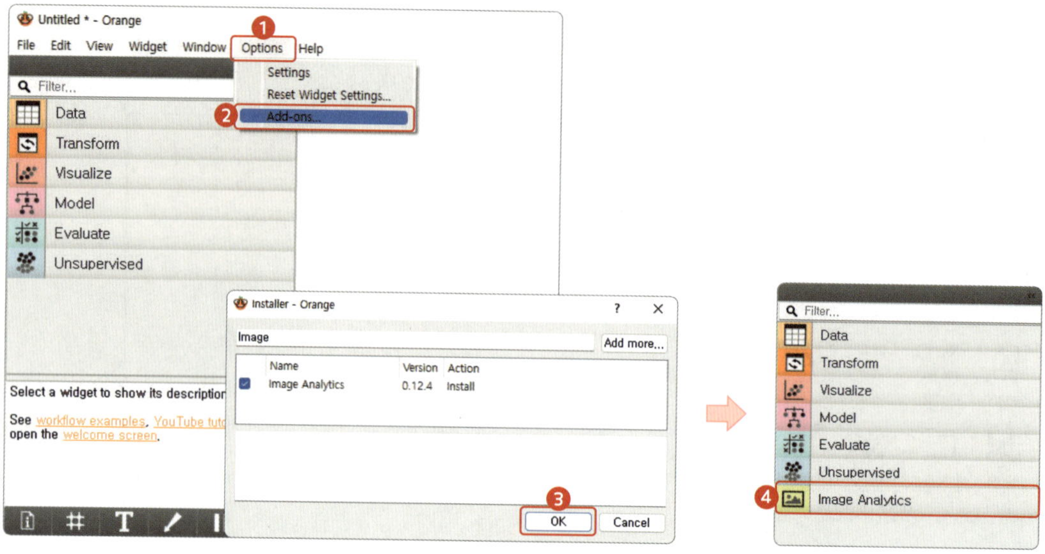


그림 8-24 **새로운 위젯 카테고리 설치 화면**

■ **위젯 사용법**

위젯을 오른쪽 캔버스에 추가하면 [그림 8–25]와 같이 오른쪽 왼쪽에 점선이 나타납니다. 이것은 다른 위젯과 연결할 수 있다는 것을 의미합니다. 연결이 완료된 위젯은 점선이 실선으로 바뀌게 됩니다.

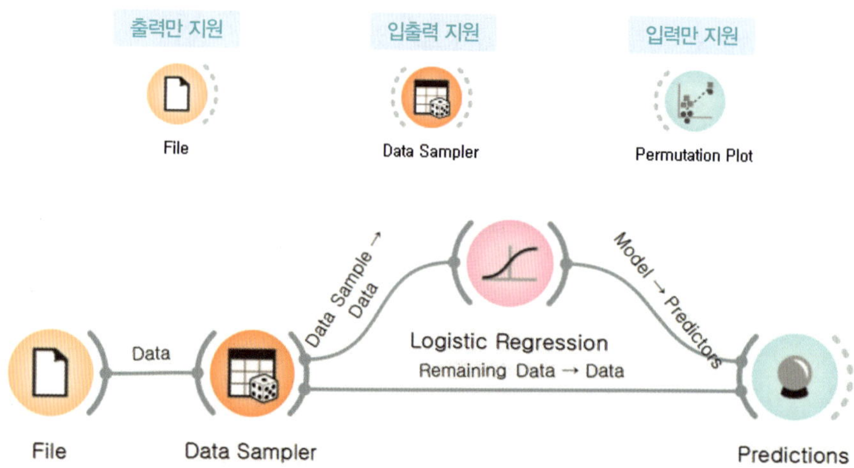


그림 8-25 **위젯의 연결**

■ **위젯 이름 변경 및 삭제**

위젯에서 오른쪽 마우스를 클릭하여 나타나는 메뉴에서 이름을 변경, 삭제, 복사 등을 할 수 있습니다.

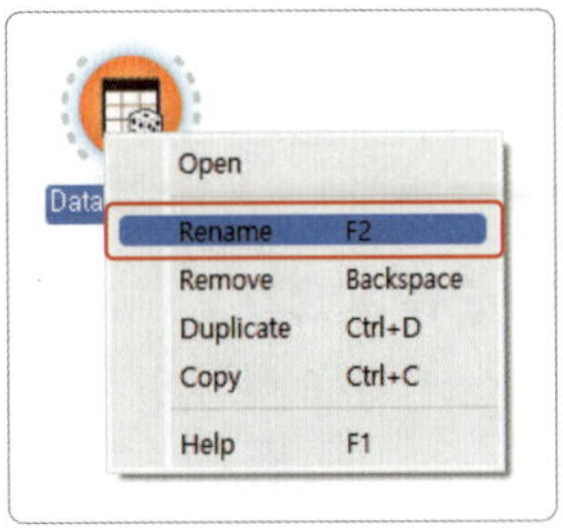


그림 8-26 **위젯 이름 옵션**

## 4 지도학습을 이용한 색상 분류 모델 제작 개요

오렌지3에서 색상을 분류하는 모델을 생성하는 과정은 [그림 8-27]과 같습니다.

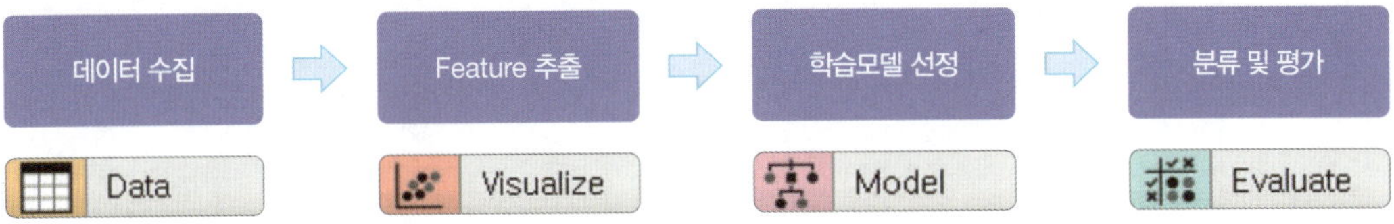


그림 8-27 **머신러닝을 이용한 색상 분류 모델링 절차**

### ❶ 데이터 수집

앞선 실습에서 컬러 센서로 다양한 색상 값을 수집했습니다. 각 색상 값에는 해당 색상의 레이블이 포함되어 있고 이 데이터를 CSV 파일로 저장했습니다. 이 파일이 데이터 분석의 시작점이 되어 이 실습의 주요 데이터로 사용됩니다.

그림 8-28 **색상 데이터의 형태**

### ❷ Feature 추출

수집한 색상 값 데이터를 오렌지3에 불러와서, 각 색상 값을 Feature로 지정합니다. Feature란 색상을 나타내는 숫자 값들을 의미합니다. 이를 통해 색상을 숫자로 표현하여 분석할 준비를 합니다.

### ❸ 학습모델 선정

Feature 데이터를 사용하여 학습할 모델을 선택합니다. 색상 분류에 적합한 모델을 선택하여 학습 데이터를 지도 학습 방법으로 학습시킵니다.

### ❹ 분류 및 평가

학습이 끝난 모델의 성능을 평가하기 위해, 데이터를 훈련용과 테스트용으로 나누어 테스트 데이터를 통해 모델을 검증합니다. 오렌지3의 평가 도구를 사용하여 모델이 색상을 얼마나 정확하게 분류하는지 정확도와 기타 성능 지표를 확인할 수도 있습니다.

## 학습 모델: 지도학습

데이터를 수집하는 과정에서 색상 값과 레이블이 있는 데이터를 이용하였습니다. 그것을 지도학습이라고 하는데 머신러닝의 세 가지 주요 학습 방법 중 하나입니다.

지도학습은 입력 데이터와 함께 정답(레이블)이 주어지는 학습 방법입니다. 모델은 주어진 입력 데이터와 정답을 기반으로 학습하여, 새로운 데이터가 들어왔을 때 올바르게 분류, 예측할 수 있도록 합니다.

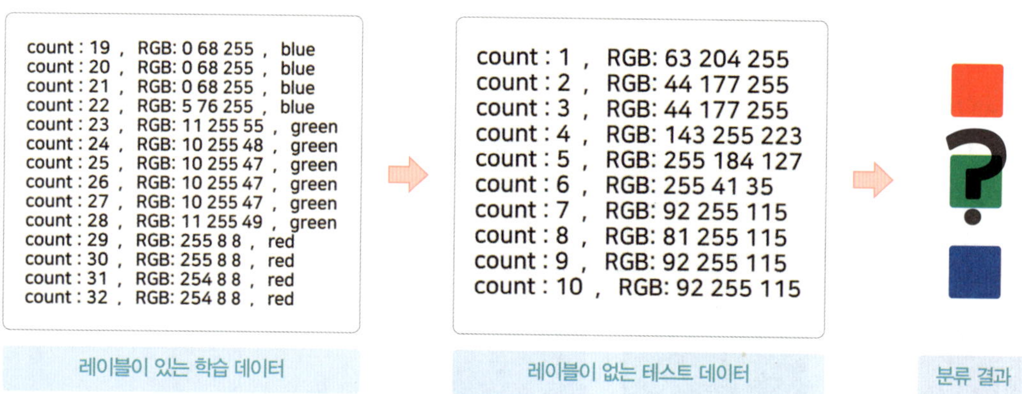


그림 8-29 **학습 데이터와 테스트 데이터를 사용한 색상 분류**

## 독립변수와 종속변수

수집한 데이터로 머신러닝의 지도학습 방법을 이용하여 색상의 이름을 알아내려고 합니다. 머신러닝의 학습과 분류를 위해 수집한 수치 데이터를 독립변수(Independent Variable)라고 하고, 색상의 이름을 종속변수(Dependent Variable)라 합니다.

독립변수는 원인이 되는 변수로 머신러닝에서는 예측 모델이 학습에 사용하는 입력 데이터입니다. 'feature'라고도 하며 다양한 속성이나 요소를 의미합니다. 색상 분류 모델에서는 RGB 색상 값이 'feature'가 됩니다.

종속변수는 결과가 되는 변수로 머신러닝에서 모델이 예측하려는 결괏값입니다. 'target'이라고도 하며 'feature'를 기반으로 모델이 출력해야 하는 정답 데이터입니다. 색상 분류 모델에서는 색상의 이름이 'target'이 됩니다.

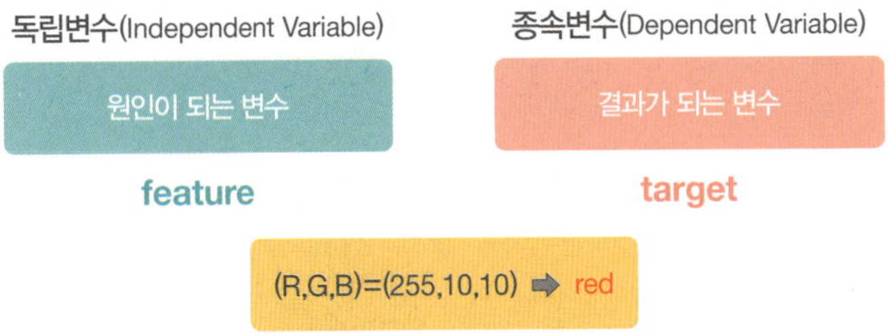


그림 8-30 **독립변수와 종속변수**

## 5 지도학습을 이용해 색상 분류하기

오렌지3를 이용해 지도학습으로 색상을 분류하는 과정을 진행합니다.

### 데이터 불러오기

**01** [Data]-'File' 위젯을 오른쪽 캔버스로 드래그 앤 드롭하고, 더블클릭합니다.

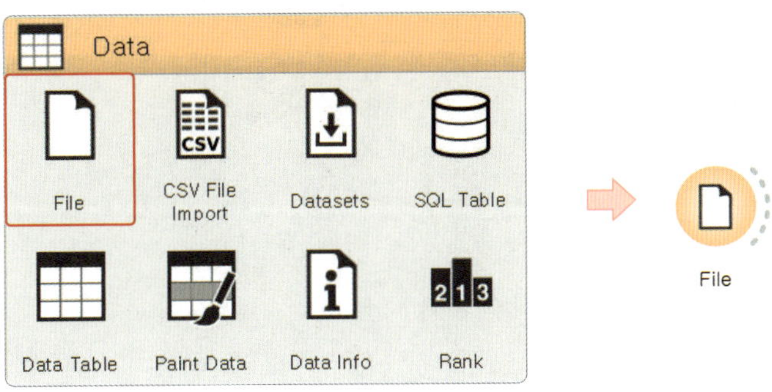

**02** ❶ 폴더 모양을 클릭하여 수집한 'color Capture_train.cvs' 데이터 파일을 불러옵니다. ❷ 'R', 'G', 'B'는 'feature'로, 'Label'은 'target'으로 [Role]을 설정합니다. 이때 'Target'의 [Type]은 범주형 데이터를 의미하는 'categorical'로 설정합니다. 수정사항을 반영하기 위해 ❸ 〈Apply〉를 클릭합니다.

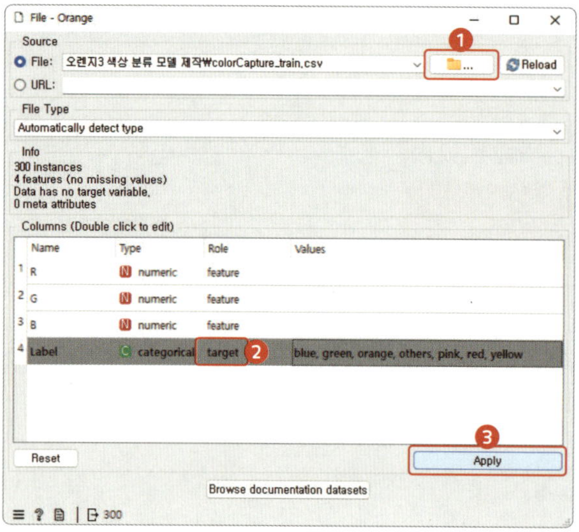


**03** 데이터의 형태를 'Data Table'을 이용하여 살펴봅니다. [Data] 카테고리의 'Data Table'을 가져와 'File' 위젯과 'Data Table' 위젯을 연결합니다.

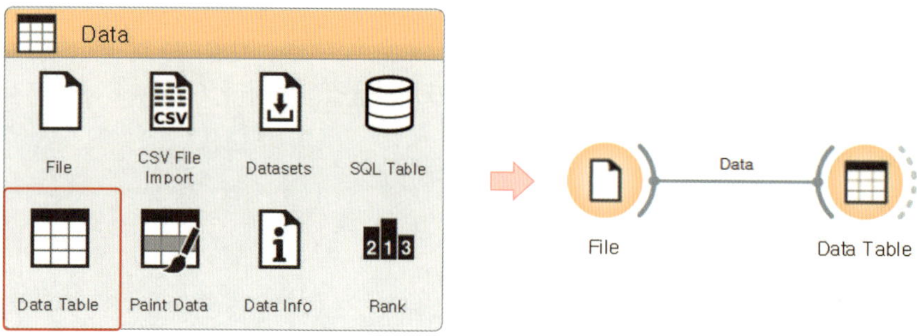


**04** 'Data Table' 위젯을 더블클릭하여 데이터 정보를 살펴봅니다.

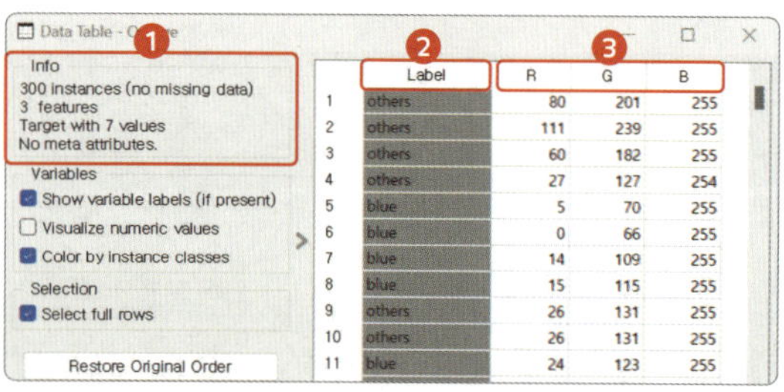

❶ **[Info]** 데이터의 정보를 표시합니다. 300개의 데이터이며 누락된 데이터는 없습니다. 결과에 영향을 주는 속성은 3개이며 7개의 결괏값을 가집니다. 데이터 훈련 및 예측에서는 제외되지만 데이터의 내용을 참고할 때 사용하는 메타 속성 데이터는 없습니다.

❷ **[Label] 값** 'colorCapture_train.cvs' 데이터에서 레이블 값(target)을 나타냅니다.

❸ **[R, G, B] 값** 'colorCapture_train.cvs' 데이터에서 R,G,B값(feature)입니다.

## 데이터 시각화하기

[Visualize] 카테고리의 'Distributions'(분포도), 'Scatter Plot'(산점도)을 이용하여 학습 데이터를 시각화합니다.

**01** 두 위젯을 'Data Table'의 오른쪽과 연결하여 'Data Table'로부터 데이터를 입력받아 분포를 시각화합니다.

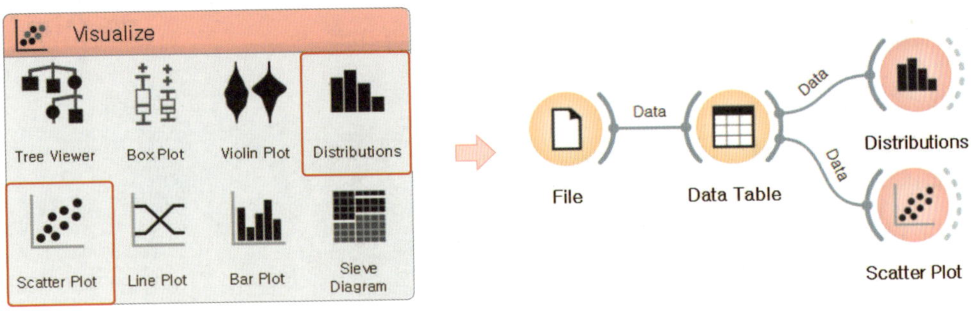


**02** 'Distributions' 위젯을 더블클릭합니다. 'Distributions' 위젯은 데이터를 특정 변수에 따라 분포를 시각화하는 도구입니다. 이 위젯을 통해 각 카테고리 또는 값이 데이터 셋 내에서 얼마나 자주 나타나는지를 확인할 수 있습니다. 주로 범주형 변수의 빈도 분석에 사용됩니다. 이 그래프를 통해 우리가 수집한 데이터 셋에서 'red' 색상이 가장 빈번하게 등장하며, 'pink' 색상이 가장 적게 등장한다는 것을 알 수 있습니다.

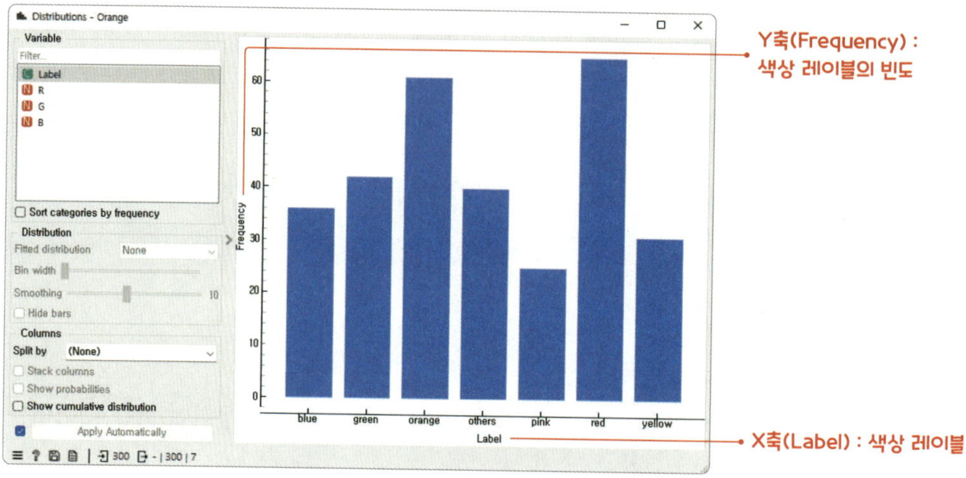


**03** 'Scatter Plot' 위젯을 더블클릭합니다. 색상 레이블과 RGB 값 간의 관계를 시각화한 그래프를 볼 수 있습니다. 'Scatter Plot' 위젯은 두 변수 간의 관계를 시각화하는 도구입니다. 이를 통해 데이터의 분포와 패턴을 시각적으로 탐색할 수 있습니다. 각 점은 개별 데이터 포인트를 나타내며, 점의 위치, 색상, 모양 등을 통해 추가적인 정보를 전달할 수 있습니다.

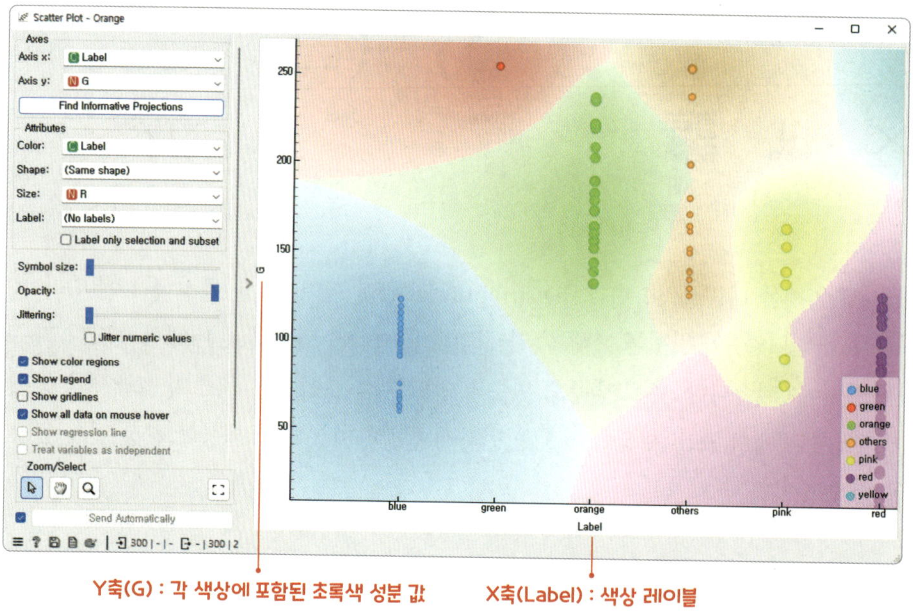

각 점의 색상은 색상 레이블을 구분하기 위해 사용되었지만, 색상 이름과 일치하지는 않은 임의적인 것입니다. 다양한 설정을 조절함으로써 데이터의 분포를 쉽게 파악할 수 있습니다.

## 데이터 샘플러로 전처리하기

색상 데이터는 색상에 따라 R, G, B 값을 측정한 데이터 구조가 명확한 정형 데이터입니다. R, G, B 값에 따라 색상이 분류되어 있는 학습 데이터에 k-NN, 로지스틱 회귀 등을 적용하여 분류 모델을 만들면 새로운 R, G, B 값을 입력했을 때 그 데이터가 어떤 색상인지 분류할 수 있습니다.

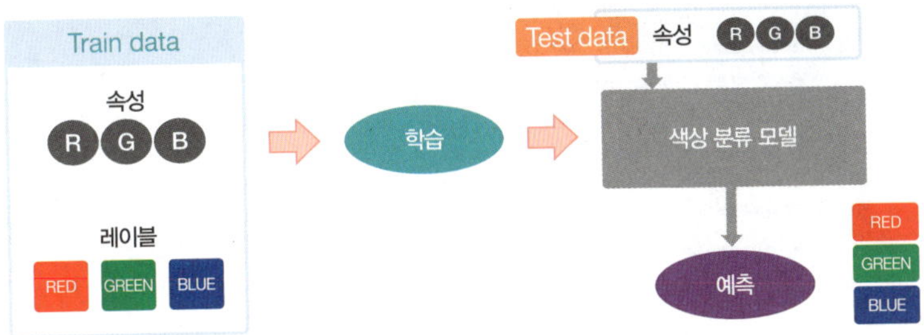


그림 8-31 **RGB 데이터를 이용한 색상 분류 모델 학습과 예측 과정**

머신러닝에서 모델을 만들기 위해서는 학습 데이터가 필요합니다. 또한 모델의 성능을 측정하려면 학습에 사용하지 않은 데이터를 모델에 적용해야 합니다. 이를 위해 레이블링 한 'colorCapture_train.csv' 데이터를 두 그룹으로 나눕니다. 하나는 머신러닝 모델을 만들 때 사용하는 학습 데이터, 나머지는 모델이 얼마나 잘 작동하는지 평가하는 테스트 데이터로 사용합니다.

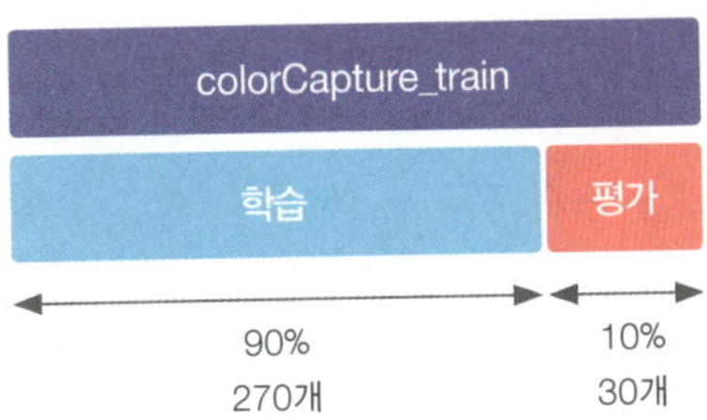

그림 8-32 **모델 성능 테스트를 위한 데이터 셋 분할**

여기서 테스트 데이터는 컬러 센서와 ESP32 보드로 수집한 'colorCapture_test.csv' 데이터가 아니라 색상 레이블이 포함된 'colorCapture_train.csv'를 학습 데이터와 테스트 데이터로 나눈 것을 말합니다.

**01** 'colorCapture_train.csv' 데이터를 두 그룹으로 나누기 위해 [Transform] 카테고리의 'Data Sampler'를 이용합니다.

Data Sampler

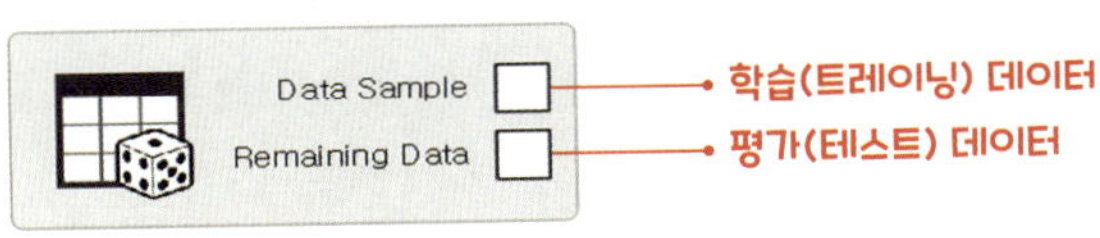


Data Sampler

**02** 'File' 위젯과 'Data Sampler' 위젯을 연결 후, 300개 데이터 중 90%는 학습에 사용하고 10%는 모델 성능을 평가하는 것으로 설정합니다.

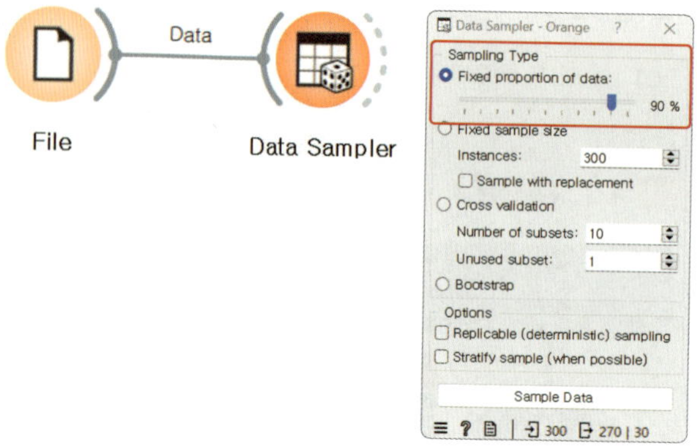


## 6 색상 분류 모델 구현하기

[Model] 카테고리의 'kNN'과 'Logistic Regression' 위젯을 이용하여 데이터를 학습하여 색상 분류 모델을 구현합니다. 분류 모델의 간단한 설명은 다음과 같습니다.

- **최근접 이웃(k-NN)** k-NN은 주어진 새로운 인스턴스(데이터 포인트)가 어떤 범주에 속하는지(분류), 또는 어떤 값을 가지는지(회귀)를 예측하는 데 사용됩니다. 근접한 이웃을 기반으로 새 인스턴스와 가장 가까운 k개의 이웃 데이터 포인트를 찾아, 이 이웃들이 속한 범주나 값의 평균을 기준으로 예측합니다.

- **로지스틱 회귀 분석(Logistic Regression Analysis)** 주로 두 가지 범주로 데이터를 분류하거나 예측할 때 사용합니다. 예를 들어, 스팸 메일과 정상 메일을 구분하거나, 환자가 질병을 가졌는지 여부를 예측하는 데 활용될 수 있습니다.

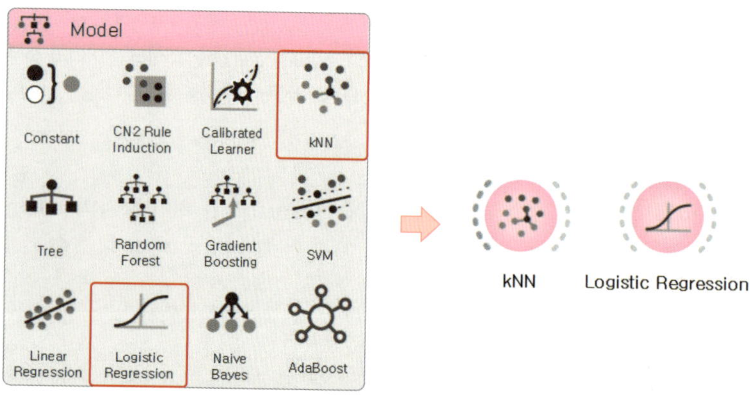


그림 8-33 'kNN'과 'Logistic Regression' 위젯

**01** 'Data Sampler'와 'kNN', 'Logistic Regression' 위젯을 연결하고 연결 노드를 클릭하여 학습시킬 데이터를 [Data Sample]로 설정합니다. 300개의 90% 데이터를 이용하여 kNN, Logistic Regression 방법으로 데이터 학습을 진행합니다.

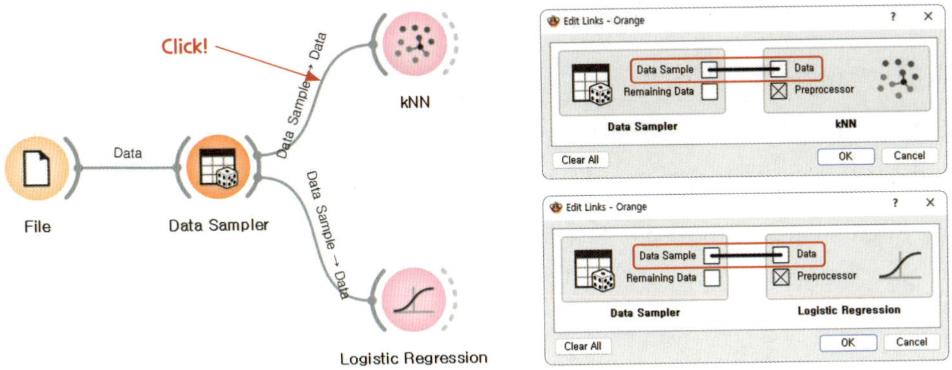


## 분류 모델 성능 평가하기

[Evaluate] 카테고리의 'Predictions' 위젯을 이용하여 학습된 모델과 남아있는 10%의 데이터를 이용해 모델의 성능을 평가해 보겠습니다.

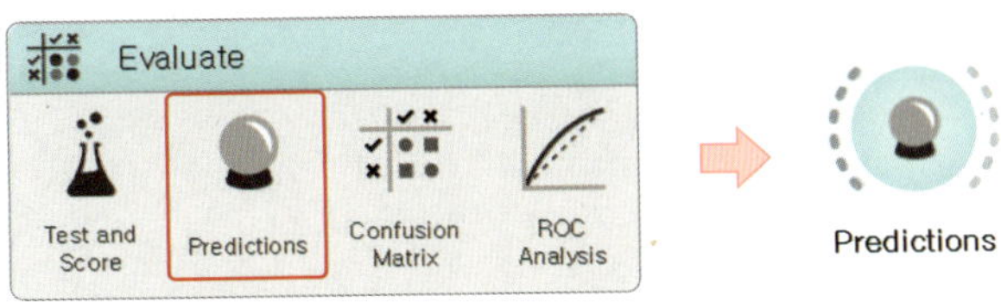


그림 8-34 'Predictions' 위젯

**01** 'Predictions' 위젯을 90%의 데이터로 학습이 끝난 'kNN'과 'Logistic Regression' 위젯과 연결합니다. 그리고 데이터 성능을 평가할 10%의 'Remaining Data'와 연결합니다. 연결 노드를 클릭하여 아래의 그림처럼 'Remaining Data'를 'Predictions'의 'Data'로 연결합니다.

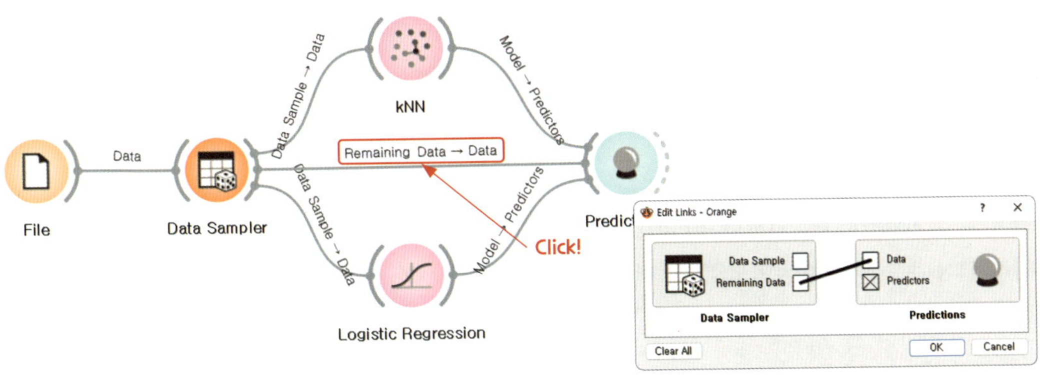

**02** 'Predictions' 위젯을 더블클릭하여 결과를 살펴봅니다. 두 가지 모델의 예측 결과를 보여주는 표입니다. ❶은 'kNN'과 'Logistic Regression' 각 모델이 예측한 색상 레이블과 실제 색상 레이블을 비교합니다. 학습된 모델에 의해 분류된 색상 결괏값입니다.

❷는 측정에 의해 나온 실제 색상 결괏값입니다. 거의 일치하는 것으로 보아 학습이 잘 되어 분류가 정확한 모델이라 생각할 수 있습니다.

❸은 성능 평가 지표로 두 모델의 성능을 비교하는 데 사용됩니다. 전체 데이터 중 올바르게 분류된 비율을 나타내는 CA가 두 모델 모두 1로 아주 정확하게 분류하고 있음을 알 수 있습니다. 'kNN'과 'Logistic Regression' 모델이 주어진 색상 데이터에 대해 매우 우수한 성능을 보였음을 의미합니다. 모든 성능 지표(AUC, CA, F1 Score, Precision, Recall, MCC)에서 두 모델 모두 완벽한 점수(1.000)를 기록하고 있습니다. 이는 두 모델이 데이터 셋 내의 모든 색상 레이블을 정확하게 예측했음을 의미합니다.

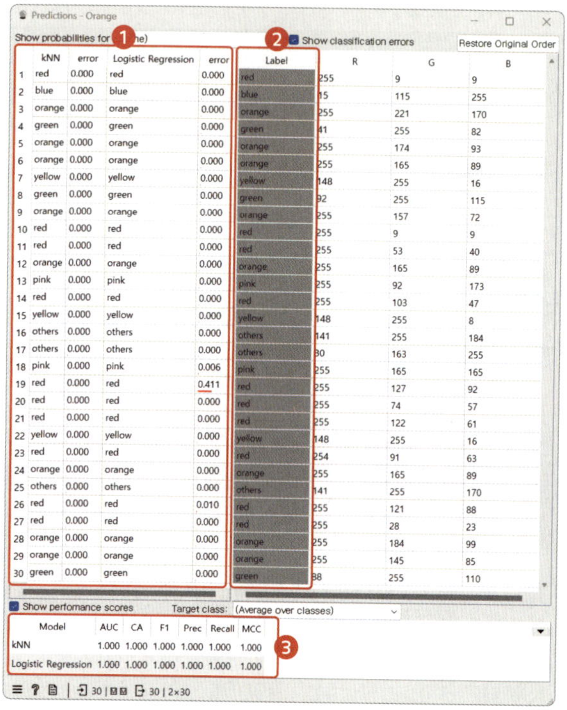

## 색상을 예측해서 분류하기

색상 값만 있는 데이터 'colorCapture_test.csv'를 이용하여 측정된 색상 값들의 실제 색상은 무엇인지 색상 분류 모델로 알아보겠습니다.

**01** [Data] 카테고리에서 'File' 위젯을 하나 가져옵니다. 그리고 'colorCapture_test.csv' 파일을 로딩하여 R, G, B의 [Role]을 모두 'feature'로 설정하고 30개의 데이터가 있는 지 확인한 뒤 〈Apply〉 클릭합니다. 수정사항이 없으면 〈Apply〉는 비활성화되어 있으므로 창을 닫고 나오면 됩니다

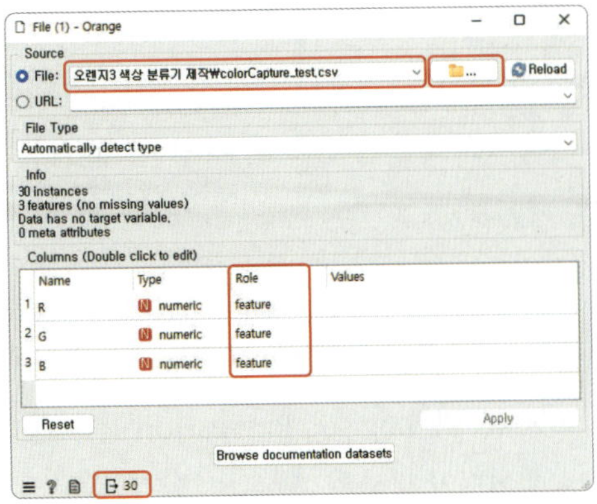


**02** 'colorCapture_test.csv'를 로드한 'File(1)' 위젯을 'Predictions' 위젯과 연결합니다. 그리고 'Predictions' 위젯을 더블클릭하여 분류 결과를 살펴봅니다.

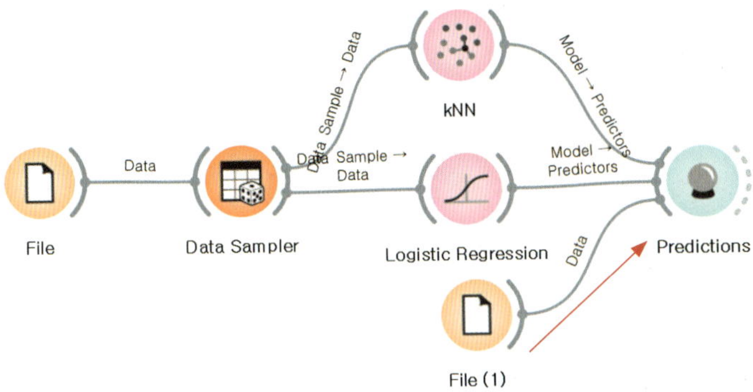


**03** 15번째의 결과를 살펴보면 '(R,G,B)=(38,255,77)' 일 때 두 모델 모두 'green'으로 분류하고 있으며, 29번째의 결과에서는 '(R,G,B)=(255,88,166)' 일 때 두 모델 모두 'pink'로 분류하고 있습니다.

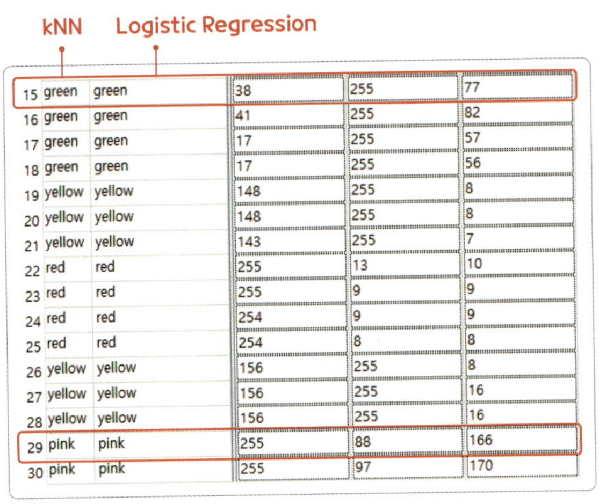


| | kNN | Logistic Regression | | | |
|---|---|---|---|---|---|
| 15 | green | green | 38 | 255 | 77 |
| 16 | green | green | 41 | 255 | 82 |
| 17 | green | green | 17 | 255 | 57 |
| 18 | green | green | 17 | 255 | 56 |
| 19 | yellow | yellow | 148 | 255 | 8 |
| 20 | yellow | yellow | 148 | 255 | 8 |
| 21 | yellow | yellow | 143 | 255 | 7 |
| 22 | red | red | 255 | 13 | 10 |
| 23 | red | red | 255 | 9 | 9 |
| 24 | red | red | 254 | 9 | 9 |
| 25 | red | red | 254 | 8 | 8 |
| 26 | yellow | yellow | 156 | 255 | 8 |
| 27 | yellow | yellow | 156 | 255 | 16 |
| 28 | yellow | yellow | 156 | 255 | 16 |
| 29 | pink | pink | 255 | 88 | 166 |
| 30 | pink | pink | 255 | 97 | 170 |

지금까지의 작업 내용을 하나의 오렌지3 위젯으로 연결하면 [그림 8-35]와 같습니다. 오렌지3에서 이 과정을 '워크플로우(Workflow)'라고 부릅니다. 워크플로우는 데이터 분석 프로세스를 시각적으로 표현한 것으로, 다양한 데이터 처리 및 분석 작업을 단계별로 연결하여 구성할 수 있습니다.

오렌지3로 워크플로우 과정을 진행하며 학습 데이터와 테스트 데이터를 직접 컬러 센서로 수집하였고, 수집된 데이터를 'Distributions' 위젯과 'Scatter Plot' 위젯으로 시각화하였습니다. 마지막으로 'kNN'과 'Logistic Regression'를 이용하여 지도학습을 수행하여 만들어진 모델로 수집된 테스트 데이터의 색상을 예측해 보았습니다.

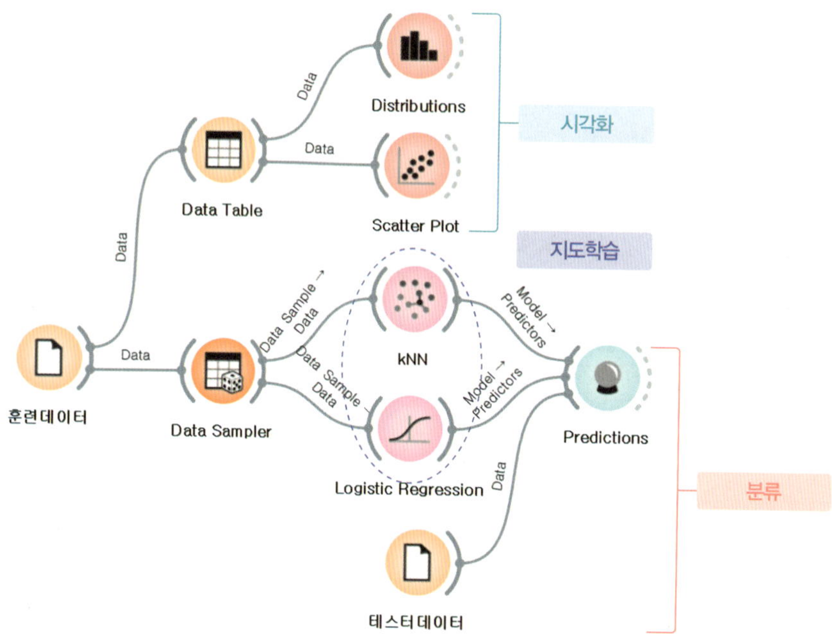


그림 8-35 색상 분류 모델의 워크플로우

**여기서 잠깐** **kNN과 로지스틱 회귀**

**k-최근접 이웃 알고리즘(k-Nearest Neighbors)**은 지도학습에 속하는 알고리즘으로 분류(Classification)와 회귀(Regression) 문제에 사용할 수 있습니다. kNN 알고리즘은 새로운 데이터의 클래스 또는 값을 예측하기 위해 가장 가까운 k개의 이웃을 기반으로 결정합니다. 새로운 데이터가 들어오면 학습 데이터 셋에 있는 모든 포인트와의 거리를 계산합니다.

계산된 거리 중 가장 짧은 거리의 k개의 이웃을 선택합니다. 이 k개의 이웃은 새로운 데이터와 가장 유사한 데이터들입니다. 선택된 k개의 이웃 중 더 많은 클래스를 새로운 데이터의 클래스로 결정합니다. 예를 들어, k=5이고 3개의 이웃이 클래스 A, 2개의 이웃이 클래스 B라면, 새로운 데이터는 클래스 A로 분류됩니다. 회귀 문제에서는 선택된 k개의 이웃의 값을 평균하여 새로운 데이터값을 예측합니다.

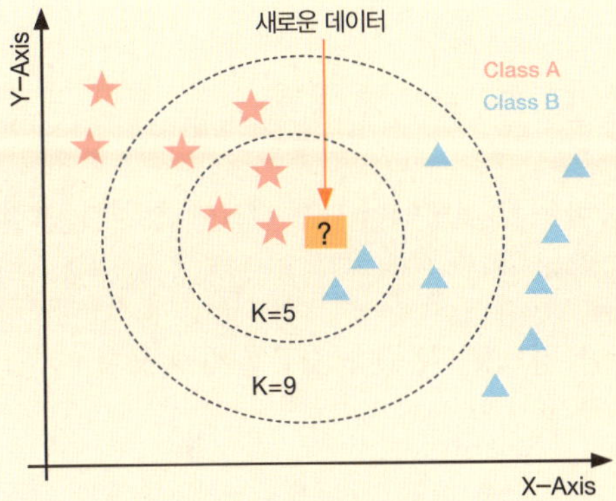


그림 8-36 **k-최근접 이웃 알고리즘의 예**

**로지스틱 회귀(Logistic Regression)**는 분류 문제를 해결할 때 사용하는 지도학습 알고리즘입니다. 이 알고리즘은 연속형 독립변수를 사용하여 이산형 종속변수(클래스)를 예측합니다. 특히, 두 가지 클래스로 분류하는 문제인 이진 분류 문제에 주로 사용됩니다.

로지스틱 회귀 모형은 여러 설명 변수로부터 두 개의 범주만을 가지는 종속변수를 예측하는 데 사용됩니다. 예측된 확률이 0.5보다 크면 해당 사건이 발생할 것으로, 0.5보다 작으면 발생하지 않을 것으로 예측합니다. 이를 통해 우리는 특정 사건이 발생할 확률을 모델링하고, 이를 기반으로 의사 결정을 할 수 있습니다.

로지스틱 회귀는 다중 클래스 분류에도 사용할 수 있습니다. 다중 분류(Multiclass Classification)는 두 가지 이상의 클래스 또는 카테고리로 데이터를 분류하는 머신러닝 작업을 말합니다. 예를 들어, 데이터의 각 항목을 세 개 이상의 클래스 중 하나로 분류해야 하는 경우가 다중 분류 문제에 해당합니다.

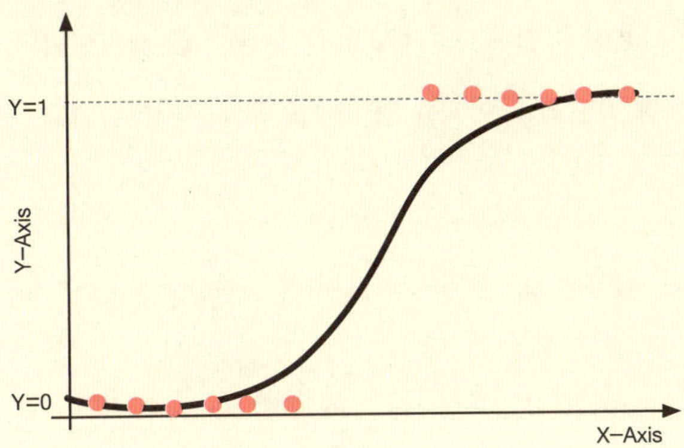


그림 8-37 **로지스틱 회귀 알고리즘의 예**

## 요약

### 1. 와이파이를 이용한 공공데이터의 활용

- **와이파이 통신의 이해:** 무선 LAN(WLAN) 기술을 사용하여 인터넷이나 네트워크에 장치를 연결하는 방법입니다.
- **공공데이터(Public Data):** 정부나 공공 기관이 수집한 정보로, 누구나 자유롭게 이용할 수 있도록 공개된 데이터를 의미합니다.

### 2. 날씨 정보 알리미 만들기

- **API 호출:** 'OpenWeatherMap API'를 이용하여 특정 지역의 날씨 정보를 받아옵니다.
- **데이터 파싱:** JSON 형식의 응답 데이터를 파이썬 딕셔너리로 변환합니다.
- **데이터 추출:** 파싱된 데이터에서 필요한 정보를 선택하여 가져옵니다.
- **실행 결과:** ESP32 보드와 네오픽셀, OLED를 이용해 날씨 정보, 온도, 습도를 출력하고 날씨에 맞는 색상을 출력합니다.

### 3. 컬러 센서로 데이터 수집하기

- **컬러 센서의 사용:** TCS34725 컬러 센서를 사용하기 위해 'tcs34725' 라이브러리를 설치합니다.
- **색상 데이터 읽기:** 증폭과 측정 시간을 활용해 유효한 데이터를 읽어 네오픽셀을 제어합니다.

### 4. 색상 분류 모델 만들기

- **데이터 수집:** 컬러 센서를 사용하여 다양한 색상의 데이터를 수집합니다. 수집한 데이터는 학습 데이터와 테스트 데이터로 분류하여 CSV 파일로 저장합니다.
- **데이터 학습:** 오렌지3를 이용하여 수집된 데이터를 불러오고, 색상 값(RGB)과 색상 이름을 학습시킵니다.
- **테스트 및 색상 분류 모델 만들기:** 지도학습의 모델인 k-최근접 이웃 알고리즘과 로지스틱 회귀 알고리즘을 활용하여 새로운 데이터를 기반으로 색상을 분류합니다.

## 도전 문제 ▶ 주변 색상에 따라 변하는 램프 만들기

3절의 [실습 8-5]에서 컬러 센서를 이용하여 RGB 색상 값을 읽은 후 가장 혼합 비율이 높은 R, G, B 색상으로 네오픽셀의 색을 제어했습니다. 이번 도전 과제에서는 색을 제어할 때 제시된 색을 그대로 표현할 수 있는 장치를 만들어 봅니다.

### 실행 결과

- ESP32 보드

노란색

```
rgb: 123 255 7
rgb: 123 255 7
rgb: 131 255 7
rgb: 119 255 5
rgb: 114 255 5
rgb: 135 255 7
rgb: 172 255 8
```

주황색

```
rgb: 255 25 3
rgb: 255 21 3
rgb: 255 19 3
rgb: 255 25 3
rgb: 255 21 3
rgb: 255 21 3
```

분홍색

```
rgb: 255 39 127
rgb: 255 47 119
rgb: 255 39 119
rgb: 255 39 119
rgb: 255 39 119
```

- 파이파이 램프

노란색

```
rgb: 123 255 7
rgb: 123 255 7
rgb: 131 255 7
rgb: 119 255 5
rgb: 114 255 5
rgb: 135 255 7
rgb: 172 255 8
```

주황색

```
rgb: 255 25 3
rgb: 255 21 3
rgb: 255 19 3
rgb: 255 25 3
rgb: 255 21 3
rgb: 255 21 3
```

분홍색

```
rgb: 255 39 127
rgb: 255 47 119
rgb: 255 39 119
rgb: 255 39 119
rgb: 255 39 119
```

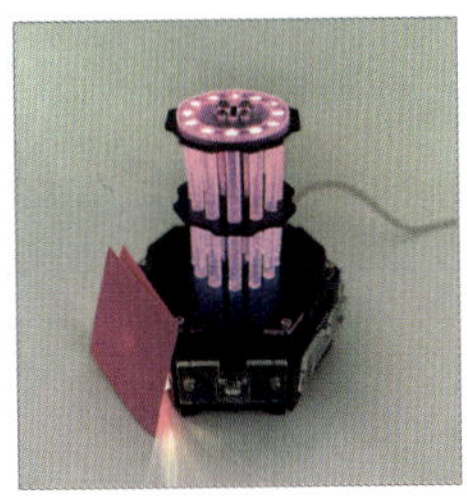

## STEP 1 스크립트 작성하고 실행하기

ESP32 보드와 네오픽셀의 회로는 282~3페이지 [표 8-2]와 [그림 8-5]를 참고하여 연결합니다. 다음 스크립트를 작성하여 8비트로 표현된 색상 데이터를 읽어서 네오픽셀과 파이파이 램프에 적용합니다.

**코드** 주변 색상에 따라 변하는 램프 만들기 8_color_pyphy_neopixel_html.py

```
from machine import Pin, SoftI2C
from tcs34725 import TCS34725, html_rgb
from neopixel import NeoPixel
from time import sleep

pin = Pin(14, Pin.OUT)
np = NeoPixel(pin, 12)
i2c = SoftI2C( scl=Pin(16),sda=Pin(17))
captureRGB = TCS34725(i2c)

captureRGB.gain(4)
captureRGB.integration_time(240)

def read_color():
    global R, G, B

    r, g, b = tuple(int(item) for item in html_rgb(captureRGB.read(True)))
    max_color = max(r, g, b)
    color_base = 255 / max_color if max_color != 0 else 0
    R, G, B = (int(color_base * r), int(color_base * g), int(color_base * b))
    return R,G,B

while True:
    read_color()
    print('rgb: {} {} {} '.format(R, G, B))

    for i in range(0, 12):
        np[i] = (R, G, B)
    np.write()

    sleep(0.3)
```

**14~21행** 센서로부터 RGB 값을 읽어와 최대 색상 값을 찾고 정규화된 RGB 값을 계산하여 반환하는 함수입니다.

**23~29행** `read_color()`에서 반환된 RGB 값을 네오픽셀 LED 색상으로 설정하고 그 색상을 적용합니다.

**스스로 풀어보기**

**01.** 비지도 학습에 대해 알아보고 수집된 컬러 센서의 데이터를 이용하여 오렌지3에서 군집화하여 봅니다.

# CHAPTER 09

# ESP32와 파이썬 인공지능 프로젝트



**학습목표**

- AI 기술이 다양한 분야에서 어떻게 적용되는지 학습합니다.
- 인공지능의 기본 개념과 다양한 응용 분야를 이해합니다.
- 인공지능 기술을 활용해 얼굴 인식 모델, 졸음 방지기를 제작하는 프로젝트를 진행합니다.

## 이번 장에선 무엇을 배우나요?

이번 장에서는 인공지능의 개념을 이해하고, 인공지능 기술을 일상에 적용할 때 필요한 기술들을 살펴봅니다. 또한 ESP32 보드와 다양한 센서, 마이크로파이썬을 활용하여 실질적인 인공지능 구현 방법에 대해 배워보며, 우리 생활을 더욱 편리하고 유용하게 만들 수 있는 아이디어를 현실에 구현하는 과정을 실현해 봅니다.

### 이번 장의 준비물

ESP32 보드

USB 연결선

점퍼 케이블

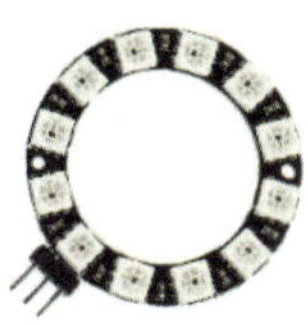

네오픽셀

OLED

부저

Teachable Machine

터치블 머신

ml5.js

ml5.js

p5.js

p5.js

Section 01

# 인공지능과 우리 생활

## 1 인공지능의 현재와 미래

우리는 매일 아침 스마트폰의 알람 소리를 듣고 눈을 뜨고, 날씨 앱을 확인하며 하루를 시작합니다. 출근, 등굣길에는 자율주행 차량을 이용하거나, 지하철에서 음악 추천 앱이 제안하는 곡을 들으며 시간을 보냅니다. 직장에서는 인공지능 기반의 도구가 업무 효율성을 높여주고, 퇴근 후에는 인공지능 비서가 집안의 조명을 조절해 편안한 저녁 시간을 보낼 수 있도록 도와줍니다.

이처럼 인공지능은 이미 우리 일상의 일부가 되어, 그 영향력이 점점 커지고 있습니다. 불과 몇 년 전만 해도 공상 과학 영화 속에서나 가능했던 일들이 이제는 현실이 되었습니다. 그렇다면, 인공지능은 어떻게 발전해 왔으며, 현재 어떤 방식으로 우리 삶에 영향을 미치고 있을까요?

## 2 인공지능 활용 기술

### 스마트 홈과 IoT

AI 기반의 스마트 홈 기기는 우리의 생활을 편리하게 만듭니다. 예를 들어, 스마트 스피커는 사용자의 음성 명령을 이해하여 음악을 재생하거나, 날씨 정보를 제공하며, 심지어 온라인 쇼핑까지 도와줍니다.

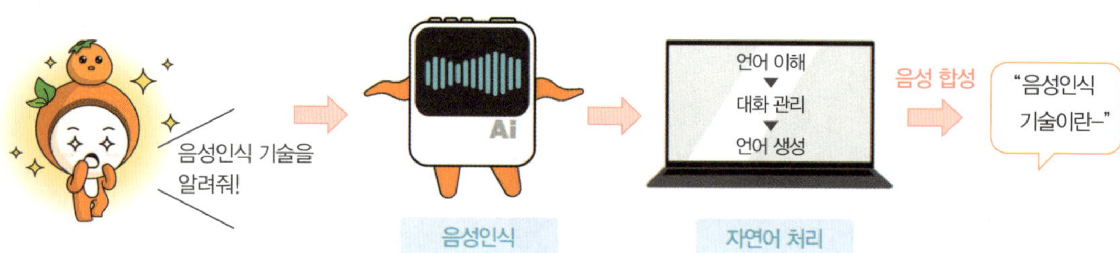


그림 9-1 AI 기반의 스마트 홈 기기의 작동 원리

## 헬스케어와 맞춤형 의료

AI는 헬스케어 분야에서 혁신을 일으키고 있습니다. 스마트 워치와 같은 웨어러블(Wearable) 기기를 통해 실시간으로 건강 상태를 모니터링하고, 개인 맞춤형 운동 및 식단을 제안받을 수 있습니다. 또한, AI는 질병을 진단하고 치료 계획을 수립할 때도 중요한 역할을 합니다.

그림 9-2 **스마트 워치를 이용한 헬스케어의 예**

## 자율주행 자동차

자율주행 자동차는 이미지 인식 기술을 통해 도로 상황을 실시간으로 분석하고, 주행 경로를 계획하며, 장애물을 피하고, 교통 신호와 표지판을 인식합니다. 이러한 기술 덕분에 자율주행 자동차는 더욱 안전하고 효율적인 운행이 가능해졌습니다.

그림 9-3 **자율주행 자동차의 예**

## 안면인식

안면인식 기술은 보안 및 편의성 향상에 크게 기여하고 있습니다. 공항과 같이 보안이 중요한 장소에서 신원을 확인하거나, 스마트폰 잠금 해제, 출입 통제 시스템 등에 사용됩니다. 또한, 소셜 미디어 플랫폼에서 사진 속 인물을 자동으로 태그하는 기능에 활용되고 있습니다.

그림 9-4 **안면인식 기술의 작동 원리**

## 엔터테인먼트와 콘텐츠 추천

넷플릭스, 유튜브 등 스트리밍 서비스는 인공지능 기술을 활용해 사용자의 취향을 분석하고, 맞춤형 콘텐츠를 추천합니다. 이를 통해 우리는 풍부한 엔터테인먼트 경험을 누릴 수 있습니다.

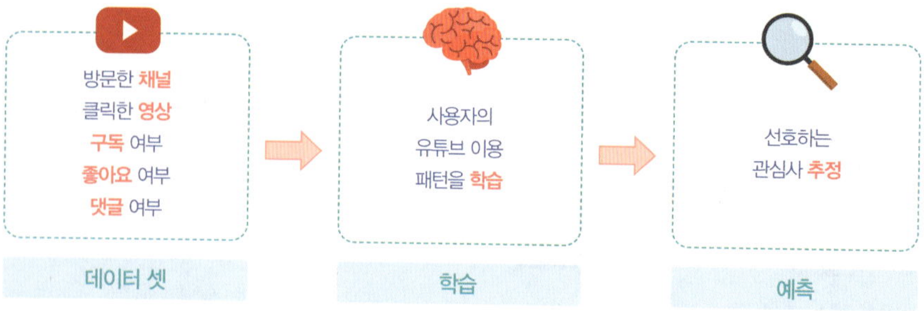


그림 9-5 **AI를 이용한 추천 알고리즘의 원리**

## 교육과 학습

교육과 학습 현장에서 AI 기반의 학습 플랫폼은 개인의 학습 스타일과 능력에 따른 맞춤형 교육을 제공합니다. 이는 학습 효율을 극대화하고, 학생 개개인의 성장을 지원하는 데 큰 도움이 됩니다.

일상 속에서 우리는 다양한 인공지능 기술을 활용하고 있습니다. 이제 인공지능은 단순한 기술적 발전을 넘어, 우리 삶의 질을 향상시키고, 여러 산업에서 혁신을 주도하는 핵심 요소로 자리 잡았습니다. 앞으로도 인공지능은 더욱 진화하여 우리의 일상을 풍요롭게 할 것입니다.

그림 9-6 **인공지능과 인간의 미래**

Section 02

# 인공지능의 이해

## 1 인공지능의 개념

인공지능(Artificial Intelligence, AI)은 인간의 지능을 모방하는 컴퓨터 시스템을 설계하고 개발하는 것을 말합니다. 인공지능은 다양한 분야에 적용될 수 있으며, 특히 문제 해결, 의사 결정, 자연어 처리 및 이미지 인식 등에서 큰 성과를 거두고 있습니다.

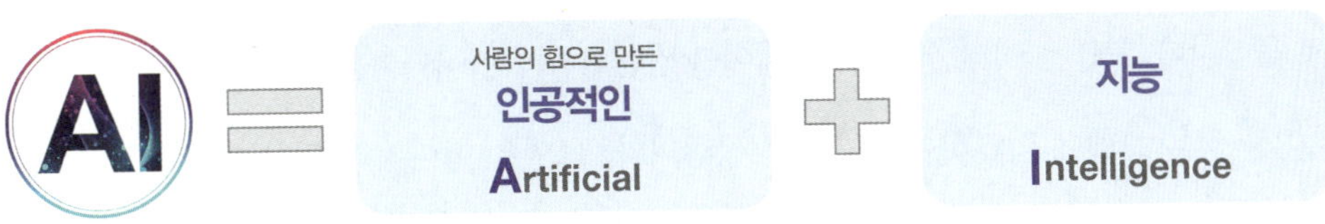


그림 9-7 **인공지능의 개념**

여기서 지능이란 신속한 계산 능력과 훌륭한 암기 능력만을 의미하는 것이 아니라 새로운 지식을 스스로 배우고 적응하는 학습 능력을 포함하고 있습니다. 이는 단순한 정보 처리와 저장을 넘어, 변화하는 환경에 능동적으로 대응하고 혁신을 이루는 능력을 의미합니다.

인공지능이 인간처럼 새로운 정보를 학습하고 적응하려면 다양한 학습 방법을 이해하고 활용해야 합니다. 이런 인공지능의 핵심 기술 중 하나는 머신러닝(Machine Learning)입니다. 기계학습으로도 부르는 이 기술은 데이터를 통해 학습하고 예측하는 능력을 갖추는 것을 말합니다. 이제 우리는 인공지능이 어떻게 데이터를 학습하고, 다양한 문제를 해결하는지 살펴보겠습니다.

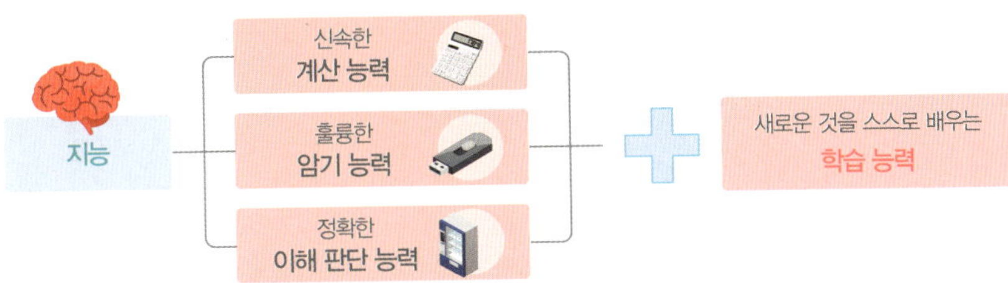


그림 9-8 **인공지능의 학습 능력**

인공지능의 학습 방식에는 지도 학습, 비지도 학습, 강화 학습이 있습니다. 각각의 학습 방식은 고유한 접근법과 장점을 가지고 있으며, 다양한 상황에서 효과적으로 사용될 수 있습니다. 이 학습 방법들을 간단하게 알아보겠습니다.

## 2 지도학습

지도학습(Supervised Learning)은 머신러닝의 한 방법으로, 알고리즘이 주어진 입력과 그에 대응하는 출력의 쌍을 학습하여 새로운 입력에 대한 출력을 예측하는 방식입니다. 여기서 입력은 이미지, 소리, 문자, 숫자 등 다양한 형태의 학습 데이터를 의미하며, 출력은 정답을 나타내는 레이블을 의미합니다.

여러 이미지 데이터가 있다고 가정했을 때 이 데이터는 새, 물고기, 다른 객체들의 이미지로 구성될 수 있습니다. 각 이미지는 특정한 레이블인 정답을 가집니다. 예를 들어, 새의 이미지는 '새'라는 레이블을, 물고기의 이미지는 '물고기'라는 레이블을 가집니다. 준비된 데이터와 그에 해당하는 레이블을 쌍으로 묶습니다. 모델은 이러한 데이터-레이블 쌍들을 학습합니다.

데이터-레이블 쌍을 모델에 입력하여 학습을 시작합니다. 모델은 이미지와 해당 레이블을 기반으로 패턴을 인식하고 학습합니다. 이 과정으로 모델은 새와 물고기를 구별할 수 있는 기준을 스스로 만들어 냅니다.

그림 9-9 **지도학습의 원리**

### 지도학습의 사용 예

지도학습은 [그림 9-10]과 같이 구매 수량이나 판매량 등의 양적 데이터를 예측하는 회귀 문제와 구매 여부, 스팸 메일 여부 등의 범주형 데이터를 구분하는 분류 문제에 사용됩니다.

| 날짜 | 조회수 | 구매 수량 |
|---|---|---|
| 2020.8.21 | 88 | 44 |
| 2020.8.22 | 120 | 60 |
| 2020.8.23 | 170 | 85 |
| 2020.8.24 | 110 | 55 |
| 2020.8.25 | 300 | ? |

양적 데이터

**회귀**
(Regression)

| 날짜 | 조회수 | 구매 여부 |
|---|---|---|
| 2020.8.21 | 88 | 비구매 |
| 2020.8.22 | 120 | 비구매 |
| 2020.8.23 | 170 | 구매 |
| 2020.8.24 | 110 | 비구매 |
| 2020.8.25 | 300 | ? |

범주 데이터

**분류**
(Classification)

그림 9-10 **지도학습의 예**

## 3 비지도 학습

비지도 학습(Unsupervised Learning)은 입력 데이터에 대한 명확한 정답이 없는 상황에서 데이터의 구조나 패턴을 찾아내는 학습 방법입니다.

지도학습과 마찬가지로 다양한 이미지 데이터 셋을 준비합니다. 이 데이터 셋은 새, 물고기, 다른 객체들의 이미지로 구성됩니다. 하지만 이 데이터에는 이미지의 정답 레이블이 제공되지 않습니다.

준비된 데이터 셋을 모델에 입력하여 학습을 시작합니다. 모델은 입력된 데이터를 분석하여 유사한 특성을 가진 객체들을 새와 물고기 그룹으로 나누게 됩니다. 이 과정에서 모델은 데이터를 분류하는 기준을 스스로 발견합니다. 이것이 비지도 학습의 기본 원리입니다.

그림 9-11 **비지도 학습의 원리**

## 비지도 학습의 사용 예

비지도 학습은 [그림 9-12]와 같이 유사한 특성을 가진 데이터들을 몇 개의 클러스터(그룹)로 나누어 군집화한 뒤 특정 항목들이 함께 발생하는 패턴을 식별하여 특정 활동들 간의 연관성을 찾아냅니다. 예를 들어, 고객 데이터를 이용한 고객 세분화 작업에서 고객들의 구매 행동 데이터를 기반으로 유사한 특성을 가진 고객들을 그룹화할 수 있으며, 마케팅, 재고관리 등 다양한 비즈니스 문제에서도 유용한 정보를 제공할 수 있습니다.

데이터 셋

| 이름 | 국어 점수 | 수학 점수 |
|---|---|---|
| 홍길동 | 100 | 95 |
| 박지숙 | 90 | 90 |
| 김남희 | 80 | 80 |
| 임종우 | 40 | 100 |
| 이재우 | 35 | 85 |
| 박민준 | 25 | 80 |
| 박민주 | 70 | 55 |
| 류은숙 | 75 | 40 |
| 진우식 | 70 | 50 |
| 이정은 | 60 | 40 |
| 임창완 | 30 | 50 |
| 윤준환 | 30 | 35 |
| 경우진 | 25 | 25 |
| 송대용 | 15 | 20 |

관측치: 14
클러스터: 4

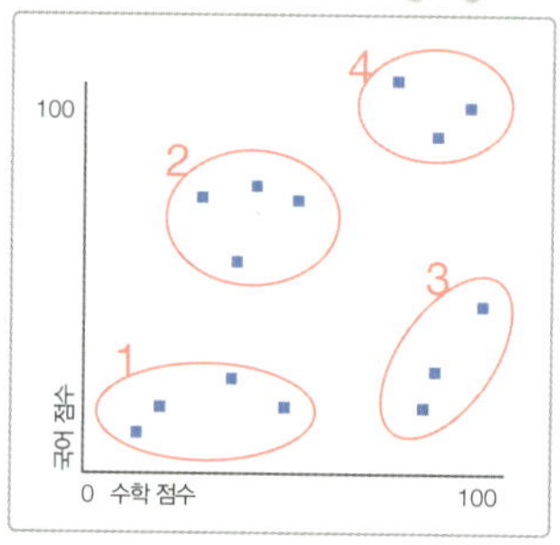


군집화
(Clustering)

결과

| 이름 | 국어 점수 | 수학 점수 | 군집화 |
|---|---|---|---|
| 홍길동 | 100 | 95 | |
| 박지숙 | 90 | 90 | 4 |
| 김남희 | 80 | 80 | |
| 임종우 | 40 | 100 | |
| 이재우 | 35 | 85 | 3 |
| 박민준 | 25 | 80 | |
| 박민주 | 70 | 55 | |
| 류은숙 | 75 | 40 | 2 |
| 진우식 | 70 | 50 | |
| 이정은 | 60 | 40 | |
| 임창완 | 30 | 50 | |
| 윤준환 | 30 | 35 | 1 |
| 경우진 | 25 | 25 | |
| 송대용 | 15 | 20 | |

연관 규칙을 파악했습니다

데이터 셋

| | 롤러코스터 | 바이킹 | 자이로드롭 | 회전목마 | 범퍼카 |
|---|---|---|---|---|---|
| 홍길동 | ○ | ○ | ○ | × | × |
| 나진구 | × | ○ | × | ○ | ○ |
| 김진하 | ○ | ○ | × | × | × |
| 임종우 | × | × | × | ○ | ○ |
| 이재우 | × | ○ | × | ○ | ○ |
| 박민준 | ○ | ○ | ○ | × | ○ |
| 안정혁 | ○ | ○ | × | × | × |
| 임기룡 | × | × | × | ○ | ○ |
| 진우식 | ○ | ○ | ○ | ○ | ○ |

결과

| | 롤러코스터 | 바이킹 | 자이로드롭 | 회전목마 | 범퍼카 |
|---|---|---|---|---|---|
| 홍길동 | ○ | ○ | ○ | × | × |
| 나진구 | × | ○ | × | ○ | ○ |
| 김진하 | ○ | ○ | × | × | × |
| 임종우 | × | × | × | ○ | ○ |
| 이재우 | × | ○ | × | ○ | ○ |
| 박민준 | ○ | ○ | ○ | × | ○ |
| 안정혁 | ○ | ○ | × | × | × |
| 임기룡 | × | × | × | ○ | ○ |
| 진우식 | ○ | ○ | ○ | ○ | ○ |

연관 규칙 분석
(Association Rule Learning)

그림 9-12 **비지도 학습의 군집화와 연관 규칙 분석**

## 4 강화학습

강화학습(Reinforcement Learning)은 특정 주체인 에이전트가 주변 상황, 환경과 상호작용하며 보상을 최대화하는 행동 전략을 학습하는 방법입니다. 여기서 에이전트는 다양한 행동을 시도하고 그에 대한 보상을 통해 학습을 하며, 주어진 목표를 달성하기 위한 최적의 행동을 찾아냅니다.

[그림 9-13]은 에이전트를 강아지로, 주변 상황을 사람으로 설정한 예입니다. 주변 상황은 다양한 상태(State)로 구성되며, 이것은 사람이 내리는 명령이 됩니다. 주체인 강아지는 이 상태를 관찰한 뒤 적절한 행동(Action)을 선택합니다. 주체가 행동을 수행하면 주변 상황은 이에 대한 보상(Reward)을 제공합니다.

보상은 주체가 선택한 행동의 결과로, 강아지가 사람의 지시에 따라 올바른 동작을 하면 칭찬이나 간식을 받는 것과 같습니다. 긍정적인 보상은 주체가 해당 행동을 더 자주 선택하도록 유도합니다. 주체는 다양한 상태에서의 행동과 그에 따른 보상을 통해 전략(Policy)을 학습합니다.

전략은 주체가 다양한 상태에서 어떤 행동을 취할지를 결정하는 방법입니다. 주체는 보상을 최대화하기 위해 최적의 전략을 학습합니다. 주체는 반복적인 시도를 통해 어떤 행동이 가장 큰 보상을 가져오는지 학습합니다. 이 과정에서 주체는 주변 상황의 다양한 상태를 탐색하고, 각 상태에서 최적의 행동을 선택하는 방법을 점차 익히게 됩니다.

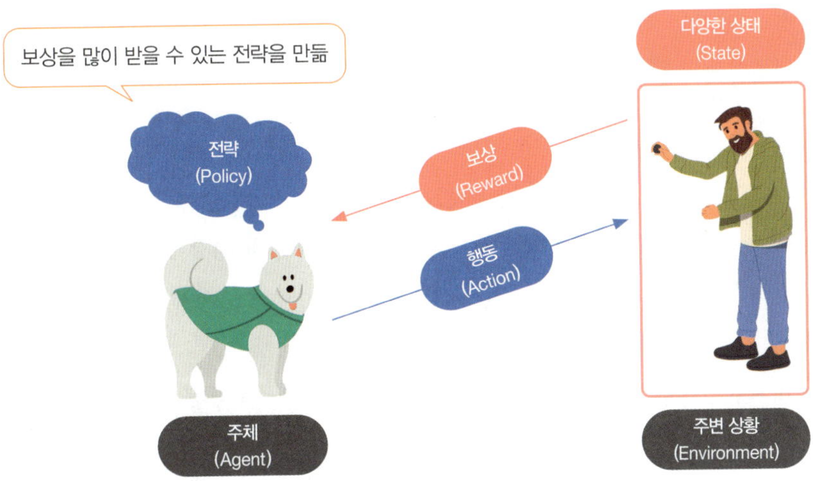


그림 9-13 **강화학습의 원리**

### 강화학습의 예

강화학습은 주체가 주변 상황과의 상호작용으로 보상을 최대화하는 행동을 학습하는 과정입니다. 이는 다양한 응용 분야에서 활용될 수 있으며, 특히 로봇 제어, 게임 인공지능, 자율주행 등에서 많이 사용됩니다. 강화학습은 주체가 스스로 학습하고 적응하는 능력을 키우는 데 중요한 역할을 합니다.

## 5 인공지능의 핵심 요소

인공지능 모델은 수많은 데이터를 기반으로 학습을 수행합니다. 먼저, 다양한 사례를 포함한 방대한 데이터를 수집하여 데이터 셋(Data Set)을 구성합니다. 구성된 데이터 셋으로 인공지능 신경망이 데이터의 특징과 패턴을 학습합니다. 학습된 알고리즘은 새로운 데이터를 입력받아 이를 분석하고 예측합니다. 이러한 과정으로 인공지능 모델은 실시간으로 데이터를 처리하고 예측하는 능력을 갖추게 됩니다.

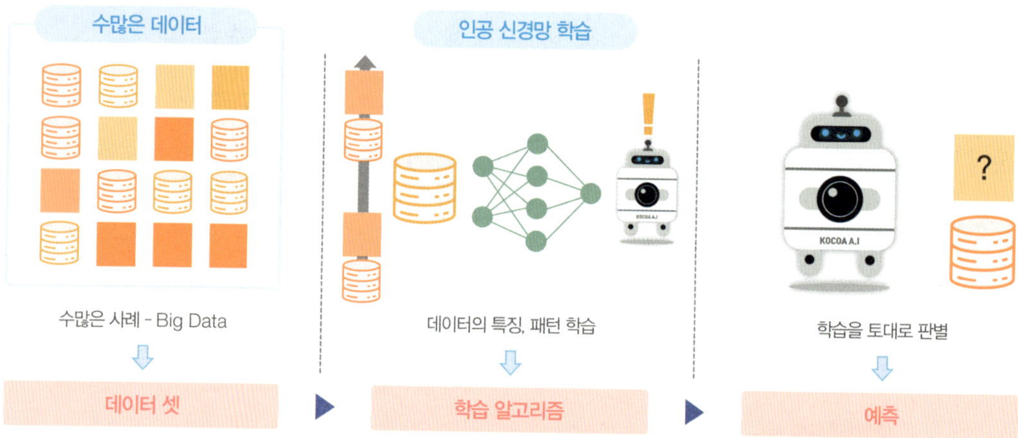


그림 9-14 **인공지능의 핵심 요소**

인공지능 모델이 성공적으로 학습하고 예측을 수행하기 위해서는 고품질의 대량 데이터를 확보하고, 이를 전처리하여 모델에 입력하는 과정이 매우 중요합니다. 데이터가 튼튼해야 그 위에 구축되는 인공지능 모델도 견고하고 신뢰할 수 있는 결과를 제공하기 때문입니다.

또한, 적절한 학습 알고리즘을 선택하는 것도 매우 중요합니다. 학습 알고리즘은 데이터를 분석하고 패턴을 학습하는 방법을 결정하는 요소로, 적절한 알고리즘을 선택함으로써 인공지능 모델의 성능을 최적화하고 문제 해결에 필요한 요구사항을 충족시킬 수 있습니다. 데이터의 질과 양, 문제의 특성, 계산 자원 등을 종합적으로 고려하여 최적의 학습 알고리즘을 선택한다면 인공지능 모델의 성공적인 구축과 정확한 예측을 도모할 수 있습니다.

## 6 파이썬을 활용한 인공지능 구현

마이크로파이썬과 ESP32 보드를 이용하여 인공지능 기술을 구현하는 방법을 배워봅니다. 각 학습 방법의 이론적 배경을 이해하고, 프로젝트를 직접 따라 하다 보면 인공지능의 원리를 더욱 잘 이해할 수 있을 것입니다.

### ESP32 보드의 특징과 제약

ESP32 보드는 와이파이와 블루투스 기능을 내장한 저비용, 저전력의 마이크로컨트롤러로, 다양한 사물인터넷 프로젝트에 최적화되어 있습니다. 다양한 센서는 환경 데이터를 수집하는 데 중요한 역할을 합니다. 예를 들어, 온도, 습도, 조도, 가속도 센서 등을 이용하여 실시간으로 데이터를 모니터링하고, 이 데이터를 활용하여 인공지능 모델을 학습시킬 수 있습니다. 그러나 ESP32 보드에서 인공지능을 구현할 때는 몇 가지 제약이 있습니다.

- **낮은 클럭 속도** ESP32 보드는 비교적 낮은 클럭 속도를 가지고 있어 대규모 데이터 처리를 요구하는 복잡한 인공지능 모델을 실행하기에는 적합하지 않습니다.
- **제한된 메모리** ESP32 보드는 내부에 저장된 메모리 용량이 작기 때문에 대규모 데이터와 복잡한 모델을 저장하고 처리하기가 어렵습니다. 인공지능 모델 중에서도 딥러닝 모델은 큰 메모리 공간을 필요로 합니다.
- **낮은 전력과 성능** 인공지능 연산은 높은 전력 소모를 요구하므로 배터리로 구동되는 사물인터넷 장치에서는 구현하기가 어렵습니다.

### ESP32 보드를 활용한 인공지능 구현 방법

ESP32 보드는 성능 및 메모리 제한으로 인해 복잡한 인공지능 연산을 직접 수행하기는 어렵지만, 경량화된 모델과 특정 라이브러리를 활용한 간단한 인공지능 기능을 구현할 수 있습니다. 예를 들어, TensorFlow Lite for Microcontrollers는 ESP32 보드에서 실행 가능한 경량화된 머신러닝 모델을 제공합니다. 그러나 현재 마이크로파이썬 환경보다는 C++로 작성된 TensorFlow Lite Micro 코드를 사용하여 모델을 실행하는 것이 가장 효과적입니다.

앞으로의 실습에서는 PC에서 'ml5.js'와 'p5.js' 연동하여 인공지능 모델을 실행하고 시리얼 포트를 통해 ESP32 보드로 전송한 데이터를 기반으로 인공지능을 활용합니다. 이 방법은 경량화된 머신러닝 모델을 이용하여 ESP32 보드의 성능 한계를 극복하면서도 다양한 인공지능 응용 프로그램을 실현할 수 있도록 합니다.

Section

# 03 얼굴 인식 모델 만들기

최근 얼굴 인식 시스템은 스마트폰 잠금 해제, 공항 보안 검사, 출입 통제 시스템 등 다양한 분야에서 널리 사용되고 있습니다. 이러한 시스템은 높은 보안력과 편리함을 제공하여 우리의 삶을 더욱 안전하고 편리하게 만듭니다. 특히, 개인 맞춤형 서비스를 제공하고, 신원 확인의 정확도를 높이는 데 큰 역할을 하고 있습니다. 이번 프로젝트에서는 얼굴 인식 모델을 구현해 봅니다.

## 1 얼굴 인식 모델 제작 개요

[그림 9-15]와 같은 과정으로 인공지능을 이용한 얼굴 인식 모델을 만듭니다. 먼저 '티처블 머신(Teachable Machine)'을 활용하여 얼굴 인식 모델을 훈련시킨 뒤 'p5.js'를 사용하여 얼굴 인식 결과를 실시간으로 처리합니다. 이 과정은 PC에서 이루어집니다.

인식 결과는 ESP32 보드가 연결된 포트(COM○○)를 통해 전송되며, ESP32 보드는 이를 이용하여 서보모터, 네오픽셀, OLED 디스플레이를 제어합니다. 최종적으로, PC에서 인식된 얼굴에 따라 하드웨어의 동작을 제어할 수 있습니다.

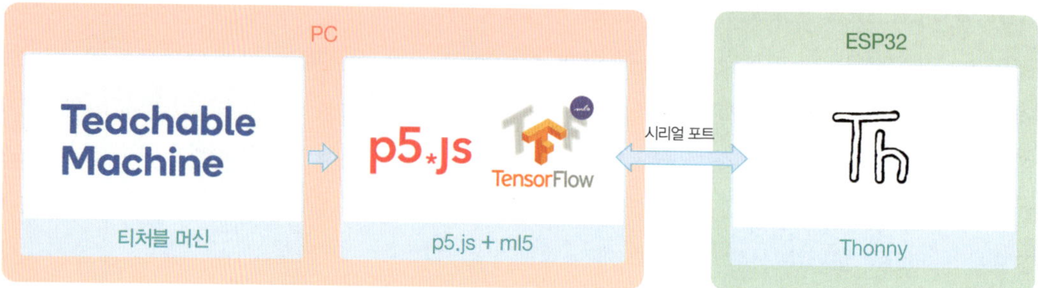


그림 9-15 얼굴 인식 모델 제작의 개요

이번 실습에서 사용할 도구에 대해 알아보겠습니다.

## 티처블 머신

구글이 만든 웹 기반 도구인 '티처블 머신'은 복잡한 코딩 없이 머신러닝 모델을 쉽게 만들고 학습시킬 수 있습니다. 사용자는 웹 사이트에 접속하여 이미지, 소리, 포즈 등을 분류할 모델을 생성합니다. 이 과정에서 사용자는 다양한 샘플 데이터를 제공하고, 모델은 제공된 데이터를 기반으로 학습을 시작합니다. 예를 들어 카메라를 통해 이미지를 캡처하고, 캡처한 이미지들을 서로 다른 범주로 분류하여 모델을 훈련할 수 있습니다. 티처블 머신은 머신러닝에 쉽게 접근할 수 있는 특성 때문에 교육 목적으로 사용하거나 빠른 프로토타이핑이 필요할 때 매우 유용합니다. 또한 직관적인 인터페이스를 제공하여 누구나 쉽게 사용할 수 있습니다.

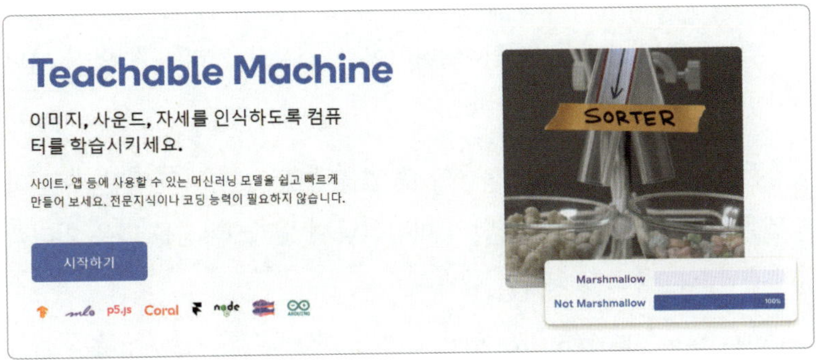


그림 9-16 **티처블 머신 홈페이지** © https://teachablemachine.withgoogle.com/

티처블 머신으로 훈련된 모델은 실시간으로 테스트할 수 있고 필요에 따라 모델을 내보내어 다양한 응용 프로그램에서 사용할 수 있습니다.

## ml5.js

'ml5.js'는 웹 개발자와 예술가들이 머신러닝에 쉽게 접근할 수 있도록 돕는 자바스크립트 라이브러리입니다. 'TensorFlow.js'를 기반으로 하며, 더 간단하고 친숙한 API를 제공하여 머신러닝 모델이 웹 애플리케이션에 쉽게 통합될 수 있게 도와줍니다.

'ml5.js'를 사용하면, 웹 개발자들은 자바스크립트 코드 몇 줄만으로 머신러닝 모델을 불러오고, 웹 페이지에서 웹캠을 통해 실시간으로 이 모델을 사용하여 이미지 분류, 객체 감지, 텍스트 분석, 특정 동작 인식 등을 수행할 수 있습니다. 또한 BodyPose, HandPose, FaceMesh, ImageClassifier, Sentiment 등 사전에 학습된 인공지능 모델을 제공하고, 티처블 머신에서 사용자가 직접 학습시킨 모델을 웹에서 활용할 수 있게 하여 인터랙티브한 웹 경험이나 창의적인 프로젝트를 쉽게 구현할 수 있습니다.

그림 9-17 **ml5.js의 로고** © https://ml5js.org/

## p5.js

'p5.js'는 독립적인 프로그램이 아닌 자바스크립트 라이브러리 중 하나로 웹 브라우저에서 바로 실행되어 웹에서 창의적인 코딩을 할 때 유용하게 사용됩니다. 이 라이브러리는 예술, 디자인, 인터랙티브 미디어를 만드는 데 중점을 두고 있으며, 그래픽, 애니메이션, 사운드 처리 등 다양한 멀티미디어 기능을 쉽게 사용할 수 있도록 합니다.

'p5.js'는 티처블 머신에서 생성된 모델을 쉽게 불러와 사용할 수 있습니다. 'ml5.js'와 같은 추가 라이브러리를 통해 머신러닝 모델을 쉽게 통합하여 웹 기반의 머신러닝 애플리케이션을 더욱 인터랙티브하고 시각적으로 매력적이게 만드는 중요한 역할을 합니다.

또한 'p5.js'와 함께 사용할 수 있는 추가 라이브러리인 'p5.serialport'를 통해 하드웨어와의 시리얼 통신을 가능하게 하여 'p5.js' 프로젝트에서 하드웨어 장치와 데이터를 주고받을 수 있습니다. p5 에디터는 'p5.js'를 쉽게 사용할 수 있는 개발 환경입니다.

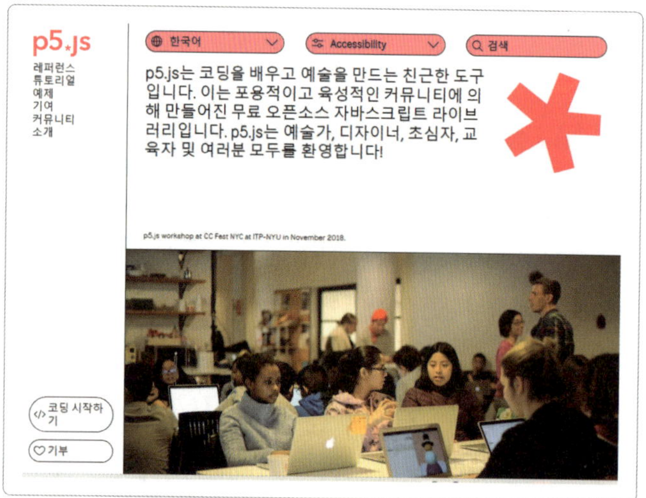


그림 9-18 **p5 에디터의 화면** © https://p5js.org/ko/

## 2 티처블 머신으로 얼굴 인식 모델 생성하기

**01** 구글 검색창에 '티처블 머신'을 검색하거나 사이트 주소(https://teachablemachine.withgoogle.com/)를 주소창에 입력하여 접속합니다. 메인 홈페이지에서 〈시작하기〉 버튼을 클릭합니다.

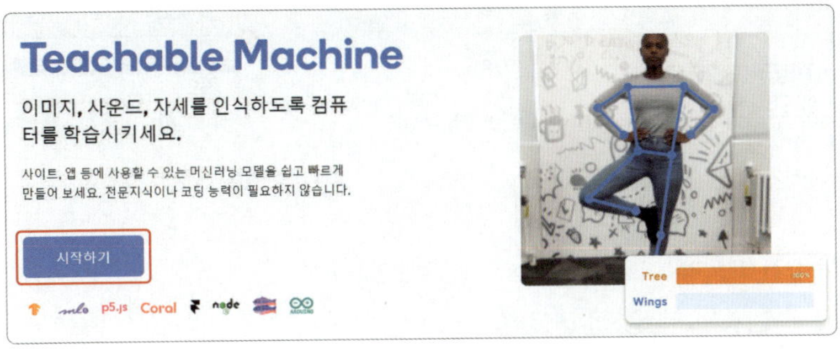


**02** 얼굴 인식 모델을 만들기 위해 ❶ [이미지 프로젝트]를 선택하고 ❷ [표준 이미지 모델]을 선택합니다.

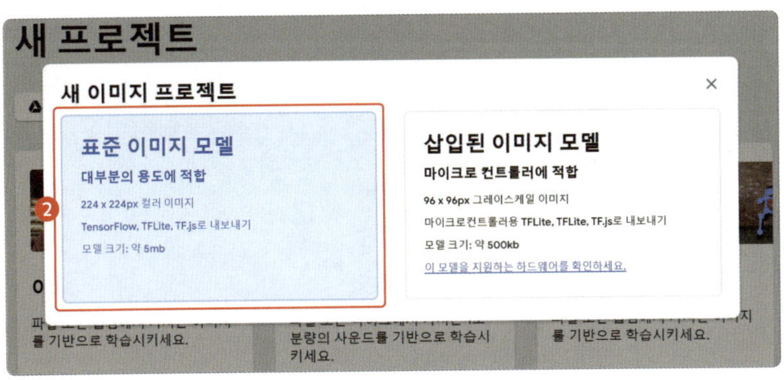

**03** 먼저 카메라 설정을 진행합니다. 주소창 옆 [사이트 정보 보기]( )를 클릭한 뒤 [사이트 설정]을 클릭합니다. 세부 옵션에서 〈카메라 허용〉으로 설정합니다.

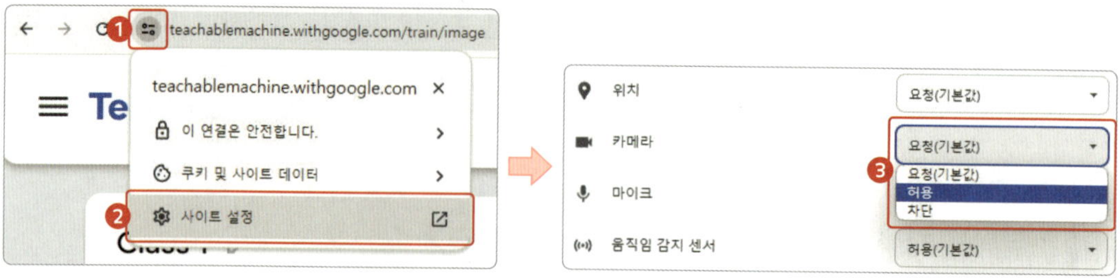

설정을 변경했다면 반드시 〈새로고침〉을 클릭하여 설정된 내용을 반영합니다.

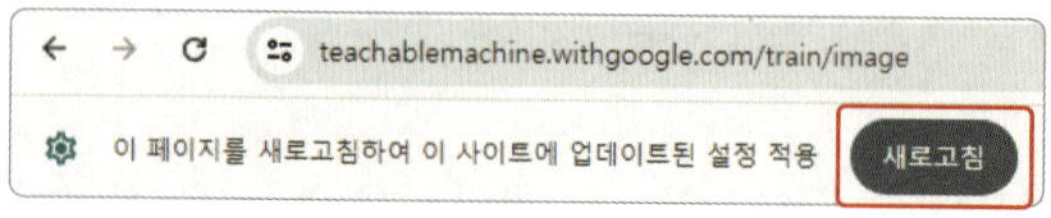


그림 9-19 〈새로고침〉 버튼

**04** 이미지 데이터를 학습시키기 위한 준비가 되었습니다. 이제 서로 다른 얼굴을 학습시켜 구분하는 모델을 만들어 보겠습니다. 먼저 '자신의 얼굴' 데이터를 학습하는 클래스 이름을 'Class 1'에서 '1'로, 비교할 '다른 사람의 얼굴' 데이터를 학습하는 클래스 이름을 'Class 2'에서 '2'로 변경합니다.

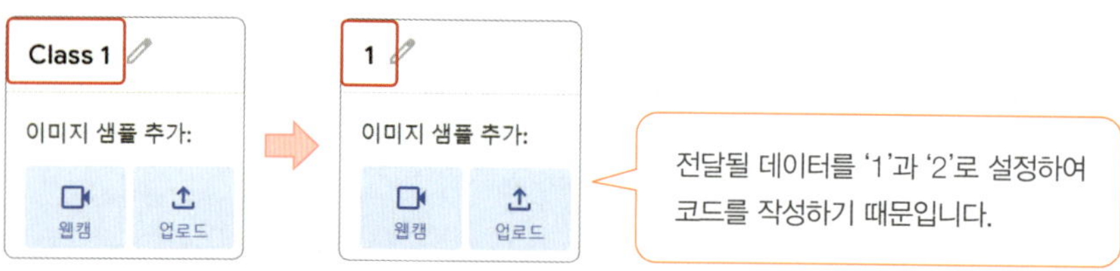


**05** '자신의 얼굴'과 '다른 사람의 얼굴' 데이터를 [웹캠]을 통해 실시간 영상으로 수집합니다. 업로드 방식은 비교할 이미지 사진을 여러 개 준비해야 하므로 웹캠 수집이 편리합니다.

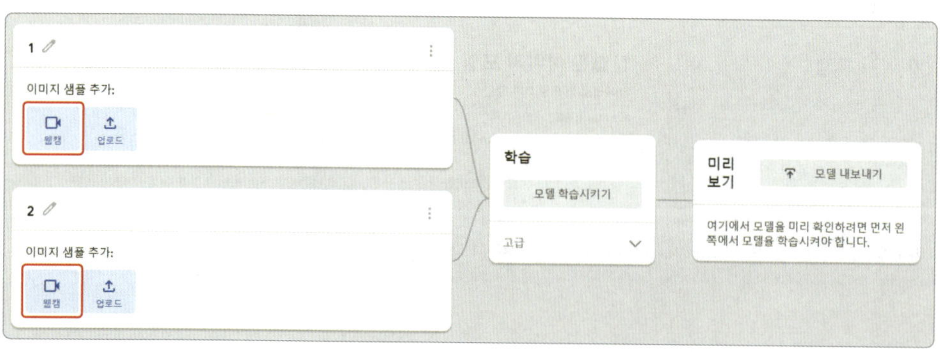

이 책의 실습 과정에서는 분류 얼굴의 데이터로 코코아팹의 캐릭터 '코코'와 '저항'을 사용합니다. 실제 실습을 진행할 때에는 서로 비교할 얼굴을 웹캠으로 수집하면 됩니다.

**06** '1' 클래스에 '자신의 얼굴'을 비추고 〈길게 눌러서 녹화하기〉 버튼을 클릭하여 100개의 샘플을 수집합니다. 샘플의 수는 자유롭게 정하되 클래스 '1', '2'의 데이터를 비슷한 양으로 수집하는 것이 좋습니다.

**07** '2' 클래스에는 '다른 사람의 얼굴'을 비추거나 핸드폰에 '다른 사람의 얼굴'을 띄운 후 웹캠에 비추어 수집해도 됩니다. 같은 수의 이미지 샘플을 〈길게 눌러서 녹화하기〉를 클릭하여 수집합니다.

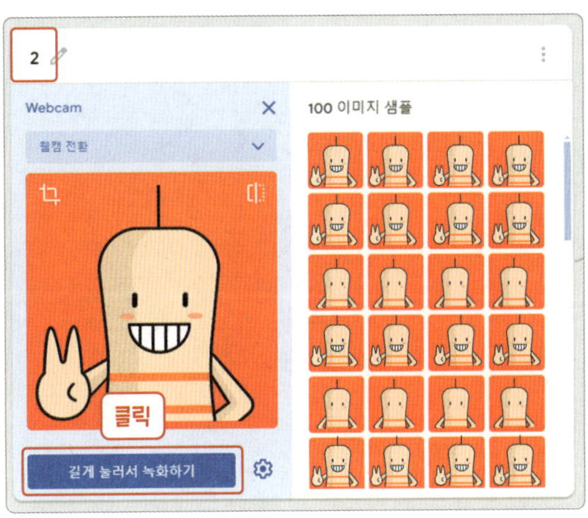


**08** 이미지 데이터 수집이 끝나면 '학습'의 〈모델 학습시키기〉 버튼을 클릭합니다. 학습이 진행되는 동안 탭을 전환하지 말고 기다립니다.

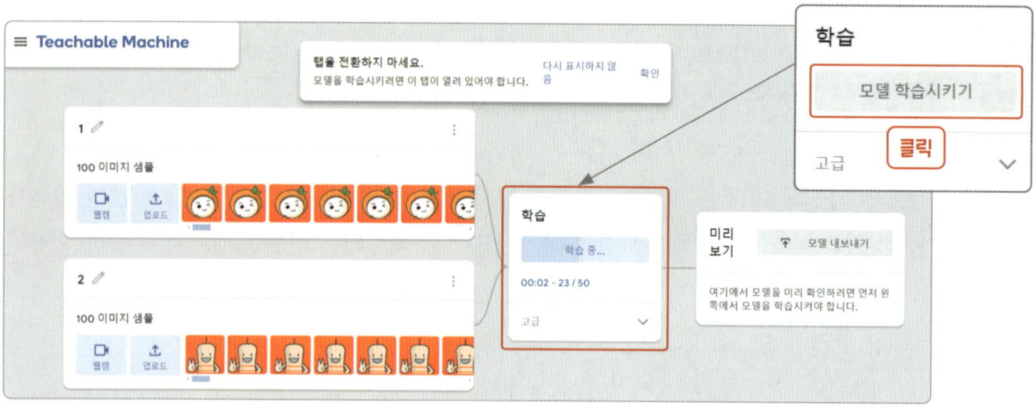


**09** '미리보기'에서 웹캠 입력 설정을 통해 얼굴 인식 모델이 잘 생성되었는지 테스트 결과를 살펴봅니다.

**10** '미리보기' 옆의 〈모델 내보내기〉를 클릭합니다.

**11** 공유가 가능한 링크를 생성하기 위해 〈모델 업로드〉를 클릭합니다.

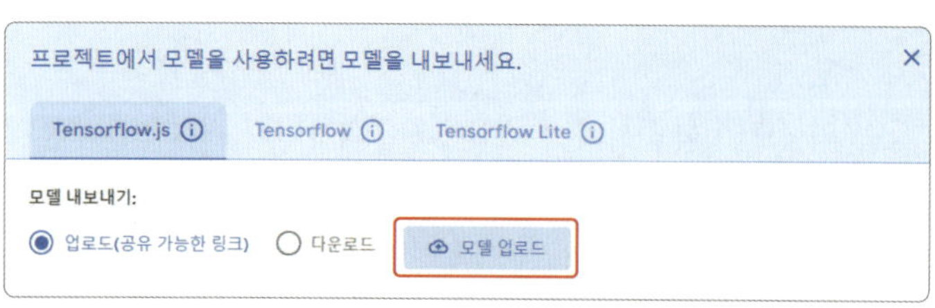

**12** '공유 가능한 링크'가 생성되면 〈복사〉 버튼을 클릭하여 해당 링크를 복사합니다. 이후 'ml5.js'와 'p5.js'를 이용하여 이 링크에서 만든 얼굴을 인식하는 모델을 사용할 수 있기 때문입니다.

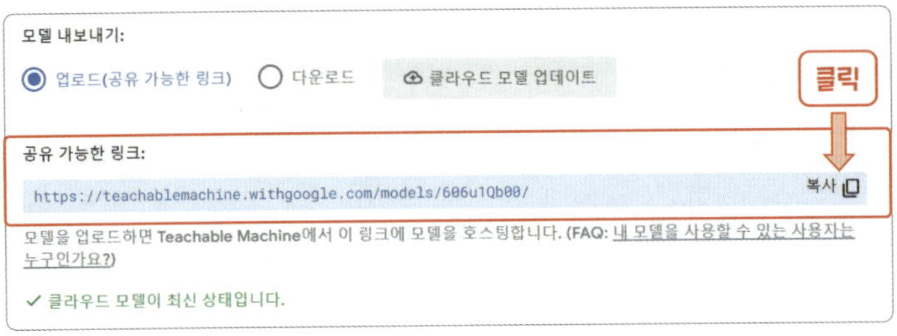


## 3 ESP32 보드로 코딩하기

### 회로 연결하기

네오픽셀과 OLED를 이용하여 얼굴 인식 모델을 구현합니다. [표 9-1]과 [그림 9-20]을 참고하여 회로를 연결합니다.

표 9-1 OLED와 네오픽셀의 ESP32 보드 핀 연결

| OLED | SDA | SCL | VCC | GND |
|---|---|---|---|---|
| ESP32 | D21 | D22 | VCC | GND |
| 네오픽셀 | GND | VCC | DI | DO |
| ESP32 | D14G | D14V | D14S | X |

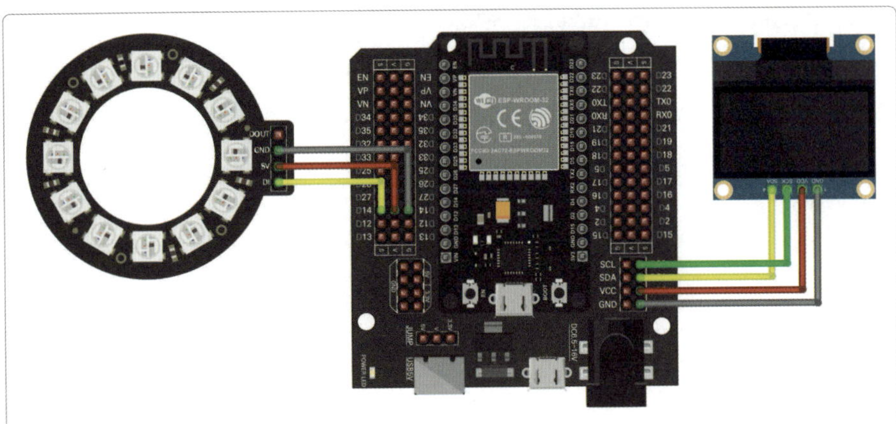

그림 9-20 네오픽셀과 OLED 연결 회로

## 스크립트 작성하기

[실습 9-1]의 스크립트를 작성하여 실행합니다.

**실습 9-1 얼굴 인식 모델 구현하기** 9-1_face_recog.py

```
01  from machine import Pin, SoftI2C
02  from neopixel import NeoPixel
03  import ssd1306
04  from time import sleep
05
06  pin = Pin(14, Pin.OUT)
07  np = NeoPixel(pin, 12)
08
09  i2c = SoftI2C(sda=Pin(21),scl=Pin(22))
10  display= ssd1306.SSD1306_I2C(128, 64, i2c)
11
12  while True:
13      data = input()
14      display.fill(0)
15
16      if data == '1':
17          display.text("Coco's face ",0,15)
18          display.text(" recognized",0,40)
19          for i in range(12):
20              np[i] = (0, 0, 255)
21
22      elif data == '2':
23          display.text("Not Coco",0,30)
24          for i in range(12):
25              np[i] = (255, 0, 0)
26
27      np.write()
28      display.show()
```

**행별 설명**

**12~14행:** 사용자로부터 입력을 받고 OLED 디스플레이를 검은 화면으로 초기화합니다.

**16~20행:** 입력 데이터가 '1'이면 OLED에 "Coco's face recognized"를 출력하도록 설정하고 네오픽셀을 파란색으로 지정합니다.

**22~25행:** 입력 데이터가 '2'이면 OLED에 "Not Coco"를 출력하도록 설정하고 네오픽셀을 빨간색으로 지정합니다.

**27행:** 네오픽셀 색상을 설정한 내용을 적용하여 불을 켭니다.

**28행:** OLED 디스플레이에 텍스트 내용을 출력합니다.

스크립트 작성이 끝나면 코드를 장치에 업로드합니다. [파일]-[..(으)로 저장]을 선택하여 [Micro Python 장치]에 파일명 'main.py'로 저장합니다.

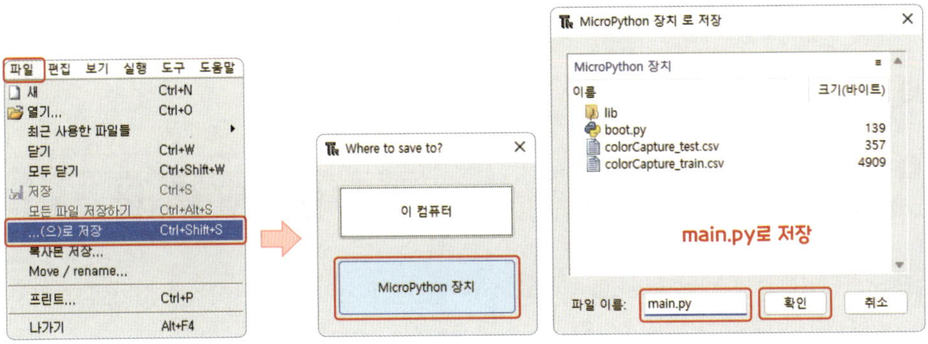


그림 9-21 **'main.py' 파일 저장 경로**

'main.py'가 [MicrPython 장치]에 저장되어 있음을 확인합니다. Thonny 편집기 오른쪽 하단에서 포트 연결을 해제합니다. 'p5.js'에 해당 ESP32 포트를 연결하여 인공지능 모델 결괏값을 전달받아야 하기 때문입니다. 이제 ESP32 보드는 전기 공급만 이루어지면 'main.py' 코드를 계속 실행하고 있는 상태가 됩니다.

그림 9-22 **포트 연결 해제 경로**

# 4 p5로 ESP32 보드와 얼굴 인식 모델 연동하기

## p5 에디터 시작하기

**01** 구글 검색창에 ❶ 'p5'를 검색한 뒤 ❷ 'p5.js'의 홈페이지에 접속합니다. ❸ [〈/〉 Start Coding]을 선택하거나 ❹ 'P5.js Web Editor'을 클릭하여 'p5 에디터'를 바로 시작합니다.

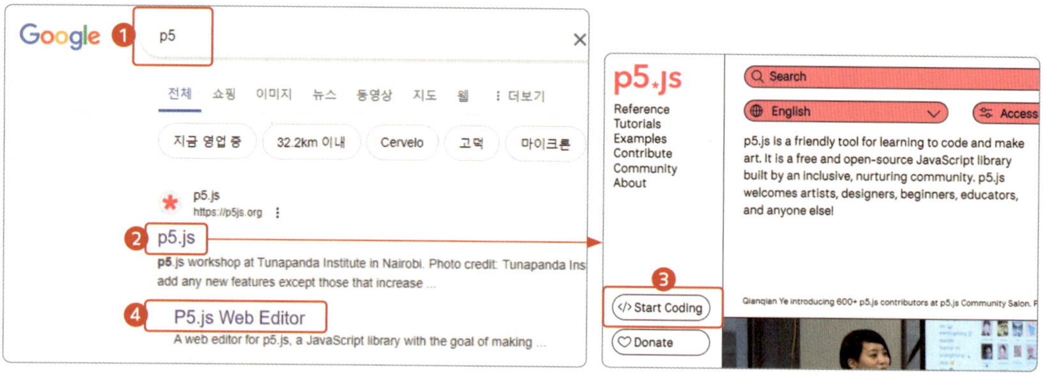


**02** p5 에디터의 구조는 실행과 정지 버튼이 있는 영역, 코드를 작성하는 영역, 실행 결과를 시각적으로 확인하는 영역, 주로 오류나 경고 메시지, 로그 메시지, 결과 메시지가 출력되는 콘솔 영역으로 구성되어 있습니다.

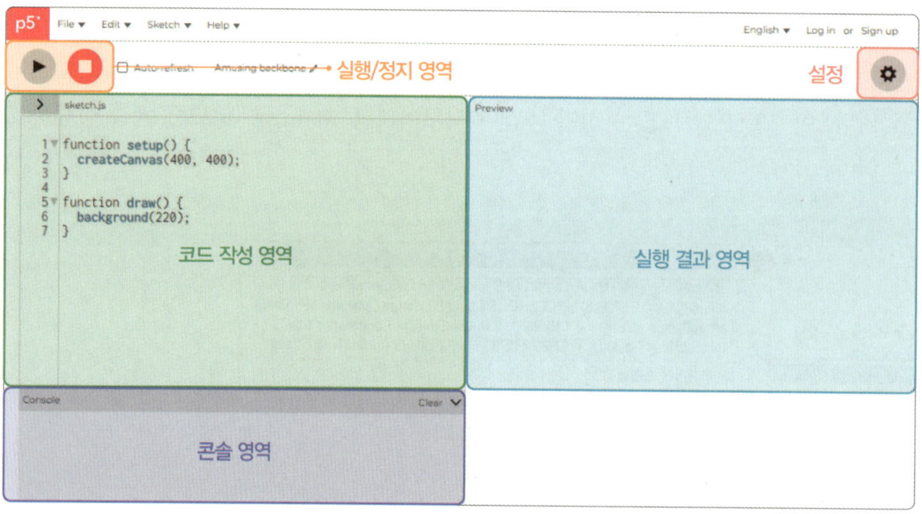


**03** p5 에디터의 스케치 구조는 순차구조를 기본으로 합니다. `setup()` 함수는 스케치가 시작될 때 한 번만 실행되며, 초기 설정을 여기서 합니다. `draw()` 함수는 프레임마다 반복적으로 호출되어 화면을 갱신하여 애니메이션이나 실시간 인터랙션을 구현하는 데 사용됩니다.

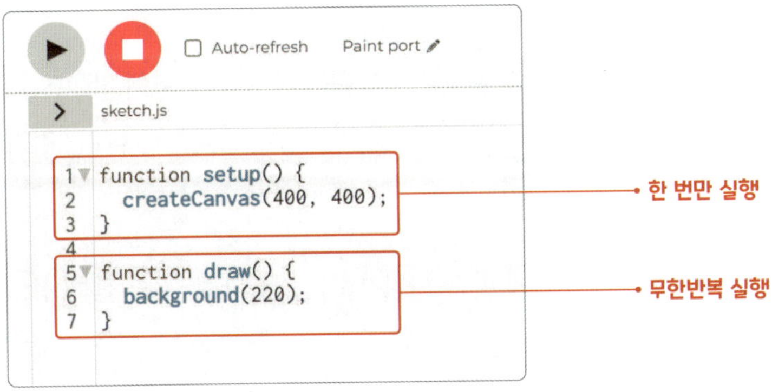


**04** 다음은 p5 에디터에서 사용하는 프로젝트의 파일 구조입니다. 'p5.js'를 사용하려면 HTML 파일과 자바스크립트 파일을 준비해야 합니다. HTML 파일은 웹 페이지의 구조를 정의하고, 자바스크립트 파일은 'p5.js' 라이브러리를 이용해 그래픽과 인터랙션을 구현합니다. 각 파일은 프로젝트의 서로 다른 부분을 담당하며, 이 구조는 'p5.js' 프로젝트를 체계적으로 관리하고 개발하는 데 도움이 됩니다.

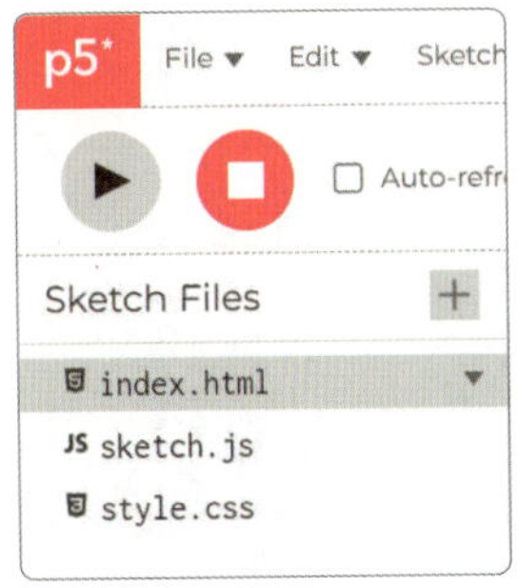


- **[index.html]** 프로젝트의 메인 HTML 파일로 웹 페이지의 기본 구조를 정의하며, 필요한 스크립트와 스타일 시트를 포함합니다. 'p5.js'와 'ml5.js' 같은 라이브러리를 로드하고, 'sketch.js' 파일을 포함하여 'p5.js' 스케치를 실행합니다.
- **[sketch.js]** 프로젝트의 메인 자바스크립트 파일로 'p5.js' 스케치 코드를 작성하는 곳입니다. `setup()` 함수와 `draw()` 함수 등을 정의하여 그래픽, 애니메이션, 인터랙티브 콘텐츠를 생성합니다.
- **[style.css]** 프로젝트의 스타일 시트 파일로 웹 페이지의 스타일을 정의합니다. HTML 요소의 레이아웃, 색상, 폰트 스타일 등을 지정하여 웹 페이지의 시각적 디자인을 설정합니다. 특별하게 지정하지 않을 때는 생략해도 됩니다.

얼굴 인식 모델을 구현하는 'p5' 코드의 링크는 다음과 같습니다. 완성된 링크에 접속해 구현하는 것을 권장합니다. 링크를 통해 구현 시 다음에 진행될 로그인 절차가 필요 없습니다.

**[얼굴 인식 모델 p5 코드 링크]**
https://editor.p5js.org/pjs2129/sketches/vHCEEOHdL

## 얼굴 인식 모델 파일 작성하기

티처블 머신에서 제작한 얼굴 인식 모델을 ESP32 보드에 연동하기 위해 새 파일을 열어 각 파일에 필요한 요소들을 추가하며 작성합니다. 파일을 작성하고 저장하려면 먼저 가입과 로그인 절차가 필요합니다.

**01** 오른쪽 상단의 〈Sing up〉을 클릭하고 가입 절차에 따라 회원가입을 진행한 뒤, 가입한 계정으로 로그인을 합니다.

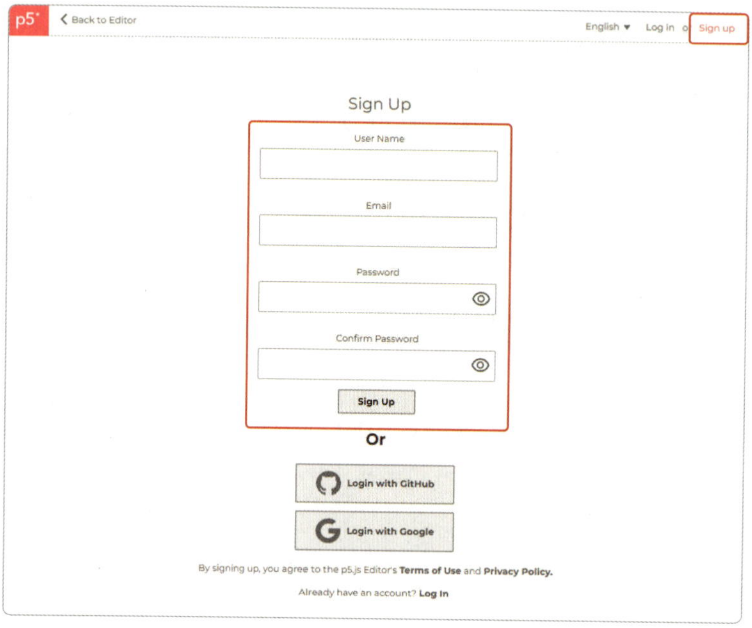


**02** 로그인이 끝나면 파일 확장 버튼( > )을 클릭합니다. 그리고 [index.html] 파일을 선택합니다.

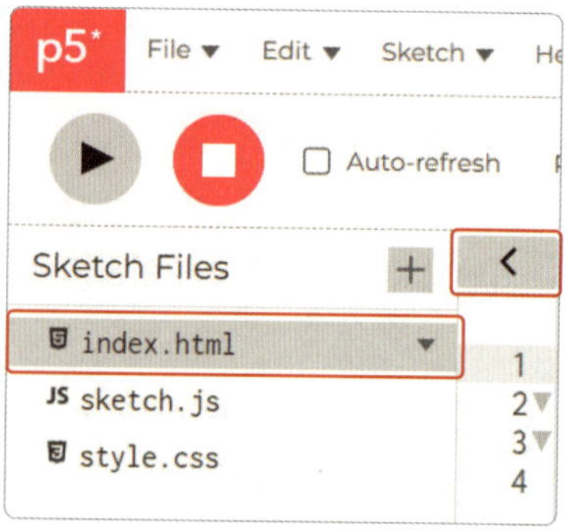

**03** [index.html]은 웹 페이지의 기본 구조를 정의하고 필요한 스크립트와 'p5.js', 'ml5.js' 같은 라이브러리를 로드합니다. 또한 'sketch.js' 파일을 포함하여 'p5.js' 스케치를 실행합니다. [코드 9-1]을 작성하고 저장합니다.

**코드 9-1** 〈 index.html

```
01  <!DOCTYPE html>
02  <html lang="en">
03  <head>
04      <meta charset="utf-8">
05      <meta name="viewport" content="width=device-width, initial-scale=1.0">
06      <title>Tachable Machine Image Recognition p5.js Serial Port</title>
07      <script src="https://cdnjs.cloudflare.com/ajax/libs/p5.js/1.4.0/p5.min.js">
    </script>
08      <script src="https://unpkg.com/ml5@0.6.1/dist/ml5.min.js"></script>
09      <script src="https://cdn.jsdelivr.net/gh/makeabilitylab/p5js/_libraries/serial.js">
    </script>
10      <script type="text/javascript" src="/sketch.js"></script>
11  </head>
12
13  <body>
14      <h1>티처블 머신 얼굴 인식</h1>
15      <button id="Serialbutton">시리얼 통신 연결</button>
16  </body>
17  </html>
```

**행별 설명**

**04행:** 문서의 문자 인코딩을 'utf-8'로 설정합니다.

**05행:** 뷰포트 설정으로 모바일 장치에서도 제대로 표시되도록 합니다.

**06행:** 웹 페이지 제목을 설정 합니다.

**07행:** 그래픽 및 인터페이스 관리를 위해 필요한 라이브러리를 외부에서 로드합니다.

**08행:** 티처블 머신 모델을 사용하기 위해 필요한 라이브러리를 외부에서 로드합니다.

**09행:** 시리얼 통신을 위해 필요한 라이브러리를 외부에서 로드합니다.

**10행:** 사용자 정의 JavaScript 파일인 sketch.js를 로드합니다.

**14행** 웹 페이지의 주요 제목을 표시합니다.

**15행:** 시리얼 통신을 연결하는 버튼을 생성합니다.

**04** [sketch.js]는 프로젝트의 메인 자바스크립트 파일로 'p5.js' 스케치 코드를 작성하는 곳입니다. setup() 함수와 draw() 함수 등을 정의하여 그래픽, 애니메이션, 인터랙티브 콘텐츠를 생성합니다.

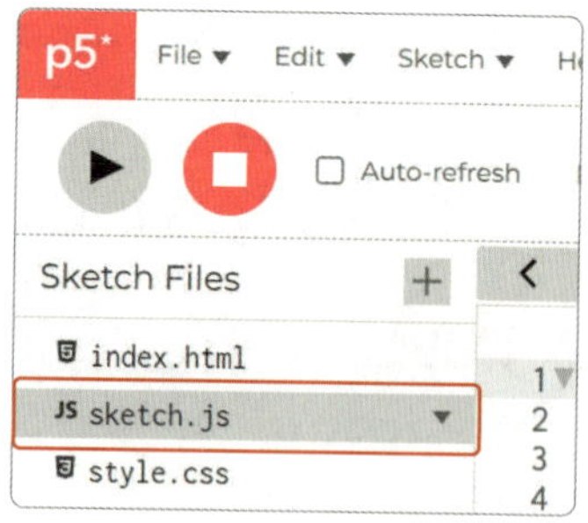


**05** 티처블 머신에서 학습한 모델을 사용하여 웹캠 비디오를 실시간으로 분류하고, 분류 결과를 시리얼 포트를 통해 ESP32 보드에 전송하는 [코드 9-2]를 작성합니다.

**코드 9-2** ⟨sketch.js

```
const modelURL ='티처블 머신에서 생성한 URL을 붙여넣습니다.';

let classifier;
let video;
let flippedVideo;
let label;
let prevLabel;
let pHtmlMsg;
let serialOptions = { baudRate: 115200 };
let serial;

function preload() {
    classifier = ml5.imageClassifier(modelURL + 'model.json');
}

function setup() {
    createCanvas(320, 260);
    video = createCapture(VIDEO);
    video.size(320, 240);
    video.hide();
    flippedVideo = ml5.flipImage(video);
    classifyVideo();

    serial = new Serial();
    serial.on(SerialEvents.CONNECTION_OPENED, onSerialConnectionOpened);
    serial.on(SerialEvents.CONNECTION_CLOSED, onSerialConnectionClosed);
    serial.on(SerialEvents.DATA_RECEIVED, onSerialDataReceived);
    serial.on(SerialEvents.ERROR_OCCURRED, onSerialErrorOccurred);
```

→ 시리얼 통신 속도를 'bpm115200'로 설정

```
    serial.autoConnectAndOpenPreviouslyApprovedPort(serialOptions);
    pHtmlMsg = createP("Click anywhere on this page to open the serial connection dialog");

    const myButton = document.getElementById("Serialbutton");
    myButton.addEventListener('click', () => {
      serial.connectAndOpen(null, serialOptions);
        });
}

function draw() {
    background(0);
    image(flippedVideo, 0, 0);
    fill(255);
    textSize(16);
    textAlign(CENTER);
    text(label, width / 2, height - 4);
}

function classifyVideo() {
    flippedVideo = ml5.flipImage(video)
    classifier.classify(flippedVideo, gotResult);
    flippedVideo.remove();
}

function gotResult(error, results) {
    if (error) {
        console.error(error);
        return;
    }
    label = results[0].label;
    if (label != prevLabel) {
      console.log(label);
      serial.write(label);
      serial.write('\r\n');
    }
    prevLabel = label;
    classifyVideo();
}

function onSerialErrorOccurred(eventSender, error) {
```

```
69      console.log("onSerialErrorOccurred", error);
70      pHtmlMsg.html(error);
71    }
72
73    function onSerialConnectionOpened(eventSender) {
74      console.log("onSerialConnectionOpened");
75      pHtmlMsg.html("Serial connection opened successfully");
76    }
77
78    function onSerialConnectionClosed(eventSender) {
79      console.log("onSerialConnectionClosed");
80      pHtmlMsg.html("onSerialConnectionClosed");
81    }
82
83    function onSerialDataReceived(eventSender, newData) {
84      console.log("onSerialDataReceived", newData);
85      pHtmlMsg.html("onSerialDataReceived: " + newData);
86    }
```

**행별 설명**

**01행:** 티처블 머신에서 생성한 얼굴 인식 모델 URL을 복사하여 넣습니다.

**03~08행, 10행:** 얼굴 인식 모델 실행에 필요한 변수를 선언합니다.

**12~14행:** 티처블 머신에서 만든 모델을 로드하는 함수를 생성합니다.

**17~21행:** 얼굴 인식을 위한 캔버스를 생성하고 비디오 설정을 합니다.

**22행:** 영상 속에서 이미지 분류를 위한 함수를 호출합니다.

**24~30행:** 초기 설정 함수를 생성합니다. 시리얼 객체를 만들고 시리얼 연결 열림 이벤트 핸들러, 시리얼 연결 닫힘 이벤트 핸들러, 시리얼 데이터 수신 이벤트 핸들러, 시리얼 오류 발생 이벤트 핸들러를 등록합니다. 자동으로 이전에 승인된 포트에 연결할 수 있도록 설정합니다.

**32~35행:** 버튼 클릭 이벤트를 설정하여, 사용자가 버튼을 클릭하면 시리얼 연결을 여는 기능을 수행합니다.

**47~51행:** 비디오를 분류하기 위한 함수를 생성합니다.

**53~66행:** 분류 결과를 처리하기 위한 함수를 생성합니다. `serial.write('\r\n');`는 시리얼 포트로 줄 바꿈 문자를 전송하는 역할을 합니다. `\r\n`은 캐리지 리턴(Carriage Return)과 라인 피드

(Line Feed)를 의미하며, 시리얼 통신에서 한 줄의 끝을 나타내기 위해 사용됩니다. 이는 수신 측에서 데이터를 구분하고 처리하기 쉽게 합니다.

**68~71행:** 시리얼 오류 발생 시 호출되는 함수로 시리얼 오류를 콘솔에 출력하고 HTML 메시지 요소에 오류 메시지 표시합니다.

**73~76행:** 시리얼 연결이 성공하여 열릴 때 호출되는 함수로 시리얼 연결 열림을 콘솔에 출력하고 HTML 메시지 요소에 성공 메시지 표시합니다.

**78~81행:** 시리얼 연결이 닫힐 때 호출되는 함수로 시리얼 연결 닫힘을 콘솔에 출력하고 HTML 메시지 요소에 닫힘 메시지 표시합니다.

**83~86행:** 시리얼 데이터를 수신할 때 호출되는 함수로 시리얼 데이터 수신을 콘솔에 출력하고 HTML 메시지 요소에 수신된 데이터 표시합니다.

**06** 코드 작성이 완료되면 ❶ p5 사이트에서 카메라를 사용할 수 있도록 설정합니다. 그리고 ❷ 실행 버튼(▶)을 클릭합니다. 이때 ESP32 보드와 컴퓨터는 연결되어 있고 Thonny 편집기에서 포트 연결이 해제되어 있어야 합니다.

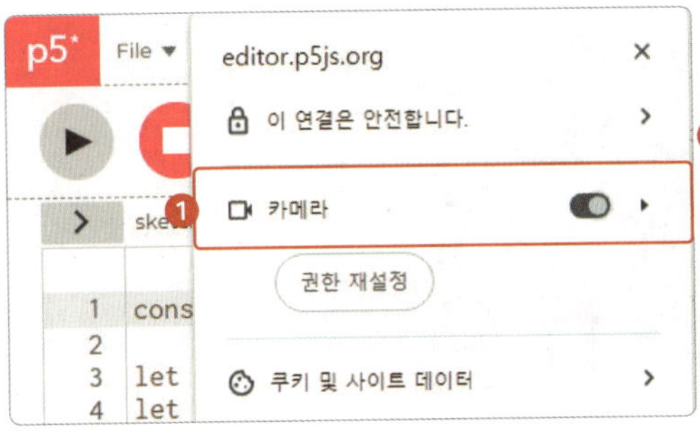


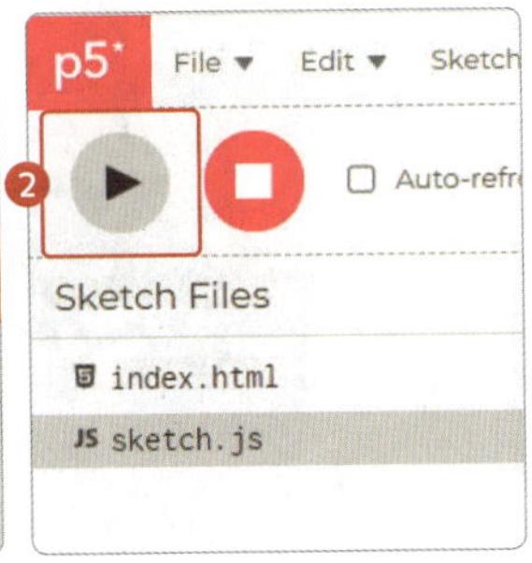


**07** 코드가 실행되고 오른쪽 실행 영역에서 [시리얼 통신 연결]을 선택하고 'ESP32 포트'를 클릭 후 'p5'와 연결합니다.

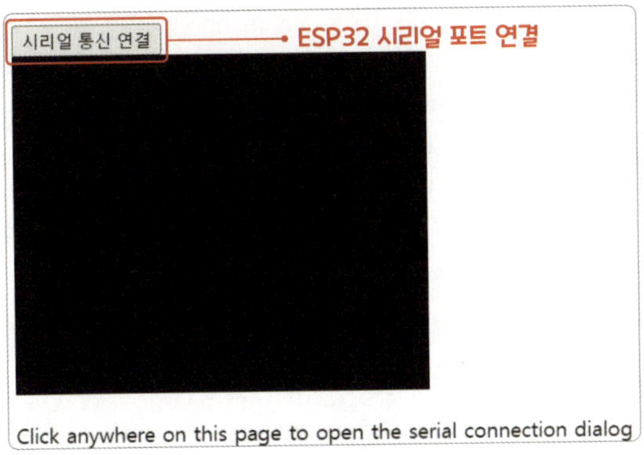


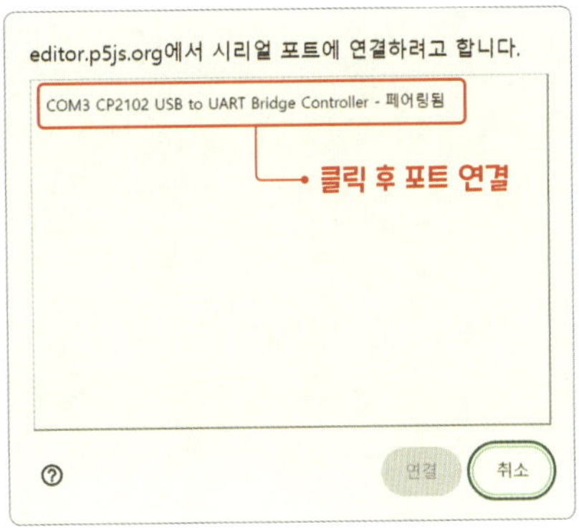

웹캠을 이용하여 비디오 속에서 '자신의 얼굴'이 인식되면 데이터 '1'이 시리얼 통신을 통해 ESP32 보드로 전송됩니다. 그 결과 네오픽셀은 파란색으로 켜지며, OLED에 "Coco's face recognized"가 출력됩니다. 다른 사람의 얼굴이 인식되면 데이터 '2'가 시리얼 통신을 통해 ESP32 보드로 전송됩니다. 그 결과 네오픽셀은 빨간색으로 켜지며, OLED에 "Not Coco"가 출력됩니다.

### 실행 결과

■ '자신의 얼굴' 인식 결과

■ '다른 사람의 얼굴' 인식 결과

Section 04

# 졸음 방지기 만들기

## 1 졸음 방지기 제작 개요

이번 절에서는 웹캠으로 인식한 사용자의 자세에 따라 졸음 상태를 판단하는 졸음 방지기를 만들어 봅니다. 이번 실습에서는 'ml5.js'의 'BodyPose' 그리고 'p5.js'를 사용합니다.

### ml5.js 사용하기

3절의 '얼굴 인식 모델 만들기'에서 설명한 대로 ml5.js는 이미지 분류, 동작 인식, 손 모양 인식, 감정 인식 등 사전에 학습된 인공지능 모델을 제공합니다. 또한 티처블 머신에서 생성한 사용자 정의 모델을 불러와 실행할 수 있습니다. ml5.js는 간편한 API를 제공하여, 복잡한 설정 없이도 머신러닝 모델을 쉽게 사용할 수 있으며, 브라우저 내에서 머신러닝 모델을 실행하면 클라이언트 측에서 실시간으로 데이터를 처리할 수 있습니다. ml5.js는 이러한 기능들을 통해 웹 개발자와 예술가들이 머신러닝 기술을 쉽게 활용할 수 있도록 도와줍니다.

검색창에 'ml5'를 검색한 후 홈페이지에 접속하여 〈Get Started〉 버튼을 클릭하여 메인 페이지로 접속합니다.

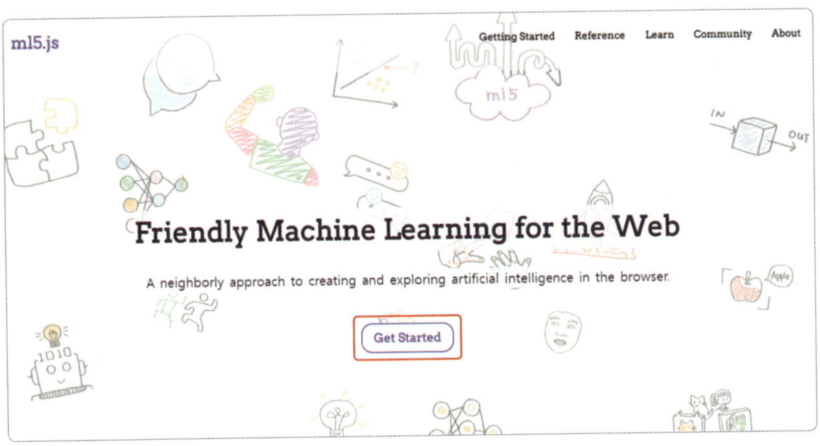


그림 9-23 ml5.js의 메인 페이지 접속 화면

## BodyPose

BodyPose는 입력된 이미지 또는 비디오에서 코, 눈, 귀, 어깨, 팔꿈치, 손목, 엉덩이, 무릎, 발목 등 사람의 주요 신체 부위의 위치를 추정하고 각 신체 부위의 좌표와 신뢰도를 제공합니다.

BodyPose의 'MoveNet' 모델은 17개의 키 포인트를 예측합니다. [그림 9–24](a)는 해당 키 포인트를 정리한 것이며 [그림 9–24](b)의 다이어그램으로 각 키 포인트의 위치를 확인할 수 있습니다.

| 코<br>(Nose) | 왼쪽 눈<br>(Left Eye) | 오른쪽 눈<br>(Right Eye) | 왼쪽 귀<br>(Left Ear) | 오른쪽 귀<br>(Right Ear) |
|---|---|---|---|---|
| 왼쪽 어깨<br>(Left Shoulder) | 오른쪽 어깨<br>(Right Shoulder) | 왼쪽 팔꿈치<br>(Left Elbow) | 오른쪽 팔꿈치<br>(Right Elbow) | 왼쪽 손목<br>(Left Wrist) |
| 오른쪽 손목<br>(Right Wrist) | 왼쪽 엉덩이<br>(Left Hip) | 오른쪽 엉덩이<br>(Right Hip) | 왼쪽 무릎<br>(Left Knee) | 오른쪽 무릎<br>(Right Knee) |
| 왼쪽 발목<br>(Left Ankle) | 오른쪽 발목<br>(Right Ankle) | | | |

(a) BodyPose 'MoveNet' 모델의 키 포인트

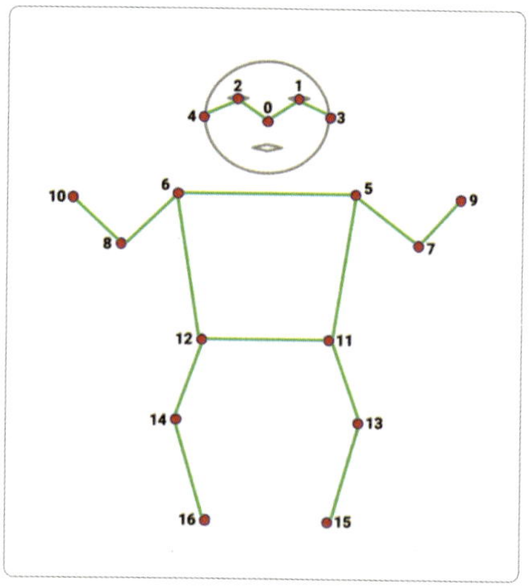


(b) BodyPose 'MoveNet' 모델의 키 포인트 위치를 표시한 다이어그램

그림 9–24 **BodyPose의 'MoveNet' 모델 옵션**

BodyPose는 웹캠 등 실시간 비디오 스트림(Stream)을 사용하여 손쉽게 사람의 자세를 추정할 수 있어 운동 분석, 게임 인터페이스, 동작 인식 등 다양한 응용 프로그램에 활용될 수 있습니다. BodyPose를 이용하여 사람의 자세를 실시간으로 추정하는 졸음 방지기를 만들어 보겠습니다.

## 2 ESP32 보드로 코딩하기

### 회로 연결하기

부저와 네오픽셀을 이용하여 BodyPose 중 코를 인식하는 시스템을 구현합니다. 다음과 같이 회로를 연결합니다.

표 9-2 부저와 네오픽셀의 ESP32 보드 핀 연결

| 부저 | – | + | S |
|---|---|---|---|
| ESP32 | D5G | D5V | D5S |
| 네오픽셀 | GND | 5V | DI |
| ESP32 | D14G | D14V | D14S |

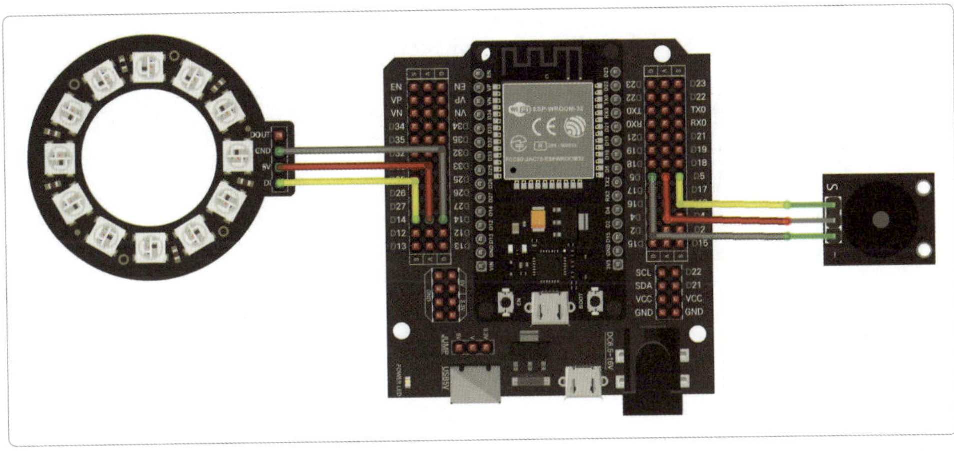

그림 9-25 부저와 네오픽셀 연결 회로

### 스크립트 작성하기

[실습 9-2]와 같이 스크립트를 작성한 후 실행합니다.

실습 9-2 졸음 방지기 만들기 9-2_bodypose.py

```
from machine import Pin, SoftI2C,PWM
from ssd1306 import SSD1306_I2C
from neopixel import NeoPixel
from time import sleep

pin = Pin(14, Pin.OUT)
```

```
07  np = NeoPixel(pin, 12)
08  buzzer =PWM(Pin(5))
09
10  buzzer.duty(0)
11  i2c = SoftI2C(scl=Pin(22), sda=Pin(21))
12  oled = SSD1306_I2C(128, 64, i2c)
13
14  def display_message(msg):
15      oled.fill(0)
16      oled.text(msg, 0, 0)
17      oled.show()
18
19  def set_neopixel_color(color):
20      for i in range(12):
21          np[i] = color
22      np.write()
23
24  def buzz(freq,duration):
25      for i in range(3):
26          buzzer.duty(512)
27          buzzer.freq(freq)
28          sleep(duration)
29          buzzer.duty(0)
30          sleep(0.1)
31
32  while True:
33      data = input()
34      if data == "1":
35          display_message("Studying")
36          set_neopixel_color((0, 0, 255))  # 파란색
37
38      elif data == "2":
39          display_message("Drowsy")
40          set_neopixel_color((255, 0, 0))  # 빨간색
41          buzz(1024,0.5)
```

**행별 설명**

**10행:** 부저의 초기 duty 값을 0으로 설정하여 소리를 내지 않도록 합니다.

**14~17행:** OLED에 매개변수를 이용하여 메시지를 표시하는 함수를 정의합니다.

**19~22행:** 네오픽셀 색상을 매개변수를 이용하여 설정하는 함수 정의합니다.

**24~30행:** `freq`와 `duration` 두 개의 매개변수를 이용하여 부저를 울리는 함수 정의합니다. 총 3번 부저의 `duty`를 512로 설정하여 소리의 크기를 결정하고 입력된 주파수에 맞게 입력된 시간 동안 소리를 냅니다. 부저의 `duty`를 0으로 설정하여 소리를 잠시 중지합니다.

**32~41행:** p5로부터 전송받은 데이터가 '1'이면 파란색 네오픽셀과 "`Studying`"을 OLED에 출력하고 '2'이면 빨간색 네오픽셀과 "`Drowsy`"를 OLED에 출력한 뒤 1024Hz 주파수로 0.5초 동안 부저를 울립니다.

스크립트 작성이 끝나면 코드를 장치에 업로드합니다. [파일]-[..(으)로 저장]을 이용하여 [Micro Python 장치]에 파일명 'main.py'로 저장합니다.

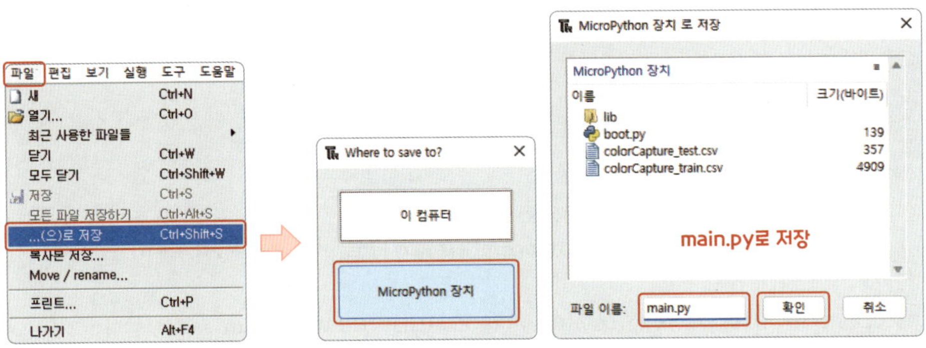


그림 9-26 **'main.py' 파일 저장 경로**

'main.py'가 [MicrPython 장치]에 저장이 되어있음을 확인하고 Thonny 편집기 오른쪽 하단에서 포트 연결을 해제합니다.

그림 9-27 **포트 연결 해제 경로**

졸음 방지기를 구현하는 'p5' 코드의 링크는 다음과 같습니다. 완성된 링크에 접속해 구현하는 것을 권장합니다.

[졸음 방지기 p5 코드 링크 ]
https://editor.p5js.org/pjs2129/sketches/xn5gUqAvz

# 3 p5로 ESP32 보드와 BodyPose 모델 연동하기

## 졸음 방지기 p5 프로그램 작성하기

'BodyPose'를 이용하여 영상 속 졸음을 감지하는 프로그램을 작성합니다. 앞선 '얼굴 인식 모델 만들기'와 코드는 같으며 결과 인식 화면의 제목만 새로 지정하였습니다. 순서대로 html 코드와 js 코드를 작성합니다.

코드 9-3 〈 index.html

```
<!DOCTYPE html>
<html lang="en">
  <head>
    <meta charset="UTF-8" />
    <title>ml5.js Nose Position Example</title>
    <script src="https://cdnjs.cloudflare.com/ajax/libs/p5.js/1.9.2/p5.min.js"></script>
    <script src="https://unpkg.com/ml5@0.20.0-alpha.4/dist/ml5.min.js"></script>
    <script src="https://cdn.jsdelivr.net/gh/makeabilitylab/p5js/_libraries/serial.js"></script>
    <script type="text/javascript" src="/sketch.js"></script>
  </head>
  <body>

    <h1> bodyPose 졸음 방지기 </h1>
    <button id="Serialbutton">시리얼 통신 연결</button>
  </body>
</html>
```

코드 9-4 〈 sketch.js

```
let video;
let bodyPose;
let poses = [];
let serial;
let serialOptions = { baudRate: 115200 };
```

```
let prevLabel = null;
let prevNoseY = null;
let statusEl, pHtmlMsg;

function preload() {
  // Load the bodyPose model
  bodyPose = ml5.bodyPose();
}

function setup() {
  createCanvas(640, 480);
  video = createCapture(VIDEO);
  video.size(width, height);
  video.hide();

  bodyPose.detectStart(video, gotPoses);

  serial = new Serial();
  serial.on(SerialEvents.CONNECTION_OPENED, onSerialConnectionOpened);
  serial.on(SerialEvents.CONNECTION_CLOSED, onSerialConnectionClosed);
  serial.on(SerialEvents.DATA_RECEIVED, onSerialDataReceived);
  serial.on(SerialEvents.ERROR_OCCURRED, onSerialErrorOccurred);
  serial.autoConnectAndOpenPreviouslyApprovedPort(serialOptions);
  statusEl = createP("Loading bodyPose model...");
  pHtmlMsg = createP("Click the button to open the serial connection.");

  const myButton = document.getElementById("Serialbutton");
  myButton.addEventListener("click", () => {
    serial.connectAndOpen(null, serialOptions);
  });
}

function modelReady() {
  statusEl.html("bodyPose model loaded");
}

function draw() {
  image(video, 0, 0, width, height);

  for (let i = 0; i < poses.length; i++) {
    let pose = poses[i];
```

```
    let nose = pose.keypoints[0]; // 코의 위치는 항상 index 0

    if (nose.score > 0.1) {
      let currentLabel;
      textSize(30);
      if (nose.y < height / 2) {
        currentLabel = "1";        // Studying
        fill(0, 0, 255);           // 파란색
        text("Studying", 10, 40);
      } else {
        currentLabel = "2";        // Drowsy
        fill(255, 0, 0);           // 빨간색
        text("Drowsy", 10, 40);
      }

      if (currentLabel !== prevNoseY) {
        console.log("Sending data:", currentLabel);
        sendSerial(currentLabel);
      }
      prevNoseY = currentLabel;
    }

    noStroke();
    circle(nose.x, nose.y, 30);
  }
}

function gotPoses(results) {
  poses = results;
}

function sendSerial(data) {
  if (serial.isOpen()) {
    serial.write(data + "\r\n");
  }
}

function onSerialErrorOccurred(eventSender, error) {
  console.error("onSerialErrorOccurred", error);
  pHtmlMsg.html(error);
}
```

```
88
89   function onSerialConnectionOpened(eventSender) {
90     console.log("Serial connection opened");
91     pHtmlMsg.html("Serial connection opened successfully");
92   }
93
94   function onSerialConnectionClosed(eventSender) {
95     console.log("Serial connection closed");
96     pHtmlMsg.html("Serial connection closed");
97   }
98
99   function onSerialDataReceived(eventSender, newData) {
100    console.log("Serial data received", newData);
101    pHtmlMsg.html("Serial data received: " + newData);
102  }
```

**행별 설명**

**10~13행:** bodyPose 모델을 ml5 라이브러리를 통해 로드하는 preload 함수를 정의합니다.

**21행:** 비디오로부터 포즈 감지를 시작합니다. 결과는 gotPoses 함수로 전달됩니다.

**45~47행:** 감지된 포즈마다 코의 위치를 가져와 nose 변수에 저장합니다. 코의 위치는 항상 'index 0'입니다.

**49~71행:** 코의 감지 신뢰도가 0.1보다 큰 경우에만 코의 y 좌표가 화면의 위쪽일 때 레이블을 1로 정하고 코의 위치에 파란 점을 찍은 뒤 화면에 "Studying"을 출력합니다. y 좌표가 화면의 아래쪽일 때 레이블을 2로 정하고 코의 위치에 빨간 점을 찍고 화면에 "Drowsy"를 출력합니다. 현재 인식된 레이블이 이전과 다를 경우 콘솔 창에 결과를 출력하고 연결된 ESP32 보드로 레이블 결과를 전송하기 위한 함수를 호출합니다.

**74~75행:** 포즈 결과를 업데이트하는 함수를 정의합니다.

**78~82행:** 시리얼 포트가 연결되었다면 데이터를 전송하는 함수를 정의합니다.

공부를 하고 있다고 판단될 때와 졸고 있는 것으로 판단될 때의 p5와 ESP32 보드의 상태를 확인합니다. 공부 중일 때는 네오픽셀이 파란색으로 켜지고, 졸고 있는 상태일 때에는 네오픽셀이 빨간색으로 켜진 뒤 부저 경고음이 울립니다.

## 실행 결과

- 'Studying' 상태

- 'Drowsy' 상태

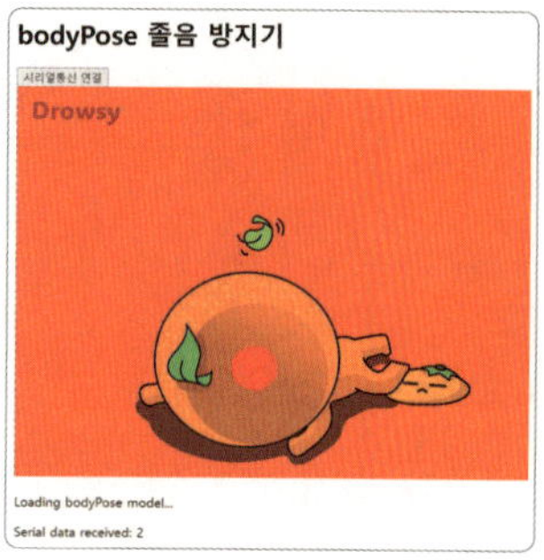

- ESP32 보드

- 파이파이 램프

## 요약

### 1. 인공지능과 우리 생활

- **인공지능을 이용한 일상의 예:** AI 기반의 스마트 홈 기기, 헬스케어와 맞춤형 의료 서비스, 자율주행 자동차, 안면인식 기술, 교육과 학습에서의 활용, 엔터테인먼트 콘텐츠 추천 등이 있습니다.

### 2. 인공지능의 이해

- **인공지능(Artificial Intelligence, AI):** 인간의 지능을 모방하는 컴퓨터 시스템을 설계하고 개발하는 것을 말합니다.
- **지도학습(Supervised Learning):** 알고리즘이 입력 데이터와 그에 대응하는 출력 레이블(정답)을 학습하여 새로운 입력에 대한 출력을 예측하는 방식입니다.
- **비지도학습(Unsupervised Learning):** 입력 데이터에 대한 명확한 레이블(정답)이 없는 상황에서 데이터의 구조나 패턴을 찾아내는 학습 방법으로 데이터 내의 유사한 특성끼리 그룹화하거나 차원을 축소하는 등의 작업을 수행할 수 있습니다.
- **강화학습(Reinforcement Learning):** 특정 주체가 주변 상황과 상호작용하면서 보상을 최대화하는 행동을 학습하는 과정입니다. 주체는 다양한 명령(상태)에서 적절한 행동을 선택하고, 그에 따른 보상을 통해 최적의 행동 전략을 학습합니다.

### 3. 얼굴 인식 모델 만들기

- **티처블 머신(Teachable Machine):** 구글이 만든 웹 기반 도구로, 복잡한 코딩 없이 사용자가 머신러닝 모델을 쉽게 만들고 학습시킬 수 있습니다. 교육 목적이나 빠른 프로토타이핑에 유용하며, 직관적인 인터페이스를 통해 이미지, 소리, 포즈 등을 분류할 모델을 생성하고 실시간으로 테스트할 수 있습니다.
- **ml5.js:** 웹 개발자와 예술가들이 쉽게 머신러닝을 사용할 수 있도록 돕는 자바스크립트 라이브러리입니다.
- **p5.js:** 웹 브라우저에서 실행되는 자바스크립트 라이브러리로, 예술, 디자인, 인터랙티브 미디어 프로젝트를 위한 도구입니다.

### 4. 졸음 방지기 만들기

- **BodyPose:** 웹캠 등 실시간 비디오 스트림(Stream)을 사용하여 손쉽게 사람의 자세를 추정할 수 있어 운동 분석, 게임 인터페이스, 동작 인식 등 다양한 응용 프로그램에 활용될 수 있습니다.

## 도전 문제 ▶ 감정분석기 만들기

이번 도전 문제는 'ml5.js'의 감정분석 모델 'Sentiment'와 'p5.js'를 이용하여 감정분석기를 만들어 봅니다. 'ml5.js'의 감정분석 모델은 IMDb 영화 플랫폼의 리뷰 데이터 셋으로 학습되었습니다. 이 모델은 영화 리뷰와 같은 텍스트 데이터에서 감정을 분석하는 데 최적화되어 있지만, 다양한 텍스트 데이터에도 적용할 수 있습니다. 단, 영화 리뷰와 유사한 문체와 내용의 텍스트에서는 더 정확하게 작동할 가능성이 높고 전문 용어가 많이 포함된 텍스트나 영화 리뷰와 다른 주제를 다루는 텍스트에서는 성능이 떨어질 수 있습니다. 따라서 이 모델을 사용할 때는 영화 리뷰 데이터 셋으로 학습된 점을 고려해야 합니다.

그림 9-28 'ml5.js'의 감정분석 모델 'Sentiment' 화면

### 실행 결과

- 감정 점수가 0.9를 초과했을 때

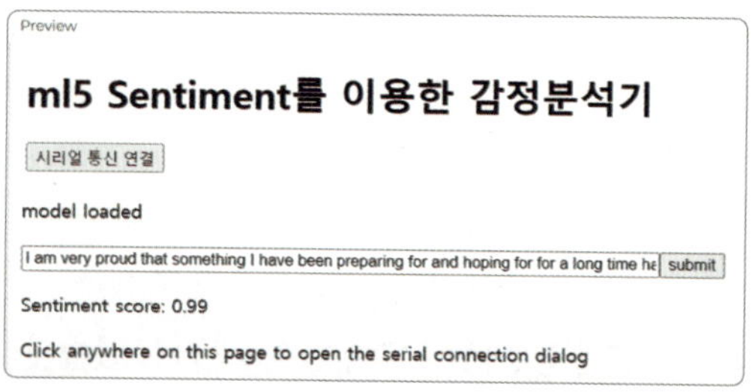

■ 감정 점수가 0.5 미만일 때

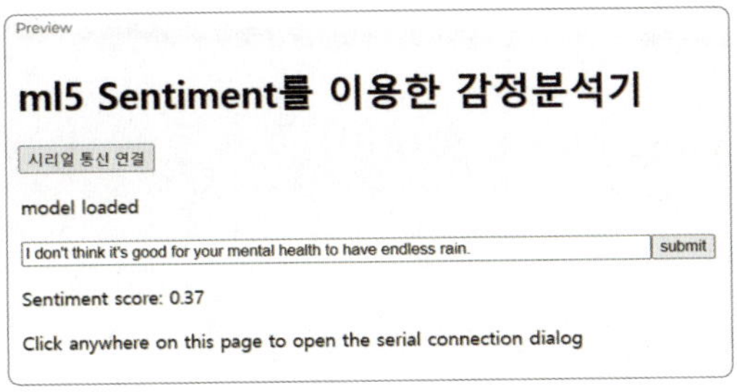

## STEP 1 스크립트 작성하기

ESP32 보드와 네오픽셀, OLED를 이용하여 감정분석기를 만듭니다. '얼굴 인식 모델 만들기'에서 연결한 [표 9-1]과 [그림 9-20]을 참고하여 회로를 연결합니다. 그리고 스크립트는 다음과 같이 수정하여 사용합니다.

**코드** 감정분석기 만들기 9_sentimental.py

```
from machine import Pin, SoftI2C
from ssd1306 import SSD1306_I2C
from neopixel import NeoPixel

pin = Pin(14, Pin.OUT)
np = NeoPixel(pin, 12)

i2c = SoftI2C(scl=Pin(22), sda=Pin(21))
oled_width = 128
oled_height = 64
oled = SSD1306_I2C(oled_width, oled_height, i2c)

while True:
    data = input("Enter sentiment score: ")
    sentiment_score = round(float(data), 2)

    oled.fill(0)
    oled.text("Sentiment score:", 0, 0)
    oled.text(str(sentiment_score), 0, 10)
    oled.show()

```

```
22        if sentiment_score > 0.9:
23            color = (0, 255, 0)    # Green
24        elif sentiment_score > 0.7:
25            color = (0, 0, 255)    # Blue
26        elif sentiment_score > 0.5:
27            color = (255, 255, 0)  # Yellow
28        else:
29            color = (255, 0, 0)    # Red
30
31        for i in range(12):
32            np[i] = color
33        np.write()
```

**14~15행** 감정 점수를 입력받아 소수점 둘째 자리로 반올림하여 사용합니다.

**17~20행** OLED 화면을 초기화하고 "`Sentiment score:`" 텍스트를 표시한 후 감정 지수를 문자열로 형 변환하여 OLED에 출력합니다.

**22~29행** 감정 점수에 따라 네오픽셀의 색상을 초록색, 파란색, 노란색, 빨간색으로 설정합니다.

스크립트 작성이 끝나면 [파일]-[..(으)로 저장]을 선택하여 [MicroPython 장치]에 파일명 'main.py'로 저장합니다. 그리고 Thonny 편집기 오른쪽 하단에서 포트 연결을 해제합니다.

## STEP 2 p5로 ESP32 보드와 'Sentiment' 모델 연동하기

'Sentiment' 모델을 이용하여 텍스트를 입력받아 감정분석을 하는 프로그램을 작성합니다. 'p5' 코드는 다음의 완성된 링크를 통해 구현하는 것을 권장합니다.

**[감정분석기 p5 코드 링크 ]**
https://editor.p5js.org/pjs2129/sketches/6_0FyGVCt

코드

⟨ index.html

```html
<!DOCTYPE html>
<html lang="en">
<head>
    <meta charset="utf-8">
    <meta name="viewport" content="width=device-width, initial-scale=1.0">
    <title>ml5 Sentiment p5.js Serial Port</title>
    <script src="https://cdnjs.cloudflare.com/ajax/libs/p5.js/1.4.0/p5.min.js"></script>
    <script src="https://unpkg.com/ml5@0.6.1/dist/ml5.min.js"></script>
    <script src="https://cdn.jsdelivr.net/gh/makeabilitylab/p5js/_libraries/serial.js"></script>
    <script type="text/javascript" src="/sketch.js"></script>
</head>

<body>
    <h1> ml5 Sentiment를 이용한 감정분석기</h1>
    <button id="Serialbutton">시리얼 통신 연결</button>
</body>
</html>
```

코드

⟨ sketch.js

```javascript
let sentiment;
let statusEl;
let submitBtn;
let inputBox;
let sentimentResult;
let pHtmlMsg;
let serialOptions = { baudRate: 115200 };
let serial;

function preload() {
    sentiment = ml5.sentiment('movieReviews', modelReady);
}

function setup() {
    noCanvas();

```

```
    serial = new Serial();
    serial.on(SerialEvents.CONNECTION_OPENED, onSerialConnectionOpened);
    serial.on(SerialEvents.CONNECTION_CLOSED, onSerialConnectionClosed);
    serial.on(SerialEvents.DATA_RECEIVED, onSerialDataReceived);
    serial.on(SerialEvents.ERROR_OCCURRED, onSerialErrorOccurred);
    serial.autoConnectAndOpenPreviouslyApprovedPort(serialOptions);

    statusEl = createP('Loading Model...');
    inputBox = createInput('Today is the happiest day and is full of rainbows!');
    inputBox.attribute('size', '75');
    submitBtn = createButton('submit');
    sentimentResult = createP('Sentiment score:');
    pHtmlMsg = createP("Click anywhere on this page to open the serial connection dialog");

    submitBtn.mousePressed(() => {
        getSentiment();
    });
}

function getSentiment() {
    const text = inputBox.value();
    const prediction = sentiment.predict(text);
    const score = prediction.score.toString();
    const trimmedScore = score.substring(0, score.indexOf('.') + 3);
    sentimentResult.html('Sentiment score: ' + trimmedScore);

    if (serial.isOpen()) {
      console.log("Sending data:", trimmedScore);
      serial.write(trimmedScore);
      serial.write('\r\n');
    }
}

function modelReady() {
    // model is ready
    statusEl.html('model loaded');
```

```
53  }
54
55  function onSerialErrorOccurred(eventSender, error) {
56    console.log("onSerialErrorOccurred", error);
57    pHtmlMsg.html(error);
58  }
59
60  function onSerialConnectionOpened(eventSender) {
61    console.log("onSerialConnectionOpened");
62    pHtmlMsg.html("Serial connection opened successfully");
63  }
64
65  function onSerialConnectionClosed(eventSender) {
66    console.log("onSerialConnectionClosed");
67    pHtmlMsg.html("onSerialConnectionClosed");
68  }
69
70  function onSerialDataReceived(eventSender, newData) {
71    console.log("onSerialDataReceived", newData);
72    pHtmlMsg.html("onSerialDataReceived: " + newData);
73  }
```

## STEP 3 풀이

**11행** 'ml5.js' 라이브러리를 사용하여 감정분석 모델을 로드합니다. 여기서 'movieReviews'는 모델의 이름으로, 영화 리뷰 데이터 셋으로 학습된 모델임을 나타냅니다. 이 모델은 텍스트의 감정을 분석하는 데 사용됩니다.

**25행** 사용자 입력 박스 생성하고 초기 문자열을 설정합니다.

**26~28행** 입력 박스 크기를 설정하고 제출 버튼을 생성합니다. 감정분석 결과를 표시할 HTML 요소를 생성합니다.

**36~48행** getSentiment 함수는 입력 박스에서 텍스트 값을 가져와 감정분석을 수행한 후, 소수점 두 자리까지 자른 감정 점수를 문자열로 변환하여 HTML 페이지에 표시합니다. 또한 시리얼 포트가 열려 있을 때 이 점수를 시리얼 포트로 전송하는 역할을 합니다.

다양한 상태나 감정, 평가 등에 관한 텍스트를 입력하고 〈SUBMIT〉을 클릭합니다. 'Sentiment score'를 확인하고 ESP32 보드의 결과를 확인합니다.

**스스로 풀어보기**

**01.** 'ml5.js'의 다양한 인공지능 라이브러리를 이용하여 나만의 아이디어로 'p5'를 연동한 피지컬 프로젝트를 만들어 봅니다.

APPENDIX

# 책에서 사용한 하드웨어

A ESP32 보드와 하드웨어 부품

B 파이파이 키트

# Section A ESP32 보드와 하드웨어 부품

## 1 ESP32 보드 및 실드

책에서 사용하는 ESP32 보드의 기종은 'esp32 wroom-32'로 인터넷 검색으로 쉽게 구매할 수 있습니다. 보드는 30핀 보드와 36핀 보드가 있으며 실습에 사용한 것은 30핀 보드입니다.

ESP32 보드를 구매할 때는 핀의 납땜 여부를 확인하고 구매합니다. 납땜에 익숙하지 않다면 납땜이 되어있는 보드를 선택하여 구매하는 것을 권장합니다. [그림 A-1]의 (a)와 (b)로 ESP32 보드의 핀 납땜 여부를 확인합니다.

(a) 핀 납땜이 되어있는 ESP32 보드

(b) 핀 납땜이 되어있지 않은 ESP32 보드

그림 A-1 **ESP32 보드의 예**

확장 실드는 'esp32 wroom-32 확장 실드', 'ESP32 DEVKIT 실드', 'ESP32 DEVKIT 실드 우노 타입' 등으로 검색해서 구매할 수 있습니다. 30핀 실드로 구매합니다.

그림 A-2 **ESP32 확장 실드**

## 2 하드웨어 부품

보드와 함께 사용하는 여러 가지 센서와 액추에이터들을 준비합니다. [그림 A-3]과 같이 부품별 항목에 맞는 검색어를 이용하여 다양한 판매 사이트에서 구매할 수 있습니다.

그림 A-3 실습에 사용된 센서 및 액추에이터

Section

# B 파이파이 키트

## 1 파이파이 키트 소개

실습에서 사용한 '파이파이 키트'는 코코아팹 회사의 파이썬 기반 피지컬 컴퓨팅 키트입니다. ESP32 보드를 기반으로 광섬유 기둥을 이용하여 아름다운 빛을 발산하는 조립형 교구로, 책의 실습 내용을 모두 적용할 수 있습니다.

그림 B-1 **코코아팹 파이파이 키트**

**01** 코코아팹 공식 홈페이지의 [제품]-[파이파이 키트] 항목(https://www.kocoafab.cc/product/pyphy)에서 파이파이 키트 소개와 자세한 정보를 확인할 수 있습니다.

**02** 구매를 원하신다면 코코아팹 공식스토어(https://smartstore.naver.com/kocoafab)에 접속한 후 [파이썬 시리즈] 항목에서 파이파이 키트를 구매할 수 있습니다.

[파이파이 키트 조립 안내 문서]는 한빛아카데미 자료실(http://www.hanbit.co.kr/src/40046)에서 다운받을 수 있습니다.

# 찾아보기

## I



## J



## K



## L



## M



## N



## O



## P